D1751210

Reinhard Klein-Arendt

# "Kamina ruft Nauen!"

## Die Funkstellen in den deutschen Kolonien 1904-1918

Wilhelm Herbst Verlag
Postfach 244
D-97642 Ostheim/Rhön

1. Auflage August 1996
2. unveränderte Auflage Juni 1997

All rights reserved by Wilhelm Herbst Verlag, Ostheim/Rhön

Reproduction or use of the content in any form, language or by any means (including photocopying, microfilm etc.) without prior permission of the publisher is prohibited.

Sämtliche Rechte - insbesondere das Übertragungsrecht - des Textes vorbehalten.

Nachdruck, auch auszugsweise, verboten.

Kein Teil dieses Werkes darf ohne schriftliche Erlaubnis des Verlages in irgendeiner Form (einschließlich Fotokopie, Mikrofilm, Datenträger oder ein anderes Verfahren) reproduziert, vervielfältigt oder verbreitet werden.

Umschlaggestaltung: Heinrich Klein-Arendt, Bergheim/Erft
Lektorat: Burkhard Plinke, Köln

Anschrift des Autors: Institut für Afrikanistik, Universität zu Köln, 50923 Köln

Druck: Wolfgang Trauner, Ostheim/Rhön

Printed in Germany

Copyright © 1996 by Wilhelm Herbst Verlag, Ostheim/Rhön

**ISBN: 3-923 925-58-1**

## DANKSAGUNG

Folgenden Personen bzw. Personengruppen, die mir bei der Quellensuche behilflich waren, sei an dieser Stelle ein herzlicher Dank ausgesprochen: Herrn Arnsburg vom Deutschen Postmuseum in Frankfurt und Herrn Zarwell vom Bundesarchiv in Potsdam, die mir schnell und unbürokratisch Quellen zur Verfügung stellten, Herrn Dr. Sebald, der mir ebenfalls Quellen zugänglich machte und mich auf die Möglichkeiten des Bundesarchivs hinwies, Frau Gesine Krüger M.A. (Universität Hamburg), die mir Aufzeichnungen aus den "National Archives" in Windhuk überließ und Dr. Jan-Bart Gewald (Universität Leiden, Niederlande), der mir zur Information Bildmaterial aus der deutschen Kolonialperiode in Südwestafrika sandte. Nicht zuletzt möchte ich Burkhard Plinke für das genaue Redigieren des Textes und seine Verbesserungsvorschläge danken, die zumeist auf fruchtbaren Boden fielen.

## ABKÜRZUNGEN IN DEN QUELLENANGABEN

(a) Publizierte Quellen

| | | |
|---|---|---|
| ABK | = | Amtsblatt für das Deutsche Kiautschou-Gebiet |
| ABN | = | Amtsblatt für das Schutzgebiet Deutsch-Neuguinea |
| ABO | = | Amtsblatt für das Schutzgebiet Deutsch-Ostafrika |
| ABS | = | Amtsblatt für das Schutzgebiet Deutsch-Südwestafrika |
| ABT | = | Amtsblatt für das Schutzgebiet Togo |
| DBZ | = | Deutsche Briefmarkenzeitung |
| DKB | = | Deutsches Kolonialblatt |
| DKZ | = | Deutsche Kolonialzeitung |
| DOZ | = | Deutsch-Ostafrikanische Zeitung |
| DSWAZ | = | Deutsch-Südwestafrikanische Zeitung |
| EZ | = | Elektrotechnische Zeitschrift |
| KM | = | Koloniale Monatsblätter |
| KR | = | Koloniale Rundschau |
| MR | = | Marine-Rundschau |
| SZ | = | Samoanische Zeitung |
| TNN | = | Tsingtauer Neueste Nachrichten |
| TZ | = | Telefunken-Zeitung |

(b) Nicht-publizierte Quellen

| | | |
|---|---|---|
| AA | = | Auswärtiges Amt |
| GR | = | Geheime Registratur |
| KG | = | Kaiserliches Gouvernement (+Ort) |
| PA | = | Postamt (+Ort) |
| RKA | = | Reichskolonialamt |
| RMA | = | Reichs-Marine-Amt |
| RPA | = | Reichspostamt |
| TF | = | Telefunken |

**INHALT** **SEITE**

# 1. EINLEITUNG

## 1.1 Gegenstand und Zielsetzung des Buches

Die deutsche Kolonialperiode in Übersee wird auch heute noch, verglichen mit anderen Abschnitten deutscher Geschichte, recht stiefmütterlich behandelt. Dies gilt für die Geschichtswissenschaften im allgemeinen und für funkhistorische Recherchen im besonderen. Letzteres verwundert, denn ein koloniales Funknetz, welches nicht nur die Kolonien untereinander verband, sondern auch eine von fremden Unterseekabeln unabhängige Verbindung zum Mutterland gewährleisten sollte, war ein Hauptanliegen der Reichsregierung in den Jahren zwischen 1908 und 1918. Außerdem scheint dieses Anliegen die Hauptmotivation für die Entwicklung besserer funktechnischer Geräte und Antennen bis 1914/15 gewesen zu sein, waren doch für die damalige Zeit riesige Entfernungen zu überbrücken.

Dieses Buch versteht sich zum einen als ein Beitrag zur Geschichte der drahtlosen Übermittlungstechniken in deren Anfängen. Es ist somit in Teilen ein technisches Buch, das dem Leser die Funktionsweise, die dahinterstehende "Philosophie" und die zunehmende Wichtigkeit der Funktechnik damaliger Zeit unter erschwerten äußeren Bedingungen in den deutschen Kolonien vor Augen führen soll.
Da aber die Funktechnik nicht frei im Raume schwebend ohne jeden geschichtlichen Kontext betrachtet werden kann, sie vielmehr Zwecken außerhalb des Zeitvertreibs dienen sollte, ist es zum anderen unbedingt notwendig, sich mit den politischen, wirtschaftlichen, sozialen und militärischen Gegebenheiten in den deutschen Kolonien auseinanderzusetzen. Somit soll das Buch auch ein Stück deutscher Kolonialgeschichte beschreiben. Dieses wiederum bedeutet aber, daß es nicht nur eine in unbeschwertem Ton gehaltene Anekdotensammlung sein kann, sondern sich auch mit den dunklen Punkten in diesem Abschnitt der deutschen Geschichte wird befassen müssen. Dabei wird hier die Ansicht vertreten, daß der deutsche Kolonialismus, wie derjenige anderer Nationen auch, nicht mit Romantik unter Palmen oder einer notwendigen Durchsetzung von eigenen Zivilisationsidealen gleichgesetzt werden kann. Für manchen deutschen Kolonialfreund mag das eine oder andere romantische Element wie auch die (nur von seinem Standpunkt aus gesehene) Notwendigkeit vorhanden gewesen sein. Für die derart "beglückten" Völker in Asien, Ozeanien und besonders Afrika war die Eroberung ihrer Territorien, die oft gewaltsame Errichtung neuer, nach europäischem Muster funktionierenden politischen und sozialen Strukturen und die damit einhergehende Zerstörung ihrer alten Kulturen weder romantisch noch notwendig.

Dennoch kann dieses Buch nicht zuvorderst dazu dienen, den Kolonialismus anzuprangern. Zum einen ist durch die Problematik und die Quellenlage vorgegeben, den Ablauf der Dinge aus der Sicht der Europäer zu schildern, zum anderen erscheint dem heutigen Leser ein Teil der Begebenheiten so absonderlich, teilweise vielleicht sogar skurril, daß ein ernsthafter Ton nicht in jedem Falle aufrechterhalten werden kann.
Der Zeitrahmen, der von dieser Abhandlung abgedeckt werden soll, umfaßt die Jahre 1904 bis 1918. Die Funktechnik wurde 1904 zum ersten Male systematisch im deutschen Schutzgebiet Südwestafrika eingesetzt, 1918 endete der Einsatz von Funkstationen in den Kolonien mit der Übergabe der deutschen Schutztruppe unter General von Lettow-Vorbeck in Deutsch-Ostafrika kurz nach Kriegsschluß.
Der geographische Rahmen wird durch die deutschen Kolonien in Afrika, Asien und Ozeanien gebildet. Wo notwendig, wird auch auf die Kolonien anderer Nationen eingegangen.

## 1.2 Zur Quellenlage

### 1.2.1 Publizierte Quellen

Generell kann man die publizierten Quellen in zwei Gruppen gliedern, zum einen in die zeitgenössischen Beiträge und zum anderen in die Abhandlungen durch Historiker. Beide Kategorien unterscheiden sich in der Ergiebigkeit erheblich. Es fällt auf, daß die Funktechnik in den allermeisten kolonialgeschichtlichen Abhandlungen der letzten dreißig Jahre fast überhaupt nicht vorkommt, weshalb diese Quellenart, bis auf die eine oder andere Ausnahme, weniger ergiebig ist.
Somit wurden für diese Abhandlung fast ausschließlich zeitgenössische Quellen herangezogen. Zu dieser Gruppe gehören Zeitungen der deutschen Kolonialpresse, Zeitungen in den deutschen Kolonien, Amtsblätter, Erinnerungen von Soldaten und Zivilisten (soweit publiziert), die in den Schutzgebieten lebten, elektrotechnische Fachzeitschriften sowie zeitgenössische Monographien zur Funktechnik.

### 1.2.2 Nicht-publizierte Quellen

Da sich aus den publizierten Quellen ein nur sehr fragmentarisches Bild über die Vorgänge um die Kolonialfunkstationen ergeben hätte, wurden insbesondere Akten des Reichskolonialamts, des Reichspostamts und des Reichs-Marine-Amts ausgewertet. Besonders die Akten des Reichspostamts boten eine Fülle von Material, darunter den gesamten Schriftverkehr zwischen dem Reichspostamt (dem Auftraggeber für die meisten Stationen) und Telefunken in Berlin (der beauftragten Firma).

Dazu kamen in geringerem Maße Akten des Reichs-Marine-Amts und Auszüge aus Tagebüchern und Briefen aus dem damaligen Deutsch-Südwestafrika, die heute in den "National Archives" in Windhuk/Namibia aufbewahrt werden.
Mithilfe dieser Quellen ist es gelungen, zumindest einen guten Überblick über die Funktechnik in den Kolonien zu gewinnen. Lücken im Material traten immer dann auf, wenn Akten nicht vollständig waren, der Zahn der Zeit an ihnen genagt hatte oder bestimmte Quellen nicht auffindbar waren.

### 1.2.3 Das Fotomaterial

Es wurde darauf geachtet, die wichtigsten Stationen auch im Bild zu dokumentieren. Alle Fotos mußten aus diversen Vorkriegs-Publikationen noch einmal abfotografiert werden, was der Qualität nicht eben zuträglich war. Die Originale in diesen Publikationen stammen überwiegend aus dem Firmenarchiv von AEG-Telefunken. Bei einer Anfrage stellte sich heraus, daß die Negative und deren Abzüge heute nicht mehr existieren. Viele der in diesem Buch veröffentlichten Fotos gingen im Krieg verloren und der Rest wurde in Mainz durch ein Hochwasser vernichtet, als die Bilder dort während des Umzugs von Berlin nach Frankfurt/Main zwischengelagert waren.

## 1.3 Zur Vorgehensweise

Die nächsten beiden Kapitel stellen eine kurze allgemeine Einführung in den historischen Kontext dar. Zunächst sollen Informationen über die deutsche Kolonialpolitik folgen, anschließend soll ein kleiner funktechnischer Überblick die wichtigsten technischen Sachverhalte und Begriffe, die in dieser Abhandlung vorkommen, erklären.
Im folgenden wird dann versucht, die Ereignisse chronologisch aufzuarbeiten, beginnend mit der Darstellung der frühesten militärischen Nutzung der "Funkentelegraphie"[1] in Deutsch-Südwestafrika und endend mit dem, wiederum militärischen, Einsatz des Funkwesens während der Kämpfe in den deutschen Schutzgebieten von 1914 bis 1918.
Auf andere Nachrichtenübermittlungstechniken, wie zum Beispiel das Kabel, wird dann eingegangen werden, wenn es zur Erhellung des Zusammenhangs notwendig erscheint. Ansonsten wird auf die einschlägige Literatur verwiesen[2].

[1] Im folgenden werden die zeitgenössischen Bezeichnungen "Funkentelegraphie", "Funkenstation" usw. durch das heute gebräuchliche "Funktelegraphie", "Funkstation" usw. ersetzt und nur in Zitaten beibehalten.

[2] Siehe auch Literaturverzeichnis im Anhang.

## 2. EINFÜHRUNG IN DEN HISTORISCHEN KONTEXT

### 2.1 Die Kolonialpolitik des Deutschen Kaiserreiches bis 1918

Kolonialismus ist wohl die markanteste Form des Imperialismus. Der Kolonialismus der europäischen Mächte kann für die Zeit vor 1880 nicht unbedingt als freiwillig angesehen werden. Der britische Premierminister Disraeli bezeichnete 1852 die englischen Kolonien als "Mühlstein um unseren Hals". Bis etwa 1880 war der Erwerb von Kolonien eher zufällig, während der Kolonialismus bzw. Imperialismus ab diesem Zeitpunkt im Mittelpunkt politischen Handelns stand. Es gibt verschiedene Theorien über das relativ plötzliche Auftreten des Imperialismus.
Übersteigerter Nationalismus: Der Imperialismus wurde in eigentlich allen großen Industrieländern angeheizt und durch einen wachsenden Stolz auf das eigene Volk und die eigene Rasse beflügelt. Aus diesem Stolz erwuchs eine Art von Kulturmissionsgedanke, der auf "unzivilisierte" Völker in Übersee übertragen wurde. Durch diese Ansicht glaubten sich die europäischen Mächte auch erlauben zu dürfen, ihre Art von Kultur mit allen Mitteln, auch mit denen der Nilpferdpeitsche und des Maximgewehrs, durchzusetzen.
Prestigedenken gegenüber anderen Nationen: Dieser Gedanke war besonders in Deutschland sehr ausgeprägt, im wesentlichen hervorgerufen durch die relativ spät erfolgte Reichsgründung 1871 und den Aufstieg zur kontinentalen Großmacht.
Wirtschaftliche Erwägungen: Diese spielten staatlicherseits weniger eine Rolle und wurden eher von der Privatwirtschaft, das heißt einer expandierenden Industrie ins Feld geführt. Privatleute, meistens Kaufleute, waren auch die treibenden Kräfte des Gebietserwerbs in Übersee. Man annektierte oder kaufte Territorien von lokalen Machthabern; irgendwann wurde die jeweilige europäische Regierung dann gedrängt, die Pflichten für diese Territorien zu übernehmen. Oder der Herrscher eines Landes war zur Schuldentilgung bei europäischen Banken und/oder Regierungen nicht mehr in der Lage, so daß die Verantwortung des bankrotten Herrschers an die Europäer überging, so geschehen in Ägypten und Persien[1].

Zwischen dem Kolonialerwerb durch Bismarck in den Jahren 1884 und 1885 und den kolonialpolitischen Aktivitäten von 1890 bis 1914 gibt es einige Unterschiede. Der geographische Schwerpunkt lag 1884/85 in Afrika. Hier wurden die Territorien Togo, Kamerun, Südwestafrika und Tanganyika sowie das heutige Rwanda erworben, dazu kamen im Pazifik Neu-Guinea, der Bismarck-Archipel, die Salomon- und die Marshall-Inseln sowie Teile von Samoa. Das Interesse verlagerte sich in den nächsten

Jahren immer mehr in den asiatisch-pazifischen Raum, in den Jahren 1897 bis 1899 wurden erworben: das Pachtgebiet Kiautschou von China, wobei dieses Gebiet zunächst als Kohlestation für die deutsche Kriegsmarine gedacht war, die Karolinen mit den Marianen, Marshall- und Palau-Inseln durch Kauf von dem im amerikanisch-spanischen Krieg unterlegenen Spanien und die westlichen Samoa-Inseln durch Gebietstausch mit England.

All dies geschah zu einer Zeit, als die Welt im großen und ganzen bereits aufgeteilt war. Die Inbesitznahme der überall im asiatisch-pazifischen Raum verstreuten Territorien war nur möglich durch die Zuspitzung des russisch-englischen Gegensatzes in Ostasien und des englisch-französischen Gegensatzes in Afrika (Faschoda).

Man wußte in Deutschland, daß alles aufgeteilt war, man wollte aber als gleichberechtigte Großmacht bei allen kolonialen Reibereien und Raufereien sein Mitspracherecht anmelden. Hinter diesen Bestrebungen steckte das im europäischen Gleichgewichtssystem vergangener Zeiten angewandte Konvenienz- oder Angemessenheitsprinzip, nach dem der Vorteil, den eine der Großmächte errungen hatte, durch entsprechende materielle Gewinne der anderen Mächte ausgeglichen werden sollte. Deutschland wollte nun nach diesem Prinzip überall mitreden: "Welche Kompensationen bekommen wir, wenn wir euren Vorteil gutheißen oder euch in eurer Notlage helfen?" Durch dieses wenig elegante Vorgehen deutscherseits fühlten sich andere Mächte ein ums andere Mal über den Tisch gezogen. Resultat waren Mißhelligkeiten: In den 90er Jahren gab es die ersten kolonialen Konflikte mit England um Samoa und Zentralafrika, auch das prestigesüchtige Vorgehen während des Boxeraufstandes in China im Jahre 1900, als der Kaiser das Expeditionsheer zur Befreiung der Geiseln während des Aufstands in China unbedingt unter deutschem Oberkommando sehen wollte, trug nicht wenig zur diplomatischen Isolation Deutschlands bei. Verschlimmert wurde dies noch durch das lärmende und linkische Auftreten des Kaisers selber, der es nicht lassen konnte, andauernd in kolonialen Wespennestern herumzustochern. Die Isolation drückte sich schließlich in einem für Deutschland gefährlichen Zusammenrücken Englands und Frankreichs aus[2].

Um die Jahrhundertwende verfügte Deutschland über folgende Schutzgebiete:

(1) Deutsch-Südwestafrika: Der Bremer Großkaufmann Lüderitz legte 1883 im Hafen von Angra Pequena eine Handelsstation an und kaufte ein Küstengebiet (Lüderitzland), das am 24.4.1884 unter den Schutz des Reichs gestellt wurde. Die Verträge mit Portugal (1886) und mit England (1890) schoben die Grenzen der Kolonie weiter vor. Der erste Gouver-

neur, Reichskommissar Göring, mußte bis 1889 ohne militärischen Schutz auskommen, erst in diesem Jahr wurde eine kleine Schutztruppe entsandt. Hauptort der Kolonie war Windhuk (Windhoek).

(2) Deutsch-Ostafrika: Im Auftrag der "Gesellschaft für deutsche Kolonisation" erwarb Carl Peters Ende 1884 durch Verträge mit Häuptlingen weite Gebiete der späteren Kolonie. Die endgültigen Grenzen des Gebiets wurden im Helgoland-Zanzibar-Vertrag vom 1.7.1890 festgelegt. Am 1.1.1891 übernahm das Reich die Verwaltung. Hauptort war Daresalaam (Daressalam).

(3) Kamerun: Der Inbesitznahme Kameruns ging ein Wettlauf auf diplomatischer Ebene zwischen Deutschland und England voraus, den die Deutschen mit einem Tag Vorsprung gewannen. Am 14.7.1884 wurde das Gebiet an der Küste von Gustav Nachtigal für Deutschland in Besitz genommen und bis 1911 durch internationale Verträge noch wesentlich vergrößert. Bis 1901 war Douala (Duala) der Hauptort, wegen des gesünderen Klimas zog man jedoch nach Buea am Kamerunberg.

(4) Togo: Ohne den Widerspruch Großbritanniens oder Frankreichs wurde das Togoland von Gustav Nachtigal am 5.7.1884 unter den Schutz des Deutschen Reiches gestellt. Die Kolonie beschränkte sich zunächst auf das Küstengebiet, die Besitznahme des Hinterlandes war erst um die Jahrhundertwende abgeschlossen. Hauptort der kleinsten deutschen Kolonie auf afrikanischem Boden war Lomé.

(5) Kiautschou: Die Ermordung zweier deutscher Missionare in China lieferte der Regierung in Berlin den äußeren Anlaß, im November 1897 durch ein Kreuzergeschwader die Bucht von Kiautschou als Faustpfand für Sühneforderungen zu besetzen. Vier Monate später stimmte China zu, Deutschland ein Gebiet um die Bucht von 550 qkm auf 99 Jahre zu verpachten. Deutschland hatte damit den Fuß in der Tür eines riesigen Handelsgebiets, in dem sich schon andere europäische Mächte tummelten. Das Gebiet war zum einen ein Platz für den Güteraustausch und zum anderen Stützpunkt des Ostasiengeschwaders; Gouverneur war immer ein Marineoffizier. Hauptort war Tsingtau (Qingdao).

(6) Neu-Guinea und die Marshall-Inseln: Nachdem deutsche Kaufleute seit 1880 auf Neu-Guinea rege Aktivitäten entfaltet hatten, erhielt die "Neu-Guinea-Compagnie" im Mai 1885 den kaiserlichen Schutzbrief. Das Gebiet umfaßte den Bismarck-Archipel, die Hauptinseln Neu-Pommern, Neu-Mecklenburg und Neu-Lauenburg, die Admiralitäts-Inseln und Teile der nördlichen Salomonen-Inseln. Hauptort des Gebildes war Rabaul/Herbertshöhe auf Neu-Pommern.

Nachdem deutsche Handelshäuser wie zum Beispiel "Godeffroy & Sohn" schon in den 60er Jahren des 19. Jahrhunderts auf der Marshall-Insel Jaluit Niederlassungen gegründet hatten, nahm das Reich die Inseln am

15.10.1885 in Besitz; aber erst am 1.4.1906 übte das Reich eine aktive Verwaltung aus und unterstellte das Territorium dem Gouvernement in Rabaul.
(7) Auch auf den Samoa-Inseln war das Handelshaus Godeffroy seit 1860 sehr aktiv gewesen. Nach teilweise schweren Konflikten zwischen Deutschen und Samoanern und auch Streitigkeiten mit den USA wurden die Inseln auf der Samoa-Konferenz 1889 in Berlin von den USA, England und Deutschland zunächst für neutral erklärt; als die drei Mächte sich jedoch in die Thronfolge der samoanischen Könige einmischten, kam es zu neuen Wirren, die erst mit dem Vertrag vom 2.12.1899, durch den Samoa unter den drei Mächten aufgeteilt wurde, endeten. Der Hauptort des deutschen Gebietes war Apia auf der Insel Upolu.

Insgesamt gesehen läßt sich für die deutschen Kolonien bzw. Schutzgebiete selbst feststellen, daß diese ihren Zweck weder in sozial-demographischer noch in wirtschaftlicher Hinsicht erfüllt haben. Für das "Volk ohne Raum", dessen unterprivilegierte Schichten in Deutsch-Übersee ihr Glück machen sollten, waren die Kolonien keine Attraktion. Die Verhältnisse in den Kolonien waren den Propagandakampagnen der großen imperialen bzw. Kolonialverbände wie dem "Flottenverein", dem "Alldeutschen Verband", dem "Deutschen Kolonialverein" oder der "Deutschen Kolonialgesellschaft" diametral entgegengesetzt. 1904 waren die deutschen Territorien mit 2,6 Mio. qkm fünfmal größer als das Deutsche Reich. In diesen Territorien lebten 5495 Deutsche (davon die Hälfte in Südwestafrika), in den anderen Gebieten lebten kaum deutsche Siedler. Die meisten europäischen Einwohner waren Beamte, Militärs und Vertreter von Unternehmen. Dazu kam, daß ein Klüngel aus kolonialen Alteingesessenen die Etablierung von Neuankömmlingen oft erschwerte und daß die Sterblichkeitsrate durch Krankheiten wie Malaria, Gelbfieber, Pocken, Hepatitis oder Cholera sehr hoch war. Die Wohnverhältnisse waren schlecht und mancher Brief und manches Foto aus jener Zeit legen Zeugnis davon ab, was es für die wackeren Pioniere hieß, sich in den Boden zu krallen und ein Familienmitglied nach dem anderen sterben zu sehen. Amerika und Australien waren da als Einwanderungsländer attraktiver.
Wirtschaftlich und finanziell war die deutsche Kolonialherrschaft zumeist unrentabel. 1913 betrug der Anteil der Kolonien am Außenhandel Deutschlands 0,5%. Außer Togo und Samoa hat keine Kolonie für Deutschland einen Gewinn abgeworfen, im Gegenteil mußte der Steuerzahler immer wieder zur Kasse gebeten werden[3].

Seit die europäischen Mächte zum Aufbau von Kolonialimperien in Übersee schritten, kämpften sie stets auch um die Wege dorthin. Der Ausbau von Kapstadt, Gibraltar, Dakar, Djibouti oder Singapur war Teil derartiger strategischer Zielsetzungen. Diese Stützpunkte waren stets auch entscheidende Kettenglieder in den Informationssystemen der europäischen Kolonialmächte zu ihrem überseeischen Besitz bzw. zu den auf den Weltmeeren operierenden Handels- und Kriegsschiffen[4].
Als die Telegraphie erfunden war, nutzten die Mächte dieses neue Medium. Unterwasserkabel verbanden bald alle Kontinente und versahen den vom europäischen Kapital beherrschten Weltmarkt mit einem ersten Telekommunikations-Netzwerk. Großbritannien und Frankreich konnten durch Überseekabel ihre traditionelle Vorrangstellung in den eigenen Kolonialimperien festigen und anderen für die Nutzung ihrer Kabel die Telegrammpreise diktieren. Andere Mächte sahen sich veranlaßt, eigene Kabel zu verlegen, wollten sie der Kontrolle und dem Tarifdiktat entgehen. Überseekabel zu verlegen war jedoch zeit- und kostenaufwendig. Aber die Verlegung eigener Kabel war für die neuen Kolonialmächte wie Deutschland nur eine Lösung für Friedenszeiten. Da die Kabel an von anderen Kolonialmächten kontrollierten wichtigen strategischen Punkten in der Welt vorbeiführen mußten, konnte damit gerechnet werden, daß sie im Kriegsfall durchschnitten würden.
Die drahtlose Telegraphie eröffnete für die rasch erstarkenden neuen europäischen Mächte die Chance, mit einem qualitativ neuen Informationssystem bestehende Abhängigkeiten zu überwinden[5].
In der Funkstrategie des deutschen Kaiserreichs hatte die Vernetzung der afrikanischen Besitzungen untereinander und mit Deutschland Vorrang vor derjenigen der pazifischen Schutzgebiete, nicht nur, weil in Afrika sieben Achtel des Besitzes lagen. Durch den südöstlichen Atlantik und um das Kap führte eine der wichtigsten Schiffahrtsrouten nach Asien; gleichermaßen wichtig waren die an der West- und Ostküste entlangführenden Schiffahrtswege[6].

## 2.2 Zur Entwicklungsgeschichte der Funktechnologie bis 1918

Es ist hier nicht der Platz, eine Geschichte der drahtlosen Nachrichtenübermittlung zu schreiben. Stattdessen sei auf die zahlreiche Fachliteratur verwiesen.
An dieser Stelle sollen nur die Vorrichtungen kurz erwähnt werden, die im folgenden eine Rolle spielen, also im wesentlichen das System der "tönenden Löschfunken", das von etwa 1908 an bei deutschen Funkstellen am weitesten verbreitete Sendersystem, die Prinzipien des Empfangs und die Antennen.

Die einfachste Art, elektrische Schwingungen zu erzeugen, besteht in der Anwendung eines Funkensenders. In einem geschlossenen Schwingkreis befindet sich ein Kondensator (meist Leydener Flaschen) als Kapazität, eine Spule als Selbstinduktion und die Funkenstrecke. Der Kondensator wird durch einen kräftigen Funkeninduktor aufgeladen. Beim Entladen des Kondensators über die Funkenstrecke werden in dem Schwingkreis elektrische Schwingungen (Eigenschwingungen) angeregt, die über die Antennenspule auf die Antenne übertragen werden. Der Nachteil dieser Anordnung ist, daß die von dem geschlossenen Schwingkreis (Kondensator - Spule - Funkenstrecke) auf den Antennenkreis übertragene Energie auf den ersteren zurückwirkt und so Kopplungswellen entstehen. Diese Rückwirkung des Antennenkreises auf den Erregerkreis ließ sich nach dem Vorschlag von Max Wien beseitigen, wenn man dafür sorgte, daß der Primärkreis (also die Funkenentladung) unterbrochen wurde, sobald die Schwingungsenergie auf die Antenne übertragen war. Dieses schnelle Abreißen ("Löschen") des Funkens tritt dann ein, wenn der Abstand der beiden Elektroden der Funkenstrecke außerordentlich klein gehalten wird. Die Funkenstrecke eines solchen Löschfunkensenders besteht demgemäß aus mehreren Kupferscheiben, die in einem Abstand von etwa 0,5 mm angeordnet und durch Glimmerringe voneinander getrennt sind. Ferner ist man bei dieser Art der Schwingungserzeugung in der Lage, die Funkenzahl auf eine solche Frequenz zu erhöhen, daß ein tönender Empfang herbeigeführt wird; daher der Name "tönende Funken". Die erzeugten Schwingungen sind gedämpft und waren daher nur für die Telegraphie[7], nicht für die Telephonie zu gebrauchen.

Der Empfang von Radiowellen ist von mehreren Prinzipien abhängig. In der Antenne werden durch die vom Sender ausgehenden elektromagnetischen Wellen eine Spannung induziert. Diese induzierte elektrische Energie ist dann am größten, wenn Resonanz besteht, das heißt, wenn die Antenne auf die Frequenz des Senders abgestimmt ist. Diese Abstimmung des Antennenkreises auf die Frequenz des Senders erfolgte damals mithilfe von Spulen und Kondensatoren.
Die in dem Antennenkreis angeregte Energie muß nun auf den eigentlichen Empfangskreis übertragen werden. Dies geschieht durch die Kopplung, und zwar entweder durch Spulen (induktive Kopplung) oder durch Kondensatoren (kapazitive Kopplung).

Die im Empfangskreis unter Vermittlung der Kopplung induzierten elektrischen Schwingungen sind - wie die vom Sender ausgehenden - hochfrequenter Natur, beeinflußt durch die Besprechungsfrequenz. Diese hochfrequenten Schwingungen sind aber weder hörbar, noch ist zum Beispiel die Membran eines Telefonhörers in der Lage, diesen schnell verlaufenden Wechseln zu folgen. Sie müssen daher in niederfrequente Schwingungen umgewandelt, also demoduliert werden. Das bedeutet, daß die den Hochfrequenzwellen als Trägerwelle im Sender durch die Besprechung aufgedrückte Modulationsfrequenz zurückgewonnen werden muß, damit ein hörbarer Empfang zustandekommt. Diese Umwandlung geschieht bei Detektorapparaten mithilfe des Kristalldetektors. Ferner müssen die Schwingungen, um den Empfang zu verbessern, verstärkt werden. Diese Verstärkung erfolgt in der Elektronenröhre bzw. Verstärkerröhre.

Die Grundform der Sendeantenne war der von Marconi benutzte einfache, senkrecht emporgeführte Stahldraht. Als man eingesehen hatte, daß seine Kapazität zu gering war, schritt man zunächst zu einer Vervielfachung. Es entstanden die Harfen- oder Fächerantennen, die aus zahlreichen Einzeldrähten zusammengesetzt wurden. Für den Mobilbetrieb wurden aber auch nach dieser Entwicklung noch einfache Luftdrähte benutzt, die man an Drachen oder Ballons befestigte und aufsteigen ließ.
Weiterhin waren Schirmantennen im Gebrauch, die ihren Namen dadurch erhielten, daß die Seitendrähte von dem höchsten Punkt der Zuleitung gleich den Stangen eines aufgeklappten Schirms schräg hinabstiegen.
Sogenannte T-Antennen waren zunächst besonders auf Schiffen beliebt, da man den waagerechten Teil bequem zwischen den Schiffsmasten befestigen konnte, während der senkrechte Teil zum Sender führte. Zeitweise war in Nauen bei Berlin, der Großstation von Telefunken, die größte T-Antenne der damaligen Zeit installiert. Der Luftleiter erstreckte sich hier über fast 2,5 km bei 260 m Höhe.
Sehr oft wurde anstelle der Erdung ein sogenanntes "isoliertes Gegengewicht" verwendet, das zumeist aus einer zusätzlichen Sende- oder Empfangsantenne bestand.

## 2.3 Der Telefunken-Konzern

Die Gründung der "Gesellschaft für drahtlose Telegraphie m.b.H." erfolgte am 27.5.1903 gemeinschaftlich durch die "Allgemeine Elektricitäts-Gesellschaft", Berlin und durch "Siemens & Halske", nachdem diese Gesellschaften sich bereits seit mehreren Jahren getrennt auf dem Gebiet der drahtlosen Telegraphie betätigt hatten. Die Fusion der beiden Einzel-Systeme Slaby-Arco (A.E.G.) und Professor Braun (S. & H.) zu einem einheitlichen System mit dem Namen "Telefunken" ist nicht nur Ausgangspunkt für einen schnellen Aufschwung der deutschen Funktechnik geworden, sondern hat unzweifelhaft auch einen bedeutenden Einfluß auf die Ent-

wicklung neuer drahtloser Übertragungstechnologien außerhalb Deutschlands gehabt[8]. Ein großer Teil der unter 2.2 erwähnten Entwicklungen wurden von Telefunken-Ingenieuren durchgeführt.
Schon kurz nach der Gründung gelang es, eine größere Anzahl Stationen an Deutschland, Schweden und die Vereinigten Staaten zu verkaufen, so daß bereits am 1.10.1903 einschließlich der von den Vorgängerfirmen gelieferten Stationen insgesamt 163 Stationen des Telefunken-Systems in Betrieb waren[9].

Während der Herero- und Namakriege in Deutsch-Südwestafrika sollte für Telefunken die Gelegenheit kommen, zum ersten Mal die Leistungsfähigkeit ihrer Produkte unter extremen Bedingungen zu beweisen[10].

1 Baumgart 1978 :33.
2 Baumgart 1978 :66ff.
3 Baumgart 1978 :80f.
4 Sebald 1991 :1112.
5 Sebald 1991 :1112f.
6 Sebald 1991 :1116.
7 Die Funkverbindungen zwischen Deutschland und seinen Kolonien bzw. innerhalb der Kolonien wurden ausschließlich in Telegraphie getätigt. Die Telephonie war noch nicht in einem Entwicklungsstadium, das eine Anwendung bei großen Reichweiten erlaubt hätte.
8 TZ 1/1 1912 :1-4.
9 TZ 1/1 1912 :2.
10 Zum teilweisen Scheitern der Telefunken-Geräte im russisch-japanischen Krieg siehe TZ 1/1 1912 :3.

## 3. DIE FELDZÜGE GEGEN HERERO UND NAMA IN DEUTSCH-SÜDWESTAFRIKA

### 3.1 Zum Verlauf der Aufstände

Am 12.1.1904 brach bei Okahandja, 50 km nördlich der Hauptstadt Windhuk, der erste von mehreren Aufständen aus, hauptsächlich getragen von den Herero unter ihrem Oberhaupt Samuel Maherero. Die Herero, als Viehzüchter auf eine funktionierende Weidewirtschaft angewiesen, waren durch die immer weiter fortschreitende Landnahme durch weiße Kolonisatoren in ihrer Existenz gefährdet. Die Beschränkung der Weidemöglichkeiten ging Hand in Hand mit einer als katastrophal empfundenen Einengung von Tränkgelegenheiten für das Großvieh[1].
Der Aufstand kam für die Schutztruppe offenbar völlig überraschend, denn die Aufstandsgebiete waren von Truppen entblößt. 123 deutsche Siedler wurden getötet, die anderen Deutschen mußten sich auf die Festungen von Windhuk, Okahandja, Seeis, Omaruru, Outjo und Grootfontein flüchten. Die Herero verfügten zu der Zeit über etwa 6000 Gewehre. Hauptmann Franke versuchte mit einer Abteilung der Schutztruppe Windhuk zu erreichen, wurde aber durch Scharmützel aufgehalten und kam erst am 17.1.1904 in Windhuk an. Er eroberte Okahandja am 27.1. und Omaruru am 4.2. Am 15.2. wurde Otjimbingwe durch die Besatzung des Kanonenboots "Habicht" zurückerobert.
Der Aufstand, der bald das gesamte Hererogebiet sowie das angrenzende Damaraland erfaßte, wurde auch eine ganze Weile nach dem ersten Schlag durch die deutschen Kolonialbehörden und die Schutztruppe unterschätzt. Zudem war man deutscherseits militärisch keineswegs auf großflächige Aufstände vorbereitet. Erschwerend kam hinzu, daß man den Herero und später den Nama[2] keine geordnete und logistisch abgesicherte Kriegsführung zutraute. Dieses sollte sich als Irrtum herausstellen.
Nach dem Teilfrieden von Kalkfontein konnte Gouverneur Leutwein mit dem Hauptteil der Schutztruppe, aus dem Süden kommend nach Norden vorrücken. Von seinem Hauptquartier Okahandja sandte er Truppen aus, die aber mehrmals von den Herero schwer geschlagen wurden. Am 13.4. wurden die Herero bei Oviumbo in einer verlustreichen Schlacht besiegt. Die Kämpfe banden auf deutscher Seite dermaßen viele Kräfte, daß die Schutztruppe bald auf 15000 Mann angewachsen war.
Nach Oviumbo zogen sich die Herero an den Waterberg zurück. Das Oberkommando war inzwischen von Major (später Oberst) Leutwein auf Generalleutnant Lothar von Trotha übergegangen. Leutwein, unterstützt von anderen höheren Militärs, riet dringend, den Krieg auf dem Vermittlungsweg zu beenden, doch zeigte die Oberleitung keinerlei Verständnis

für Leutweins Anschauung, daß "die Hereros (...) genug bestraft seien" und es nun darauf ankäme, dem Schutzgebiet "die überaus wichtige Arbeitskraft dieses Volkes zu erhalten". Trothas Ehrgeiz war, den Widerstand des Gegners "durch einen großen Schlag zu brechen". Im August 1904 vollzog sich am Waterberg der Untergang einer Nation. Nach einer zweitägigen Kesselschlacht, in der es den Deutschen nicht gelang, den Ring zu schließen, zogen sich die Herero, auf einem Raum von etwa 40 km Umkreis zusammengedrängt, nachts durch die Lücke in Richtung Osten zurück, vor sich die wasserarme Omaheke, ein Buschfeld, das damals noch kaum erforscht war. Es kam zur Katastrophe: Von selbst äußerst erschöpften deutschen Patrouillen ins Buschland gehetzt, verdurstete ein Großteil der Herero, Männer, Frauen und Kinder mitsamt ihrem Vieh. Samuel Maherero und seine Unterführer konnten ins britische Bechuanaland flüchten.
Kaum war dieser Krieg beendet, brach im Oktober 1904 der Aufstand der Nama unter Hendrik Witbooi, Jacob Morenga und Morris los. Witbooi schickte am 3.10.1904 eine förmliche Kriegserklärung an den Bezirksamtmann von Gibeon, Hauptmann von Burgsdorff, worauf sich dieser Richtung Rietfontein in Marsch setzte, unterwegs jedoch erschossen wurde.
Die gut berittenen und bewaffneten Aufständischen sammelten sich bei Rietmont und Kalkfontein, wo sich ihnen die Rote Nation, die Fransman-Hottentotten von Gochas, ferner ein Teil der Bethanier und die Veldschoendrager anschlossen. Die Kriegsführung aufseiten der Deutschen erwies sich als äußerst schwierig. Die Schauplätze verlagerten sich in unwegsame, wenig bekannte Gebiete des Südens, was den Nachschub außerordentlich erschwerte. Zudem war der Krieg der Nama "nicht ein Kampf mit zusammengeballten Kriegermassen". Vielmehr gliederte er sich in eine Anzahl kleinerer Abschnitte, so daß an der Naukluft, am Fischfluß, in den Hochebenen an den Karasbergen, in der Kalahari und sogar in der Nähe des Oranje, dem Grenzfluß zum südafrikanischen Kapland, gekämpft wurde, was beiden Seiten schwere Verluste brachte. Am 4.1.1905 erlitten die Aufständischen eine schwere Niederlage bei Auob, am 13.9.1905 gelang es den Deutschen, eine starke Nama-Abteilung bei Haruchas im Achab-Gebirge zu überrumpeln und zu vernichten. Als Hendrik Witbooi am 29.10.1905 während eines Angriffs auf einen deutschen Verpflegungs- und Ambulanztransport verwundet wurde und wenig später starb, war ein Großteil der Witbooi-Nation bereits vernichtet. Am 2.3.1906 ergab sich Witboois Schwiegersohn Cornelius von Bethanien, der seit Dezember 1905 einen Partisanenkrieg aus Lagern in den Tirasbergen geführt hatte. Nach dem Tod Witboois erwuchs den Deutschen in Morenga, der zu Witboois Lebzeiten deutlich in dessen Schatten gestanden hatte, ein neuer gefährlicher Gegner. Nachdem es Morenga gelungen war, einige

deutsche Abteilungen zu vernichten, wurden er und Johannes Christiaan in der ersten Hälfte des März 1906 von der Abteilung von Estorff bei Hartebeestmund und Kumkum geschlagen. Im Mai verfolgte ihn eine Einheit unter Hauptmann Bech auf englisches Gebiet und tötete die meisten von Morengas Gefolgsleuten, er selbst und 10 seiner Leute konnten entkommen und setzten sich in die Kalahari ab. Dort wurde Morenga schließlich im September 1907 von deutschen und britischen Streitkräften, die daran interessiert waren, daß der Aufstand nicht auf britisches Gebiet übergriff, getötet.
Erst am 16.3.1908, nach der Niederlage von Simon Copper, Anführer der Nama von Khauas, konnte die Kolonie wieder als "befriedet" gelten.

## 3.2 Der allgemeine Zustand des Fernmeldewesens bis 1908

Vor der Schilderung der Rolle von Telefunken-Stationen während des Feldzuges empfiehlt es sich, kurz einen Blick auf den allgemeinen Zustand des Fernmeldewesens bis zum Ende des letzten Aufstands zu werfen, da der Einsatz der Funktechnik im Zusammenhang mit diesem gesehen werden muß.

Am 16.7.1888 wurde in Otjimbingwe die erste Postagentur in Deutsch-Südwestafrika eingerichtet. Die Postverbindungen zwischen den Hauptorten der Kolonie entwickelten sich nur langsam und blieben lange von sporadischer Natur, nicht zuletzt wegen mangelnder Erfahrung der Verwaltung und der Schwierigkeit und Weitläufigkeit des Gebietes. Zum Anschluß an die in Walvisbay ankommenden und abgehenden Schiffe, die Post von Kapstadt brachten und nach Kapstadt mitnahmen, wurden zwischen Otjimbingwe und Walvisbay Botendienste eingerichtet, die vom Volk der Bergdamara, die bei der Kolonialgesellschaft beschäftigt waren, wahrgenommen wurden. Ein Handelsagent der Gesellschaft holte die Briefpost vom Schiff ab oder brachte die Post an Bord[3].
Am 7.12.1891 wurde der Regierungssitz und damit auch die Postagentur nach Windhuk verlegt. Auch für die Strecke Windhuk - Swakopmund wurden Botenläufer eingesetzt. Die afrikanischen Botenläufer galten im allgemeinen als pünktlich und zuverlässig, bezahlt wurden sie mit Naturalien. Die Kompliziertheit des Botensystems läßt sich an der heute etwas albern klingenden Schilderung der Kölnischen Zeitung vom 26.1.1895 ablesen:

*"Als Kuriosum erwähnen wir, daß sich an der Beförderung dieses Briefes, den wir aus Südwestafrika erhalten haben, viele Rassen von verschiedendster Färbung beteiligten. Er wurde überbracht von Grootfontein nach Haub durch einen Bergdamara (schwarz), von dort nach Waterberg durch einen Hottentotten (gelb) und einen Buschmann (rotgelb), nach Omaruru durch zwei Hereros (schokoladenbraun), von dort nach der Bai (Walfischbai) durch zwei Ovambos (braun) und endlich durch einen Stephansboten (weiß) an den Adressaten in Deutschland (...)"*[4].

Man stellte über die Jahre in Ermangelung elektronischer oder optischer Möglichkeiten allerhand Versuche an, diesem infrastrukturellen Problem beizukommen. Man experimentierte zunächst mit Tieren. Der Einsatz von Pferdeboten scheiterte recht bald an der "Pferdesterbe", die besonders in der Regenzeit auftrat. Auch die Verwendung von Reitochsen stellte sich als wenig hilfreich heraus. Die Ochsen waren zwar resistent gegen Krankheiten mit Ausnahme der Rinderpest, aber sie waren dafür "oft störrisch und nicht zum Weitergehen zu bewegen, wenn sich ihnen am Wege gute Weide bot". Am aussichtsreichsten gestalteten sich die Versuche mit Kamelen; diese waren von robuster Gesundheit, sie liefen ihren Führern aber sehr oft davon und starben dann elend in der Wildnis. Waren die Beförderungsmöglichkeiten an der Küste eingeschränkt, so waren sie ins Landesinnere oft nicht vorhanden[5].
Erst 1897 wurde mit dem Bau der Eisenbahnlinie zwischen Swakopmund und Windhuk, den beiden wichtigsten Orten der Kolonie, begonnen. Parallel zu den Schienen wurde ein Telegraphenkabel verlegt.

Diese sporadischen Maßnahmen schafften aber kaum Erleichterungen in anderen Teilen des Landes, so wurde weiter mit eher skurril anmutenden Ideen experimentiert. 1902 kam der recht gut betuchte Leutnant a.D. Troost in Verbindung mit der "Allgemeinen Elektricitätsgesellschaft" in Berlin auf den Gedanken, einen "Windetrommel-Kraftwagen" für den Gebrauch in Südwestafrika zu konstruieren. Mit diesem Fahrzeug wollte er den Frachtverkehr im Schutzgebiet beschleunigen. Er erhielt 1903 vom Auswärtigen Amt die "Konzession zum Betrieb eines öffentlichen, gewerbsmäßigen Gütertransportunternehmens mittels Motorwagen in Deutsch-Südwestafrika". Er erklärte sich bereit, auch die Post gegen eine entsprechende Vergütung zu befördern. Das Reichspostamt wollte aber erst die Ergebnisse der angekündigten Probefahrten im Schutzgebiet abwarten. Das Postamt in Windhuk riet zu äußerster Vorsicht, nachdem es den Plan Troosts mit mehreren Sachverständigen erörtert hatte. Troost brachte 1904 zunächst zwei vollständige Lastzüge, die aus je einem Motorwagen und je zwei Lastwagen bestanden, und ein Personenauto in die Kolonie. Anfang 1905 berichtete das Postamt in Windhuk,

> *"Troost habe auf den Probefahrten mit seinem Wagen keine nur einigermaßen befriedigenden Ergebnisse erzielt. Während der Regenzeit hätten sich die Wagen vollständig festgefahren. Infolge ihrer Unsicherheit und ihrer Langsamkeit seien sie für Postzwekke gänzlich ungeeignet".*

Einer der Wagen war im Sand der Namibwüste steckengeblieben und stand dort viele Jahre, bis in den ersten Weltkrieg hinein. Dieses Wahrzeichen gescheiterten Unternehmergeistes wurde bald unter viel Gelächter "Tröster in der Wüste" genannt. Jedem neu ins Land Kommenden wurde der Wagen vom Eisenbahnzug aus unter allerlei Witzen gezeigt[6].

Auch die Postverbindungen nach Deutschland waren bis 1899 unbefriedigend, die Post von und nach Deutschland konnte nur über Kapstadt und England geleitet werden. Es gab noch keine Telegraphenlinien, und so mußten die Telegramme der Landesregierung, die nach Deutschland gerichtet waren, durch Boten nach Walvisbay und mit dem nächsten Schiff nach Kapstadt befördert werden, wo sie zum deutschen Generalkonsul gebracht und von diesem beim britischen Telegraphenamt zur Weiterleitung abgeliefert wurden. Da dieser Weg ein äußerst kostspieliger und unsicherer war, entschloß sich die deutsche Regierung daher, am 16.1.1899 mit der "Eastern and Southern African Telegraph Company" in London vom 1.5.1899 an auf 20 Jahre einen Vertrag abzuschließen, wonach in das Hauptkabel Moçamedes (Angola) - Kapstadt ein T-Stück eingeschaltet und in Swakopmund gelandet werden sollte. Trotz dieser ausdrücklichen Abmachung brachte der Kapitän des englischen Kabeldampfers das Kabel im englischen Walvisbay an Land, angeblich aus Versehen[7].
Am 13.4.1899 wurde in Swakopmund eine Telegraphendienststelle eingerichtet und für den internationalen Dienst eröffnet. Jetzt wurden die aus Deutschland auf dem Kabelweg über Kapstadt - Walvisbay in Swakopmund ankommenden, nach dem Landesinnern gerichteten Telegramme soweit als möglich durch den Telegraphen der Eisenbahnlinie Swakopmund - Windhuk weiterbefördert, sonst durch die Post. Ab 1905, noch während die Aufstände tobten, wurde am Telegraphennetz weitergebaut. Windhuk wurde mit Rehoboth, Tshumis mit Gibeon und Keetmanshoop verbunden. Der Endort Keetmanshoop wurde am 26.5.1906 erreicht, wo am selben Tag eine Telegraphendienststelle eröffnet wurde.

Der Telegraphenbau gestaltete sich zumeist extrem schwierig: Während der Bau der Reichsleitung am Gestänge der Eisenbahnlinie Swakopmund - Windhuk noch relativ problemlos bewerkstelligt werden konnte, war der Bau der 492 km langen Reichstelegraphenleitung Windhuk - Rehoboth - Tshumis - Gibeon - Keetmanshoop mit extremen Hindernissen verbunden.

Die geplante Linie, die aus wichtigen strategischen Gründen so schnell wie möglich erbaut werden sollte, bildete den Ersatz für das Feldtelegraphenkabel, das bald nach Beginn der Hereroerhebung anstelle der früheren Heliographenlinie ausgelegt worden war.
Die Leitung (3-mm-Bronzedraht, auf 6,50 m langen Eisenstangen aus nahtlosen Mannesmannrohren mit eingeschraubten Zopfstützen und Porzellandoppelglocken) wurde allgemein mit Fernsprechern, außerdem bei den Dienststellen in Windhuk, Rehoboth, Gibeon und Keetmanshoop nach Bedarf mit Morseapparaten betrieben.
Die Linie führte durch 1000 bis 1600 m hohes Berggelände, das für die Bauarbeiten außerordentlich ungünstig war. Auf weiten Strecken mußte Basaltgestein weggesprengt werden. Im ganzen wurden an Sprengstoffen etwa 500 kg Dynamit verbraucht. Die Beförderung der Baustoffe stellte sich ebenfalls als schwierig zu lösendes Problem dar. Zu ihrer Verteilung konnten nur Ochsenwagen und Maultierkarren verwendet werden, wobei es große Mühe kostete, die Gefährte zu beschaffen, weil die Schutztruppe wegen des Aufstandes die meisten und besten Wagen für militärische Zwecke requiriert hatte. Störungen des Baupersonals durch feindliche Patrouillen, Erkrankungen sowie Lungenseuche und Rinderpest unter den Zugtieren verursachten manche Unterbrechung der Baustoffzuführung. In Windhuk wurden insgesamt 88 Frachtwagen, je mit 20 Ochsen bespannt, abgefertigt. Die Kosten für die Frachten beim Bau der Reichstelegraphenleitung am Gestänge der 382 km langen Eisenbahnlinie Swakopmund - Windhuk hatten etwa 15000 Mark betragen; dagegen beliefen sich die Frachtkosten auf der 492 km langen Landstraße Windhuk - Keetmanshoop fast auf das Zehnfache.
Das Baupersonal hatte unter den klimatischen Einflüssen sowie unter Strapazen und Entbehrungen so stark zu leiden, daß der Gesundheitszustand allgemein sehr ungünstig war. Leitungsaufseher und Arbeiter mußten in vielen Fällen abgelöst und durch Gesunde ersetzt werden[8].

Schließlich war jedoch zwischen 1901 und 1907 ein umfangreiches Reichstelegraphennetz von 2630 km Linie und 3616 km Leitung, mit 34 Postdienststellen mit Telegraphendienst, 12 Dienststellen mit Ortsfernsprechnetz und 4 sonstigen Telegraphendienststellen geschaffen worden[9].

Dieser relativ günstige Umfang der Telegraphenleitungen war jedoch für Ereignisse wie die Aufstände nicht ausreichend, deshalb mußte man zu ungewöhnlicheren technischen Maßnahmen greifen, um eine normal funktionierende militärische Infrastruktur aufbauen zu können.

## 3.3 Das deutsche Fernmeldewesen während der Aufstände und die Rolle der Funktechnik

### 3.3.1 Einführung

Die gewaltige, menschenleere und menschenfeindliche Ausdehnung des militärischen Operationsgebietes war etwas ganz anderes als man von den Kriegen in Europa deutscherseits gewöhnt war. Deshalb kam einem ausgedehnten und belastungsfähigen Fernmeldenetz entscheidende Bedeutung zu.

### 3.3.2 Telegraphen

Das militärische Feldtelegraphennetz wurde im Zuge der Aufstände außerordentlich erweitert. Ende 1903 bestanden 468 km an Telegraphen- und Fernsprechleitungen, Ende 1906 immerhin schon 2064 km, die die Schutztruppe exklusiv nutzen konnte.
Der Betrieb des Telegraphen war aber mit der einen oder anderen Schwierigkeit verbunden. Oft war das Netz vollkommen ausgelastet bzw. überlastet. Bayer[10] in seinen Erinnerungen:

> *"Scharfe Bürotätigkeit setzte wieder ein. Wir waren längs der Bahn telegraphisch mit dem Etappenkommando in Okahandja, ebenso auch mit Swakopmund und dort durch das Unterseekabel mit der Heimat verbunden. Bei Okahandja schloß sich der wichtige Feldtelegraph an, der über Otjoshondu nach Otjimbinde gelegt war. Außerdem wurde Windhuk unmittelbar durch eine Signallinie mit Gobabis und durch eine Feldtelegraphenlinie mit Rehoboth verbunden. Neben der letzteren führte eine große Signallinie nach Keetmanshoop, auf der uns die Nachrichten aus dem Süden zugeblitzt wurden. Tag und Nacht liefen ununterbrochen Depeschen beim Hauptquartier ein. Die Anzahl der notwendigen Antworttelegramme betrug bis zu hundert in 24 Stunden".*

Die Telegraphenlinien arbeiteten weit weniger zuverlässig als zum Beispiel optische Signalverbindungen, da ihre frei am Boden liegenden Kabel häufig durchschnitten wurden.
Die Anwendung des Telegraphen hatte nämlich zur Voraussetzung, daß man ein einigermaßen sicheres Gelände im Rücken hatte, sonst konnte der Feind durch das Zerschneiden der Drähte die Verbindung beliebig stören. Die Herero machten von dieser Möglichkeit allerdings wenig Gebrauch, wahrscheinlich weil ihnen die Wichtigkeit der Telegraphenverbindung für die deutsche Kriegsführung unverständlich war. Dafür schnitten die Nama die Telegraphenkabel recht häufig entzwei[11]. Ihre Kriegführung war der der Herero besonders in diesem Punkt überlegen. Manchmal verfuhren sie bis ins einzelne nach sorgfältig erwogenem Plan und schnitten, wenn es ihre Absichten erforderte, lange Stücke der Telegraphenleitung heraus, die sie mitnahmen oder völlig unbrauchbar machten. Als sie dann merkten, daß solche Schäden verhältnismäßig schnell ausgebessert wurden, da man sie leicht feststellen konnte, gingen sie raffinierter zu Werk, indem sie zum Beispiel den Draht nur zerschnitten, die beiden Enden aber mit Steinen bedeckten, um die Zerstörung unauffindbar zu machen. Die Telegraphisten hatten fast täglich viele Stunden zu reiten, um solche Ausbesserungen vorzunehmen. Diese Ritte waren dadurch besonders anstrengend und gefährlich, da sie seitwärts der Wege durch Gestrüpp und Dorn, über Felsen und Grate führten und nicht selten die Nama bei der beschädigten Stelle im Hinterhalt lagen, um die Patrouille abzuschießen.
Beschädigungen wurden auch durch weidende Tiere, Wild, Termiten, öfters auftretende Grasbrände und Witterungseinflüsse verursacht[12].
Deshalb ließ man auf wichtigen Strecken häufig Signal- und Telegraphenlinien nebeneinander bestehen, um das Versagen der einen durch den Gebrauch der anderen ausgleichen zu können.

### 3.3.3 Optische Signalverbindungen

Die Schwierigkeiten, die sich dem Aufbau und dem Unterhalt von optischen Signalverbindungen, das heißt des Heliographen[13] entgegenstellten, sollen durch zwei Augenzeugenschilderungen kurz verdeutlicht werden:

> *"Das Gelände nördlich und westlich der Linie Otjoshondu - Okongawa-Berg bis zum Waterberg-Plateau stellt eine völlig ebene Dornbuschsteppe dar und ist daher für Signalverbindungen wenig günstig. An die wenigen Wasserstellen gebunden, mußte man versuchen, durch Turmbauten eine gerade Luftverbindung zu erreichen. Welche Erfindungsgabe dazu gehört, und welche Schwie-*

*rigkeiten sich dabei oft unverhofft in den Weg stellen, kann nur der richtig ermessen, der einmal in die Lage gekommen ist, in einem unkultivierten Lande mit knorrigem, schwer zu bearbeitendem Dornbusch ohne jedes vorbereitete Material Türme aufzuführen. Anfangs benutzte man mit Sand gefüllte und übereinander geschichtete Mehl- und Proviantsäcke, auf denen oben eine Plattform aus den Brettern der Proviantkisten hergerichtet wurde. Als die Hilfsmittel aufgebraucht waren, schichtete man Strauchwerk mit Zwischenlagen aus Mist und Sand auf - eine langdauernde und schwierige Arbeit.*
*Fand man in der Nähe der Wasserstelle einen größeren Baum, so wurde ein Auftritt in seinem obersten Teile gebaut. Oft mußte der Auftritt noch durch Baumstämme erhöht werden, wozu man jedoch Nägel und Stricke brauchte, beides Gegenstände, die nicht vorhanden waren, und so mußte man sich eben auf andere Weise helfen. Die Haut gefallener Ochsen, an denen kein Mangel war, wurde in Streifen geschnitten und zum Binden benutzt. Die Eisen der toten Pferde wurden gerade und spitz geschmiedet und als Nägel und Tritte verwendet.*
*Auf solchen halsbrecherischen Bauten standen die Signalisten Tage und Nächte lang, so manches Mal vergeblich das Licht der Gegenstation suchend oder in brennendem Sonnenbrand und in bitter kalten Nächten bei flackerndem Lichte die Zeichen der Gegenstation aufnehmend und weitergebend"*[14].

*"Die optische Nachrichten-Übermittlung hat uns vorzügliche Dienste geleistet. Unsere Acetylen-Signalapparate waren gut. Die großen Erfolge sind zum Teil auf die Gunst der Witterung und der klaren Luft zu setzen. Für europäische Verhältnisse können wir nicht mit gleichen Ergebnissen rechnen.*
*Die Stärke der Signalabteilung betrug schließlich 9 Offiziere und über 200 Signalisten. Diese bedienten 36 Heliographen (Sonnenspiegel) und 71 Signalapparate. Das Gebläse der letzteren bestand aus einem Gemenge von Acetylen und Sauerstoff. Das Licht wurde durch eine Linse geworfen. Zu jedem Signalapparat gehörte auch ein Sonnenspiegel zur Nachrichtenübermittlung am Tage.*
*Ein Signaltrupp bestand gewöhnlich aus zwei bis drei Signalisten. Der Apparat wurde auf einem Pferd oder auf einem Maultier verpackt. Die Nachführung der Betriebsstoffe war mit Schwierigkeiten verknüpft, weil der Sauerstoff in Metallflaschen transportiert wurde, die ein erhebliches Gewicht besaßen. Die Stationen signa-*

*lisierten nachts mit Lampen etwa auf 80 bis 100 Kilometer, mitunter sogar bis auf 160 Kilometer Entfernung. Die Sonnenspiegel reichten nicht so weit, doch habe ich auch diese bis auf 50 Kilometer wirken sehen!*
*Die Bedeckung der Stationen bestand nur aus zwei bis sechs Mann. Viele Monate lagen die Leute auf einsamer Höhe, von aller Hilfe abgeschnitten, den Unbilden der Witterung, den Anschlägen des Feindes ausgesetzt, auf sich selbst angewiesen, dürftig verpflegt, knapp an Wasser und ohne ärztlichen Beistand! Viele Signalisten litten an Übermüdung der Sehnerven.*
*Häufig waren die Signalapparate in den schwankenden Kronen hoher Bäume auf einer improvisierten Plattform aufgestellt.*
*Ununterbrochene Arbeit ohne Ablösung und ohne genügende Ruhe stellte die höchste Anforderung an die Leute. 30 Lichtsprüche in 24 Stunden waren nichts seltenes. Legten sich die Signalisten müde an die Erde, um zu schlafen, so weckte sie der Posten zu neuer Tätigkeit, sobald das Licht der Gegenstation sichtbar wurde und eine neue Meldung ankündigte.*
*Die Station Falkenhorst war zehn Tage lang eingeschlossen. Die Mannschaften saßen bei Hitze und Durst im Dunkeln und versuchten schließlich mit Rum zu kochen, als kein Tropfen Wasser mehr vorhanden war. - Auf Signalstation Duurdrift starb der eine Signalist an Typhus, während sein Kamerad, neben ihm am Apparat stehend, Telegramme befördern mußte. Er hatte keine Zeit, dem Sterbenden in der letzten, schwersten Stunde beizustehen. - Öfters wurden schwache Stationsbesatzungen überfallen und erschlagen.*
*Die vom Signalnetz überspannten Entfernungen waren bedeutend: Die Linie Windhuk - Keetmanshoop - Ramansdrift war 800 Kilometer lang - das ist so weit wie von Berlin bis zum Genfer See! Die gesamten südwestafrikanischen Signallinien hatten im Juli 1905 eine Länge von 2560 km, was der Luftlinie von Posen bis Lissabon entspricht!"*[15].

Beiden Arten der Signalverbindung war aber das Problem gemeinsam, daß sie relativ unbeweglich waren und somit, auch wenn sie einwandfrei funktionierten, für die sehr bewegliche Kriegsführung in dem riesigen Kampfgebiet von nur eingeschränktem Nutzen waren. Auch die langsame Signalübermittlung stand öfters in der Kritik.

### 3.3.4 Funkverbindungen

Die Nachricht vom Kampf bei Oviumbo und seinem Ausgang konnte infolge einer Störung in der Heliographenlinie erst verspätet weitergegeben werden. Der Gouverneur, Oberst Leutwein, sprach darum den dringenden Wunsch nach Einführung der Funktelegraphie aus.
Leutwein hatte die Vorteile einer drahtlosen Übermittlung schnell erkannt. Erst, wenn es möglich war, sich über alle Hindernisse hinweg zu allen Tageszeiten und bei jedem Wetter zu verständigen, waren die Kommandeure tatsächlich imstande, die wirkliche Oberleitung über alle auch noch so weit getrennten Abteilungen zu führen.
Die "Deutsche Kolonialzeitung", Hauspostille der Deutschen Kolonialgesellschaft, unterstützte das Ansinnen zunächst mit dem Hinweis auf die koloniale Konkurrenz im belgischen Kongo, wo konsequent ein Netz drahtloser Stationen aufgebaut wurde. In diesem und in nachfolgenden Artikeln wurde auf die Anfälligkeit und Langsamkeit der Telegraphie und Heliographie und auf die Vorteile der Funktelegraphie hingewiesen:

> *"Auf der rund 500 km langen (Heliographen-)Strecke Windhuk - Keetmanshoop liegen 11 Zwischenstationen. In der Minute können nur zwei Wörter weitergegeben werden. Dreißig Worte von Gibeon nach Windhuk (300 km) zu schicken kostet somit 5-6 Stunden Zeit. Der Funkentelegraph gibt 5 Worte in der Minute bis 100 km, er braucht nicht auf einem Hügel errichtet zu werden. Selbsttätig nimmt er auch bei Abwesenheit der Bedienung Nachrichten auf und schreibt sie nieder. Eine Unterbrechung des Betriebs muß nur bei schwerem Gewitter eintreten, dagegen kann der Herero aus Mangel an geeigneten Energiequellen und Apparaten den funkentelegraphischen Verkehr nicht hindern. Die Kosten sind auch nicht so hoch"*[16].

Auf die dringenden Vorstellungen des Gouverneurs hin erhielt schließlich das Luftschifferbataillon, dem für funktelegraphische Versuche ein außeretatsmäßiges Versuchskommando zugeteilt war, am 20.4.1904 den Befehl, "ein Detachment zur Bedienung der Funkentelegraphenstationen in Südwestafrika" mobil zu machen[17]. Noch am selben Tag trat dieses in der Stärke von vier Offizieren, vier Unteroffizieren und 27 Funkern zusammen.
An Material wurden drei schon vorhandene Funkenstationen mobil gemacht, mit deren Bedienung bereits der eine oder andere der Mannschaften vertraut war.

Die Station 1[18] war eine Karrenstation und bestand aus einem Apparate-, einem Motor- oder Kraft- und einem Gerätekarren.
Sie war die neueste der drei Stationen, im Frühjahr 1903 von Telefunken gebaut und im selben Jahr während des sogenannten "Kaisermanövers" erprobt. Der Apparatekarren enthielt die Sende- und Empfangsapparate (vorn Schreib- und Schlömilch-Hörapparate mit der Taste, hinten Induktor, Leydener-Flaschen-System, Transformator und Wehnelt-Unterbrecher). In dem Kraftkarren waren der einzylindrige Scheibler-Benzinmotor von 3,5 PS und die Gleichstromdynamomaschine untergebracht. Der Gerätekarren war für vier Flaschen Gas eingerichtet und enthielt ferner Ballons, Drachen und Ersatzteile.
Station 2 war eine Wagenstation (Protzfahrzeug), 1900 von Siemens & Halske in Berlin gebaut, Frühjahr 1902 für die Braunsche Schaltung umgeändert, Herbst 1902 mit anderem, aber der Billigkeit halber altem und schlecht passendem Induktor versehen, Winter 1903/04 umgebaut für das Telefunken-System und ausgestattet mit einem Zweizylinder-Scheibler-Benzinmotor von 5,5 PS. Diese Station war infolge ihrer Bauart und des schweren Motors die schwerste.
Station 3 war gleichfalls eine Wagenstation (Protzfahrzeug), 1902 von Siemens & Halske aufgrund der Erfahrungen mit Station 2, aber leichter erbaut, dann umgebaut wie Station 2, ausgestattet mit einem einzylindrigen Kemper-Benzinmotor von 3,5 PS.

*Abb. 1: Apparatkarren von vorn (ohne Schutzkasten) (Deutsche Kolonialzeitung, Nr. 16, 22. April 1905: 155)*

Im Vorderwagen befanden sich die Empfangsapparate und fünf Gasbehälter sowie Ballons und Ersatzteile, im Hinterwagen dagegen die Sendeapparate (Motor, Dynamo, Wehnelt-Unterbrecher, Induktor, Leydener-Flaschen-System und Transformator), außerhalb die Antennendrachen.
Die Fahrzeuge von allen drei Stationen hatte die Wagenbaufirma F. G. Dittmann, Berlin, gebaut.
Die Stationen waren für 2 Wellen, eine "kurze" (350 m) und eine "lange" (875 m) eingerichtet, indessen wurde in Südwestafrika nur die lange Welle benutzt.
Die Länge des Luftdrahtes betrug 200 m, die Reichweite in Deutschland höchstens 100 km.
Als Luftdrahtträger dienten bei genügendem Wind 2,10 m hohe Drachen (leichtere, mittlere und Sturmdrachen), sonst kleine Ballons von 10 cbm Inhalt, zu deren Füllung im allgemeinen zwei Flaschen Wasserstoff (Fabrikationsort Bitterfeld) von je 52 kg Gewicht nötig waren. Als Gegengewicht wurde ein Kupferdrahtnetz von der Größe 1,50 x 10 m verwendet, das beim Marsch zusammengerollt mitgeführt wurde.
Der Aufbau einer Station dauerte in Deutschland 10 bis 15 Minuten. Betriebszeiten mußten entweder von der Abteilung ein für allemal befohlen oder von Fall zu Fall verabredet werden.

Die Ausreise der Abteilung erfolgte am 30.4.1904 von Hamburg aus zusammen mit der Maschinengewehr-Abteilung 2 auf dem Dampfer "Herzog".
Am 31.5. war in Swakopmund alles gelandet. Der Abtransport mit der Bahn von Swakopmund nach Okahandja geschah am 1.6.; hier wurden die Stationen vom 3. bis 6.6. für afrikanische Verhältnisse ausgerüstet; aus Mangel an anderen Zugtieren wurden sie mit Ochsen bespannt. Die Funkkarren von Station 1, die bis dahin noch Einspänner-Scherbäume hatten, erhielten Deichseln und wurden mit acht, die Funkwagen mit je 20 Ochsen bespannt. Zum Mitführen von Gas, Benzin und Ersatzteilen erhielt jede Station einen Ochsenwagen.
Am 6.6. marschierte die Abteilung in der Stärke von 3 Offizieren, 4 Unteroffizieren, 27 Funkern, 21 Einheimischen sowie 10 Pferden, 124 Ochsen, 8 Fahrzeugen nach Otjoshashu zur Hauptabteilung von Oberst Leutwein. Hier erfolgte die Verteilung auf die taktischen Verbände. Dabei wurde die 1. Station der Abteilung Major von Estorff, die 2. Station der Hauptabteilung (zuerst Major von Glasenapp, dann Oberstleutnant Müller, später Major von Mühlenfels), die 3. Station der Abteilung Major von der Heyde zugewiesen. Zuerst verließ Station 1 Otjoshashu, marschierte nach Oviumbo und machte dort den ersten Probebetrieb.

*Abb. 2: Motor einer fahrbaren Funkenstation (Telefunken-Zeitung, Nr. 5, April 1912: 60, Abb. 37)*

*Abb. 3: Fahrbare funkentelegraphische Station in Betrieb (Südwest-Afrika) (Telefunken-Zeitung, Nr. 5, April 1912: 62, Abb. 38)*

Sie erreichte, unterwegs gelegentlich Betrieb machend, den Stab der Abteilung Estorff am 28.6. in Okawapuka und zog mit ihm nach Otjahewita. Hier versuchte die Station am 23.7. und den folgenden Tagen eine feste Station auf dem Abhang des Waterberges zu errichten, das heißt, das Ende des Luftdrahtes wurde mit einem schmalen Drahtnetz verbunden und dieses an einem 16 m hohen Mast befestigt, der auf einem Vorsprung des Waterberges errichtet war. Der Versuch mißlang aber.
Die beiden anderen Stationen marschierten gemeinschaftlich mit dem Hauptquartier bis Owikokorero, von hier aus begleitete Station 3 die Abteilung von der Heyde nach Omutjatjewa, Station 2 das Hauptquartier nach Erindi-Ongoahere, wo am 30.7. auch der neue Oberbefehlshaber Generalleutnant von Trotha eintraf, zugleich mit ihm der neue Stationsführer von Klüber.
Unterwegs hatten die Stationen häufig Betrieb gemacht und sich für die kommenden Entscheidungstage am Waterberg, an denen sie eine wichtige Rolle spielen sollten, vorbereitet und eingespielt.
Die Verbindung war im allgemeinen befriedigend; es gelang, wichtige Operations- und Verpflegungstelegramme zu funken und dadurch Patrouillen zu sparen. Die Ergebnisse wären noch besser gewesen, wenn mehr Gas und Benzin herangekommen wäre, aber die Nachschubverhältnisse waren äußerst schwierig und die großen, schweren Gasflaschen und Benzinbehälter bei den Etappen- und Frachtfahrern höchst unbeliebt. Auch stellten sich bereits Ausfälle an Personal durch Typhus und die Anstrengungen ein, denn nur die Offiziere und Unteroffiziere waren beritten; die Funker mußten marschieren, wenn sie nicht auf Funkfahrzeugen oder Ochsenwagen aufsitzen konnten, was wegen der schweren Fahrzeuge und der schlechten Wege nicht immer möglich war. Am schlimmsten lagen die Verhältnisse bei der 1., der beweglichsten Karrenstation, da diese fast nie mit ihrem Ochsenwagen zusammen, sondern möglichst mit der Truppe marschierte. Bei ihr verteilten sich die neun Funker folgendermaßen: Einer war Führer des Ochsenwagens, einer war Ochsenwächter bei der Station, einer war Koch, drei (Hörer, Motormann, Luftdrahtbeobachter) waren zum Betrieb und drei waren als Betriebsablösung nötig.
Als günstigste Betriebszeiten hatte man vornehmlich die Stunden nach Sonnenaufgang und um Sonnenuntergang erkannt und gewählt. Zu diesen Zeiten war die Luft ruhig oder gleichmäßig bewegt, so daß Ballon- oder Drachenstörungen seltener vorkamen. Auch waren die luftelektrischen Störungen um diese Stunden in der trockenen Jahreszeit am geringsten. Zur Mittagszeit waren die Luftbewegungen zumeist höchst unregelmäßig, und von einer Stunde nach Sonnenuntergang an bis nach Mitternacht herrschten luftelektrische Störungen vor, die oft den Empfang beeinträchtigten oder ganz vereitelten und manchmal so stark waren, daß man Luftdraht und Eisenteile an der Station nicht anfassen konnte.

Diese Luftelektrizität trat bedeutend heftiger als in Deutschland auf, dagegen wurden die funktelegraphischen Zeichen durch die wunderbar trokkene und reine Luft deutlicher und weiter übertragen, so daß bei dieser wie auch später bei der II. Funkenabteilung gegenüber den in Deutschland mit denselben Apparaten gemachten Erfahrungen überraschend große Reichweiten erzielt wurden.
Das Hochlassen der Drachen und Ballons in dem Dornbuschgelände war schwierig, denn es fehlte zumeist an freiem Raum, und wenn der Drachen oder Ballon herunterkam, fiel er in die Dornen und zerriß; der Luftdraht mußte mit großer Mühe aus den Dornbüschen herausgeholt und oft Büsche abgehackt werden. Mehrmals wurden von Wirbelwinden Ballons abgerissen und es waren dann Ballon und Gasfüllung dahin. Anfangs arbeiteten die Stationen noch mit Morseschreibern und es wurden damit Reichweiten bis zu 150 km erzielt, indessen mußte man bald davon Abstand nehmen, weil die Schreiber eine zu sorgfältige Behandlung verlangten. Es wurde nur noch Hörempfang angewendet (das heißt, der betreffende Funker nahm die Morsezeichen auf, die er in Buchstaben usw. übersetzte und in das Stationstelegrammbuch eintrug), aber Schnelligkeit und Sicherheit des Betriebs litten dadurch anscheinend nicht.
Zur Schonung des Materials wurde vom Kommando angeordnet, daß die Funkstationen nur zur Beförderung von Kriegsfunksprüchen, wichtigen Verpflegungs- und Todesnachrichten verpflichtet waren.
Am 10.8. standen die Stationen folgendermaßen: 1. Okomiparum, 2. Ombuatjipiro, 3. zuerst Ombujo Wimboro (im Betrieb von 9.30 bis 15.15 Uhr), dann an einem Vley[19] halben Weges zwischen Omukaendu-Rondumba und Ombujo-Kakane (19.45 bis 21.00 Uhr Verbindung mit Station 2).

Am 11.8. nahm die 1. Station (Oberleutnant von Kleist) an einem Gefecht der Abteilung Estorff bei Otjoshongombe teil. Das Kriegstagebuch berichtet darüber:

> *"6 Uhr vormittags Abmarsch am Ende der Marschkolonne auf Otjoshongombe. Halt während des Gefechts auf der Pad[20] ungefähr 100 m hinter der Artilleriestellung. Die Besatzung sichert die Station, Munitionskarren und Verwundete gegen die von seit- und rückwärts vordrängenden Hereromassen. Nach Beginn des Artilleriekampfes fängt die Umgebung der Station an zu brennen; ein Teil der Leute muß mit Woilachs[21], Mänteln und sonstigen Bekleidungsstücken das Feuer von der Station wegen der Explosionsgefahr fernhalten. Nachdem gegen 12 Uhr die Wasserstelle erkämpft ist, rückt die Station ins Innere des Truppenlagers. Von 2 Uhr nachmittags an Betrieb: Funken der Verlustliste und der*

*Kriegslage; Absichten der Ostabteilung für den Nachmittag. Dauerbetrieb. Es gelang trotz der soweit von hier zu beurteilenden erheblichen Schwierigkeiten bei den anderen Stationen, die Hauptabteilung über die Ereignisse bei der Abteilung Estorff und v. der Heyde zu unterrichten. Ob dies ohne Funkentelegraphie möglich gewesen wäre, erscheint durchaus ungewiß, weil der Weg zwischen v. der Heyde und der Hauptabteilung vom Feinde nicht frei war. Leider beeinträchtigte der Zustand der Motoren bei Ok. und Sn. den Verkehr sehr stark."*

Kurz darauf begann die Schlacht am Waterberg. Laut Stationstelegrammbuch, der zuverlässigsten Unterlage, machte die Station von 14.25 Uhr am 11.8. bis 12.8. mittags Dauerbetrieb. Sie funktionierte in dieser langen Zeit sehr gut, das heißt, sie hatte jeden Anruf sofort beantwortet und alles verstanden, was ihr oder einer der beiden anderen Stationen gefunkt wurde.
Die 2. Station rückte am 11.8. um 2.30 Uhr morgens mit der Abteilung Müller und dem Hauptquartier zum Angriff vor. Leider sind das Kriegstagebuch und die Stationstelegrammbücher der 2. Station für diese Zeit, wie so manche anderen wichtigen Akten der I. Funkenabteilung, nicht mehr vorhanden. Die Tätigkeit der I. Abteilung in der ersten Zeit kann deshalb nur sporadisch dargestellt werden. Nach einem kurzen Bericht des Oberleutnants Haering und den Erinnerungen zweier Unteroffiziere der Station wurde von Flaskamp folgende Schilderung zusammengestellt:

*"7 Uhr vormittags werden glimmende Postenfeuer des Feindes rechts und links der Pad gesehen. Wir müssen mit unserem Funkenwagen mit gefülltem Ballon quer durch das Dickicht. Lange Stangen führen wir mit zum Unterstützen des Luftleiters, aber im Dornbusch werden sie zum Teil geknickt. Da, es ist kurz vor 9 Uhr mittags, fallen vorn Schüsse, ein Offizier vom Hauptquartier bringt die Meldung: Funkenstation sich sofort vor Artillerie setzen und bei Exzellenz auffahren. Wir bauen auf. Der erste Ballon ist ziemlich gefüllt, da entsteht, wahrscheinlich durch Reibungselektrizität beim zu schnellen Öffnen der Gasflasche, eine Flamme, und der Ballon verbrennt. Neuer Ballon! Er wird gefüllt und explodiert auf dieselbe Weise. Dritten Ballon heraus! Wir werden sehr mit Feuer überschüttet. Am Ballon wird als Erkennungszeichen eine Kommandoflagge befestigt, die wir aus weißen und roten Taschentüchern verfertigt hatten. Der Ballon ist hoch, aber keine Station zunächst zu hören. Da, um 1 1,40 Uhr vormittags meldet sich die 3. Station (Heyde), und nun beginnt ein überaus wichtiger Funk-*

*spruchverkehr. Als die ersten Wasserlöcher genommen sind, gehen wir mit 'Ballon hoch' 100 m vor, neben uns Exzellenz v. Trotha. Infolge ungünstigen Windes mußten wir den Ballon an diesem Tage sehr oft einholen, um die Leinen klar zu machen; wenn er dann unten war, diente er den Hereros als Zielscheibe, und ich behaupte: An diesem Tage schlugen die meisten Geschosse bei unserer Station ein. Wie durch ein Wunder wurde niemand verletzt. Links von uns war auf einem Maultierwagen eine Signalstation in Tätigkeit.*
*Etwa um 1 Uhr nachmittags erhalten wir starkes Feuer in der ganzen Front, auch die Stabswache schwärmt ein. Plötzlich setzt Rückenfeuer ein, und da keine Mannschaften mehr verfügbar, springt das Personal der Funkenstation mit Sanitätspersonal und Offizieren des Hauptquartiers in Schützenlinie zurück, um rechte Flanke und Rücken zu decken. Nach 3/4 Stunden werden wir durch Leute der 9. Kompagnie abgelöst und können nun wieder funken. Gegen 2,15 Uhr nachmittags meldet sich auch 1. Station mit der Siegesnachricht über Otjoshongombe. Umgehend erfolgt der Befehl an Major v. Estorff, den beabsichtigten Angriff auf Station Waterberg heute zu unterlassen. Als die Wasserstelle genommen war, wechselten wir - 4,30 nachmittags - den Platz mit 'Ballon tief', wobei er in dem dichten Dornbusch Risse bekam und Gas verlor. Als er 5,45 Uhr nachmittags im Biwak von Hamakari wieder hoch war und wir eine Kerze anzündeten, wurde die Station infolge des Lichtscheines heftig beschossen. Das Licht mußte einstweilen gelöscht werden, dann wurde zwischen Vorder- und Hinterfunkenwagen mittels Zeltbahnen und Schlafdecken ein lichtsicheres Zelt gebaut, und in diesem konnten Kerzen und, wenn der Motor lief, auch die Ladelampe brennen. In diesem Zelt verbrachte Generalleutnant v. Trotha mit den Offizieren seines engeren Stabes die Nacht 11. bis 12. August. Es war bitter kalt, aber Feuer durfte unter keinen Umständen gemacht werden. Da kommt Oberleutnant Haering auf den guten Gedanken, das vom vielen Funken kochend heiße Kühlwasser des Motors abzulassen und zum Grogbrauen zu benutzen. So bekamen die Funkenstation und auch die Offiziere des Hauptquartiers in der kalten Nacht doch noch einen Grog, der zwar trübe war und nach Kesselstein schmeckte, aber doch alle erquickt hat. In der Nacht - wir machten bis 2,45 Uhr morgens ununterbrochen Betrieb - fiel unser Ballon außerhalb des Lagers, wo es von Hereros wimmelte, in die Büsche. Kurz vorher war von zwei Mann, die dort Wasser holten, einer mit Kirriis[22] erschlagen worden. Aber als es hieß: Freiwillige vor, um den Ballon zu holen! meldeten sich alle Funker."*

*Abb. 4: Funkentelegraphen-Abteilung bei Betriebseröffnung (Telefunken-Zeitung, Nr. 5, April 1912: 60, Abb. 36)*

Nach den Stationstelegrammbüchern der anderen Stationen hatte die 2. Station Funkverbindung mit einer oder beiden Stationen vom 11.8. an ab 11.45 Uhr mit Unterbrechungen bis zum 12.8. gegen 22.00 Uhr.
Bei der 3. Station geschah nach ihrem, die Ereignisse knapp zusammenfassenden Kriegstagebuch während der Waterberg-Schlacht am 11. und 12.8. folgendes:

> *"3 Uhr vormittags Abmarsch. Aufstellung hinter der Artillerie auf dem Gefechtsfeld gegenüber dem beabsichtigten Angriffspunkt, der frei gefunden wurde. Ballon hoch von 7 bis 9,30 Uhr vormittags (die Station konnte keine Verbindung bekommen, weil keine Gegenstation in Betrieb). Weitermarsch mit 'Ballon hoch' hinter der 4. Batterie bis zu einem Bley ca. 5 km südöstlich Otjiwarongo, 15 km nordöstlich Hamakari. 1 1,45 Uhr vormittags eingetroffen. Verbindung mit Hauptabteilung, außerdem von 5 Uhr nachmittags*

*an auch mit Estorff. 1,40 Uhr nachmittags rückte die Abteilung Heyde auf Hamakari ab. Die Wagen und 69 Unberittene bleiben unter Leutnant Horns Führung zurück. Abends Rückkehr der Abteilung. - Nachtbetrieb. Häufige Drachen- und Ballonstörungen. Motor läuft wegen mangelhaften Ventils zeitweise nicht gut.*
*12. August vormittags bis mittags Verbindung mit beiden Stationen. Von 11,30 bis 2,30 Uhr nachmittags starke Wirbel, deshalb weder Ballon noch Drachen möglich, abends 5,30 bis 9,20 Uhr Verbindung mit Hauptabteilung. Abteilung Estorff rückt zu uns. Nachtbetrieb wie tags vorher. Hauptabteilung meldet sich trotz häufigen Anrufens nicht."*

(Die Station stand bis 13.8. 2.30 Uhr vergeblich auf Empfang).
Die Station nahm demnach an dem schweren Gefecht der Abteilung Heyde nicht teil, stellte aber die Verbindungen zwischen dieser mit dem Hauptquartier und Abteilung von Estorff her, die sonst nicht zu erreichen waren.

*Abb. 5: Funkenabteilung mit "Ballon tief" auf dem Marsche (Telefunken-Zeitung, Nr. 5, April 1912: 59)*

Zur Verfolgung der aus dem Waterberg-Kessel fliehenden Herero rückten die Stationen 1 und 3 am 13.8. nachmittags mit der vereinigten Abteilung Estorff-Heyde nach dem großen Omuramba ab, Station 2 marschierte mit dem Hauptquartier über Owikokorero an den Eiseb. Die Station 3 wurde von Okoshongoho aus der Abteilung Mühlenfels zugeteilt.
Station 1 marschierte mit der Abteilung von Estorff über Owinaua-Naua, wo sie am 9.9.1904 beim Gefecht zugegen war, nach Sturmfeld, von dort zurück an den Eiseb nach Oshombo-Owindimbe. Hier trafen während des Gefechts alle drei Stationen zusammen. Station 1 nahm noch an dem Vorstoß des Generals von Trotha den Eiseb abwärts teil, mußte aber etwa 24 km östlich Oshombo-Owindimbe infolge Wassermangels umkehren.
Während der Verfolgungsmärsche von Mitte August an war der Funkbetrieb unbefriedigend. Die Gründe hierfür waren folgende: Zunächst hatte das Material durch den unausgesetzten Gebrauch während mehrerer Monate stark gelitten. Alle Holzteile, auch zum Beispiel die Spulen an den Apparaten, waren infolge der Hitze zusammengeschrumpft, die Wagenkasten hatten Risse bekommen, infolgedessen waren die Apparate im Innern verstaubt und versandet, was sich besonders nachteilig bei den Motoren bemerkbar machte. Das schlechte und lehmige Wasser hatte trotz vorheriger Filterung die Kühlvorrichtung verschmutzt und verstopft. Die Räder waren zusammengetrocknet und mußten während der Rast immer wieder geflickt werden. Die Stationen konnten aber auch wegen der Ochsenbespannung und der dadurch bedingten längeren Marschzeiten mit den Truppen nicht Schritt halten. Die Zeit für den Betrieb wurde hierdurch verkürzt und die günstigen Betriebszeiten konnten nicht eingehalten werden.
Es ließen sich schließlich bestimmte Betriebszeiten kaum noch vereinbaren, weil alle drei Stationen marschierten und man schlecht übersehen konnte, wann die Truppen und wann die Stationen halten würden. Dazu kam, daß das Personal durch die vielen, außerordentlich schweren Märsche bei mangelhafter Verpflegung und dem anstrengenden Betriebsdienst äußerst erschöpft und durch Krankheiten sehr verringert war. Wenn die Truppe, die geritten war, auf dem Rastplatz ankam und zum größten Teil Ruhe hatte, mußten die Funker, die ebenfalls marschiert waren, Betrieb machen. Um überhaupt den Betrieb aufrechterhalten zu können, wurden für einige Zeit fünf Mann der 1. Feldtelegraphen-Abteilung abkommandiert.
Der Zustand der Abteilung war schließlich so, daß sie nicht länger im Einsatz bleiben konnte; der Abteilungsführer erwirkte deshalb vom Kommando den Befehl, nach Fertigstellung der Heliographenlinie bis Owindimbe nach Karibib zu marschieren, um in der dortigen Eisenbahn-Reparatur-

werkstatt die Stationen wiederherzustellen. Station 2 begleitete das Hauptquartier über Epukiro, wohin noch die Meldungen über den Ausbruch des Nama-Aufstandes gefunkt werden konnten, bis Windhuk. Station 3 marschierte mit Abteilung Mühlenfels nach Otjimbinde, traf in Otjoshondu mit Station 1 zusammen und ging mit ihr nach Okahandja und von da mit der Bahn nach Karibib.

Von den ursprünglich 31 Unteroffizieren und Leuten waren 12 gestorben oder heimsendungsbedürftig, von dem Rest nur noch 10 felddienstfähig.

In den nächsten Wochen wurden die entstandenen Schäden ausgebessert, insbesondere wurden die Motoren und Apparate auseinandergenommen und gereinigt, aus Deutschland angekommenes Material herangezogen und fehlende Teile ergänzt.

Der Personalstand der Abteilung wurde durch Kommandoverfügung erhöht. Die Ersatz- und Verstärkungsmannschaften trafen am 9.1.1905 in Swakopmund ein; infolgedessen war es der Abteilung nicht möglich, an den wichtigen Kämpfen am Auob im Januar und Februar 1905 teilzunehmen; das Personal hätte nur für eine Station gereicht. Am 31.1.1905 war die Abteilung wieder mobil. Sie marschierte nun in der Stärke von 5 Offizieren, 8 Unteroffizieren und 58 Mannschaften über Windhuk zur Teilnahme am Feldzug gegen die Namaabteilungen Richtung Süden. Unterwegs wurde zwischen Windhuk und Rehoboth Probebetrieb gemacht.

Station 1 wurde zur Abteilung Estorff nach Awadaob am Nossob entsandt. Station 2 ging nach Gochas und Haruchas zur Abteilung Meister, Station 3 zunächst nach Stamprietfontein.

In der nächsten Zeit waren die Stationen folgendermaßen verteilt: Station 3 in Gochas, Station 2 bis Mitte Mai in Persip, dann in Aminuis, Station 1 zunächst bei Abteilung Estorff, später allein in Koes. Die Verständigung war gut.

Am 17.5.1905 fiel im Gefecht bei Kowes der erfahrene Abteilungsführer Oberleutnant Haering zusammen mit einem Unteroffizier und drei Mann der Abteilung. Sein Tod wurde als außerordentlicher Verlust angesehen.

Inzwischen war die II. Funkabteilung im Schutzgebiet eingetroffen. Interessant ist es, wie die I. Abteilung dies erfuhr: Anfang April hörte der Feldwebel Knieriem am Funkgerät in Awadaob Zeichen von fremder Tonart, die er sich nicht erklären konnte. Seinem Stationsführer, der von der beabsichtigten, aber verzögerten Verwendung einer II. Funkenabteilung im Süden durch Briefe aus der Heimat unterrichtet war, meldete er dies, und nun wurde es allen klar: Die II. Abteilung war tatsächlich im Lande und in Betrieb. Später stellte sich heraus, daß die betreffende Station in Keetmanshoop, 300 km entfernt, gestanden hatte.

In dem Kriegstagebuch des Leutnants Zawada heißt es über dasselbe Ereignis:

*"Am 3. April und den folgenden Tagen wurden zum ersten Male Zeichen der II. Funkenabteilung gehört, doch war eine Verbindung wegen unserer viel schwächeren Motoren noch unmöglich."*

Die II. Abteilung war in der Stärke von 3 Offizieren, 5 Unteroffizieren, 30 Funkern und 3 Stationen am 18.1.1905 von Hamburg auf dem Dampfer "Lulu Bohlen" nach Lüderitzbucht abgefahren, wohin bereits ein Teil, nämlich Fahrer und Pferde, unter Oberleutnant Klotz etwa einen Monat früher vorausgesandt worden war.
Daß die Militärverwaltung vertrauensvoll beide Abteilungen hinaussandte und daß dadurch die damals noch im Anfangsstadium begriffene deutsche Militärfunktelegraphie Gelegenheit erhielt, sich in einem Feldzug zu betätigen, ist auf eine Initiative des damaligen Kommandeurs des Luftschifferbataillons, Majors von Besser, zurückzuführen.
Die Aufstellung und Mobilmachung der II. Abteilung wurden von Hauptmann von Tschudi, Ausbildung und Unterricht hauptsächlich von dem erfahrenen Oberleutnant Solff geleitet. Da beim Luftschifferbataillon kein geeignetes Bedienungspersonal vorhanden gewesen war, waren aus der ganzen Armee Freiwillige, die sich nach Vorbildung und Handwerk eigneten, zur Funkentelegraphenabteilung des Luftschifferbataillons kommandiert und in den wenigen Wochen, die zur Verfügung standen, notdürftig ausgebildet worden. Sehr mißlich war es, daß dies an Funkstationen anderen Typs hatte geschehen müssen. Das Stationspersonal bestand aus einem Offizier, zwei Unteroffizieren, zehn Funkern und den nötigen Fahrern (großenteils Reserve-Infanteristen).
Die für Dezember 1904 vorgesehene Ausreise der ganzen Abteilung war nicht möglich gewesen, weil die Stationen, die einen neuen Typ darstellten und erst am 17.10. in Bestellung gegeben worden waren, von Telefunken trotz Tag- und Nachtarbeit nicht rechtzeitig hatten fertiggestellt werden können. -
Jede Station hatte fünf Karren. Es enthielten:
1. Der Motorkarren den 3,5 PS einzylindrigen Scheibler-Benzinmotor und die Wechselstromdynamomaschine.
2. Der Apparatekarren die Sende- und Empfangsapparate (Induktor, Leydener-Flaschen-System, Schreib- und Hörempfänger).
3. Der Gerätekarren als 1. Staffel einige Gasflaschen sowie Ballons und Ersatzteile.
4. Zwei Vorratskarren als 2. Staffel dasselbe.

Die Länge des Luftdrahtes betrug 270 m, Wellen, Ballons und Drachen waren bei der I. Abteilung. Da bedeutend größere Reichweiten, nämlich 200 km mit Schreib- und 300 km mit Hörempfang bei beschränktem Gewicht der Fahrzeuge verlangt waren, so waren die Stationen bedeutend komplizierter und somit schwieriger zu bedienen und zu behandeln als die der I. Abteilung. Als Bespannung waren Pferde vorgesehen.
Am 23.2. begann in Lüderitzbucht die Ausrüstung der Stationen für afrikanische Verhältnisse. Es handelte sich zunächst darum, zweckmäßige Bespannung zu erhalten, denn Pferde waren für solche Aufgaben unmöglich zu gebrauchen. Am besten wären Maultiere oder auch Ochsen gewesen. Da es aber hieran und auch an einheitlichen Geschirren mangelte, so mußte wohl oder übel die äußerst ungünstige gemischte Bespannung (4 Pferde und 6 Maultiere pro Karren) genommen werden. Am 24.2. mußten auf Anforderung von Oberst Deimling zwei Offiziere, vier Unteroffiziere und 27 Funker beschleunigt zur fechtenden Truppe in die Großen Karrasberge vorausgesandt werden.
Der Marsch mit den vielen Fahrzeugen durch die Sandwüste nach Kubub und weiter nach Keetmanshoop wurde dadurch noch schwieriger. Er wurde am 27. angetreten und war die schwierigste Zeit, die die II. Abteilung überhaupt durchgemacht hat. Die Ausrückstärke war: zwei Offiziere, vier Unteroffiziere, 43 deutsche Mannschaftsdienstgrade, fünf Buren, drei Einheimische sowie 89 Pferde, 102 Maultiere, 15 Funkerkarren, eine Depotkarre und drei Ochsenkarren mit 48 Ochsen. Unterwegs kamen drei Hitzschläge vor und ein Funker, der bei einem Karren mit gebrochener Deichsel zurückgelassen worden war, kam dem Verdursten nahe, weil es so schwierig war, in der grenzenlosen Einöde, wo kein Weg und Steg zu erkennen war, den Karren wiederzufinden.
Bei der Ankunft in Keetmanshoop (die letzten Karren am 23.3.) waren die Apparate und Motoren in trostlosem Zustand. Alles war versandet und so durcheinandergerüttelt, daß wochenlange Reinigungs- und Wiederherstellungsarbeiten nötig wurden; so war zum Beispiel bei Station 3 die Sekundärwicklung des Funkeninduktors durchgeschlagen, der Fehler wurde aber gefunden und beseitigt. Einen Karren, der wegen Deichselbruchs einige Tage mitten in der Wüste stehengeblieben war, hatten diebische Treiber aufgebrochen und der blanken Apparateteile beraubt, in dem Glauben, kostbare Metalle gefunden zu haben. Die Karren mußten zunächst zum Grobschmied und erhielten sämtlich neue Deichseln mit besserer Befestigung.
Die nächsten Wochen waren eine schwere Zeit für die Abteilung. Offiziere, Unteroffiziere und Mannschaften wurden als kämpfende Truppe verwendet und zeitweise waren tatsächlich nur der Abteilungsführer mit Burschen, der Feldwebeldiensttuer und einige Schonungskranke bei den

Fahrzeugen, um diese wiederherzustellen. Von Ausbildung im Funkerdienst, die so notwendig gewesen wäre, konnte keine Rede sein.
Als das Personal zurückkam, mußte es zunächst die Bedienung der Apparate erlernen und im Hörempfang gründlich geübt werden (auf Schreibempfang wurde nach den Erfahrungen der I. Abteilung von Anfang an verzichtet. Die Morseschreiber wurden zumeist ausgebaut und dem Depot übergeben).
Infolge dieser Unpäßlichkeiten war die Funkverbindung bis Mitte April 1905 recht mangelhaft. Aber alle Schwierigkeiten wurden verhältnismäßig schnell überwunden. Schon drei Wochen nach der Ankunft in Keetmanshoop marschierte die 1. Station nach Bersheba und stellte die Verbindung mit Keetmanshoop her, die in den ersten Tagen allerdings noch wenig befriedigte.
Anfang Mai war der Funkbetrieb befriedigend und die ganze Abteilung wieder marschfähig. Die 2. Station marschierte am 12.5. auf Befehl des Hauptquartiers nach Bethanien und von da infolge veränderter Kriegslage nach Inachab zur Abteilung von Koppy, die keine Nachrichtenverbindung hatte. Hier wurde eine wichtige Verbindung mit Keetmanshoop erzielt.
Als die Abteilung Koppy, der sich der Abteilungsführer mit 20 Funkern anschloß, auf Saumpfaden hinter Cornelius her nach Gawa-Gaos marschierte, wo sie den Gegner schlug, blieb die Station in Inachab zum Betrieb mit Keetmanshoop zurück; die Verbindung mit der Truppe wurde durch Reiter aufrechterhalten. Leider bekam die 3. Station in Keetmanshoop einen größeren Motorschaden.
Vom 26.6. an war eine sehr gute Verbindung von Keetmanshoop mit Hafuur und Koes zu verzeichnen.
Anfang August, als die Operationen gegen Hendrik Witbooi im Bethanierland vorbereitet wurden, sollte eine neue Verteilung aller sechs Funkstationen, auf die man in dem schwierigen Gelände ganz besonders rechnete, organisiert werden. Da bisher die II. und I. Abteilung einander mehrfach gestört hatten und es zu erwarten stand, daß die sechs Stationen während der Operationen recht nahe zusammenrückten, wurde eine gemeinsame Funkleitung nötig, die dem Führer der II. Abteilung als dem Dienstälteren zukam. Derselbe ritt deshalb nach Asab zur Funkstation Dunst, wohin auch Oberleutnant von Klüber, der Führer der ersten Abteilung befohlen wurde. Es wurden dort Regeln und Grundsätze für den gemeinsamen Betrieb aufgestellt und alle Möglichkeiten des Betriebs von sechs Stationen auf engem Raum besprochen. Wenn auch das gefürchtete Zusammenrücken der Stationen später nicht eintrat, so war die Besprechung doch von Wichtigkeit, ganz besonders für die II. Abteilung, die hierdurch von den Erfahrungen der schon lange im Feld stehenden I. Abteilung profitieren konnte. Die Stationen wurde wie folgt auf die Abteilungen verteilt:

1./I. Major von Estorff, 2./I. Major Meister, 3./I. Major Märcker, 2./II. Major von Lengerke, später beim Hauptquartier, 1./II. Hauptmann von Koppy; die 3./II., seit dem 22.8. wieder betriebsfähig, verblieb in Keetmanshoop, sowohl als immer bereite Übermittlungs- und Aushilfestation als auch, um bei etwaigen Störungen der Feldtelegraphenlinie die Verbindung zwischen Keetmanshoop und dem Hauptquartier zu übernehmen, was zweimal geschah.

Der Funkbetrieb funktionierte in der Betriebsperiode vom 21.8. bis zum 16.9.1905 reibungslos. Die Hauptquartier- und Leitungsstation (2./II.), die anstelle des erkrankten Stationsführers Leutnant Löwe wieder der Abteilungsführer übernahm, beförderte zum Beispiel am 24.8. von Bersheba an Abteilung Estorff, mit der sonst keine Verbindung bestand, und die am anderen Morgen schon aufbrechen sollte, vormittags unter anderem einen Operationsbefehl von 140 Worten und am Nachmittag in 3 Stunden 10 Minuten einen ebensolchen von 462 Wörtern, das sind durchschnittlich 2,5 Worte in der Minute. Die Tagesleistung bestand in 7 Funksprüchen mit 724 Worten. Die Station folgte noch am selben Tag dem Hauptquartier und mußte mit den Karren den schwierigen Abstieg mit meterhohen Felsenstufen von der Zwiebelhochebene westlich Besondermaid in das Konkiptal überwinden. Hier trat der Vorteil des Karrensystems für Gebirgsmärsche klar zutage.

Eine hervorragende Marschleistung brachte die Station 1./I des Leutnants Dunst zuwege. Es gelang ihr unter außerordentlichen Schwierigkeiten, der Abteilung Estorff über das wasser- und wegelose Schwarzrand-Plateau nach Kleinfontein zu folgen. In einer Privatmitteilung eines Unteroffiziers heißt es hierüber folgendermaßen:

> *"Schon hatte man in Klipprand, wo wichtige Funkenverbindung erzielt war, erwogen, ob es nicht ratsamer sei, die Station zurückzuschicken, um sie vor gänzlichem Zusammenbruch zu bewahren. Man hoffte aber auf besseres Gelände und wagte den Weitermarsch. Alles irgendwie Entbehrliche wurde von den Fahrzeugen entfernt, überflüssige Bekleidungs- und Ausrüstungsstücke verbrannt, leere Gasbehälter liegen gelassen (die wertvollen leeren Gasbehälter sollten, wenn irgend möglich, auf der nächsten Etappe abgegeben, in den Hafenorten gesammelt und nach Deutschland zur Füllung gesandt werden. - So manche Gasflasche mußte im Verlauf des Feldzuges liegen bleiben!). Als die Tiere vom Leberfluß zurückkehrten, wohin man sie zum Tränken hatte treiben müssen, folgte die Station der Abteilung. Räder und Deichseln brachen mehrfach, Motor- und Apparatekarren stürzten wiederholt um. Die Station erreichte nach anderthalb Tagen ein Bley, das Ma-*

*jor v. Estorff in weiser Vorsicht für die Station unberührt gelassen, eine Hottentottenbande aber kurz vor uns ausgetrunken hatte. Etwa 20 Stück Großvieh wälzten sich halbtot im Schlamm. Der schlammige Brei wurde durch einen Sack gequetscht und das sogenannte Getränk unseren durstigen Tieren angeboten; nur wenige verschmähten es.*

*Als wir an der Abstiegsstelle ankamen, schien das Schicksal unserer Station besiegelt zu sein, aber ein Zurück gab es nun nicht mehr. Das lose Material wurde den ausgespannten Tieren auf die Sättel gepackt, manche wälzten es sich unterwegs ab, und wir konnten dann unsere Siebensachen im Felsgeröll einzeln zusammensuchen. Das Herunterlassen der Fahrzeuge an Stricken war eine verzweifelte Arbeit, oft mußte es zentimeterweise geschehen; damit die Leute sich besser halten und bremsen konnten, wurden ihnen Sättel unter das Gesäß gebunden.*

*Abends waren Motor- und Apparatekarren unten, die Gerätekarre auf halber Höhe und die Gaskarre noch ganz oben. Die Leute waren vollständig fertig mit ihren Kräften; wo sie standen, legten sie sich, in die Mäntel gehüllt, in die Klippen, niemand dachte an Essen, obwohl wir alle ausgehungert waren. Am nächsten Tage 8 Uhr abends erreichten wir Kleinfontein, und bereits am andern Morgen hatten wir Funkenverbindung. Unsere alten, aber einfachen Apparate hatten alles brillant ausgehalten."*

Die Stationsorte und Verbindungen aller sechs Stationen ergeben sich aus folgender Skizze:

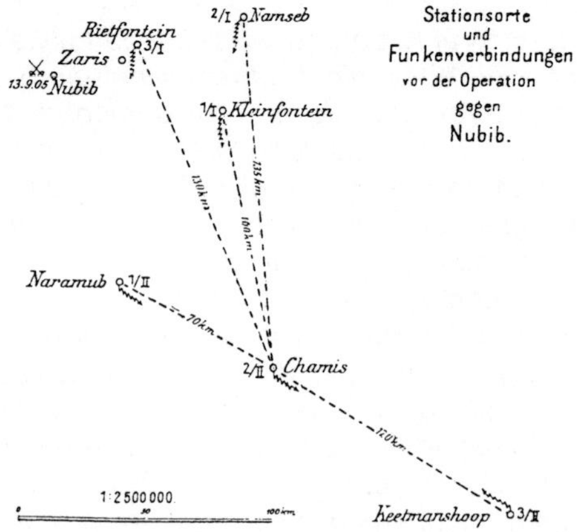


*Abb. 6: Stationsorte und Funkverbindungen vor der Operation gegen Nubib*

Sie wurde von Flaskamp für den 4.9., also vor der Operation der Abteilungen Meister und Märcker gegen Nubib aufgestellt und änderte sich nur insofern, als die 2./I. über Ram den Vormarsch in Richtung Nubib kurze Zeit begleitete und die 1./II. am 14.9. in Kunjas Betrieb machte. Die Leitungsstation verkehrte entweder unmittelbar mit den anderen oder durch die Übermittlungsstation 1./I.. Am 4.9. betrug die Tagesleistung der 2./II. 13 Funksprüche mit 545 Worten. Am 7.9. wurde ein Operationsbefehl von 319 Worten an die 1./I. und 1./II. von Chamis gegeben und zwei Drittel des Befehls ohne jede Rückfrage verstanden; es war gleichsam ein Wetthören, dann kam ein Gewitter, und es ging langsamer. Für den 10. und 11. wurde bei den Abteilungen Meister und Märcker die entscheidende Siegesnachricht erwartet und deshalb von der Leitung für alle Stationen Dauerbetrieb befohlen. Am 14.9. kam die Siegesmeldung nach dem Haruchas-Gefecht gegen Elias über Nubib (13.9.). Major Meister erhielt durch Funkspruch den Befehl:
"Senden Sie eingehenden Bericht durch Funken über Gefecht für Meldung nach Berlin." Dieser Gefechtsbericht traf bereits am nächsten Tage beim Hauptquartier ein. Keine Station fiel in dieser Betriebsperiode durch Motorstörung usw. aus. Erst nachher, am 24.9., brannte der Benzinmotor der 2./I. in Zaris ab. Die Leitungsstation hatte naturgemäß den stärksten Betrieb zu bewältigen. Das Hauptquartier beurteilte den Funkbetrieb und das gemeinsame Arbeiten beider Abteilungen in dieser Betriebsperiode sehr anerkennend.
Am 16.9. wurden die Funkstationen neu verteilt. Die 2./I. und 3./I. sollten nach dem Nordosten zurück (Aminuis und Gochas), wo sie bis zum 8.3.1906 stationären Betrieb machten (Leutnant Zawada nahm mit 1 Unteroffizier, 5 Funkern am 5. und 6.12. am Gefecht der Kompanie von Madai bei Gubuoms teil), die 1./I. wurde für die II. Abteilung vorgesehen (zunächst Keetmanshoop), die 2./II. für Keetmanshoop, die 1./II. für Hafuur, die 3./II. sollte mit Abteilung van Semmern gegen Morenga, Richtung Ukamas ziehen. Die Station war wegen Mangels an Maultieren in Keetmanshoop ausnahmsweise mit Ochsen bespannt worden und konnte der Abteilung Semmern nicht folgen. Sie machte in der Folge in Ukamas stationären Betrieb (Anfang 1906 erhielt sie in Ukamas Maultierbespannung. Im allgemeinen waren die Stationen der II. Abteilung vom Eintreffen in Keetmanshoop (März 1905) an mit Maultieren bespannt). Es wäre für das erste Gefecht bei Hartebeestmund besser gewesen, wenn die Abteilung Semmern zwei Funkstationen (bei jeder Angriffskolonne eine) gehabt hätte. Mitte Oktober traf ein Ersatzoffizier für die II. Abteilung ein. Der Abteilungsführer brauchte nun nicht mehr selbst eine Station zu führen. In dieser Zeit wurde mehrmals die sehr bemerkenswerte Verbindung Keetmanshoop (1280 m Meereshöhe) - Ukamas (815 m) über die großen Karrasberge (minde-

stens 2000 m hoch) erreicht. Auch die gelegentliche, aber nicht notwendige Verbindung Keetmanshoop - Gochas verdient hervorgehoben zu werden. Inzwischen wurde die Station der 1./I. in Keetmanshoop gründlich gereinigt und das Personal unter Leutnant Dunst als Feldtruppe verwendet; es bestand am 7.12. am Baiweg und Fischfluß ein Überfallgefecht gegen etwa 40 Nama, das beiderseits ohne Verluste verlief.

Am 11.12. wurde eine neue Verteilung für die II. Funkenabteilung befohlen: Die 2. und 4. Station sollten nach dem Süden, Richtung Warmbad, die 1. Station nach Ukamas, die 3. Station nach Ukamas weiter südlich. Der Abteilungsführer trat vom 11.12.1905 bis 30.9.1906 (also 9 Monate) zum Stabe des Kommandos des Südbezirks (Major von Estorff). Dies war für Verwendung der Stationen, Leitung des Betriebes und den Materialnachschub von größter Bedeutung. Am 18.12. rückten die 4. und die 2. Station, diese zunächst bis Uchanaris, nach dem Süden ab.

Es war wieder ein recht bedeutender Transport, denn die Ochsenwagen und Karren des Stabes Estorff, ein Munitionswagen und ein Kamelkorps waren angeschlossen und wieder waren große Durststrecken zu überwinden; aber alles war von dem nun erfahrenen Personal sorgfältig vorbereitet, so daß die Schwierigkeiten ohne größere Probleme überwunden werden konnten.

In der nächsten Zeit rückten die Truppen und mit ihnen die Funkstationen immer näher an Hartebeestmund heran.

Sehr bemerkenswert war der Vormarsch der 1. Station (Klotz) von Hafuur nach Belloor. Da die Station in Warmbad fast den ganzen Tag empfangsbereit war, konnte die Abteilung Heuck, der die 1./II. zugeteilt war, bei jeder Gelegenheit Verbindung mit dem Südkommando halten und den Vormarsch in geradezu idealer Weise nach der Kriegslage einrichten.

Am 6.3. wurde die 3. Funkenstation zwischen Alurisfontein und Umeis in dunkler Nacht von Nama aus einem Hinterhalt aus nächster Nähe angegriffen. Der Stationsführer, Vizewachtmeister von Parpart, der kurz vorher erst von der Abteilung übernommen worden war und sich infolge seiner guten Vorbildung als Elektroingenieur schon eingearbeitet hatte, fiel vorn bei der Spitze bei den ersten Schüssen. Die Station war in gefährlicher Lage, wurde aber durch die Umsicht des Unteroffiziers Neumann gerettet. Der Motormann, Gefreiter Schultze, kroch im Feuer mit den Worten: "Ich muß zu meinem Motor und doch sehen, ob die Kerls ihn mir nicht kaputt schießen" an den Kraftkarren heran. Er wurde hierbei leicht verwundet, meldete sich aber trotzdem, noch unverbunden, zur Patrouille. Die Fahrzeuge wurden nur unbedeutend beschädigt, 11 Maultiere erschossen.

Erwähnenswert ist die Tagesleistung der 2. Station vom 7.3.: 21 Funksprüche mit 994 Worten.

Vom 10.3. an hatte die Abteilung Dauerbetrieb befohlen, weil die Truppen am Hartebeestmund nahe heran waren und der Angriff gegen Morengas und Christiaans Leute bei Hartebeestmund und Kumkum bevorstand. Die Stationen standen: 2./II. Warmbad, 3./II. Umeis, 1./II. Pilgrimsrust, 4./II. Homsdrift bzw. vom 12.3. ab Hartebeestmund. Letztere Station vollbrachte wiederum eine gute Marschleistung, indem sie sich den Oranje entlang in schwierigem Gelände einen Weg bis auf das Gefechtsfeld von Hartebeestmund bahnte und so noch den letzten Teil des Gefechts der Abteilung von Erckert bei Hartebeestmund mitmachen konnte. Am 15.3. früh traf bei der Funkstation Warmbad aus Hartebeestmund die Schlußmeldung des Oberstleutnants von Estorff über den Angriff gegen Morenga ein.

Ein gutes Ergebnis hatte der Nachmittagsbetrieb vom 23.3. zwischen Warmbad und Hartebeestmund: In 4 Stunden 36 Minuten wurden 8 Funksprüche mit 826 Worten befördert, das sind durchschnittlich drei Worte in der Minute.

Ende März verschob sich die Kriegslage Richtung Osten, Ukamas wurde Mittelpunkt der Operationen.

Um diese Zeit wurde vom Hauptquartier befohlen, daß die neue Karrenstation der I. Abteilung, die am 9.12. in Swakopmund gelandet war und anstelle der 2./I. in Aminuis den Betrieb übernommen hatte, ebenfalls zur II. Abteilung treten sollte. Die Station wurde 5. Station genannt und war für Hafuur bestimmt.

Am 5.4. wurde die 3./II. auf dem Marsch durch den Engweg Blydeverwacht - Ukamas von Morenga angegriffen. Dank der Umsicht des Oberleutnants von Milczewski wurde der Angriff abgewiesen. Der Abteilungsführer eilte von Ukamas aus mit 13 mit Gewehren Bewaffneten zu Hilfe, griff in das Gefecht noch ein und übernahm die Verfolgung. Beiderseits gab es keine Verluste. Anfang Mai trafen zwei Ersatzoffiziere ein und es wurde eine neue Offizierverteilung vorgenommen: Leutnant Dunst erhielt sechs Wochen Küstenurlaub, Oberleutnant Klotz wurde wegen der immer wichtiger werdenden Depotverhältnisse nach Keetmanshoop entsandt.

Das Zentrum der Operationen wurde Anfang Mai wieder Warmbad.

Am 21.5. wurde die 3. Station bei de Billiers-Püts zum dritten Male überfallen. Unteroffizier Welker und zwei Mann fielen. Der Gegner hatte keine Verluste. Leider waren die Apparate der Station nicht in Ordnung, so daß ihre Notrufe und Meldungen am 21.5. von den übrigen, bis 22.00 Uhr in regem Verkehr stehenden Stationen nicht gehört wurden und am 22.5. den übrigen wichtigen Funkverkehr empfindlich störten.

Lobend erwähnt wurde der Funkbetrieb während der Operation der Abteilung von Freyhold gegen Sperlingspüts, ebenso derjenige der 1. Funkstation unter Leutnant Jochmann, aber auch Station Zinken, Warmbad, soll sehr gut gearbeitet haben und großen Anteil am Erfolg gehabt haben.

Da man ein Gefecht erwarten konnte, war für alle Funkstationen vom 3.6. 12.00 Uhr an Dauerbetrieb befohlen. Station 1 folgte am 3.6. nach dem Tränken der Tiere in Klein-Gaobis 17.00 Uhr dem Detachement. Hinter der Station marschierten Gepäckabteilung und Kamelkorps. Als die Station 21.15 Uhr an dem heftigen Geschütz- und Maschinengewehrfeuer erkannte, daß die Abteilung Freyhold auf den Gegner gestoßen war, baute sie sofort auf, ließ den bereits gefüllten Ballon herankommen und meldete selbständig den Gefechtsbeginn nach Warmbad. Auf Befehl des Majors von Freyhold folgte sie mit "Ballon tief" auf das Gefechtsfeld und hatte hier am 4. von 3.30 Uhr an bis gegen 15.00 Uhr mit Ausnahme einer erbetenen Motorpause von einer Stunde zum Abkühlen des heißgelaufenen Motors ununterbrochen Funkverbindung.
Von 5.00 Uhr an war der Drachen hoch und dank des günstigen Windes kam er nicht ein einziges Mal herunter. Da die Nama von fast allen Seiten angriffen, wurde sehr bald die Funkstation heftig beschossen. Anfangs kamen in Warmbad noch regelmäßige Funksprüche von Major von Freyhold an. Als aber die Nama von mehreren Seiten die Funkstation unter Feuer nahmen, konnte die Verbindung zwischen Station und Major von Freyhold nicht mehr durch Telegrammordonnanz, sondern nur durch Zuruf von Mann zu Mann in der Schützenlinie aufrechterhalten werden. Mit Ausnahme von einem Motormann, einem Hörer und einer Ordonnanz, die in einem möglichst licht- und schallsicheren, aus Wagenplanen hergestellten Zelt die Funkgeräte bedienten, mußte alles Personal in der Feuerlinie tätig sein. Dem Motormann wurden Mantel, Rock und Hose durchschossen. Einige Geschosse beschädigten die Fahrzeuge leicht. Das neben der Station befindliche Schlachtvieh und die Zugtiere wurden mehrfach angeschossen. Gegen 8.00 Uhr wurde die Lage kritisch; es kamen in Warmbad die lakonischen Meldungen ohne Aufschrift und Unterschrift an: "Station wird stark beschossen", "Kugeln schlagen dauernd ein", "Sofort Wasserwagen senden". Später, um 10.45 Uhr: "Kugeln von hinten". Um 14.00 Uhr kam die Meldung: "Von 11.30 Uhr ab Gefechtspause, 12.30 Uhr vereinzelte Schüsse".
In Warmbad wurde die schnelle Übermittlung der Funksprüche wesentlich dadurch erleichtert, daß die Funkstation (etwa 30 Minuten vom in der Mission untergebrachten Stabsquartier entfernt) Fernsprechverbindung mit dem Geschäftszimmer der Funkentelegraphenabteilung, ebenfalls im Stabsgebäude, hatte. Satz für Satz wurden die Meldungen und Anträge des Majors von Freyhold um Krankenwagen, Unterstützung durch andere in der Nähe befindliche Truppen, Wasserwagen, Munition vom Abteilungsführer von Estorff und seinem Generalstabsoffizier, Hauptmann von dem Hagen im Geschäftszimmer übermittelt. Daraufhin veranlaßte das Südkommando (von Estorff) durch Feldtelegraph und auch Heliograph das weitere, alarmierte alle in der Nähe befindlichen Truppen und sorgte insbe-

sondere dafür, daß aus Ramansdrift die dort befindliche 2. Kompagnie, ferner Wasser- und Krankenwagen nebst Hafer schnellstens aufs Gefechtsfeld abgingen.
Entscheidend war es, daß die 2. Kompagnie (von Tresckow) von Ramansdrift rechtzeitig zur Unterstützung abreiten konnte. Ihre Staubwolke wurde von den Nama offensichtlich von weitem bemerkt, worauf sie sich wohl zurückzogen. Die von Oberstleutnant von Estorff nach Sperlingspüts gegebenen kurzen Nachrichten, zum Beispiel: "Werde mit allen Kräften zu Hilfe kommen, darum aushalten", "Tresckow kommt mit 2. Kompagnie von Ramansdrift", "Abteilung Sieberg kommt über Norechab auf Gefechtsfeld", wurden von Mann zu Mann in der Schützenlinie weitergerufen. Obwohl mehr als 70 km vom Gefechtsfeld entfernt, konnte Oberstleutnant von Estorff doch vermöge der Funknachrichtenmittel den Verlauf des Gefechts beeinflussen.
Als um 15.00 Uhr nur noch einzelne Schüsse fielen, konnten endlich die Zugtiere der Station gefüttert werden. Am Abend nahm Abteilung Freyhold die Wasserstelle Sperlingspüts in Besitz. Am 5.6. um 9.00 Uhr traf Oberstleutnant von Estorff mit Unterstützung in Sperlingspüts ein, er meldete um 9.30 Uhr ausführlich das Ergebnis des Gefechts und seine nächsten Absichten an das Oberkommando nach Keetmanshoop. Dieser Funkspruch von 165 Worten wurde in 48 Minuten nach Warmbad befördert, das sind 3,5 Worte in der Minute, 210 in der Stunde. Es ist dies die kürzeste Beförderungszeit in Südwestafrika und vielleicht damals die unter kriegsmäßigen Bedingungen bei Ballonbetrieb beste Zeit gewesen; sie ließ sich überhaupt nur mit vorzüglich geschultem Personal erreichen. Für drei Telegramme, die während des Gefechts bei Sperlingspüts zunächst an das Oberkommando Estorff in Warmbad durch Funk und Funkerfernsprechleitung gingen, dort umgeschrieben und dann auf der 300 km langen und zumeist durch andere Kriegstelegramme besetzten Telegraphenlinie der Feldtelegraphen-Abteilung Gundel an das Kommando Keetmanshoop befördert wurden, sind die Gesamtbeförderungszeiten berechnet, nämlich 3 Stunden 10 Minuten, 3 Stunden 45 Minuten und 2 Stunden 15 Minuten. Die Verteilung der Stationen für die nächste Zeit (Mitte Juni bis Ende Juli 1906) erläutert die Skizze auf der nächsten Seite.
In dieser Gruppierung erreichte der Funkbetrieb den Höhepunkt. Folgende Ereignisse sind aus dieser Zeit erwähnenswert: 20. und 21.6. Gefechte bei Warmbad und Gaibes (1 Funker gefallen), infolgedessen Dauerbetrieb für alle Funkstationen. 2.7. Gefecht bei der Weidewache Uhabis, 2 Funker von 4./II. gefallen. 23.7. Gefecht der Abteilung Freyhold in der sogenannten C-Schlucht bei Uhabis, deshalb Dauerbetrieb für alle Stationen. 26.7. Gefecht im Haib-Revier westlich Sperlingspüts, infolgedessen sehr reger Funkverkehr.

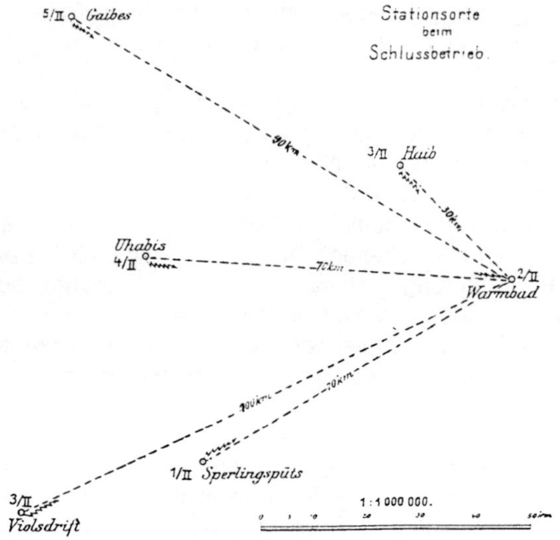


*Abb. 7: Stationsorte beim Schlußbetrieb*

Der Umfang des Betriebes wurde minutiös festgehalten: Vom Chef des Generalstabes der Schutztruppe, dem die technischen Truppen nach "Allerhöchster Kabinettsordre" vom 28.7.1904 unterstanden, war eine Betriebsübersicht für die Zeit vom 1.6. bis zum 3.7. verlangt worden, aus der ersichtlich war, welche Stationen und wie lange sie im Betrieb waren, ferner die durchschnittliche tägliche Betriebszeit und der Gas- und Benzinverbrauch. Aufgrund der bei der II. Abteilung besonders sorgfältig geführten Kriegstage- und Stationstelegrammbücher sowie des Anfang 1906 gegebenen Abteilungsbefehls, täglich den Betriebsumfang durch Zählen der Telegrammworte festzustellen, konnte die verlangte Statistik sehr genau aufgestellt werden. Die beste Übersicht ergab die Zeit vom 17.6. bis zum 3.7., da während dieser Zeit alle fünf Stationen Tag für Tag in Betrieb standen. Die Gesamtleistung der in diesen 17 Tagen beförderten Funksprüche war 1619 mit 67972 Worten in 1024 Betriebsstunden. Die tägliche Durchschnittleistung der Abteilung waren 95,2 Funksprüche mit 4000 Worten, demnach die einer Station 20 Funksprüche mit 800 Worten. Die höchste Leistung im Funkbetrieb in Südwestafrika wurde von der 3./II., die lange das Sorgenkind der Abteilung gewesen war, am 21.6. mit 59 Funksprüchen und 2349 Worten erreicht. An Material wurden vom 1.6. bis zum 3.7. 94½ Flaschen Gas und 637 Liter Benzin verbraucht. Es waren im Südbezirk am 3.7. noch 224 Flaschen Gas und 955 Liter Benzin vorhanden.

Oberstleutnant von Estorff nahm zu dieser Betriebsübersicht folgendermaßen Stellung:

*"Die Arbeitsleitung ist ganz außerordentlich. Offiziere und Mannschaften verdienen das höchste Lob für diese andauernde Hingabe und Pflichttreue. Warmbad, 21. Juli 1906".*

Das Wortezählen hatte Eifer und Ehrgeiz des Personals ziemlich angestachelt, und der zu Beginn des Feldzuges vom Hauptquartier zur Einschränkung des Funkverkehrs erlassene Befehl war vom Abteilungsführer schon längst dahingehend umgeändert worden, daß wenn irgend möglich, jeder Funkspruch zu befördern sei.
Zur Beurteilung dieser Betriebsleistungen muß darauf aufmerksam gemacht werden, daß das, was von einer Station an eine andere gefunkt wurde, die drei übrigen Stationen mithören konnten, so daß alle fünf Stationen über die taktische Lage sehr gut Bescheid wußten und die Truppen, mit denen sie zusammen waren, orientieren und warnen konnten, was namentlich in dieser Zeit wegen des vielen und schnellen Hin- und Herziehens der Nama-Abteilungen von großer Wichtigkeit war. Der Funkbetrieb war in dieser Zeit unstreitig das Hauptnachrichtenmittel für die wichtigen Operationen zwischen der Linie Kalkfontein - Ramansdrift und dem Fischfluß. Die Änderung in der Stationsgruppierung ist aus folgendem Telegramm zu ersehen:

*"SSd Kommando, Keetmanshoop.*
*1. Funkenstation Plieninger hat Befehl, nach Eintreffen von Zawada in Uhabis und Abgabe alles Betriebsmaterials nach Keetmanshoop zu marschieren. Station Zinken marschiert von Uhabis nach Biolsdrift.*
*2. Da Kriegsschauplatz sich noch ändern kann und Funkenbetrieb vortrefflich und schnell funktioniert, möchte ich die vier anderen noch so lange in Betrieb halten, daß auch das von Lüderitzbucht und Windhuk nach Keetmanshoop anrollende Betriebsmaterial noch ausgenutzt wird. Es handelt sich hauptsächlich um den leichteren Betriebsstoff Benzin.*
*2. August 1906 Estorff"*

Dem am 14.8. im Warmbad eintreffenden neuen Kommandeur der Schutztruppe, Oberst von Deimling, meldete Oberstleutnant von Estorff: "Ohne die Funkenabteilung hätte ich die Operationen der letzten Monate nicht machen können."

Anfang August war es noch gelungen, eine sogenannte feste Station zu errichten. Zwischen zwei 10 m hohen Masten, die mit etwa 50 m Abstand auf einer Felsenkuppe bei Warmbad errichtet waren, wurde ein Draht gespannt und hieran der Luftdraht befestigt. Auf 50 km (Gaobis) wurde Verbindung und auf 100 km (Uhabis) Empfang einzelner Worte erzielt. Instrumente zur Abstimmung (Wellenmesser) waren nicht vorhanden. Der Versuch konnte leider nicht durchgeführt werden.
Indessen war die Zeit der großen Operationen vorüber und der Kleinkrieg, für den sich Funkstationen weniger eignen, im Gange. Mehr und mehr wurde das Netz der II. Feldtelegraphen-Abteilung ausgebaut (Warmbad - Ukamas, Keetmanshoop - Hafuur, Warmbad - Uhabis, Hafuur - Dawignab); dazu kam der schwierige und teure Gasersatz.
Am 21.8. wurde die Außerbetriebnahme der 1., 2., 3. und 5. Station verfügt, nachdem schon am 9.8. die 4. Station zur Verwendung im Norden in Marsch gesetzt worden war. Am 30.9. wurde die II. Funkenabteilung endgültig aufgelöst und das Personal den Feldkompanien, das Material dem Funkendepot Süd in Keetmanshoop unter Oberleutnant Klotz überwiesen. Der Abteilungsführer übernahm nun die Führung der I. Funkenabteilung.
Je mehr die Stationen sich von Keetmanshoop, dem Endpunkt des Baaiweges, entfernten, umso schwieriger wurde es, sie rechtzeitig mit Betriebsstoffen wie Gas und Benzin zu versorgen. Bis Keetmanshoop besorgte den Nachschub die Südetappe, von da ab die Abteilung selbst, zum Unterschied von der I., bei der das Artilleriedepot Windhuk dies tat. Anfangs wurden 15 Flaschen Gas und 50 Liter Benzin pro Station und Monat gerechnet, das sind 66 Zentner für 4 Stationen. Zum Schluß, als weniger marschiert und mehr Betrieb gemacht wurde, reichten diese Vorräte bei weitem nicht aus. Besonders schwierig wurden die Verhältnisse, als Ende November auf dem Baaiweg die Rinderpest ausbrach.
Folgende Angaben sind in diesem Zusammenhang von Interesse: 13.4.1905 telegraphischer Antrag der Abteilung beim Kommando Windhuk wegen Hersendung von Ersatzteilen (Ballons, Drachen usw.) aus Deutschland. 7.10. Eintreffen Lüderitzbucht. 12.10. ab Lüderitzbucht. 15.11. Keetmanshoop (die wichtigsten Teile wurden von Naiams mit einer Maultierkarre der Abteilung von dem dort mit schlappen Ochsen liegenden Wagen nach Keetmanshoop geholt, damit sie einem am selben Tage nach Hafuur fahrenden Frachtfahrer noch mitgegeben werden konnten). 26.11. Eintreffen in Hafuur. 11.12. in Ukamas. 12.1.1906 Eintreffen des Restes dieser Sendung in Blydeverwacht.
Dies waren noch recht günstige Zeiten, später mußten die Wagen sehr oft wegen der Unsicherheit der Wege unterwegs auf den Stationen liegenbleiben. Der direkte Weg Keetmanshoop - Ukamas durfte 1906 wegen seiner Unsicherheit nicht mehr benutzt werden; die Transporte mußten

über Hafuur und durch das schwere Dünengelände zwischen Hafuur und Dawignab geführt werden. Dieser Umweg bedeutete etwa drei Wochen Zeitverlust. Wegen der Durststrecke Uchanaris - Kanus und des unsicheren Geländes zwischen den Großen und Kleinen Karrasbergen wurden die Transporte lange Zeit von Keetmanshoop über Ukamas nach Warmbad geleitet. Zum schnelleren Herbeischaffen von leichteren Ersatzteilen wurde 1906 ein Relaisdienst mit Maultierkarren für den direkten Weg Keetmanshoop - Warmbad eingerichtet. Es waren mehrere Depots, zuletzt fünf, errichtet worden, außerdem hatte die Abteilung wegen des vielen Hin- und Hermarschierens der Stationen infolge häufiger Verschiebung der Kriegslage mehrfach bei den Etappen, zum Beispiel Dawignab, Ukamas, Blydeverwacht und Uhabis kleinere Lager von Betriebsstoffen angelegt, die den Stationen sehr zustatten kamen.
Die Station Uhabis wurde von Warmbad aus mit Gas und Benzin versorgt, diese Stoffe mußten von Lüderitzbucht über Hafuur und Ukamas aus rund 1000 km Entfernung angefahren werden (ein großer Teil der Betriebsstoffe kam seit 1906 mit Kolonnenabteilungen von Windhuk nach Keetmanshoop, dadurch wurde der Transportweg um weitere 140 km länger). Es ist wohl vorgekommen, daß eine Station der anderen von ihrem Betriebsstoff abgeben mußte und daß diese oder jene Station, um Gas zu sparen, Drachenbetrieb oder auch, weil Benzin knapp war, vorübergehend gar keinen Betrieb machte, niemals aber ist bei einer Station bei entscheidenden Ereignissen ein Mangel an Betriebsstoffen eingetreten. Um dies zu erreichen, bedurfte es großer Umsicht und Energie, straffer Organisation und der stets gewährten Unterstützung des Südkommandos. Etwas erleichtert wurde die Versorgung der Stationen dadurch, daß zweimal Ersatzteile von Kapstadt nach Ukamas bezogen und mehrmals Gas und Benzin von Port Nolloth durch die Kapkolonie dank des Entgegenkommens der dortigen Regierung nach Ramansdrift geschafft wurde.
Mehrfach wurden Klagen laut, daß bei den Stationen halb oder schlecht gefüllte Gasflaschen eintrafen. Der Grund war der, daß die Verschlüsse, die sich sonst beispielsweise bei einer Südpolexpedition vortrefflich bewährt hatten, Erschütterungen auf den klippigen Wegen im Süden nicht aushielten und sich lockerten. Die Abteilung half sich schließlich dadurch, daß alle Flaschen vor der Weitersendung in Keetmanshoop und Warmbad mit einem Manometer geprüft wurden, damit schlecht gefüllte nicht an die weitesten Stationen abgingen. Auch die Verschlüsse der Benzinfässer waren nicht immer dicht, sodaß auch hier unangenehme Überraschungen vorkamen.
Vortrefflich bewährt haben sich die Kastendrachen; sie brauchten nur sehr wenig Wind, hatten aber den Nachteil, daß sie bei Stürzen leicht Schaden nahmen und dann schwer wiederherzustellen waren. Bayer[23]

berichtet zum Beispiel, daß Oberleutnant Haering, der mit seiner Funkstation in Owikokorero Versuche machte, den Verlust manchen Ballons und Drachens durch plötzlich auftretende Luftwirbel zu beklagen hatte. Durch die Gewalt des kreisenden Sturms sollen die stärksten Haltedrähte wie schwache Fäden gerissen sein.

Um den Troß zu vermindern, hatten die Stationen der II. Abteilung schon bald nach dem Eintreffen in Keetmanshoop (März 1905) die beiden Vorratskarren zurückgelassen und das darin enthaltene Gerät auf Ochsenwagen usw. verpackt, so daß sie nur drei technische Fahrzeuge hatten. Einige dieser Vorratskarren wurden zu offenen Maultierkarren umgebaut und haben sich dann bewährt. Zur Wiederherstellung von Apparaten und Fahrzeugen war Ende 1905 aus Kapstadt eine Reparaturwerkstatt bezogen und in dem von der Abteilung selbst erbauten Funkerhaus in Keetmanshoop untergebracht worden.
Zur sicheren Übermittlung der Funksprüche war angeordnet worden, daß alle Zahlen und neu auftretenden Eigennamen wiederholt werden mußten. Nur eine Klage über Telegrammverstümmelung (10 statt 20 Worte) wurde der Abteilung dienstlich bekannt. Sehr praktisch war die Zuteilung von Fernsprechgerät an die Stationen zur Verbindung mit dem Truppenlager bzw. Stabsquartier oder der nächsten Feldtelegraphenstation.
Gegen Schluß der Tätigkeit der II. Abteilung trafen auch die bestellten Heliographenspiegel ein. Sie sollten die Funkstation mit der nächsten Feldsignalstation verbinden, konnten aber nicht mehr verwendet werden.
Unterdessen hatte sich bei der I. Funkenabteilung folgendes ereignet: Als der Feldtelegraph Aminuis erreicht hatte, wurden die 2. und die 3. Station in Aminuis und Gochas überflüssig. Das Kommando schickte daher die beiden alten Funkstationen nach Karibib zur Reparatur, die neue Station in Aminuis dagegen, die noch bis zum 8.3. Betrieb mit Gochas machte, in den Süden zur II. Abteilung. Die Reparatur in Karibib bestand im vollständigen Umbau der Motoren, Apparate und Wagenkästen und war eine erwähnenswerte technische Leistung. Beide Stationen wurden dadurch wieder für längere Zeit feldbrauchbar. Nachdem sie getestet worden waren, wurden sie dem Nordbezirk zur Verwendung überwiesen. Dieser verfügte, daß sie zunächst zwischen Otjiwarongo und Otawi Verbindung herstellen sollten, weil die Reichstelegraphenleitung erst bis Otjiwarongo fertig war.
Die 1./I. traf etwas später, aus dem äußersten Süden kommend, mit der Bahn in Otawi ein; sie war für Otjituo bestimmt.

Anfang 1907 machten die Stationen eine schwere Regenzeit durch, und es konnten auch Erfahrungen für den Betrieb im feuchten Tropenklima gesammelt werden. An verhältnismäßig wenigen Tagen fiel die Verbindung wegen starker Luftelektrizität und der Unmöglichkeit, Drachen oder Ballon hochzubringen, aus. Die Funkstation Otawi stand nahe am Fuß der bewaldeten Otawiberge. Trotzdem war die Funkverbindung über die Berge weg nach Grootfontein im allgemeinen gut. Überhaupt war die Scheu vor Gebirgshindernissen, die man in Deutschland bei Aussendung der beiden Abteilungen noch gehabt hatte, im Laufe der dreijährigen Erfahrungen mehr und mehr geschwunden. Zum Schluß glaubte man, daß die elektrischen Wellen einen "gewissen Anlauf" haben müßten, um über den Berg zu kommen und stellte darum die Station, wenn möglich, nicht unmittelbar an den Fuß eines Berges.
Kurz vor Auflösung der Abteilung gelang der Funkstation Plieninger in Otjituo der Betrieb mit einer festen Station. An einem etwa 20 m hohen Mast, der aus rohen Baumstämmen gezimmert und mit großer Mühe aufgerichtet worden war, wurde eine Schirmantenne befestigt. Wegen Mangels an blanken Drähten mußten zum Teil Feldkabel (also umsponnene Drähte) genommen werden. Die Drähte wurden an Flaschenhälsen isoliert befestigt. Auf empirischem Wege, ohne jedes Meßinstrument, zum Beispiel Wellenmesser, wurde eine tadellose Verbindung mit der Ballonstation Grootfontein hergestellt. Hier wurde derselbe Versuch unternommen. Da aber der Mast umstürzte, verzögerte sich der Bau und er war noch nicht beendet, als der Befehl zur Auflösung erfolgte.
Diese wurde verfügt, um das wertvolle Material und die teuren noch im Lande befindlichen Betriebsstoffe für eventuelle neue Kriegszeiten aufzusparen.
Das gesamte Gerät beider Funkenabteilungen wurde schließlich in Windhuk gesammelt und dann von einem Funkerlehrstamm verwaltet.
Interessant sind die Angaben über die Marschleistungen der einzelnen Stationen; sie sind, so gut wie dies bei den nicht immer genauen Angaben der Kriegstagebücher möglich war, berechnet worden.
Es marschierten:

| | | | | | |
|---|---|---|---|---|---|
| 1./I. (bzw. 4./II.) | 4975 | km | mit | 49 | Stationsorten |
| 2./I. | 2750 | km | mit | 45 | Stationsorten |
| 3./I. | 2600 | km | mit | 34 | Stationsorten |
| 1./II. | 2200 | km | mit | 34 | Stationsorten |
| 2./II. | 2000 | km | mit | 14 | Stationsorten |
| 3./II. | 1600 | km | mit | 30 | Stationsorten |
| 5./II. v. Windhuk aus | 1750 | km | mit | 6 | Stationsorten |

Besonders die Leistung der alten Station 1./I. erstaunt: 5000 km sind ein Achtel des Erdmeridians. Kreuz und quer und vom Oranje bis nahe an den Okavango marschierte sie drei Jahre lang fast ohne Unterbrechung durch das Schutzgebiet.
Die Verluste der Abteilungen I und II beliefen sich auf 28 Gefallene, an Krankheiten Verstorbene und Verwundete.

Als Bilanz läßt sich festhalten, daß die Versuche mit drahtloser Telegraphie trotz mannigfacher Schwierigkeiten über Erwarten gut gelangen. Dies wird von allen Quellen hervorgehoben. Als die drei Wagen der ersten Funkenabteilung in Südwestafrika gelandet wurden, war man vonseiten der Militärs gegenüber diesem noch wenig erprobten Nachrichtenmittel überwiegend skeptisch eingestellt; keiner wußte so recht, wie es sich in den eigenartigen Luft- und Witterungsverhältnissen der Kolonie bewähren würde.

Es wurden neue technische Erfahrungen gemacht bzw. alte bestätigt: Am vorteilhaftesten schien es den Funkern zu sein, den Funkwagen nicht auf erhöhten Geländepunkten, sondern auf einem Abhang aufzustellen, weil sich die ausgesandten elektrischen Wellen von da aus besser fortpflanzten.
Waren die Funkstationen von den Geländeschwierigkeiten unabhängig, so erschwerten ihnen dafür luftelektrische Störungen von ungewöhnlicher Stärke den Betrieb. Dieses wird von allen Quellen hervorgehoben. Nach Sonnenuntergang machten sich diese Störungen besonders bemerkbar und zwar in stärkeren Entladungen, als man sie von Deutschland her gewöhnt war.
Heftige Winde stellten die Geduld der Bediener bei der Antenneninstallation immer wieder auf die Probe[24]. Im Nachhinein wurde bedauert, daß man nicht flexibler auf die afrikanischen Verhältnisse reagiert hatte. Es wurde als günstiger angesehen, das nächste Mal jeden Funkwagen mit einem leichten, zusammenschiebbaren Antennenmast auszurüsten. Häufig verlor man Ballons durch plötzlich einsetzende Windstöße; Luftwirbel und Windhosen pflegten die stärksten Drähte wie dünne Fäden zu zerreißen, Drachen waren nur ein unsicherer Notbehelf.
Eine weitere Schwierigkeit war die Tatsache, daß die Haltbarkeitsdauer der meisten Funkwagen in umgekehrt proportionalem Verhältnis zur Beschaffenheit der "Straßen" im Schutzgebiet stand. Die drei Wagen der zweiten Funkenabteilung zum Beispiel hatten eine andere Bauart als die der ersten, man konnte mit ihnen eine Sende-/Empfangsreichweite bis zu 300 km erzielen. Dafür waren sie leichter und empfindlicher konstruiert und litten häufig beim Transport auf den schlechten Padwegen. In den ersten Monaten mußte fortgesetzt an ihnen ausgebessert werden, bis sie

sich schließlich zu einem leidlich brauchbaren Werkzeug entwickelt hatten[25].

Die in Südwestafrika gemachten taktischen bzw. logistischen Erfahrungen mit mobilen Funkstationen lehrten, daß sich die Funktelegraphie besonders für die Ausgabe von Befehlen und allgemeinen Anweisungen eignete, die eine Reihe von Empfangsstellen gleichzeitig erhalten sollten. Dabei konnten die Apparate in unmittelbarer Nähe des Kommandierenden und auch des Abteilungsführers aufgestellt werden und auch ohne weiteres den Standort verändern.
Gegenüber dem Heliographen hatte die Funktelegraphie weiterhin den Vorteil, daß beim Aufsuchen einer Verbindung der Standpunkt der Gegenstation nicht bekannt zu sein braucht.
Gleichzeitig scheint die Funktelegraphie für die kämpfende Truppe eine Art moralische Unterstützungsfunktion gehabt zu haben:

> *"Jeden Abend, wenn der Ballon oder Drachen hoch gestiegen ist, ist Versammlung um den Funken Wagen u. Herausgabe der neuesten Depechen. Später sitzt man um das Feuer herum u. spukt herein (...)"*[26].

Als Mißstand und Störung des Betriebs wurde allgemein empfunden, daß unbrauchbar gewordenes Material nur sehr schwer ersetzt werden konnte. Es war bis zum Ende der Aufstände kaum möglich, die große Anzahl von Gasbehältern und Gefäßen mit Benzin durch die überlasteten Transportkolonnen nachzuführen[27].

Trotz dieser Mißlichkeiten und Kinderkrankheiten war, wie schon festgestellt, die Bewertung der Funktätigkeit in den offiziellen militärischen Berichten einhellig positiv.
In seinem Bericht über die Gefechte am Waterberg sprach sich von Trotha über die Leistungen der I. Funkentelegraphenabteilung folgendermaßen aus:

> *"Sehr gut sind die Leistungen der Funkentelegraphie gewesen. Sie erwies sich als ein durchaus kriegsbrauchbares Mittel einem Gegner gegenüber, der selbst nicht über Funkenstationen verfügt. Sie ist leider abhängig von der Witterung, was bei den hier ziemlich plötzlich auftretenden atmosphärischen Störungen stark ins Gewicht fällt; ferner ist bei der hier verwendeten Befestigungsart des Drahtes an einem Fesselballon und bei den schwierigen Nachschubverhältnissen die nötige Nachfuhr des Wasserstoffes*

*in großen Mengen sehr erschwert. Dennoch hat sich die Einrichtung außerordentlich bewährt, und ihr Vorhandensein war bei der einheitlichen Durchführung der Operationen von größter Bedeutung."*

Flaskamp gegenüber urteilte von Trotha Juni 1905 in Keetmanshoop:

*"Nach Waterberg habe ich nach Berlin berichtet: Ohne die Feldsignal-Abteilung hätte ich die Operationen überhaupt nicht und ohne die Funkenabteilung nur sehr schwer durchführen können"*[28].

Auch in vielen privaten Tagebuchaufzeichnungen der Soldaten finden sich häufig Sätze wie "Heliographie und Funktelegrafie leisten gute Dienste (...)"[29].

Mit der Niederschlagung der letzten Aufstände im Jahre 1908 war das Land schließlich "beruhigt". Der Preis: Drei Viertel des Hererovolkes und fast die gesamte Witbooi-Nation waren umgekommen; dazu kamen 800 im Kampf gefallene und 700 an Typhus zugrundegegangene deutsche Soldaten, nicht gezählt die getöteten Zivilisten. Der gesamte Viehbestand, der Lebensgrundlage für die übriggebliebenen Herero und Nama hätte sein können, war vernichtet. Der finanzielle Aufwand des deutschen Feldzuges: eine halbe Milliarde Mark.

1 Graudenz 1982 :64ff.

2 Die Nama werden hierzulande eher unter dem Ethnonym "Hottentotten" zusammengefaßt. Es soll jedoch im folgenden darauf verzichtet werden, da es sich um eine eher despektierliche Bezeichnung handelt.

3 Schmidt/Werner 1939 :18.

4 Schmidt/Werner 1939 :48.

5 Schmidt/Werner 1939 :19ff.

6 Schmidt/Werner 1939 :30.

7 Schmidt/Werner 1939 :35.

8 Schmidt/Werner 1939 :37.

9 Schmidt/Werner 1939 :39.

10 Bayer 1909 :209.

11 Diese Diskrepanz in der Kriegsführung kann wahrscheinlich auf die Tatsache zurückgeführt werden, daß sich die Nama, im Gegensatz zu den Herero, bei der Schutztruppe häufig als Gehilfen oder Diener verdingt hatten. Daher ist zu vermuten, daß sie die Bedeutung der technischen Nachrichtenmittel voll begriffen hatten und dies innerhalb ihres Volkes weitergaben. Diesen Hinweis verdanke ich Frau Dr. Sigrid Schmidt.

12 Bayer 1909 :273ff., Schwabe 1907 :249, DKZ 15/1906 :145.

13 Spiegelgerät zur Nachrichtenübermittlung mithilfe des Sonnenlichts oder einer Lampe. Zur näheren Erläuterung vgl. zum Beispiel Thurn 1911 :198ff.

[14] Großer Generalstab 1906 :149f.

[15] Bayer 1909 :273ff.

[16] DKZ 27/1904 :270.

[17] Die Schilderung der Rolle der Funkstationen bei der Niederschlagung der Aufstände folgt im wesentlichen Flaskamp 1910.

[18] Die Stationen behielten in Südwestafrika zunächst ihre Rufnamen aus dem Kaisermanöver 1903 und wurden danach benannt. Es bedeutete Ml. = Manöverleitung, Ok. = Oberkommando, Sn. = Sächsischer Nachrichtenoffizier.

[19] Bezeichnung aus dem Afrikaans für einen normalerweise ausgetrockneten Fluß- oder Bachlauf.

[20] Afrikaans für Pfad, Straße oder Piste.

[21] Aus dem Russischen stammender Ausdruck für Schlaf- oder Pferdedecke.

[22] Zwischen 60 cm und 1 m lange Keulen aus Hartholz mit faustgroßem rundem Knauf oder oval auslaufendem Ende, besonders als Waffe gegen Menschen und wilde Tiere benutzt.

[23] Bayer 1909 :128.

[24] Generalstab 1906 :149ff.

[25] Bayer 1909 :277.

[26] Gerhardt von Brünneck, Tagebuch und Briefe 24.5.1904-August 1904, handschriftlich, 23 Seiten, Privatbesitz, zitiert nach Krüger o. J.

[27] DKZ 31/1905 :333.

[28] Flaskamp 1910 :9

[29] Major Stuhlmann, "Tagebuch meiner Kriegserlebnisse in Süd-West-Afrika 1904 und 1905 als Oberleutnant der Schutztruppe", National Archives, Windhoek/Namibia, Private Accessions, A.109 (maschinengeschrieben) :34.

# 4. DIE ERSTEN KLEINEREN KOLONIALFUNKSTELLEN BIS 1913

## 4.1 Vorbemerkung

Die ersten drei Funkstellen wurden nicht unter der Regie des Reichspostamts (welches bei allen späteren Funkprojekten, zumindest vordergründig, federführend war) gebaut, sondern im Auftrag der Kaiserlichen Marine und der "Deutschen Südsee Phosphat AG". Diese drei Funkstationen waren jedoch nur für begrenzte Reichweiten gedacht und hatten daher von der Konzeption nichts mit den späteren Großstationen zu tun, sie sollen daher in einem gesonderten Kapitel vorgestellt werden.

Die Funkstelle Tsingtau im deutschen Pachtgebiet Kiautschou war die erste feste Funkstelle in den deutschen Kolonien und sollte für einige Jahre auch die einzige bleiben.

## 4.2 Kiautschou und die Marinefunkstelle Tsingtau bis 1907

Die Geschichte der deutschen drahtlosen Telegraphie in Ostasien begann schon im Jahre 1903. In diesem Jahr führte sich die Telefunken-Gesellschaft beim Reichspostamt in Berlin mit ihrem neugeschaffenen Filialnetz in Ostasien ein, welches helfen sollte, das Telefunken-System an Schifffahrtslinien in ostasiatischen Gewässern zu verkaufen. Die Anfrage an das Reichspostamt, ob eine Subventionierung durch Reichsbehörden möglich sei, um die mit Ostasien verkehrenden Dampferlinien radiotechnisch auszurüsten, wurde allerdings mit einem ausweichenden Entscheid beantwortet. Bezeichnenderweise gab es ausgerechnet in Tsingtau keine Telefunken-Filiale[1].

Erst am 27.6.1906 wurde die Firma Telefunken als Ostasiatische Gesellschaft für drahtlose Telegraphie mbH, Tsingtau in das Handelsregister von Tsingtau eingetragen. Der Gegenstand des Unternehmens wurde mit

> *"geschäftlicher Betätigung auf dem Gebiete der drahtlosen Wellentelegraphie, namentlich durch den Vertrieb von Apparaten, sowie durch Übernahme von ganzen Einrichtungen für drahtlose Telegraphie zu Wasser und zu Lande, und zwar für das ostasiatische Gebiet: China, Hongkong, Tsingtau, Mandschurei und Korea" angegeben*[2].

Kommunikationsverbindungen besonders nach außerhalb des Pachtgebiets waren traditionell problematisch. Bei der Abpressung des Kiautschougebietes von China und der anschließenden Inbesitznahme im Jahre 1898 wurde in dem kleinen Fischerdorf Tsingtau, das Hauptort des Mandatsgebiets werden sollte, lediglich eine unzulängliche chinesische Landtelegraphenverbindung vorgefunden. Da Kiautschou neben seiner Funktion als Versorgungshafen des deutschen Ostasiengeschwaders hauptsächlich eine Handelskolonie sein sollte, dessen wirtschaftliche Hauptfunktion in der Vermittlung des Güteraustauschs zwischen zwei großen Wirtschaftsgebieten lag, war ein Ausbau der Kommunikationsmöglichkeiten unbedingt geboten. Bedingt wurde ein beschleunigter Ausbau des Kabelnetzes auch durch den Boxeraufstand im Jahre 1900.
Zunächst wurde das Kabel Tsingtau - Tschifu ausgelegt. Danach wurde mit den Arbeiten am Kabel Tsingtau - Shanghai begonnen, die am 1.1.1901 beendet waren[3].
Wie eine Meldung der TNN vom 10.1.1905 exemplarisch belegt (die sogar deutschen Zeitungen entnommen werden mußte), blieb die Kommunikation auch im ersten Jahrzehnt des 20. Jahrhunderts von Pannenserien geprägt, was sich auch bis zum Ausbruch des I. Weltkrieges nicht mehr groß ändern sollte:

> *"Zu Anfang September mußte das Schutzgebiet Kiautschou fast eine Woche hindurch der direkten Kabelverbindung mit Shanghai entbehren. Es ist klar, daß das eine ganze Reihe von wirtschaftlichen Nachteilen im Gefolge hatte und noch mehr politische Nachteile nach sich ziehen kann."*

Das Hauptproblem war, daß die Kabel an der chinesischen Küste verhältnismäßig oft Störungen ausgesetzt waren. Der lebhafte Schiffsverkehr, besonders durch chinesische Dschunken und Fischerfahrzeuge, hatte zur Folge, daß bei stürmischem Wetter die Schiffer mit ihren Ankern die Kabel faßten und es, statt auf ihren Anker zu verzichten, vorzogen, die Kabel durchzuschlagen. Obwohl alle Kabelbesitzer immer wieder darauf hinwiesen, daß sie in solchen Fällen bereit seien, die Kosten für den verlorenen Anker zu ersetzen, gelang es nicht, die Zahl der Kabelunterbrechungen wirksam einzuschränken. Zu den Instandsetzungsarbeiten an den deutschen Kabeln mußten Dampfer ausländischer Kabelgesellschaften herangezogen werden, da ein deutscher Kabeldampfer an der chinesischen Küste nicht zur Verfügung stand. Um die Instandsetzung zu beschleunigen, wurde ständig ein Teil des deutschen Vorratskabels an Bord des dänischen Kabeldampfers "Store Nordiske" bereitgehalten[4].

Aber nicht nur bei Unterseekabeln, sondern auch bei den Landtelegraphen gab es zuweilen Probleme, die Kiautschou unmittelbar zu spüren bekam. So meldete eines Tages der Telegraphendirektor Hsú dem Gouverneur Yang, daß längs der Telegraphenlinie am Hwangho sehr viele Telegraphenstangen gestohlen würden. Dieser befahl daraufhin, daß seitens des Lagers am Hwangho Wachen ausgestellt werden sollten und machte für weitere Fälle den Lagerkommandanten und den Kreisrichter verantwortlich[5].

Um mit den Kriegsschiffen der deutschen Ostasienstation auf See verkehren zu können, baute die Kaiserliche Marine ab Mitte 1905 auf dem Signalberg bei Tsingtau eine Funkstation, die von Telefunken ausgerüstet wurde. Obwohl die Station für die Aufrechterhaltung des Funkverkehrs mit Marineeinheiten in ostasiatischen Gewässern diente, wurde auch öffentlicher, das heißt, ziviler Verkehr abgewickelt, der allerdings die Kabelproblematik nie auch nur annähernd lösen konnte. Die zivile Nutzung wurde vom Reichs-Marine-Amt ausdrücklich gestattet[6]. Unter dem Rufzeichen "KTS" (1913 in "KBS" geändert) sollte Tsingtau für öffentlichen Verkehr die 300-m-Welle benutzen. Sie sendete bis zu ihrem Umbau 1912[7] mit 1 kW Antennenenergie und langsamen Funken. Dank ihrer günstigen Lage war sie auf erhebliche Entfernung zu erreichen, teilweise war sie noch über eine Distanz von 3400 km aufzunehmen[8].
Es ist übrigens interessant zu vermerken, daß die sonst so klatschsüchtige Kolonialpresse inklusive der TNN vom Zeitpunkt der Meldung über den Bau des Stationsgebäudes auf dem Signalberg an keinen Hinweis mehr auf den weiteren Fortgang der Planungen und Ausführungen gab. Auch die Aktenlage ist äußerst dürftig. Es gibt nur noch Darstellungen über die Existenz der Station in späteren publizierten Quellen, die sich aber immer nur in einem einzigen Satz darüber auslassen. Es kann nur vermutet werden, daß es sich um Geheimniskrämerei der Militärs gehandelt haben muß.

In den Jahren zwischen 1903 und 1906 gibt es immer wieder Hinweise darauf, daß Telefunken vergeblich versuchte, seine Geräte an die deutschen, in ostasiatischen Gewässern verkehrenden Dampfer zu verkaufen. Anfang Dezember 1905, als die Fertigstellung der Funkstelle Tsingtau näherrückte, machte Telefunken beim Reichspostamt einen weiteren Versuch: Diesmal handelte es sich um die Ausrüstung der Reichspost-Dampfer, die die Linie Shanghai - Tsingtau befuhren und Eigentum der "Hamburg-Amerika-Linie" waren.
Man nahm vonseiten Telefunkens an, daß das Reichspostamt großes Interesse an dieser Sache hätte, denn die Dampfer könnten während der ganzen Fahrt mit der einen oder anderen Station in Verbindung bleiben,

was wohl gerade für diese Linie von Wichtigkeit sei, da sehr häufig durch Nebel oder während der Monsunzeit die Dampfer mit ein oder zwei Tagen Verspätung einträfen. Unter Hinweis auf den Stationsbau in Tsingtau und die zwei bereits in Betrieb befindlichen Telefunken-Stationen in Shanghai, welche eventuell zur Verbindung mit den Dampfern benutzt werden konnten, schlug man vor, in Shanghai eine Station auf dem dortigen Postamt zu errichten, was auch wiederum den deutschen Kriegsschiffen zugute kommen sollte. Außerdem sei zu befürchten, daß die Marconi-Gesellschaft in Shanghai ebenfalls Stationen errichten und dann die "Hamburg-Amerika-Linie" an der Hand ihres Vertrages[9] zwingen würden, die deutschen Dampfer mit Marconi-Apparaten auszurüsten. Dies hätte natürlich Telefunken in den Augen der chinesischen Regierung herabgesetzt und eine Negativwerbung für die deutschen Wirtschaftsinteressen bedeutet. Schon 1904 sei auf Wunsch der Kriegsmarine in Shanghai eine Reparaturwerkstatt errichtet und dort eine eigene Gesellschaft gegründet worden. Daher sei ein guter Zustand der Stationen gesichert. Das Reichspostamt möge doch bitte auf die H.A.L. einwirken, die Dampfer mit Funk auszurüsten[10].
Dies war allerdings vergeblich, die H.A.L. bekundete ihr Desinteresse. Die von den vielen Absagen offensichtlich frustrierten Telefunken-Leute verfielen daraufhin 1908 auf den Reklamegag, auf dem Dampfer "Admiral von Tirpitz" der Linie Shanghai - Tsingtau - Tientsin eine eigene Station einzurichten. Ein Angestellter der Gesellschaft wurde zur Bedienung abgestellt und von Telefunken bezahlt. Rufzeichen der Schiffsstation war "TP", den Strom für die Anlage entnahm man der Dynamomaschine des Dampfers[11].

Im Februar 1907 wurde in Erwägung gezogen, ob der zivile und militärische Telegrammverkehr nicht auch für Schiffe auf Reede oder im Hafen statt nur denen auf See zugänglich gemacht werden sollte. Ein Bedürfnis zum telegraphischen Verkehr zwischen den Einwohnern Tsingtaus und den Besatzungen der Schiffe, die entweder an einer 3 bis 4 km entfernten Mole des großen Hafens oder nur mit einem Boot erreichbar auf der Innenreede lagen, war unzweifelhaft vorhanden; bis zu diesem Zeitpunkt wurden Winksprüche zwischen den Schiffen und der Signalstation ausgetauscht, die von letzterer telephonisch weitergegeben wurden. Dieses Mittel versagte indessen bei den zu bestimmten Jahreszeiten häufigen Nebeln. Auch die Bestellung von Telegrammen für Kriegsschiffe, besonders wenn sie statt an einer Mole auf Reede lagen, stieß auf Schwierigkeiten. Es wurde aufgrund von Verabredungen mit den betreffenden Dienststellen so verfahren, daß die Signalstation beim Eingang eines Telegramms ersucht wurde, das Kriegsschiff zur Abholung des Telegramms aufzufordern. Hierbei erlitten die Telegramme erhebliche Verzögerungen, zumal auch die Kriegsschiffe bei hohem Seegang große Schwierigkeiten hatten, ein Boot zu Wasser und an Land zu bringen[12]. In den folgenden Wochen wurde die Neuregelung beschlossen.

Ebenfalls 1907 versuchte das Reichpostamt offenbar, sich zumindest eine Teilkontrolle über die Station zu sichern, die bis dahin allein vom Gouvernement geführt wurde, also von der Marinebehörde. Nach dem Plan der Reichspost sollte das Personal der Station zwar dem Kaiserlichen Gouvernement Kiautschou unterstellt bleiben; es sollte jedoch den auf den öffentlichen Telegraphendienst bezogenen Anordnungen des Kaiserlichen Postamts in Tsingtau oder der Beauftragten dieser Behörde Folge leisten. Die Telegrammgebühr sollte 5 Cent pro Wort zwischen Tsingtau und Schiffen auf See betragen; jedes Telegramm sollte mindestens 10 Wörter enthalten. Diese Regelung wurde vom Gouvernement und dem Reichs-Marine-Amt nicht genehmigt. Das Gouvernement wollte den Telegrammverkehr zwischen Kriegsschiffen einerseits und den an Land befindlichen Behörden und Angehörigen der Marine und der Schutzgebietsverwaltung andererseits, wie bis dahin geschehen, allein regeln. Der Verkehr sollte ohne Vermittlung des Postamts in Tsingtau mit Hilfe der Gouvernements-Fernsprechanlage abgewickelt werden. Dem Postamt Tsingtau wurde Mitwirkung nur bei Privattelegrammen eingeräumt[13]. Die Ablehnung war ziemlich eindeutig: Die Station sei eine Marinestation und solle in erster Linie dem Verkehr Seiner Majestät Schiffe dienen. Daß sie nebenher auch im öffentlichen Verkehr benutzt werden dürfe, sei lediglich als ein Entgegenkommen der Marine bzw. der Schutzgebietsverwaltung zu betrachten[14].

## 4.3 Die privaten Funkstellen Angaur und Yap

Mit Schreiben vom 1.5.1908 stellte das "Deutsche Südseephosphat Syndikat, Bremen" an das Reichskolonialamt für die zu gründende "Deutsche Südsee Phosphat Aktien Gesellschaft, Bremen" den Antrag, man solle der AG das ausschließliche Recht zur Herstellung und Unterhaltung einer Funkverbindung der Palau-Inseln untereinander sowie derselben mit der Insel Yap oder einer anderen später zu errichtenden Kabelstation zugestehen. Ebenso wollte man sich das ausschließliche Recht der Ausrüstung der firmeneigenen Schiffe und der den Zwecken der Gesellschaft dienenden in die dortigen Gewässer gelangenden fremden Schiffe mit Funktechnik sichern. Die Benutzung der Stationen für die Zwecke der Gesellschaft solle der Gesellschaft unentgeltlich zustehen. Die Gesellschaft solle im Gegenzug verpflichtet sein, Mitteilungen für Regierungszwecke zu befördern, und zwar gewöhnliche Mitteilungen je nach dem Zeitpunkt ihres Einlaufs und dringende Mitteilungen mit Vorzug. Die Gesellschaft setzte sich aus den Firmen "Deutsche Nationalbank" (Bremen), "Norddeutscher Lloyd" (Bremen), "Tellus AG für Bergbau- und Hüttenindustrie" (Frankfurt/Main) sowie "Müller & Co." (Rotterdam) zusammen und plante, in der Palaugruppe, besonders auf Angaur und Yap große Summen in den Phosphatabbau zu investieren. Man bat um eine Unterredung mit Vertretern des Reichskolonialamts und des Reichspostamts[15].

Diese Sitzung fand am 22.6.1908 statt; Resultat war, daß die Südsee Phosphat AG ihren Antrag dahingehend modifizierte, daß aus Kostengründen jetzt nur noch von einer Verbindung zwischen Yap und Angaur die Rede war, eine Kabelverbindung zwischen beiden etwa 500 km voneinander entfernten Orten wurde als zu teuer angesehen. Man bestand aber immer noch auf eine ausschließliche Konzession, da man nicht durch den Funkbetrieb anderer Gesellschaften gestört werden wollte. Die Konzession sollte 40 Jahre Gültigkeit besitzen[16]. Aus wirtschaftlicher Sicht waren Angaur und Yap die beiden Schlüsselpunkte für die Gesellschaft: Angaur besaß die reichsten Phosphatlager der Palau-Gruppe und die Karolineninsel Yap war durch die seitens der Deutsch-Niederländischen Telegraphengesellschaft in Köln verlegten Seekabel mit Menado auf Celebes, Shanghai und der amerikanischen Marianeninsel Guam verbunden und so an drei Punkten an das allgemeine Weltkabelnetz angeschlossen[17]. Die Reaktion des Reichskolonialamts war durchweg wohlwollend, man stellte aber Bedingungen: Das Projekt sollte künftige weiterreichende Pläne des Reichs hinsichtlich benötigter Funkverbindungen im Pazifik von vornherein berücksichtigen. Schon in dieser Sitzung war die Rede davon, jeden Zentralpunkt der deutschen Südsee funktechnisch zu vernetzen[18].

Nach Beratungen mit dem Reichspostamt und Telefunken stellte das Reichskolonialamt an die Südsee Phosphat AG folgende endgültige Bedingungen:

1. Die Stationsräumlichkeiten mußten so vorgesehen werden, daß es später möglich war, die erforderlichen Zusatzmaschinen und -apparate für eine größere Station aufzustellen.
2. Die beiden Holzmasten, die schon zu diesem Zeitpunkt erforderlich waren, sollten sehr kräftig und mindestens 50 m hoch sein.
3. Das Stationshaus mußte mit Rücksicht auf eine später zu wählende große Antenne etwa 90 m vom Fußpunkt der beiden Maste entfernt aufgestellt werden.
4. Für die Station mußte ein Gelände von ca. 300 m Durchmesser vorgesehen werden, damit es später möglich war, entweder zwei weitere Maste und eine entsprechende Antenne oder aber in der Mitte des Geländes einen hohen Eisenmast mit großer Schirmantenne aufzustellen[19].

Die Zustimmung der Südsee Phosphat zu diesen Bedingungen traf am 3.9.1908 im Reichspostamt ein, der Konzession wurde allerdings erst mit Wirkung vom 20.10.1909[20] durch die Geheime Kanzlei des RPA Gültigkeit verliehen. Die wichtigsten Details dieser Konzession enthielten die Artikel 4, 12 und 17: Das Reich behielt sich die Kontrolle über technische Einrichtungen und die Wahl des Stationsplatzes vor (Art. 4). Der Austausch von Nachrichten mit anderen Küstenstationen war ohne besondere Genehmigung des Reichs nicht gestattet. Dagegen waren die Stationen verpflichtet, mit Schiffen in See ohne Unterschied der Nationalität und des von ihnen benutzten funktechnischen Systems in Verbindung zu treten und auf Anfordern des Reichs auch mit anderen Küstenstationen zu verkehren, gleichviel ob sich diese in Reichs- oder Privatbesitz befanden (Art. 12). Die Gebühren für Telegramme wurden vom Reich festgesetzt (Art. 17).

Die Anlagekosten betrugen nach Berechnung von Telefunken für Yap und Angaur einschließlich des Grundstücks jeweils 64000 Mark, die Betriebskosten wurden für die Stationen jeweils auf 24000 Mark pro Jahr geschätzt.

*Abb. 8: Telefunkenstation Angaur, v.l.n.r.: Diamant-Maschinenhaus, Akkumulatoren-Haus, Wohn- und Telegraphie-Haus (Deutsche Kolonialzeitung, Nr. 3, 21. Jan. 1911: 41)*

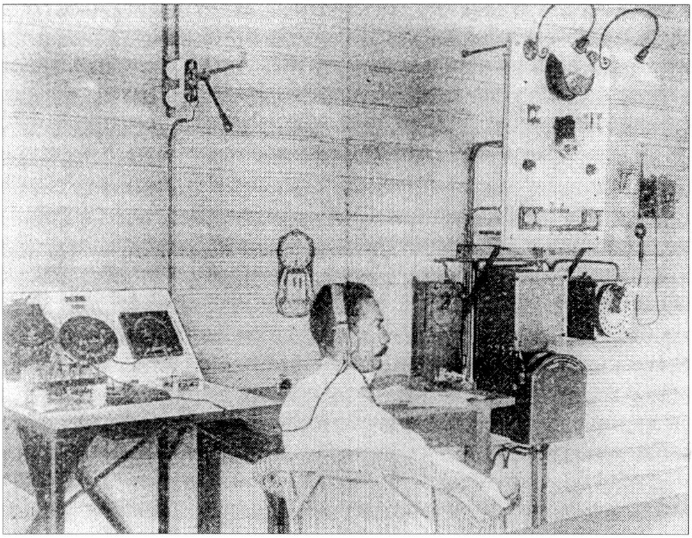

*Abb. 9: Beamter der Telefunkenstation Angaur im Dienst (Deutsche Kolonialzeitung, Nr. 3, 21. Jan. 1911: 41)*

Der ausgewählte Platz für die Station Yap[21] lag 50 m erhöht über dem Meer auf 9° 29' 57" Nord und 138° 3' 45" Ost und war von der Kolonie Yap in 25 Minuten Fußmarsch erreichbar. Das 300 x 300 m große Grundstück hatte vorher den Eingeborenen des Dorfes Ngolok im Bezirk Rul gehört. Das Terrain selbst war unfruchtbar und vor dem Bau der Station nur mit Pandanußbäumen und hohem Steppengras bewachsen.

Am 1.7.1909 wurde mit dem Vermessen und Planieren des gekauften Platzes begonnen, sogleich wurde ein Weg zur Kolonie und eine Landungsstelle angefertigt und es konnten noch im selben Monat Materialien wie Werkzeuge und Bauholz zum Stationsplatz transportiert werden.

Am 17.8. waren Transport von Material und Säubern des Platzes soweit vorangeschritten, daß der Bau des Stationsgebäudes in Angriff genommen werden konnte. Am 9.9. war es fertig und man begann mit der Montage der Maschinen und Apparate. Gleichzeitig wurde auch eine Telephonleitung zur Kabelstation Yap verlegt und die Gegengewichtsdrähte im Boden eingegraben. Die Benzinmaschine und Akkumulatoren wurden in getrennt errichteten kleinen Wellblechhäusern untergebracht. Als Antennenträger waren zwei Holzmasten von jeweils 50 m Höhe vorgesehen; da aber auf Yap nicht genügend brauchbares Holz zu finden war, wurden nachträglich in Hongkong für beide Stationen Eisenmasten bestellt. Da

man vermutete, daß Angaur auch mit Holzmasten schon sendebereit war, wurden für einen ersten Verkehr schnell zwei provisorische Masten errichtet. Diese bestanden jeweils aus den Stämmen von zwei Kokos- und einer Betelpalme und wurden in einem Stück aufgerichtet. Die Herstellung nahm etwa 14 Tage in Anspruch, es wurde damit eine Luftnetzhöhe von 38 m erreicht. Das Anfertigen und Abstimmen des Luftnetzes war in drei Tagen erledigt. Die Station war am 9.11.1909 betriebsbereit, vorläufig allerdings noch ohne Akkumulatoren.
Die Masten der Station Angaur waren jedoch noch nicht fertig, so konnte erst am 24.11. der Verkehr aufgenommen werden. Am 2.12. kamen schließlich die in Hongkong bestellten Eisenmasten in Yap an, mitgereist waren sechs chinesische Handwerker zum Montieren. Die Eisenmasten wurden neben den Holzmasten stückweise hochmontiert und genietet, so daß bei genügender Höhe das Luftnetz ohne Betriebsunterbrechung daran befestigt werden konnte. Als oberstes Stück wurde in den Eisenmast noch ein Holzmast von 2 m Länge eingesetzt[22].

*Abb. 10: Eisenmast der drahtlosen Telegraphiestation Yap im Bau (Deutsche Kolonialzeitung, Nr. 3, 21. Jan. 1911: 37)*

Am 13.11.1909 ging ein Bericht der Kabelstation Yap bei der Deutsch-Niederländischen Telegraphengesellschaft ein, wonach die Fernsprechverbindung der Südsee Phosphat Gesellschaft zwischen der Funkstation und der Kabelstation soweit fertiggestellt war, daß ihre Inbetriebnahme erfolgen konnte. Das Bezirksamt habe aber die Genehmigung zur Aufnahme des Betriebes versagt, weil das Reichskolonialamt noch keine entsprechende Anweisung gegeben habe. Davon wurde die Südsee Phosphat Gesellschaft am 20.11.1909 benachrichtigt, um ihr Gelegenheit zu geben, auf eine beschleunigte Erteilung der Konzession für die Einrichtung einer Funkverbindung zwischen Yap und Angaur hinzuwirken[23].

Die technische Ausstattung der Funkstellen repräsentierte das Modernste, was damals auf dem internationalen Markt zu finden war. Beide arbeiteten mit einer gerichteten Senderenergie von 2,5 bis 2,8 kW. Ein aus 13 je 120 m langen Drähten bestehendes Fächernetz war über die zwei 52 m hohen Eisenmasten hinweg nach der Nordostseite verspannt. Das eingegrabene Gegengewicht bestand aus 26 Eisendrähten mit einer Stärke von 3 mm und einer Länge von je 120 m, welche strahlenförmig etwa 50 cm tief im Boden lagen. Als Verspannung wurde starkes Stahltau verwendet, das über der Erde mit Hanftau abgefangen wurde. Gegen Blitzgefahr sicherte eine Funkenstrecke, die einesteils am Luftnetz, anderenteils an Erde lag. Zur Einführung des Luftnetzes ins Gebäude wurde eine Porzellandurchführung für Hochspannung benutzt. Die Station Yap erhielt ein eingegrabenes Gegengewicht, bestehend aus verzinkten Eisendrähten, die, ungefähr 3 mm stark und 120 m lang strahlenförmig etwa 30 cm tief in die Erde gelegt wurden. Die Station Angaur erhielt ein isoliertes Gegengewicht, welches auf Pfählen mit Isolatoren ausgespannt wurde und aus Phosphorbronzedraht bestand.
Zur Erzeugung von Gleichstrom war ein Benzindynamo (110-150 Volt bei 50 Ampère) vorhanden. Durch diesen konnte eine Batterie von 60 Zellen und 135 Ampèrestunden geladen oder ein Gleichstrom-Wechselstrom-Umformer direkt betrieben werden. Bei kurzer Betriebsdauer erhielt letzterer den Strom aus der Batterie. Zur Speisung der Induktoren wurde der von dem Umformer erzeugte Wechselstrom von 110 Volt bei etwa 50 bis 70 Hertz verwendet. Die für den Betrieb nötigen Apparate und Meßinstrumente waren auf zwei Marmortafeln leicht übersichtlich angeordnet.
Der Erregerkreis bestand aus sechs Leydener Flaschen mit einer Gesamtkapazität von 60000 ccm, einer Selbstinduktion und einer ventilierten Funkenstrecke. Gespeist wurden die Flaschen von zwei Induktoren, die für die Verwendung in den Tropen auf Porzellan gewickelt worden waren. Zum Ventilieren der Funkenstrecke diente ein Ventilator, das Luftnetz war mit dem Sender galvanisch gekoppelt. Eine Vorrichtung zur Veränderung der Eigenschwingung ermöglichte das Senden mit verschiedenen

Wellenlängen. Durch einen Luftdrahtschalter konnte das Luftnetz auf Empfang oder Geben geschaltet werden. Dieser Schalter war mit Blokkierungskontakten versehen, so daß der Schalter nicht auf Empfang stehen konnte, wenn gesendet wurde. Die vorhandenen Hörempfangs-Einrichtungen waren auf einem Marmortisch montiert[24].

Die Betriebszeiten der Stationen wurden auf 8.00 und 14.00 Uhr Lokalzeit festgesetzt. Empfangen wurde auf 600 m, während das Senden von Yap aus auf 800 m und von Angaur aus auf 850 m geschah. Die Betriebszeiten dauerten so lange, bis alle Telegramme erledigt waren. Die Betriebszeiten wurden mit Rücksicht auf die Tatsache vereinbart, daß abends und nachts starke atmosphärische Störungen vorhanden waren. Angestrebte Verbindungen mit Tsingtau gelangen nicht.

Kurz nach der Eröffnung der Stationen kamen die ersten Beschwerden von Schiffskapitänen, die mit den Stationen hätten arbeiten wollen, aber keine Antwort bekommen hätten. Telefunken behauptete auf Anfrage des Reichspostamts, daß nach den der Gesellschaft vorliegenden Berichten die Stationen anstandslos gearbeitet hätten und daß keinerlei Reparaturen notwendig gewesen seien. Daher waren ihr die Mitteilungen, daß die Stationen nicht zu jeder Zeit funktionierten, unverständlich[25]. Telefunken bemühte sich um Aufklärung und bald war auch des Rätsels Lösung gefunden: Angaur war seit Eröffnung am 24.11.1909 ununterbrochen betriebsbereit, jedoch nur zu den Dienstzeiten besetzt. Im internationalen Stationsverzeichnis waren jedoch irrtümlich alte Dienstzeiten angegeben, wie sie nur in den ersten Tagen nach der Eröffnung galten[26].
Bald darauf wurden Reichweitenversuche mit den Kriegsschiffen "Emden", "Nürnberg" und "Scharnhorst" von 20.00 bis 22.00 Uhr, meist auf den Wellen 450 m oder 600 m angestellt. Aus den Versuchen ging hervor, daß die Reichweite von Angaur geringer war als die von Yap. Dies war darauf zurückzuführen, daß die Mastfundamente von Angaur ungefähr 10 m niedriger standen als diejenigen von Yap. Während Yap frei auf einem Hügel lag (50 m über dem Meer) war Angaur in einer Waldlichtung versteckt, die nur 10 m über dem Meer lag.

Der Verkehr zwischen Angaur und Yap war zumindest 1911 gering, funktionierte aber sehr gut. Der Telegrammverkehr nach und von Schiffen der Station Yap war nur vorübergehend während der Anwesenheit des Geschwaders in der Südsee zur Niederwerfung des Ponapeaufstands angestiegen[27]. In diesem Jahr wurden 92 Telegramme von Yap nach Angaur und ebensoviele von Angaur nach Yap geschickt[28].
Am 1.4.1913 ging die Station Yap im Zuge der Errichtung des Südsee-Funknetzes per Kauf in den Besitz von Telefunken über.

*Abb. 11: Bauarbeiter der Telefunkenstation Yap (Deutsche Kolonialzeitung, Nr. 3, 21. Jan. 1911: 40)*

[1] TF an RPA 26.10.1903 (15337).

[2] ABK 7.7.1906 :1.

[3] Schmidt/Werner 1939 :375.

[4] Schmidt/Werner 1939 :377.

[5] TNN 7.2.1907 :3.

[6] Staatssekretär RMA an Staatssekretär RPA 29.1.1906 (15337).

[7] Vgl. 7.5.

[8] Ausschußsitzung 8.12.1911 (7191).

[9] Die englische Marconi-Gesellschaft machte es sich offiziell bis 1906, aber eigentlich weiter bis 1912 zum Prinzip, mit jedem Benutzer des Marconi-Systems einen Vertrag auszuhandeln, in dem festgelegt wurde, daß alle Anrufe über Funkgeräte von Konkurrenzfirmen weder bearbeitet noch weitergeleitet werden durften.

[10] TF an RPA 1.12.1905 (15337).

[11] Kais. Deutsche Postdirection Shanghai an Gouvernement Kiautschou 6.3.1908 (15337).

[12] Kais. Deutsche Postdirection Shanghai an RMA 7.2.1907 (15337).

[13] Kais. Deutsche Postdirection Shanghai an RPA 23.9.1907 (15337).

[14] Erlaß Gouvernement Kiautschou 23. 8.1907 (15337).

[15] Norddeutscher Lloyd an RPA 3.6.1908 (15380).

[16] Deutsche Südsee Phosphat AG an RPA 26.6.1908 (15380).

[17] DKZ 3/1911 :40.

[18] RKA an RPA 6.8.1908 (15380).

[19] RKA an RPA 29.8.1908 (15380).

[20] Südsee Phosphat AG an RPA 3.9.1908 (15380).

[21] An dieser Stelle soll nur der Bau der Station Yap exemplarisch geschildert werden, da die Errichtung von Angaur bis auf ein paar Details gleich verlief und es im Falle Angaurs auch keine besonderen Ereignisse zu verzeichnen gibt.

[22] Bericht TF Yap, nicht datiert (15380).

[23] Deutsch-Niederländische Telegraphengesellschaft an RPA 15.1.1910 (15380).

[24] Aufstellung TF, nicht datiert (15380).

[25] Deutsche Südsee Phosphat AG an RPA 22.6.1910 (15380).

[26] TF Angaur an TF Berlin 14.10.1910 (15380).

[27] Vgl. 7.6.1.

[28] Postagentur Yap an RPA 19.7.1912 (15380).

# 5. DAS PROBLEM DER INTERKONTINENTALEN FUNKVERBINDUNGEN - DISKUSSIONEN UND PRAKTISCHE VERSUCHE

## 5.1 Einführung

Vor einer Schilderung der größeren Funkprojekte in den Kolonien soll in diesem Kapitel zunächst die Diskussion um diese Projekte und die verschiedenen Prozesse der Entscheidungsfindung bei den staatlichen Gremien in Deutschland dargestellt werden. Die Trennung zwischen den Planungsvorgängen in Deutschland und ihre Ausführung in den Kolonien erscheint zweckmäßig, da die Reichsbehörden in Berlin die Bauprojekte in verschiedenen Kolonien meist im Zusammenhang behandelten und daher ein Auseinanderreißen der Vorgänge nicht gerechtfertigt erscheint. Allerdings ist nicht daran gedacht, die Entscheidungsprozesse für sämtliche Stationen detailliert aufzuführen. Es sollen an dieser Stelle nur solche Prozesse beschrieben werden, die der allgemeinen Akzeptanz der weitreichenden Funkpläne vorangingen.
Die Diskussionen liefen im wesentlichen auf zwei Gleisen: einem nicht ganz so intensiv benutzten öffentlichen und einem sehr ausgiebig benutzten nicht-öffentlichen.
Das Problem der Fernmeldeverbindungen in und mit den Schutzgebieten brannte den Reichsbehörden seit Eintritt Deutschlands in den Kreis der Kolonialmächte unter den Nägeln; dabei waren militärstrategische und wirtschaftliche Überlegungen ausschlaggebend: Wollte man an der militärischen und damit politischen und wirtschaftlichen Weltherrschaft teilhaben, mußte man ein Nachrichtennetz unter Berücksichtigung der Aktivitäten anderer Staaten auf diesem Sektor aufbauen. Zudem war die Abhängigkeit besonders von britischen Kabeln äußerst groß, was sowohl auf die militärische als auch auf die wirtschaftliche Position Deutschlands negativ einwirkte (während der Aufstände in Südwestafrika kosteten allein die Militärtelegramme von und nach Deutschland 400000 Mark an Gebühren für die britische Kabelverbindung). Die Forderung nach besseren Telegraphen-, Telefon- und Funkverbindungen wurde auch in den Kolonien selber immer dringender, je weiter die wirtschaftliche Erschließung und die europäische Besiedlung voranschritten. Aber die Verbindungen waren sowohl zwischen den bevölkerungsreichen Zentren als auch von den Außenposten in die Zentren trotz der langjährigen Anstrengungen im Telegraphen-, weniger im Bahnbau, im allgemeinen schlecht. In Deutsch-Ostafrika zum Beispiel waren während der Regenzeiten die Lehm- oder Schotterpisten für schwere Frachtfuhrwerke kaum noch be-

fahrbar und auch die vorhandenen Telegraphenlinien und Telefonleitungen waren zum großen Teil in immer noch bedauerlichem Zustand. Zur Illustration mag der Leserbrief eines leidgeplagten deutschen Farmers aus Arusha (Kilimanjaro) an die DOZ dienen, der sich über die Qualität der Telefonverbindungen ausläßt:

> *"Wenn es glückt, nach dreistündigem Warten einen Anschluß zu erhalten, kann man von Glück sagen. Kaum sind die ersten Worte aber gewechselt, da dreht in Buiko oder Wilhelmstal irgend jemand die Kurbel und es ist mit bestem Willen nichts zu verstehen. Das tut aber der Einnahme der Kaiserlichen Post keinen Abbruch, man muß seine 2 Rupien abladen und kann ein zweites Gespräch anmelden, - mit neuer Wartezeit und Bezahlung. Es ist leicht zu verstehen, daß jeder, welcher diese Erfahrungen machen mußte, sich scheut, das Telefon zu benutzen, während gerade hier ein großes Bedürfnis vorliegt, sich zum Beispiel mit den Spediteuren in Tanga und Buiko schnell zu verständigen"*[1].

## 5.2 Die Aktivitäten anderer Staaten auf dem Gebiet der Funktechnik

Immer wieder wurde besonders von Ingenieuren und Militärs darauf hingewiesen, daß Deutschland im Hinblick auf die kommunikative Vernetzung innerhalb des Kolonialbesitzes wie auch hinsichtlich der Verbindungen zum Mutterland hoffnungslos hinter Großbritannien, aber auch Frankreich und Belgien hinterherhinkte.

Ein gutes Beispiel für die Art der Argumentation, die auf die geostrategische Komponente der Funktelegraphie abzielte, ist die Abhandlung eines Oberstleutnants Hübner aus dem Jahre 1910, der Frankreichs Funkverbindungen nach West- und Zentralafrika diskutierte: Frankreich war vor 1910 genau wie Deutschland zumeist auf fremde Kabel und Telegraphenlinien angewiesen. Die für westafrikanische Küstenortschaften bestimmten Telegramme mußten beispielsweise nach Cadiz aufgegeben werden, um von dort aus auf dem spanischen Kabel nach Teneriffa und von da auf englischem Kabel nach Dakar zu gehen. Seit mehreren Jahren jedoch besaß Frankreich eine eigene direkte Kabelverbindung nach dem Senegal, die mit den Kabellinien Dakar - Conakry fortgesetzt wurde und die durch Landtelegraph mit den Kabelstrecken Grand Bassam - Cotonou und Cotonou - Libreville in Verbindung stand. Dieses die Verbindung vermittelnde Netz für Landtelegraphie war mit der fortschreitenden Unterwerfung des

Landesinnern von den Truppen der Kolonialarmee angelegt worden und diente zu dieser Zeit hauptsächlich dem Verkehr von Saint Louis nach Conakry über Kayes bzw. Kita, Saint Louis - Grand Bassam über Koury und von Koury nach Cotonou. Bereits sieben Jahre zuvor besaß Frankreich in diesem Teil Afrikas etwa 8000 km Telegraphenlinien, die aber dem internationalen Verkehr entzogen waren. In den letzten Jahren vor 1910 war man ganz besonders bemüht gewesen, das die west- und zentralafrikanischen Gebiete an das Mutterland anschließende Netz der telegraphischen Linien weiter auszubauen. Vor allem sind hierzu die Bestrebungen zu rechnen, durch die zum einen die Gegenden des Tschad-Sees an die Nigergebiete angeknüpft und zum anderen die besonders große Schwierigkeiten bereitenden Strecken der Sahara überbrückt werden sollten.
Um diese Schwierigkeiten nicht zu haben, wurden erfolgreich Funkstrekken erkundet und ausgeführt. Es gelang, Port Etienne (den nördlichsten, nahe der Grenze zum damaligen Rio de Oro gelegenen Hafen Mauretaniens) und Dakar mit der Funkstation auf dem Eiffelturm zu verbinden. Die Entfernung zwischen Paris und Port Etienne beträgt 3900 km und die zwischen Paris und Dakar 4500 km.
Ob man für den Austausch der Telegramme auf diesen beiden Linien das ziemlich genau in ihrem Verlauf gelegene Casablanca als Zwischenstation verwendet hat, war Hübner nicht bekannt. Von dort aus bestand jedenfalls schon längere Zeit Funkverbindung mit Paris. Es gab auch eine Funkverbindung zwischen Port Etienne und Bizerta in Tunesien (3370 km); auf dieser Strecke soll es jedoch physikalische Beeinträchtigungen durch "Einflüsse der Sahara" gegeben haben. Von Port Etienne und Dakar sollten auch Versuche nach Timbuktu unternommen werden, geplant war auch die Errichtung von Stationen an allen wichtigen Hafenplätzen. Timbuktu sollte dann mit Oran und Bizerta verbunden werden. Aktivitäten gab es auch im französischen Kongo, wo Brazzaville mit Pointe Noire verbunden wurde, quer über den Urwald hinweg.
Ausdrücklich betonte Hübner, daß die verlustreichen Erkundungs- und Kabelbauexpeditionen der Vergangenheit angehören würden. Hübner gab zwei weitere Punkte zu bedenken: Durch das bereits eingerichtete Netz drahtloser Telegraphie waren die beiden großen afrikanischen Flottenstützpunkte Frankreichs auf das engste an das Mutterland angeschlossen worden. Darüber hinaus wurde der Wert der französischen Kolonialbesitzungen weiter gehoben.
Das Fazit von Hübner: "Ein nachahmenswertes Beispiel ist es, das Frankreich in diesem neuen Vorgehen der Mitwelt gegeben hat!"[2]

Im nächsten Jahr, 1911, als der italienisch-türkische Krieg ausbrach, wurde der Öffentlichkeit wieder einmal vor Augen geführt, wie wichtig nicht nur in Friedens-, sondern auch in Kriegszeiten Funkverbindungen sein konnten und wie anfällig Kabelverbindungen. Kaum war die der Hohen Pforte in dem italienischen Ultimatum gestellte Frist von 24 Stunden am 29.9.1911, 14.30 Uhr abgelaufen, als bereits um 19.15 Uhr am selben Tag das der "Eastern Telegraph Company" in London gehörende Telegraphenkabel zwischen dem damals türkischen Tripolis (Libyen) und Malta von den Italienern durchgeschnitten wurde. Alsbald nach der Einnahme von Tripolis am 9.10.1911 wurde das Kabel wiederhergestellt.
Fast gleichzeitig mit der Zerstörung des englischen Kabels wurde auch die Funkverbindung zwischen Tripolis und der Türkei dadurch unterbrochen, daß die tripolitanische Funkstation Derna von einem italienischen Kriegsschiff am 15.10.1911 durch einige Schüsse zerstört wurde. Bis zum Jahr 1905 war das Kabel Tripolis - Malta die einzige telegraphische Verbindungsmöglichkeit zwischen Tripolis und Konstantinopel gewesen. In dem Bestreben, sich von diesem Kabel freizumachen, hatte die türkische Regierung 1905 Telefunken beauftragt, eine Funkverbindung zwischen Derna und Guelemich an der kleinasiatischen Küste gegenüber Rhodos herzustellen. Da die drahtlose Telegraphie sich damals noch im Anfangsstadium ihrer Entwicklung befand, hatte die Überbrückung der etwa 700 km langen Luftlinie zwischen diesen beiden Orten und die Herstellung eines betriebssicheren Verkehrs große Schwierigkeiten bereitet. Trotzdem gelang es Telefunken, unter finanziellen Verlusten nach fast zweijähriger Arbeit das Werk zu vollenden. Die Zerstörung der Funkanlage Derna war von schwerwiegender Bedeutung für die Türkei, denn hiermit war Tripolis vollkommen von seinem Mutterland isoliert. Das gleiche Schicksal ereilte am 20.4.1912 kurz nach der Übergabe die der türkischen Postverwaltung gehörende Station Cesme nahe Izmir in Kleinasien.
Danach errichteten die Italiener in Benghazi und Derna zwei weitreichende militärische Funkstationen, die mit der seit November 1910 im Betrieb befindlichen Großstation Coltano bei Pisa auf rund 1700 km in Funkverbindung standen.
Bereits 1908 hatte die Funktelegraphie der französischen Heeresleitung während der Marokkoexpedition gute Dienste geleistet. Telegramme wurden schon damals zwischen der Eiffelturmstation und den vor Marokko stationierten Kriegsschiffen gewechselt. Diese Schiffsstationen gaben alsdann die Telegramme an zwei fahrbare Funkstationen weiter, die im Innern des Landes den operierenden Truppen folgten. Außerdem besaß die Truppe noch eine Landstation, die in der Nähe des Lagers von Casablanca errichtet worden war. Die für Frankreich bestimmten Telegramme wurden des Nachts von dem Kreuzer "Klebér" unmittelbar an die Militär-Zen-

tralstation Eiffelturm (2200 km) gegeben; tagsüber mußten die Telegramme wegen der dann geringeren Reichweite der Stationen an einen auf der Reede von Tanger stationierten Kreuzer gegeben werden, der dann die Weiterbeförderung über das Kabel Tanger - Oran - Marseille veranlaßte.
Während einer militärischen Operation in Marokko 1911 hatten die Franzosen weitere Funkverbindungen von Marokko aus mit Paris geschaffen. In Oran und Taurirt wurden je eine feste Station und zwei fahrbare Militärstationen dem Betrieb übergeben. Die feste Station Taurirt war nach dem System der "tönenden Funken" des französischen Staates ausgerüstet und stand offenbar mit den Stationen in Oran, Tanger, Casablanca und Marseille unmittelbar in Verbindung. Die beiden fahrbaren Stationen, die in 15 Minuten betriebsbereit gemacht werden konnten, besaßen eine Reichweite von 100 bis 150 km. Sie verbanden die Kolonne des Generals Toutée mit der festen Station in Taurirt und erforderlichenfalls mit anderen Stationen in Marokko. Außer diesen Stationen hatte die französische Militärtelegraphie unter der Leitung des Majors Ferrié und des Hauptmanns Brenot noch in Casablanca eine feste und vier neue fahrbare Stationen errichtet, so daß sich hier mit den beiden alten Stationen von 1908 insgesamt sechs fahrbare Militärstationen befanden. Die fahrbaren Stationen hatten ihre Aufstellung meist zwischen Fez und Méhédina, dann bei Lallaito, Sidi Gueddar und Béni Amar.
Ergänzt wurde dieses militärische Funknetz noch durch staatliche Funkstationen in Casablanca und Tanger, die jedoch in ihren Ausstrahlungen sehr durch die Stationen in Gibraltar und durch die spanischen Anlagen gestört wurden. Deshalb gaben die Militärstationen von Fez und Taurirt ihre Telegramme an die Großstation, von wo aus sie unmittelbar an die Eiffelturmstation weitergeleitet wurden.
Die auf dem Marsfeld unterirdisch errichtete Militärstation Eiffelturm, die den 300 m hohen Turm als Antennenträger benutzte, besaß eine Reichweite von angeblich 5000 km. Die Station hatte jedoch nicht, wie damals häufig in der Presse zu lesen war, einen regelmäßigen Verkehr mit Amerika unterhalten.
Die Einrichtung von Funkstationen in den französischen Kolonien wurde außer von dem früheren Kolonialminister Messimy und dem zu dieser Zeit amtierenden Minister Lebrun besonders von dem Generalgouverneur von Französisch-Westafrika, Merlaud-Ponty, gefördert. Man plante die Errichtung weitreichender Stationen in den wichtigsten Hafenplätzen der französischen Kolonien, so in Ortschaften der Elfenbeinküste, in Dahomé (heute Benin) und in Französisch-Kongo, die die Regierung von den Kabelverbindungen unabhängig machen sollten. Der Kolonialminister betraute ein technisches Komitee mit dem Studium und der Ausführung der Arbeiten zur Errichtung eines Funknetzes in den Kolonien.

Für die nordafrikanischen Besitzungen waren neben Fort de l'Eau bei Algier besonders die Funkstationen der Festungen Oran und Bizerta von großem Wert. Durch Errichtung einer Zwischenstation in Port Etienne hatte man, wie schon dargelegt, eine gute Verbindung mit Dakar hergestellt. Beim wichtigen Handelsplatz Timbuktu am Niger war 1911 eine Station im Bau, die einerseits mit dem nur 1600 km entfernten Dakar, andererseits aber auch mit Oran (2150 km) und Bizerta (2600 km) verkehren sollte. An und für sich bedeutete die Verbindung durch Telegraphen zwischen Paris und Timbuktu eine große Erleichterung für die im zentralen Afrika durchzuführenden militärischen Expeditionen; diese Verbindung war mindestens ebenso wertvoll wie die Tatsache, daß man jetzt den Weg Dakar - Timbuktu durch Benutzung von Eisenbahn und Dampfbooten in 10 Tagen und unter vollständiger Vermeidung jedes Karawanenwegs zurücklegen konnte. Von noch größerer Wichtigkeit war aber, daß für den Kriegsfall die Hafenplätze in Frankreich mit den beiden wichtigsten Flottenstützpunkten Nord- und Westafrikas, Bizerta und Dakar, unmittelbar in Verkehr treten konnten.
Der weitere Ausbau dieses großen, Nordwestafrika umspannenden Telegraphennetzes zum Tschad-See und der französischen Kongokolonie wurde stetig vorangetrieben. Im Kongo befanden sich die Stationen Loango, Brazzaville, Pointe Noire und Libreville, ferner Conakry in Guinea, Monrovia in Liberia und Tabou an der Elfenbeinküste in Betrieb. Auch im Innern sollten Funkstationen errichtet werden, so zum Beispiel sechs Stationen am Tschad-See. In Abéchér (Wadai) wurde eine Großstation als Zentralstelle für die afrikanischen Kolonien errichtet, die die Telegramme zur im Bau befindlichen Station Djibouti übermitteln sollte, von wo aus sie nach Tananarive (Madagaskar) weitergegeben werden konnten. Gleichzeitig sollte Abéchér über Timbuktu mit Dakar und Brazzaville in Verbindung gebracht werden.
Auch das militärische Vorgehen Spaniens in Marokko machte eine Funkverbindung zwischen den einzelnen Operationsgebieten und mit dem Kriegsministerium in Madrid erforderlich; dem Centro Electrotecnico des Kriegsministeriums gelang es in kurzer Zeit, mithilfe von Telefunken diese Aufgabe zu lösen. In Larache und Elksar wurden fahrbare Feldstationen aufgestellt und mit der inzwischen von Telefunken errichteten Station Ceuta verbunden. Ceuta selbst wurde mit der am 24.4.1911 eröffneten Großstation in Madrid, die ebenfalls nach dem deutschen Telefunken-System gebaut worden war, verbunden (550 km). Am Eröffnungstag wurden Telegramme mit Paris (1100 km), Pola in Kroatien (1500 km) und Nauen (1800 km) gewechselt. Durch die Madrider Station war somit über Ceuta drahtlose Tagesverbindung zwischen der Regierung und den einzelnen Okkupationskorps hergestellt; während der Nacht fand der Verkehr von Larache und Elksar aus unmittelbar mit der Station Madrid statt.

Außerdem errichtete Telefunken zum Verkehr mit Madrid eine Station in Barcelona, die zusammen mit den Stationen Madrid und Ceuta und mit der alten Telefunken-Station Melilla, die unmittelbar mit Madrid verkehrte, eine ständige Funkverbindung zwischen der spanischen Regierung und den einzelnen Schiffen der spanischen Flotte vor Marokko ermöglichte.
Durch die Funktelegraphie hatte man es weiterhin geschafft, in kurzer Zeit in der belgischen Kongokolonie ein Telegraphennetz zu schaffen, das in diesem Umfang in keiner anderen afrikanischen Kolonie vorhanden war. Nachdem im Februar 1911 eine Expedition unter Führung des Ingenieurs Goldschmidt ausgeschickt worden war, die Vorarbeiten zur Errichtung von Funkstationen zwischen Boma (Kongomündung) und dem Katangagebiet längs des Kongo zu treffen, konnte bereits im November 1911 durch königliche Verfügung angeordnet werden, daß eine doppelte Funkverbindung zwischen Banana und Elisabethville herzustellen sei. Die nötigen Zwischenstationen sollten einerseits am Kongofluß entlang, andererseits dem Lauf des Kasai und Sankuru folgend, angelegt werden. Am Kongofluß wurden bis Ende 1911 in Abständen von durchschnittlich 300 km Funkstationen in Banana, Boma, Leopoldville, Coquilhatville, Lisala, Stanleyville, Lowa, Kindu, Kongolo, Kikonja und Elisabethville angelegt; hierzu kam am Sankuru noch die Station Luzambo. Die Stationen arbeiteten zufriedenstellend. Zwischen Kongolo und Elisabethville wurden noch in Bukama und Kambove Zwischenstationen errichtet. Nach Fertigstellung dieser Funkstafettenlinie wickelte sich der telegraphische Verkehr aus dem Katangagebiet mit Europa folgendermaßen ab: drahtlos bis Boma - Banana - Loango; von hier aus gab es eine Kabelverbindung mit Europa. Die Stationen Boma, Lowa und Kindu wurde nach dem deutschen Telefunken-System, die übrigen nach dem System der "Société Française Radioéléctrique" hergestellt. Die Funkstationen sollten nicht nur miteinander, sondern auch mit den auf dem Kongo fahrenden Schiffen verkehren und auch sonstigen wissenschaftlichen Zwecken (zum Beispiel topographischen Geländeaufnahmen) dienen. Somit waren alle militärischen und wirtschaftlichen Zentren des belgischen Kolonialbesitzes in Afrika miteinander verbunden. Die Funkstafettenverbindung zwischen den wichtigsten Orten der Hauptbezirke, insbesondere dem im äußersten Südosten gelegenen Minenbezirk Katanga, und der Küste sowie mit dem im äußersten Westen gelegenen Hauptstadt Boma war darüber hinaus für die Entwicklung der Kolonie von großem Einfluß, sie konnte auch bei etwaigen Expeditionen für die mit tragbaren Feldstationen ausgerüsteten militärischen Abteilungen wertvolle Dienste leisten[3].

Besonders alarmierend für die deutschen Reichsbehörden war jedoch das, was sich um die Errichtung von Funkstellen in Großbritannien und seinem weltumspannenden Imperium tat: Die britische Reichskonferenz, die

im Juni 1911 in London tagte, beschäftigte sich eingehend mit der großen Bedeutung der drahtlosen Telegraphie für den politischen und wirtschaftlichen Zusammenschluß Englands und seiner Nebenländer. Die Regierung, die bisher in dieser Richtung nichts getan hatte, wurde ersucht, für die schleunige Herstellung einer Kette staatlicher Stationen für Funktelegraphie zu sorgen[4].
Nachdem die Marconigesellschaft schon im Frühjahr 1910 der englischen Regierung die Errichtung einer "all red wireless route" von 18 Funkstationen auf britischem Gebiet auf 20 Jahre vorgeschlagen hatte, entschied sich die Regierung 1912 sowohl aus strategischen als auch handelspolitischen Gründen für die Errichtung und zum Betrieb der Stationen für unmittelbare Rechnung der betreffenden Kolonial- und Mandatsregierungen. Auf dieser Grundlage traf das General Post Office am 19.7.1912 mit der Marconigesellschaft ein Abkommen, das dem Parlament zur Genehmigung vorgelegt wurde. In dem Abkommen war zunächst die Errichtung von sechs Stationen vorgesehen, nämlich in England, Ägypten, Britisch-Ostafrika, Britisch-Südafrika, Vorderindien und auf der Malayen-Halbinsel. Die Stationen in Vorderindien und Südafrika wurden dabei von den betreffenden Regierungen bezahlt. Die zu überbrückenden Entfernungen waren nicht unbeträchtlich:

a) Östliche Hauptlinie:

| | | |
|---|---|---|
| England (Manchester) - Ägypten | 3500 | km |
| Ägypten - Britisch-Ostafrika (Nairobi) | 3500 | km |
| Nairobi - Britisch-Südafrika (Pretoria) | 3100 | km |
| Nairobi - Vorderindien (Bangalore) | 4500 | km |
| Bangalore - Malayen-Halbinsel (Singapur) | 3200 | km |

Geplant waren für später ferner folgende Verbindungen:

b) Westliche Linie:

| | | | |
|---|---|---|---|
| Clifden (Irland) | - Glace Bay (Nova Scotia) | 3200 | km |
| | - Winnipeg (Kanada) | 3300 | km |
| | - Vancouver (Kanada) | 2100 | km |
| | - Fanning oder Sandwich Island | 4300 | km |
| | - Ocean (Banaba) Island | 4500 | km |
| | - Wellington (Neuseeland) | 4200 | km |

c) Linie im Stillen Ozean (Plan der Regierung des Commonwealth und des "Pacific Cable Board"):

| | | |
|---|---|---|
| Sydney | - Doubtless Bay (Neuseeland) | 2100 km |
| | - Suva (Fiji) | 2700 km |
| | - Ocean (Banaba) Island | 2400 km. |

In Clifden Bay, Vancouver, Sydney, Doubtless Bay und Suva bestanden bereits große Funkstationen.
Die Marconigesellschaft erhielt für die Errichtung jeder Station im Durchschnitt 1,2 Millionen Mark. In diesem Betrag waren die Kosten für die von der Regierung selbst zu beschaffenden Grundstücke und Gebäude (einschließlich Kosten für Fundamente), die für jede Station auf 400000 Mark veranschlagt wurden, nicht einbegriffen, so daß die Gesamtkosten für jede Station rund 1,6 Millionen Mark betrugen. Außerdem erhielt die Gesellschaft von der Inbetriebnahme der ersten drei Stationen an auf die Dauer von 28 Jahren 10% der Bruttoeinnahmen als Entgelt für die der Postverwaltung zugestandene freie Benutzung der jetzigen und künftigen Marconi-Patente: Diese Gebühreneinnahmen beliefen sich auf mindestens 60000 Pfund jährlich für sämtliche Stationen. Die Zahlung dieser Abgabe konnte die Postverwaltung nach 18 Jahren einstellen, sofern sie auf weitere Benutzung der Patente verzichtete.
Großbritannien würde also in absehbarer Zukunft im Besitz eines ausgedehnten Netzes großer Funkstationen sein, durch die es, wie der Nauticus 1912 ausführte,

> *"nicht nur die überseeischen Besitzungen und Stützpunkte in eine bessere strategische Verbindung mit sich selbst und untereinander bringen, sondern etwas noch viel wichtigeres erreichen wird, nämlich daß jedes britische Schiff, das die zwischen diesen Besitzungen liegenden Meere befährt, in Zukunft stets in Verbindung mit der Heimat bleibt. Die Kriegsschiffe werden jeden Augenblick Befehle erhalten, die Handelsschiffe über wichtige Vorgänge, zum Beispiel Kriegsgefahr und Kriegsausbruch, das Erscheinen feindlicher Handelszerstörer usw. unterrichtet werden können (sic!). England hat dann den nordatlantischen Ozean, das Mittelmeer, das Rote Meer, den Indischen Ozean, den größten Teil der ostasiatischen Gewässer sowie große Teile des Südatlantischen und des südlichen Stillen Ozeans vom Standpunkt des Nachrichtenwesens aus seiner Herrschaft unterworfen. In diesem Projekt handelt es sich vom Standpunkt der Seestrategie aus a) um eine Parallelanlage zu den strategischen Linien der Kabeltelegraphie*

*(Linie: England - Kanada - Australien und England - Mittelmeer - Indien - Ostasien); b) um eine selbstständige Anlage (Afrika), wo Kabel strategischen Charakters fehlen. Da die meisten dieser Großstationen an Knotenpunkten oder Endpunkten der Drahttelegraphie sich befinden, so dienen sie gleichzeitig zur Ergänzung dieser Linien, deren Telegramme sie an die Bordstationen weitergeben können"*[5].

Auch die französische Kolonialverwaltung plante Ende 1912 ein noch größeres Netz von Funkstationen, durch das sämtliche französische Kolonien miteinander und mit dem Mutterland verbunden werden konnten. Nach dem von dem früheren Kolonialminister Messimy und dem "Comité de Télégraphie sans fil" ausgearbeiteten Plan sollten die fehlenden strategischen Drahtverbindungen durch eine Reihe von schon bestehenden und noch zu errichtenden Funktelegraphenstationen ersetzt oder ergänzt werden. Es handelte sich hier um ein Netz für die afrikanischen Kolonien[6] und um ein anschließendes Netz für die weiter entfernt gelegenen Besitzungen.
Zunächst schien es, als ob infolge des guten Verhältnisses Frankreichs zu England das Bedürfnis nach eigenen strategischen Verbindungslinien im Jahr 1912 nicht mehr so groß war, da bis dahin die zur Ausführung des Projekts erforderlichen Mittel stets gestrichen worden waren.
Dann jedoch wurde der Plan von den einzelnen Ressorts (Kolonialverwaltung, Ministerium der öffentlichen Arbeiten, Post- und Telegraphenverwaltung) wieder aufgegriffen; denn die französische Regierung legte der Kammer einen Gesetzentwurf vor, worin zur Errichtung eines interkolonialen Funknetzes insgesamt 20,2 Millionen Francs angefordert wurden.
Nach einer Mitteilung von "La Dépêche Coloniale" vom 11.11.1912 sollten die Linien nicht von der im Mittelpunkt (Eiffelturm - Paris) gelegenen Großstation ausgehen, sondern, da diese mit militärischen Aufgaben voll ausgelastet war, von besonderen an der West- und Südküste zu errichtenden Großstationen.

Es waren folgende Linien vorgesehen:

1. Linie nach dem Osten.

Südfrankreich (Marseille) - Tunis (950 km) - Djibouti (Franz. Somaliland) (4400 km) - Madagaskar (Tananarivo) (350 km); Djibouti - Pondichéry (Indien) (4000 km) - Cochinchina (Saigon) (3000 km).

2. Linie nach Afrika und Südamerika.

Südfrankreich - Marokko (Melilla) (1050 km) - Colomb Béchar (Südoran) - Timbuktu (Französischer Sudan) - Bangui (Kongo) (2000 km); Marokko - Senegal (Saint Louis) (2500 km) - Martinique (Fort de France) (4800 km).

3. Linie im Stillen Ozean.

Diese Linie sollte besonders nach Eröffnung des Panamakanals von Wichtigkeit werden. In Nouméa (Neukaledonien) sollte eine Großstation errichtet werden, die bei Unterbrechung des nach Queensland führenden Kabels die Verbindung mit den übrigen australischen Stationen aufrechterhalten und voraussichtlich mit Rücksicht auf die bereits vorhandenen übrigen zahlreichen Stationen einen beträchtlichen Verkehr zu bewältigen haben sollte. Auch plante man, sie mit einer in Tahiti zu errichtenden Großstation in Verbindung zu bringen, deren Zweck es ihrerseits war, durch Vermittlung einer auf den Marquesas-Inseln zu errichtenden Zwischenstation die Verbindung mit Martinique herzustellen.
Die Linie sollte hiernach folgende Stationen aufweisen:
Südfrankreich - Marokko - Saint Louis - Martinique - Marquesas-Inseln (9300 km) - Tahiti (1400 km) - Nouméa (4700 km) - Saigon (7600 km).

### 5.3 Die öffentliche Diskussion in Deutschland

In den Jahren bis etwa 1910 wurde die Diskussion um die Möglichkeiten der Funktechnik sowohl in Regierungszirkeln als auch in der Öffentlichkeit, hier besonders in der Kolonial- und Fachpresse geführt.

Der erste, der die Funktelegraphie als Weitverbindungsmittel zwischen Deutschland und den Kolonien in der Öffentlichkeit energisch ins Gespräch brachte, war ein Ingenieur namens Solff, der besonders die DKZ als Forum wählte. Solff war mit der praktischen Anwendung der Funktechnik gut vertraut. Von 1902 bis 1905 war er Oberleutnant im "Funkentelegraphie-Departement" des kaiserlichen Militärs, dort war er maßgeblich an der Weiterentwicklung der fahrbaren Funkstationen beteiligt. Seit 1905 war er Leiter des Militärbüros von Telefunken und deshalb natürlich sehr am kommerziellen Erfolg der Funktechnik interessiert. Solff hatte 1908 für die DKZ einen programmatisch angelegten Artikel verfaßt, der sich mit der Theorie der Überbrückung interkontinentaler Reichweiten mithilfe der Funktelegraphie beschäftigte. Dieser Artikel zeichnete sich durch eine eher nüchterne Behandlung der Thematik aus, was man von der einen oder anderen Reaktion auf diese Überlegungen nicht unbedingt behaupten kann.

Der besondere Vorteil des Funks im Vergleich zum Kabel war für Solff zunächst einmal der geringere Kostenaufwand bei der Installation:

*"Schon der Umstand, daß die Kosten einer funkentelegraphischen Anlage bei größerer Entfernung so unverhältnismäßig viel geringer sind, als die einer Kabelanlage, mußte notgedrungen dazu führen, den bis dahin als aussichtslos aufgegebenen Wettkampf zwischen beiden wieder aufleben zu lassen. Der Weltverkehr verlangt nach billigeren Sätzen, als sie die fast immer mit Unterbilanz arbeitenden Kabel zu tragen vermögen"*[7].

*"Der hier vorausgesetzte tägliche Verkehr setzt sich zusammen aus: 1. Verkehr mit dem Mutterlande usw., 2. Verkehr der Kolonien unter sich, 3. Verkehr mit Schiffen auf See. Nach den bisherigen Ergebnissen bei der Kabeltelegraphie dürfte die Annahme einer täglichen Minimalfrequenz von 1200 Worten auf der ganzen Linie, oder bei sechs Stationen von 200 Worten pro Station, wohl kaum zu hoch gegriffen sein. Die Worttaxe für Kabeltelegramme nach unseren afrikanischen Besitzungen bewegt sich jetzt in den Grenzen von 3-5 M. Es ist nun ein alter Erfahrungssatz, daß das Verkehrsbedürfnis mit der Schaffung neuer und billiger Verkehrswege stets entsprechend zunimmt. Demnach ist auch bestimmt damit zu rechnen, daß infolge der Ermäßigung auf 1/3-1/5 der bisherigen Gebühren - das Wort nur eine Mark - der funkentelegraphische Verkehr sich in immer mehr aufsteigender Linie bewegen wird, so daß die ganze Anlage schon nach kurzer Zeit jeglicher Staatsbeihilfe wird entbehren können. Zieht man dann noch in Betracht, daß den großen Linien logischerweise die kleinen, alle wichtigen Plätze der einzelnen Kolonien unter sich verbindenden Stationen auf dem Fuße folgen werden, so eröffnen sich damit Aussichten für die Zukunft, die eine Rentabilität des Unternehmens über jeden Zweifel erhaben erscheinen lassen"*[8].

Solff war sich durchaus darüber im klaren, daß Gegner der Funktelegraphie sich in ihren Reaktionen auf den Artikel auf die bis dahin zu geringe Reichweite von Funkstationen stürzen würden. Er versuchte dem vorzubeugen, indem er die laufende Weitverbindung der Marconi-Gesellschaft zwischen Clifden in Irland und Glace Bay in Kanada (5500 km) als Ge-

genbeispiel aufführte. Im Durchschnitt würden 5000 bis 6000 Wörter abgesetzt, die Gebühr für das gewöhnliche Wort betrage gerade einmal 40 Pfennige, für Pressetelegramme wären nur 20 Pfennige zu entrichten.
Als weiteres Beispiel für erfolgreich arbeitende Weitverbindungen führte Solff zum einen die französischen Funkverbindungen während der Marokkowirren 1907/08 an: Die Franzosen unterhielten eine direkte radiotelegraphische Verbindung zwischen Eiffelturm und Casablanca, meist über Land und über die Gebirgskette der Pyrenäen hinweg.
Zum anderen hatte Deutschland zu dieser Zeit schon zwei Großsender: Norddeich (der Reichspostverwaltung gehörend) für Schiffe auf See mit ungefähr 2000 km Reichweite und Nauen, die Versuchsstation von Telefunken und eine der leistungsfähigsten Anlagen der damaligen Zeit, wobei letztere einen Entfernungsrekord von 3700 km mit einem Schiff im Hafen von Teneriffa auf einer Strecke größtenteils über Land und hohe Gebirge aufgestellt hätte und eine weitere Entfernung nur deshalb nicht überbrückt worden sei, weil eine entsprechend starke Gegenstation fehlte.
Solff leitete daraus folgende Hypothese ab: Eine gleiche Station wie Nauen, stärker als eine Schiffstation, mit der es möglich sei, noch 1000 km mehr zu überbrücken, also 4700 km, würde die Reichsbehörden in die Lage versetzen, mit dem Technologiestandard von 1908 den nördlichsten Punkt der deutschen Afrikabesitzungen, den Tschadsee, zu erreichen. Und weiter führte Solff aus:

*"Der weiteste von Nauen bisher funkentelegraphisch tatsächlich erreichte Punkt ist Teneriffa. Nehmen wir an, daß dort, wo ja schon unsere einzigen deutschen Seekabel Emden - New York landen, mit Erlaubnis der spanischen Regierung eine Station vom Typ Nauen errichten würde, so können wir von hier aus wieder eine weitere Strecke von 3700 km überbrücken. Damit erreichen wir aber schon die Küste unserer Kolonie Kamerun, und von hier aus mit je einem gleich langen Sprung quer durch den schwarzen Erdteil die Küste von Ost- und direkt südlich, die Küste von Südwest-Afrika. Das heißt also: Mit einem Netz von fünf großen Stationen 'Typ Nauen' und einer mittleren, die Togo an Kamerun anschließt, können wir die auf die Dauer doch nicht zu umgehende direkte Verbindung aller unserer afrikanischen Besitzungen unter sich und dem Mutterlande schon jetzt verwirklichen!"*

Das Abhören durch feindlich gesinnte Nationen sei kein Gegenargument oder ein nur unwesentliches. Es gab 1908 tatsächlich relativ wenige Funkstationen. Die wenigen kommerziellen Sender hätten sich auf die deutsche Frequenz abstimmen und praktisch ihren Hörposten verlassen müssen. Dazu, so Solff, könne man seine Sprüche schließlich auch kodieren. Zum Schluß appellierte Solff nicht ungeschickt an die rechte nationale Gesinnung: Viele Nationen seien Deutschland voraus, zum Beispiel die USA, Großbritannien oder Frankreich; sogar das türkische Sultanat habe zwei große Funkstationen errichten lassen, die Tripolis und Kleinasien miteinander verbinden und plane weitere Anlagen am Roten Meer. Peru habe seine Andenregionen mit Funkstationen erschlossen. Ironischerweise seien oft Produkte der deutschen Telefunken-Gesellschaft an solchen Plänen beteiligt.

Zwei Wochen später, "wie das zu erwarten war" (so die Redaktion der DKZ) wurden gegen Solffs Thesen mancherlei Bedenken vorgebracht. Es wurde in Zweifel gezogen, ob der funktelegraphische Dienst zwischen Irland und Amerika wirklich so ertragreich laufe. Nur die weniger wichtigen Telegramme würden den Marconi-Leuten überlassen, bei denen es auf Schnelligkeit nicht so ankomme. Daher sei denn auch die finanzielle Lage der genannten Gesellschaft nur wenig befriedigend, weil sich eben bei dem jetzigen Stand der Technik eine gewinnbringende kommerzielle Ausnutzung des neuen Verkehrsmittels nicht ermöglichen ließe. Die Bedeutung der Verbindung Eiffelturm - Casablanca beruhten nach dem (anonymen) Gewährsmann der DKZ darauf, daß eine Verbindung mit einem Ort hergestellt worden sei, der bisher noch nicht dem Welttelegraphennetz angeschlossen war.
Deshalb könne die Funktechnik nach Meinung der DKZ und ihres Informanten das Kabel zum jetzigen Stand kaum ersetzen. Stattdessen setzte man vorläufig alle Hoffnung auf die Deutsch-Südamerikanische Kabelgesellschaft, die die westafrikanischen Kolonien in den Bereich ihrer Tätigkeit ziehen wollten[9].

Im Verlauf des Jahres 1910 ist ein allmählicher Meinungsumschwung zugunsten der Funktechnik, besonders in der Kolonialpresse, festzustellen, der nicht nur durch die erfolgreichen Verbindungen zwischen Yap und Angaur bzw. Mwanza und Bukoba[10] erklärt werden kann. Auch die DKZ stimmte in den Chor der Befürworter ein, nachdem sie vorher der Sache recht skeptisch gegenübergestanden hatte. Die Sache wurde sogar so euphorisch gehandhabt, daß es zu voreiligen Meldungen kam. So berichtete die DKZ[11], daß es in den letzten Tagen des März gelungen sei, eine Verbindung zwischen Nauen und einem einen Kameruner Hafen anlaufenden Woermann-Dampfer herzustellen. Stolz wurde ferner berichtet, daß Schwierigkeiten bei der Überwindung der 6600 km Distanz kaum vorhan-

den gewesen seien. Zwei Wochen später mußte man jedoch zerknirscht eingestehen, daß man dem Aprilscherz einer nicht genannten Zeitung (des Berliner Tageblatts) aufgesessen war. Man mußte sich sogar insoweit korrigieren, als es im Gegenteil immer noch unmöglich sei, eine solche Entfernung zu überbrücken und zwar wegen "schwieriger Geländezustände und außerordentlich ungünstiger atmosphärischer Verhältnisse Kameruns"[12].
Da jedoch die Aktivitäten anderer Kolonialmächte auf diesem Gebiet immer auffälliger wurden, drängte man von seiten der Presse daher unter anderem auf eine Funkverbindung zwischen Samoa und Yap oder Neu-Guinea[13].

Aber die theoretische Diskussion um die Frage, ob es möglich war, die Kolonien von Deutschland aus per Funk zu erreichen, war 1911 noch längst nicht beendet. Auf seiten der Behörden stand man immer noch dem Problem gegenüber, daß die Kolonien einzeln, verstreut und weit entfernt lagen und nicht, wie bei den Franzosen vor der eigenen Haustür begannen und sich dann bis ins innerste Afrika fortpflanzten. Somit war das "Stafettenmodell" der Franzosen im Fall der deutschen Kolonien nicht durchzuführen.
Obwohl bereits Entfernungen von 4000 km überbrückt worden waren, gab es viele Skeptiker, die es für ausgeschlossen hielten, eine noch grössere Strecke zu überwinden. Dr. Kuno Fischer stellte 1910 diesbezügliche luftelektrische Messungen an. Zur Prüfung seiner Theorien wünschte er, Angaben über Lautstärkemessungen auf Empfangsstationen zu verschiedenen Zeiten und an verschiedenen Stellen zu erhalten, die entweder schon vorlägen oder nach seinen Vorschlägen zusammenzustellen seien. Skeptiker waren jedoch bei der sich breitmachenden Goldgräberstimmung nicht erwünscht. Dr. Beggerow vom Reichs-Marine-Amt erklärte ihm, daß das Amt ihm kein Material zur Verfügung stellen könne, Graf Arco von Telefunken wies ihn ab, weil er, wie Fischer vermutete, durchschaut habe, daß seine Theorie möglicherweise die Unmöglichkeit einer drahtlosen Verbindung mit Afrika erweisen und damit die Industrie schwer schädigen würde. Telegrapheningenieur Kiebitz vom Kaiserlichen Telegraphenversuchsamt riet Fischer vernünftigerweise, seine Theorie erst einmal zu veröffentlichen und diskutieren zu lassen. Der Artikel von Fischer in der sonst funkfreundlichen "Elektrotechnischen Zeitschrift"[14] drückte die skeptische Haltung vieler Zeitgenossen aus. Fischer versuchte, die Wahrscheinlichkeit des Einflusses meteorologischer Verhältnisse auf Funkreichweiten nachzuweisen. Seine Kernaussage lautete, daß gewisse Wettergebiete, sobald sie eine bestimmte Ausdehnung erlangten, für Funkwellen unter Umständen unüberwindliche Hindernisse darstellten. Für die Fortpflanzung von Funkwellen seien nicht nur der Zustand der Atmosphä-

re, das Vorhandensein magnetischer und elektrischer Erdströme usw., sondern auch die Bodenverhältnisse von großer Bedeutung. Die zum Beispiel in der Luftlinie zwischen Berlin und Kamerun liegenden gewaltigen Gebirgszüge, vor allem die Zentralalpen, das algerische Hochplateau und nördlich von Kamerun das Randgebirge von Adamawa, dann aber besonders die Sahara böten große Hindernisse für die Fortpflanzung elektrischer Wellen.
Hinsichtlich der "luftelektrischen Leitfähigkeit" hob Fischer hervor, daß Wolkenbildung diese ganz erheblich herabsetzen könnten und daß die Tiefdruckgebiete die Funkerfolge förderten, die Hochdruckgebiete sie aber ungünstig beeinflußten. Das zwischen Deutschland und Westafrika liegende umfangreiche Hochdruckgebiet der nordatlantischen Antizyklone rufe eine starke Absorption der Funkwellen hervor, hinter dem Passatgebiet (von Nordafrika nach Mittelamerika) brächten die von Süden kommenden Kalmen der Funkübermittlung insofern neue Schwierigkeiten, als hier außerordentlich starke luftelektrische Störungen aufträten. Zumindest systematische quantitative Reichweitenversuche hielt Fischer deshalb für notwendig, da es keineswegs ausgeschlossen sei,

> *"daß derartige Versuche die völlige Unmöglichkeit eines unmittelbaren Funkverkehrs nach Deutsch-Westafrika erweisen. Alle Versuche einer Verbesserung der technischen Einrichtungen wären dann unnötige große Ausgaben, von denen rationell betriebene Reichweitenversuche das Reich bewahren könnten."*

Auch bei der Industrie wurde trotz aller Versuche der Abwiegelung dieses Problem intensiv erörtert, allerdings wurden die Ergebnisse nicht in der Tagespresse, sondern in weniger verbreiteten Gazetten wie zum Beispiel dem Deutschen Kolonial-Blatt, einem Organ des Kolonialamts, veröffentlicht. Am 25.4.1911 hatte Prof. Dr. Goldschmidt in den Verhandlungen der Kolonial-Technischen Kommission des Kolonialwirtschaftlichen Komitees (Wirtschaftlicher Ausschuß der Deutschen Kolonialgesellschaft) über die Möglichkeiten der Funktechnik mündlich berichtet; dieser Bericht wurde dann vom Komitee vorgelegt. Goldschmidt warnte zuerst vor der Überschätzung der Nachrichten von erzielten Erfolgen; zumeist handele es sich dabei um Augenblickserfolge, die noch lange nicht die Durchführbarkeit einer ständigen Verbindung gewährleisteten, von der man doch verlange, daß sie auch unter ungünstigen Verhältnissen funktionieren solle.
Das ganze Problem sei sozusagen eine Frage der Kraft; man könne über eine gewisse Kraftgrenze hinaus keinen elektrischen Strom erzeugen, einen Strom, der stark genug wäre, alle elektrischen Störungen zu überwinden.

Wenn man außerdem zuviel elektrische Spannung in die Antenne gäbe, ginge die Isolierung entzwei; denn man habe keine Antenne von solcher Widerstandsfähigkeit, daß sie jede Kraft aushalte[15].
Solche Störungen könnten nicht allein durch atmosphärische Einflüsse, sondern auch willkürlich durch andere Störungen herbeigeführt werden.
Der Bericht schloß mit folgenden Worten:

> *"Nach meiner Ansicht ist die Lösung einer drahtlosen Telegraphie über sehr weite Entfernungen nur darin zu suchen: Erstens, wenn man ungeheuer große Stationen baut, riesige Türme errichtet; ferner wenn man sehr große Kräfte anwendet und diese absolut gleichmäßig hält, wobei die elektrischen Wellen maschinell erzeugt werden müssen. Ein Vorteil des Funkens ist der, daß bei Hörempfang - man empfängt nämlich gewöhnlich die verschiedenen Zeichen mit einem Telephon - ein harmonischer Ton entsteht, aber auch diesen kann man mit der Maschine nachahmen, trotzdem ich das niemals empfehlen würde, weil eben Zeit verloren geht, weil immer bei dem Schwingungsknoten des Tones eine Energiepause auftritt. Man wird auch niemals in dem Maße die Geheimhaltung und die Unabhängigkeit von anderen Stationen erreichen, wie das mit ganz ungedämpften Wellen erzielt werden kann.*
> *Es gibt auch andere Mittel, um einen Ton, der durch die Gewitterstörung hindurchdringt, auf der sekundären Station zu erzeugen. Auch diese Frage ist schon der Lösung sehr nahe geführt. Für die Ozeantelegraphie sind hörbare Töne aber nicht so wichtig, da registrierende Instrumente zur Verwendung kommen.*
> *In neuerer Zeit sind nun, wie gerade aus der letzten Nummer der elektrotechnischen Zeitschrift hervorgeht, Vermutungen dahingehend ausgesprochen worden, daß überhaupt nicht nach Afrika telegraphiert werden kann, weil über dem Mittelmeer eine Art Scheidewand lagere, die Europa von Afrika elektrisch trenne, daß also die elektrischen Wellen, wenn sie an das Mittelmeer kämen, elektrisch aufgesaugt würden. Man hat aber tatsächlich schon über diesen Gürtel hinüber telegraphiert und ich glaube nicht, daß dort große Schwierigkeiten entstehen würden, wenn nur eben die Kräfte, die man verwendet, groß genug sind.*
> *Es gehört eine gewisse Opferfreudigkeit dazu, um dieses Problem durchzuführen; denn mit theoretischen Berechnungen, mit Vermutungen, mit Ansichten nach dieser oder einer anderen Richtung ist überhaupt nichts getan. Man hat aber auch schon von anderer Seite vielfach angeregt, große Stationen zur Telegra-*

*phie auf weite Entfernungen zu errichten. Jedenfalls ist diese Idee jetzt erst der Verwirklichung nahegebracht worden. Wir wollen uns nicht mehr mit Berechnungen und kleinen Versuchen abgeben, bis etwa von nichtdeutscher Seite aus das erfolgt, was uns eventuell die Vorherrschaft auf dem drahtlosen Gebiet unmöglich macht. Es hat sich jetzt eine Gesellschaft, die Hochfrequenz-Maschinen-AG in Berlin gebildet, der ein beträchtliches Kapital zur Verfügung steht: Es ist weit über eine Million Mark vorhanden, um diese Versuche durchzuführen. Es bestehen da zwei Aufgaben: erstens ähnlich wie ein Kabelnetz ein drahtloses Netz um die Erde zu spannen, es wird über kurz oder lang sicher dazu kommen, aber gleich von Anfang an mit den größten Mitteln die größten Stationstürme, die man technisch überhaupt bauen kann, aufzustellen, die größten Maschinen, die zu konstruieren sind anzuwenden. Die weite Verzweigung muß natürlich mit Hilfe von verschiedenen Ländern durchgeführt werden. Die zweite Aufgabe besteht darin, die sehr wichtige Verbindung mit unseren Kolonien zu bewirken, die im Kriegsfalle für uns von allergrößter Bedeutung werden kann. Ich hoffe, daß, wenn unsere Kolonien sich entsprechend ihren Bestrebungen weiterentwickeln, dann auch derartige Stationen von recht beträchtlicher kommerzieller Bedeutung werden dürften."*

In der nachfolgenden Diskussion kam der Geheime Regierungsrat Dr. Slaby zu Wort, der den Goldschmidtschen Ausführungen beipflichtete und sich recht optimistisch äußerte.

In seinem Referat führte Slaby aus:

*"Ich schätze mich glücklich, daß ich einer der ersten sein darf, Herrn Professor Goldschmidt zu der größten Erfindung auf dem Gebiet der drahtlosen Telegraphie zu beglückwünschen*[16]*. Nach den Auseinandersetzungen, die wir von ihm gehört haben, können Sie ja die wirkliche Tragweite und die streng wissenschaftliche Bedeutung seiner Erfindung nicht völlig erkennen. Es ist ja eine Begleiterscheinung aller Fortschritte auf dem Gebiet der drahtlosen Telegraphie, daß je vollendeter die Erfindung ist, sie desto schwerer verständlich für den Nichtfachmann wird. Herr Prof. Goldschmidt hat darauf verzichtet, den wissenschaftlichen Zusammenhang klarzulegen, und man darf ihm das nicht zum Vorwurf machen; denn es sollte wohl bei dem heutigen Stande auch einem gewiegten Fachmann schwer werden, den wahren Inbegriff*

*seiner Erfindung völlig handgreiflich darzulegen: Ganz stimme ich mit ihm nicht darin überein, daß die Entwicklung der drahtlosen Telegraphie eine langsame gewesen sei; im Gegenteil, wenn ich mich auf dem Gebiete der technischen Erfindungen umschaue, so finde ich kein Beispiel, welches eine solche Schnelligkeit der Erkennung des wissenschaftlichen Zusammenhangs und damit verbunden eine technische Ausnutzung zeigt, die mit der Funkentelegraphie auch nur annähernd verglichen werden könnte. Hat es doch immer mehrere Dezennien gedauert, ehe andere große technische Erfindungen sich zu einer gewissen Vollendung entwickelt haben. Bei der drahtlosen Telegraphie ist das eigentlich innerhalb von 10, 12 Jahren geschehen.*

*Wenn man nun weiß, daß die Begriffe, mit denen man hier zu operieren hat, durchaus nicht so faßbar und dem Verständnis naheliegend sind, wie die irgendeiner mechanischen Erfindung, so muß man die Schwierigkeit dieser Leistung ganz besonders hervorheben. Am bewundernswertesten war es ja, was Marconi zuerst zeigte. Er zeigte nicht nur ein Problem, sondern er gab auch sofort eine Lösung, die aber mit den beschränkten Hilfsmitteln, mit denen er arbeitete, sich natürlich auch nur auf beschränkte Entfernungen erstrecken konnte. Diese Entfernung wurde in 1, 2, 3 Jahren von 100 m auf 500 m, auf 1000 m ausgedehnt; dann kamen mehrere Kilometer, und heute sind wir soweit, daß wir mit den bekannten Mitteln Entfernungen von 3000-5000 km vollkommen beherrschen.*

*Aber die größere Arbeit, die geleistet wurde, erkenne ich darin, daß die anfängliche Unsicherheit solcher Nachrichtenübertragung allmählich zu einem Stande der Vollkommenheit gediehen ist, zu einer Sicherheit, welche heute schon geradezu überraschend genannt werden muß. Das Wichtigste und Interessanteste dringt ja nicht sofort an die Öffentlichkeit. Die Bedeutung, welche die Marine heute der Funkentelegraphie beilegt, hat sie veranlaßt, ununterbrochen die Erfinder zu immer weiteren Fortschritten anzustacheln. Aber die Resultate und die Mittel, mit denen das erzielt ist, werden heute nicht mehr veröffentlicht, sondern geheim gehalten. Man bedenke, daß bei der Marine drahtlose Telegramme nicht nur innerhalb eines Geschwaderverbandes übermittelt werden, sondern mit 1000 und mehr Kilometern entfernten Flotten gewechselt werden, daß diese Telegramme sich einen Weg suchen, der ihnen von dem Telegraphisten einfach vorgeschrieben ist, und sich gegenseitig nicht stören. Das geschieht durch die weitere Ausbildung des großen Prinzips der Abstimmung. Wir sind heute bereits*

*auf einen Punkt gelangt, wo in dieser Beziehung kaum noch etwas zu wünschen ist.*
*Der Hauptanteil an dieser Entwicklung gebührt der deutschen Forschung, und es ist in erster Linie die große Gesellschaft 'Telefunken', die wir in Deutschland haben, die in außerordentlich präziser Weise diese Hilfsmittel bereitgestellt hat. Daß man Entfernungen von einigen 1000 km heute anstandslos beherrscht, wird mir Herr Professor Goldschmidt bezeugen können; es ist also die Telegraphie auf weite Entfernungen tatsächlich in das Gebiet der Anwendung getreten. Daß es nicht noch schneller gefördert werden konnte, liegt an der großen Verantwortlichkeit, die unsere Marine- und Kriegsbehörden haben, wenn sie solche Anlagen, die natürlich immer kostspieliger werden, ausführen lassen. Denn die ersten Ausführungen sind immer nur Versuche, bei denen der Erfolg von vornherein durchaus noch nicht feststeht, und die Mittel, welche gerade unsere Marine - ich sage das in voller Absichtlichkeit entgegen vieler anderen Anschauungen - aufwendet, sind doch nur beschränkt. Erst jetzt, nachdem die Sicherheit absolut klargestellt ist und gar keinen Zweifel mehr zuläßt, beginnt ein schnellerer Fortschritt, eine größere Bereitstellung von Mitteln auch durch unsere Behörden, und Sie werden in den nächsten Jahren wiederum ganz erstaunliche Fortschritte erleben können. Wie Sie aus den Reichstagsverhandlungen entnommen haben, sind ja große Summen zur Verfügung gestellt, welche gerade die Verbindung unserer Kolonien bezwecken.*
*Die Hauptsache ist aber, daß diese großen Entfernungen mit absoluter Sicherheit überbrückt werden, daß keine Fehler vorkommen, daß keine Unterbrechungen eintreten. Ich will durchaus nicht sagen, daß sie unmöglich sind; aber der Standpunkt, auf dem wir heute stehen, ist ein so gewaltig von dem früheren verschiedener, daß man nunmehr auch die beste Hoffnung für die Zukunft haben kann. Ich habe gestern zum Beispiel ein Telegramm bekommen, welches zeigt, wie in aller Stille die größten Projekte zur Durchführung gelangen. Der Direktor der Telefunken-Gesellschaft, Graf Arco, teilt mir gestern nachmittag mit: 'Morgen findet Eröffnung Radiostation Madrid in Anwesenheit des Königs statt.' Das besagt nun nicht, daß etwa nur Versuche gemacht werden sollen; man hat Versuche über viel größere Entfernungen angestellt. Dieses Telegramm besagt, daß die reguläre Eröffnung dieser telegraphischen Verbindung stattfindet.*
*Nun ist es ja sicher und auch bekannt, daß bereits vor zwei Jahren mit Reichsunterstützung große Versuche angestellt wurden,*

*um von Nauen aus nach Kamerun zu telegraphieren. Diese Versuche haben noch nicht das volle gewünschte Resultat gehabt*[17], *und man ist sich in den fachwissenschaftlichen Kreisen nicht ganz klar darüber, was die Ursache ist. Man hat in der Überbrükkung des Mittelmeeres den Grund gesucht. Das kann man leicht dadurch entkräften, daß eine drahtlose Verbindung über das Mittelmeer hinweg schon seit Jahren besteht. Der Grund muß also doch ein anderer sein; man ist sich noch nicht ganz klar darüber. Vorläufig versucht man diesen Mangel dadurch zu überwinden, daß man immer größere Kräfte anwendet. Nun ist Telefunken durchaus noch nicht am Ende ihrer eigenen Leistungsfähigkeit, sondern die Versuche, die jetzt wiederum mit Unterstützung des Staates beginnen, werden hoffentlich ein besseres Ergebnis erzielen.*

*Ich halte aber auch diese Frage nicht für die ausschlaggebende. Warum können Sie nicht mit Zwischenstationen arbeiten? Das erste Telegramm, daß die Welt von der Revolution in Lissabon in Kenntnis setzte, gelangte über mehrere Etappen nach Berlin. Es wurde zunächst nach einer Empfangsstation bei Marseille telegraphiert und von dort nach Nauen und von Nauen erst nach England und nach Berlin. Wenn nur die Nachrichten überhaupt kommen können, so ist das doch das wichtigste. Ob eine kleine Verzögerung dadurch entsteht, daß erst Zwischenstationen die Telegramme aufnehmen und weitersenden müssen, ist kein grosser Übelstand. Aber das Problem selbst ist doch nun gelöst, da Herr Professor Goldschmidt gezeigt hat, daß durch seine ganz neuartige Lösung dieser Frage, durch Benutzung großer Maschinen es erreicht werden kann, solche Telegramme auf rein maschinellem Wege zu übersenden, d.h. die Schwingungen zu erzeugen und zu versenden.*

*Ich bin überzeugt, daß es nur ganz kurze Zeit dauern wird, bis wir die gewünschte Überbrückung ganz weiter Entfernungen (...) haben werden"*[18].

Aber auch im Funkverkehr innerhalb der Kolonien traten Probleme auf, die von den damaligen Direktoren von Telefunken, Bredow und Graf Arco, wie folgt umrissen wurden:

*"Die drahtlose Telegraphie in den Kolonien begegnet, soweit es sich um Gegenden mit tropischem Klima handelt, mannigfaltigen Schwierigkeiten. Hauptsächlich zwei Umstände hemmten bisher die Einführung dieser gerade für die Kolonien außerordentlich*

*zweckmäßigen Nachrichtenübermittlung. Einmal die starken elektrischen Störungen, unter welchen die Empfangsstationen zu leiden haben, und zweitens die fehlende Signalstärke beim Telegraphieren am Tage im Gegensatz zu der großen Stärke der Signale bei Nacht.*

*Die ersten drahtlosen Versuche in tropischen Ländern haben in dieser Hinsicht ziemlich stark enttäuscht, und es sind mehrere Jahre vergangen, bis man es wagte, mit verbesserten Mitteln aufs neue vorzugehen. In letzter Zeit ist es gelungen, den größten Teil dieser Schwierigkeiten erfolgreich zu überwinden.*

*Die Funkensender mit hoher sekundlicher Funkenzahl sind heute so vervollkommnet, daß sie Impulse von großer Regelmäßigkeit aussenden und dadurch eine akustische Wirkung im Fernhörer erzielen können, die man als musikalisch reinen Ton bezeichnen kann. Es handelt sich hierbei um die Erfindung des neuen Telefunken-Systems 'tönende Löschfunken'.*

*In den Tropen sind Gewitterbildungen und Gewitterentladungen zu gewissen Jahreszeiten wohl täglich vorhanden. Diese atmosphärischen Störungen haben bei den früheren Anlagen dazu gezwungen, den Betrieb auf wenige störungsfreiere Tages- oder Nachtstunden zu beschränken. Der musikalische Ton der übertragenen Signale hat hier einen außerordentlichen Fortschritt gebracht. Das menschliche Gehirn besitzt die Eigenschaft, solche Töne aus zischenden und brodelnden Nebengeräuschen im Fernhörer leicht herauszuhören.*

*Die zweite Schwierigkeit in der drahtlosen Installation der tropischen Gegenden besteht in der Schwächung der Signale bei Tage. Marconi hat als erster diese höchst unangenehme Eigenart der drahtlosen Telegraphie festgestellt. Er beobachtete, daß die gleichen Stationen, z.B. auf Schiffen bei Nacht, d.h. bei Dunkelheit, viel größere Reichweiten erreichen als am Tage bei Helligkeit. Diese Erscheinung tritt umso stärker auf, je größer die Entfernung ist; ferner in geringerem Maße bei Verkehr über freie See als bei Anlagen auf dem Lande. Insbesondere ist der Unterschied dann groß, wenn in dem Zwischenraum zwischen den Stationen größere Hindernisse, wie schneebedecktes Gebirge oder dichter Tropenwald, sich befinden. Schon bei Aufgehen des Mondes tritt eine Schwächung der Signale ein, und diese wird umso stärker, je größer die Helligkeit ist.*

*Bei der außerordentlichen Helligkeit der Tropensonne erreicht die Schwächung um die Mittagszeit einen außerordentlich hohen Grad. Marconi war auch der erste, welcher dieser Schwächung durch ein wirksames Mittel begegnete. Dieses Mittel ist die Benutzung von viel größeren elektrischen Wellenlängen, als sie früher in der drahtlosen Telegraphie üblich waren, und auch größer, als sie beim Verkehr bei Nacht oder über freies Wasser vorteilhaft ist. Mit diesen langen Wellen wird bei Nacht eine geringere Lautstärke erzielt als mit kurzen Wellen. Bei Tage dagegen versagen die kurzen Wellen vollkommen*[19].

*Was die Telegraphie mit den Kolonien anbelangt, so sind auch hier zwei Hauptschwierigkeiten zu überwinden. Einmal die sehr große Entfernung, in unserem Falle etwa 5500 km, und zweitens die erwähnten starken Störungen des Empfängers durch elektrische Gewitterentladungen.*

*Heute bereits besteht zwischen zwei Stationen in Irland und Kanada über eine Entfernung von mehr als 3100 km in durchaus betriebssicherer Weise ein dauernder Verkehr bei Tag und bei Nacht. Die Bedingung für die Verdoppelung dieser Entfernung wäre Anwendung der vierfachen Energie bei größerer Wellenlänge. Die Schwierigkeit dieser Anwendung liegt aber in der Antennenfrage. Sehr große Sendestationen erfordern nicht allein sehr große Erzeugereinrichtungen, sondern vor allem sehr hohe und dabei sehr ausgedehnte leitende Flächen als Antennen. Außer der Marconi-Gesellschaft ist wohl Telefunken bis heute die einzige auf der Erde, welche praktische Erfahrungen auf dem Gebiete der Großstationen gesammelt hat.*

*Die Schwingungsenergie der bekannten Versuchsstation Nauen soll jetzt vervierfacht werden, d.h. auf 100 KW Antennenenergie gebracht werden. Der bisher 100 m hohe Turm wird auf 200 m erhöht. Die Schwingungsenergie wird nach dem System der tönenden Löschfunken erzeugt werden. Die gleiche Energiemenge soll versuchsweise in Form kontinuierlicher Schwingungen durch eine Hochfrequenzmaschine erzeugt werden, woraus sich auch für die Kolonien Schlüsse ergeben werden.*

*Nauen wird nach dem Umbau die energiestärkste Station der Erde sein und mit den beiden modernsten und aussichtsreichsten Energieformen arbeiten. Man wird von ihr ganz besondere Entfernungsleistungen erwarten können, insbesondere eine Reichweite bis zu den afrikanischen Kolonien.*

*Bisher haben zur Untersuchung der Frage, ob und mit welchen Mitteln eine Verbindung zwischen Deutschland und den Kolonien hergestellt werden kann, nur kleinere Vorversuche stattgefunden, die man aber mit Rücksicht auf ihre außerordentlich wichtigen Ergebnisse durchaus nicht mit einer Handbewegung kurz abtun darf. Es sind Entfernungsversuche vorgenommen zwischen der Station Nauen und den Woermann-Dampfern. Außerdem sind mit einer kleinen Landantenne in Kamerun umfangreiche Beobachtungen der atmosphärischen Verhältnisse, soweit sie auf die Funktelegraphie Einfluß haben können, angestellt*[20].

*Nauen hat bereits mit der kleinen Energie von 25 kW in der Antenne in der Richtung nach Westafrika etwa 4600 km Reichweite erzielt und man kann aufgrund der bisher angestellten Vorversuche mit ziemlicher Sicherheit angeben, mit welcher Energie die korrespondierenden Stationen Deutschland - Togo oder - Kamerun ausgerüstet werden müssen, wenn überhaupt ein Erfolg erzielt werden soll. Auch über die Form der Empfangsantenne, über das Vorkommen, Art und Stärke der atmosphärischen Störungen liegen jetzt gute Erfahrungen vor"*[21].

Im Juli 1912 aber sieht zum Beispiel die Marine-Rundschau ein weiteres Problem und deshalb auf Dauer nur einen eingegrenzten Anwendungsbereich für die Funktelegraphie:

*"Zweifellos werden den großen Funkenstationen für manche Zwecke, zum Beispiel in Fällen kriegerischer Verwicklungen oder zur Verbindung des Mutterlandes mit den Kolonien wichtige Aufgaben zufallen; auch für politische Nachrichten, Zeitungsneuigkeiten usw. sind diese Stationen von großem Wert. Von einer allgemeinen Abwälzung des Telegrammverkehrs von den betriebssicheren Kabeln auf die Funkenstationen kann aber noch keine Rede sein. Für weitreichende Überlandstationen besteht auch heute noch der Übelstand, daß die Schnelligkeit der Übermittlung gegenüber der Kabeltelegraphie zurückbleibt, da man bei weiten Entfernungen, z.B. Deutschland - Westafrika den Telegrammverkehr auf bestimmte Tages- und Nachtstunden beschränken muß, so daß also die Forderung der Pünktlichkeit, Regelmäßigkeit und Betriebssicherheit, die wir an ein modernes Verkehrsmittel stellen, noch keineswegs als erfüllt angesehen werden kann. Auch zur Bewältigung eines Massenverkehrs, wie ihn die Seekabel heute namentlich in der Geschäftszeit bezwingen müssen, ist die Funktelegraphie nicht geeignet. Das Hauptverwendungsgebiet der drahtlosen Telegraphie wird der reine Seeverkehr bleiben, das heißt der funkentelegraphische Verkehr der Schiffe untereinander und mit den Küstenstationen"*[22].

Die großen Anstrengungen der Briten und Franzosen vor Augen wurde in der Telefunken-Zeitung vom Juni 1913 öffentlich klargestellt, daß die drahtlosen Funkverbindungen zunächst einmal weitreichende militärische Bedeutung hätten:

> *"Wir sehen, wie fast sämtliche Großmächte mit funkentelegraphischen Ueberseeplänen und Arbeiten beschäftigt und besonders die Kolonialmächte bestrebt sind, ihre ueberseeischen Besitzungen funkentelegraphisch mit dem Mutterlande zu verbinden. Bei solchen Verbindungen wird meistens keine Rücksicht auf vorhandene oder geplante Kabelverbindungen genommen, da die funkentelegraphischen Verbindungen weniger im Interesse des Verkehrs als hauptsächlich - was besonders bei den Verhandlungen über das englische Marconiabkommen wiederholt von Militär- und Marinesachverständigen betont worden ist - im militärischen und politischen Interesse liegen und vor den Seekabeln den Vorzug besitzen, daß sie in Kriegsfällen vom Feinde nicht zerstört werden können"*[23].

Ende 1912/Anfang 1913 hatte sich also die Erkenntnis vom Wert und den Vorteilen der drahtlosen Telegraphie gegenüber dem Kabel in der interessierten Öffentlichkeit weitestgehend durchgesetzt, besonders auch deshalb, weil die Herstellung von Kabelverbindungen zwischen Kolonie und Mutterland quälend langsam voranging.
Die technische Umsetzung und die Höhe der Herstellungskosten für eine unterseeische Kabelverbindung ließen ein schnelleres Bautempo nicht zu. Die Deutsch-Südamerikanische Telegraphengesellschaft in Köln, die die weitreichenden Pläne zum Aufbau eines Kabelnetzes zwischen dem Reich sowie Südamerika und den westafrikanischen Besitzungen übernommen hatte, stellte von den Kabelverbindungen bis 1913 gerade einmal folgende Teilstrecken fertig:

| | |
|---|---|
| im Jahre 1909 die Strecke Emden - Teneriffa | 3908 km |
| im Jahre 1910 die Strecke Teneriffa - Monrovia | 3337 km |
| im Jahre 1911 die Strecke Monrovia - Pernambuco | 3475 km |
| im Jahre 1913 die Strecke Monrovia - Lomé | 1798 km |
| und die Strecke Lomé - Douala | 1123 km[24]. |

Die Telefunken-Zeitung faßte das Ergebnis der Diskussion auf der Grundlage eines Artikels im "Nauticus" 1912 ("Jahrbuch für Deutschlands Seeinteressen") wie folgt zusammen:

*" (...) Die Funkentelegraphie überbrückt das Meer (...) nicht nur, sondern beherrscht es auch.*
*Wenn man über genügend große und viele Funkenstationen verfügt, bleiben die operierenden Flotten in dauernder Verbindung mit der Kriegsleitung. Während z. B. früher amerikanische Flotten im Kriege der Vereinigten Staaten mit einer ostasiatischen Macht auf dem Marsch von San Francisco nach den Philippinen sich nur unmittelbar an den Kabellandungspunkten (Pearl-Harbor, Midway T., Guam) orientieren konnte, ist der Stille Ozean heute durch die Funkentelegraphie so gut wie überbrückt, und die Seestreitkräfte bleiben, abgesehen von geringen Unterbrechungen, in steter Verbindung mit dem Nachrichtendienst der Leitung.*
*(...) Die Anlage funkentelegraphischer Großstationen ist billiger als das Legen von Seekabeln und u.U. auch als der Bau von Landtelegraphen, die z.B. in entlegenen tropischen Gegenden oder Wüsten sehr teuer sind.*
*Nach dem heutigen Stande der Funkentechnik - die Großstationen haben 5000 und mehr Kilometer Reichweiten - ist die Funkentelegraphie im Stande, ein selbständiges Verkehrsnetz zu bilden und das Netz der Drahttelegraphie vorteilhaft zu ergänzen und zu erweitern. Die Funkentelegraphie ist also ein wertvolles Mittel des militärischen Befehls- und Nachrichtenwesens geworden.*
*Staaten, deren Kabelpolitik unter strategisch günstigen Bedingungen arbeitet, werden sich der Funkentelegraphie bedienen:*
*a) in Parallelanlagen (Ketten von Funkentelegraphenstationen) zu den Verbindungslinien der Drahttelegraphie, um für diese eine Reserve zu haben, und um die militärischen Vorteile der Funkentelegraphie, vor allem ihre Meeresbeherrschung auszunutzen;*
*b) in selbständigen Anlagen von Funkentelegraphenstationen dort, wo strategische Kabel zu teuer werden, oder die Legung von Kabeln wegen der Beschaffenheit des Meeresgrundes nicht möglich ist;*
*c) an den Endpunkten und in den Knotenpunkten der Drahttelegraphie (einzelne Funkentelegraphenstationen) zu ihrer Ergänzung und zur Erweiterung des Verkehrsbereichs.*
*In den Staaten, deren Kabel strategisch ungünstigen Bedingungen unterliegen (z.B. Deutschland), wird die Funkentelegraphie die Drahttelegraphie mehr oder minder ersetzen müssen.*
*Das Bestreben der deutschen Reichsregierung zur Herstellung einer unmittelbaren funkentelegraphischen Verbindung Deutschlands mit seinen afrikanischen Schutzgebieten ist daher wohl begründet"*[25].

## 5.4 Die nicht-öffentliche Diskussion in Deutschland

Schon vor dem Beginn der öffentlichen Diskussion wurde auf mittlerer und höherer Regierungs- und Verwaltungsebene über die Möglichkeiten von Funktelegraphie in und mit den deutschen Kolonien debattiert. Die Einzelheiten dieser Debatten sind so gut wie nie an die Öffentlichkeit gedrungen[26]. Im März 1907 fand zwischen der Kolonialabteilung des Auswärtigen Amtes[27] und dem Reichspostamt ein Schriftwechsel statt, in dem das Für und Wider von Funkprojekten diskutiert wurde. Der Kolonialabteilung lagen Anregungen aus verschiedenen Schutzgebieten vor, die drahtlose Telegraphie zur Nachrichtenübermittlung zu verwenden [28]. Die Kolonialabteilung sah sich zu der Zeit außerstande, dieses Ansinnen zu befürworten, da die Leistungsfähigkeit der Technologie nicht bewiesen war. Es lägen zwar gewisse Erfahrungen vor, dies sei aber nicht genug. Neuerdings sei das Gouvernement von Kamerun wieder dafür eingetreten, funkentelegraphische Stationen zu errichten und zwar in Buea, Douala und Suellaba. Man könne zwar die wirtschaftliche Notwendigkeit nicht so ganz erkennen, wolle sich aber trotzdem nicht ablehnend verhalten. Auch die Damara- und Namaqa-Handels-Gesellschaft plane eine Funkverbindung Swakopmund - Lüderitzbucht, es werde aber noch eine ganze Weile vergehen, bis Pläne gereift seien und Erfahrungen vorlägen. Bis dahin, so die Kolonialabteilung weiter, solle man die Zeit nicht ungenutzt verstreichen lassen. Die Abteilung schlug daher in Kamerun "besondere Versuche" vor[29].

Der Schriftwechsel hatte die praktische Folge, daß eine aus Deutsch-Südwestafrika zurückkehrende Truppe in Kamerun begrenzte Versuche anstellen konnte. Die Ergebnisse, die eher bescheiden waren[30], wurden im folgenden nur in einigen Aktennotizen des Reichspostamts im Jahre 1907 sporadisch erwähnt. Den wohl endgültigen Anstoß für eine Entwicklung zugunsten der Funktechnik in den Kolonien bildete das Schreiben des Generalstabschefs der Armee von Moltke vom 25.1.1908. Darin äußerte sich von Moltke wie folgt: Die Situation sei so, daß Frankreich und Italien 1907 dauernde Ausschüsse für Funkentelegraphie eingerichtet hätten. Auch die Aktivitäten der Marconi-Gesellschaft entfalteten sich, man wolle in Niederländisch-Ostindien eine Funkstation bauen. Überall auf der Welt sollten drahtlose Stationen errichtet werden, dadurch bestünde die Gefahr, daß Marconi ein Monopol errichten könnte, aber auch Telefunken habe ja schon wie Marconi Reichweiten von 4000 km erzielt. Der Staat, der es als erstes schaffe, ein weltüberspannendes Netz einzurichten, würde seine handelspolitischen und militärischen Interessen fördern. Es sei von seinem Standpunkt aus nicht erwünscht, wenn Deutschland wie beim Kabel abhängig von England würde. Man solle seine Gedanken etwaigen Weitverbindungen zwischen Deutschland und den Kolonien zuwenden[31].

Von Moltke war somit der erste, der in Deutschland die militärpolitische Bedeutung der Funktelegraphie in globalem Zusammenhang sah. Die Antwort des Reichskolonialamts war eher ausweichend: Der Funktechnik fehle noch die Zuverlässigkeit, es gebe auch noch keine Versuche in dieser Richtung, diese würden aber schon seit längerer Zeit erörtert[32].
Der Anstoß war jedoch gegeben: In einem Schreiben vom 22.3.1908 machte der Staatssekretär im Reichskolonialamt Dernburg den an den Kolonien beteiligten zivilen und militärischen Ressorts den Vorschlag, einen ständigen Ausschuß, bestehend aus Vertretern dieser Ressorts zu gründen, der sich auch mit der Planung von Funkstationen in den Kolonien beschäftigen sollte[33].
Der Vorschlag von Dernburg fiel auf fruchtbaren Boden, von Moltke äußerte sich positiv zur Einrichtung eines Ausschusses im allgemeinen und noch einmal zu Funkstationen in den Kolonien im besonderen. Auch das Reichs-Marine-Amt stimmte unter der Bedingung zu,

> *"vorerst Vertreter der Industrie nicht hinzuzuziehen, da die Sache es mit sich bringen wird Mitteilungen vertraulicher Natur, besonders über selbständiges Vorgehen der Behörden in der drahtlosen Telegraphie zu machen, von denen die Industrie nichts erfahren soll"*[34].

In seiner Antwort machte das Reichspostamt deutlich, daß es schon seit 1906 einen solchen Ausschuß (den bisher wohl niemand so richtig wahrgenommen hatte) gebe, der sich aus Vertretern des Reichs-Marine-Amts, des Königlich Preußischen Kriegsministeriums und des Reichspostamts zusammensetze und nach Bedarf alle zwei Monate zusammentrete. Man nannte sich "Ausschuß für gemeinsame Arbeiten auf dem Gebiete der Funkentelegraphie"[35] und befaßte sich mit allen Aspekten der Funktelegraphie. Man könne, so das Reichspostamt weiter, die Debatte auch auf Funkverbindungen in den Schutzgebieten ausweiten. Das Reichskolonialamt wurde aufgefordert, für die nächste Sitzung einen Vertreter zu entsenden[36].
Diese fand am 10.6.1908 statt, es ging unter anderem um das Thema der Schaffung von Kolonialfunkstellen und deren Verbindungsaufnahme mit Deutschland, eingebracht vom Reichskolonialamt. Geheimrat Schrader vom Reichspostamt äußerte zunächst seine Skepsis hinsichtlich der bis dahin eher mangelhaften Reichweite von Funkstationen. Dann aber wurden die verkehrstechnischen und militärischen Gesichtspunkte stärker in den Vordergrund gestellt. Man einigte sich darauf, in Mwanza, Usumbura und Ujiji in Deutsch-Ostafrika je eine Station zu errichten, die Kosten sollten durch Kolonialamt und Postamt getragen werden. Der Vertreter des

Reichs-Marine-Amts fragte an, ob Küstenfunkstationen in Erwägung gezogen würden. Diese seien für die Marine sehr wichtig. Das Kolonialamt antwortete, daß es darüber bisher keine Evaluierung gebe, man solle aber die deutschen Schiffahrtslinien darüber befragen. Man beschloß, den Ausschuß ständig tagen zu lassen und zwar mit Vertretern des Reichskolonialamts, des Generalstabs der Armee und des Kommandos der Schutztruppen als neuen ständigen Mitgliedern. Ferner sollten Anfragen an die Firmen Telefunken und Lorenz AG hinsichtlich der technischen Machbarkeit und der Kosten für interkontinentale Stationen gerichtet werden[37]. Dieser letzte Punkt wurde sofort in die Tat umgesetzt. Lorenz gab daraufhin zu verstehen, daß man es prinzipiell für möglich halte[38]; in einer ersten provisorischen Stellungnahme erwog Telefunken die Möglichkeit einer solchen Verbindung, mußte aber zugeben, daß man im Grunde keine Ahnung hatte[39]. Drei Wochen später traf beim Reichskolonialamt ein weiterer Brief von Telefunken ein, in dem man nach eingehenden innerbetrieblichen Diskussionen konkreter wurde: Man sei fest davon überzeugt, 6000 km überbrücken zu können und zwar mit dem System "tönende Funken". Voraussetzung sei ein Ausbau der Telefunken-Versuchsstelle Nauen. Der Vorschlag von Telefunken lautete, Entfernungstests von 6000 km durchzuführen, wobei ein Schiff der "Hamburg-Südamerikanischen Dampfschiffahrtsgesellschaft" einen Funkempfänger mitführen sollte. Man nahm als sicher an, daß die Signale deutlich hörbar sein müßten. Dazu müßte aber Nauen erst mit neuen Maschinen ausgerüstet werden. Man erbat sich 30000 Mark vom Reichskolonialamt, dann könne der Versuch drei bis vier Monate später beginnen[40]. Lorenz äußerte sich in einem weiteren Brief dagegen wesentlich vorsichtiger: "Eine Sicherheit, dass diese Reichweite erzielt wird, kann aber nach dem heutigen Stande der drahtlosen Telegraphie nicht geboten werden...", hieß es. Daher wolle man Versuche anstellen. In Deutschland und in Kamerun solle je eine Großstation für den einmaligen Zuschuß des Reiches von 250000 Mark errichtet werden. Wenn die Versuche gelängen, wolle man beide Stationen ausbauen und für 750000 Mark an das Reich abgeben[41]. Die Preise waren also um ein Vielfaches höher als die von Telefunken, auch weil man nicht wie diese Gesellschaft bereits eine fertige Sende- und Empfangsstation zur Verfügung hatte; damit war das Rennen um den Auftrag für Lorenz vorerst verloren.

Diese Vorschläge wurden in der 8. Sitzung ausgiebig debattiert. Man war sich nicht im klaren darüber, ob man sich bei Auftragsvergabe die Reichweite von 6000 km nicht garantieren lassen konnte. Dazu wurde festgestellt, daß Telefunken weit unter den Forderungen von Lorenz lag. Da der

Etat für Versuche oder konkrete Stationsprojekte 1909 sowieso nicht vorhanden war, beschränkte man sich auf den Plan zur Mitteleinforderung für 1910. Der Bau von Küstenstationen wurde vorerst aufgegeben, da bei den Schiffahrtslinien kein Interesse und kein Geld vorhanden waren[42].
In der nächsten Sitzung am 11.12.1908 waren einige Teilnehmer jedoch der Meinung, daß sowohl Telefunken als auch Lorenz ihre Geräte bei der Telegraphenversuchsanstalt in Göttingen einbauen sollten; das sei allemal am billigsten. Geheimrat Schrader vom Reichspostamt sprach sich allerdings dafür aus, eine Station bei Berlin zu haben (Nauen) und auf das Angebot von Telefunken zurückzukommen. Hauptmann Thomsen vom Kriegsministerium unterstützte ihn dahingehend, daß bei Gelingen der Versuche gleich eine Großstation in Nauen zur Verfügung stehen würde, die dann ja auch auf 6000 km Reichweite ausgebaut werden könnte. Schließlich wurde das Angebot Telefunkens angenommen, Nauen für Reichweiten von 6000 km auszubauen, die Tests sollten mit Schiffen vor Kameruns Küste erfolgen. Weiterhin wurde beschlossen, aus Haushaltsgründen nur die Stationen Mwanza und Ujiji zu beantragen, Usumbura solle erst für 1911 ins Auge gefaßt werden[43]. Reichspostamt, Königlich Preußisches Kriegsministerium und Reichskolonialamt stellten daraufhin Telefunken am 20.3.1909 für das laufende Rechnungsjahr 40000 Mark zur Verfügung. Nur das Reichs-Marine-Amt sagte mit Schreiben vom 12.2.1909 ab, man verfüge nicht über genügend Haushaltsmittel[44].
In der 10. Sitzung vom 12.2.1909[45] stimmte man nun doch wieder darin überein, für das Jahr 1910 drei Stationen für Ostafrika zu beantragen, da das Reichskolonialamt auch eine Station in Bukoba haben wollte. Auch die Frage der Küstenstationen wurde wieder aufgeworfen. Fregattenkapitän von Usslar vom Reichs-Marine-Amt brachte zum Ausdruck, daß die Marine großen Wert auf die Errichtung solcher Stationen lege, sie würde es außerdem gern sehen, wenn am Endpunkt jedes Seekabels eine solche Station vorhanden wäre. Die Dampfergesellschaften würden ihren ablehnenden Standpunkt vielleicht aufgeben, wenn sie erst die Möglichkeit hätten, ihre Schiffe mit einer Küstenstation verkehren zu lassen. Hier sahen die anderen Ressorts keine Möglichkeiten der Realisierung. Was des weiteren die 6000-km-Versuche angehe, fügte von Usslar hinzu, sei das Marine-Amt zu klamm, da die eigenen Funkversuche sehr teuer seien; allerdings wäre man bereit, Schulschiffe für die Versuche zur Verfügung zu stellen, wenn deren Reiseplan das zulasse. Geheimrat Strecker kritisierte die Haltung des Amts mit dem Hinweis, daß Kriegsministerium und Reichspostamt schließlich ebenfalls kostspielige Versuche anstellten, aber Geld beisteuern würden. Von Usslar blieb aber bei seiner ablehnenden Haltung.

Inzwischen hatte Telefunken mit dem Ausbau von Nauen begonnen; daß dabei offenbar nicht alles planmäßig verlief, stieß dem Reichspostamt sauer auf:

> *"Aus Ihrem Schreiben vom 4. August (...) habe ich ersehen, daß Sie mit den Vorbereitungen zu den Reichweitenversuchen Ihrer Funkenstation Nauen erheblich im Rückstande sind. Die übrigen Ressorts, welche an der Aufbringung des Zuschusses zu den Kosten der Versuche beteiligt sind, habe ich hiervon in Kenntnis gesetzt. Da auf die schleunige Durchführung der Versuche allseitig großer Wert gelegt wird, ist die Verzögerung sehr unerwünscht. Nachteilige Folgen, welche sich daraus für Sie etwa ergeben sollten, würden Sie selbst zu tragen haben"*[46].

Am 10.9.1909 lief der Dampfer "Eleonore Woermann" nach Kamerun aus, an Bord eine sehr kräftige Funkstation, um die auf dem Wege nach Westafrika befindlichen Verbindungsmöglichkeiten auszuprobieren. Außerdem sollte erprobt werden, bis auf welche Entfernung der Dampfer eine direkte wechselseitige Verbindung mit deutschen Stationen aufrechterhalten konnte. Schließlich sollte man an Bord den Fernempfang von Nauen erproben. Vonseiten Telefunkens wurde darauf hingewiesen, daß dies nur Vorversuche seien, definitive Fernversuche sollten erst im Oktober stattfinden[47].
Bei diesen Versuchen wurde über Entfernungen von 3600 km (mit Aufnahme des Codeworts) und 4600 km (mit der Aufnahme einzelner Zeichen) eine Verbindung erzielt. Die Hauptversuche mit der "Eleonore Woermann" führten jedoch zu keinem Ergebnis, es kam keine Verbindung zwischen dem vor der Küste Kameruns liegenden Dampfer und Nauen zustande[48].
Auch ein Bericht des Ingenieurs Olsen, der sich an Bord des im Hafen von Douala ankernden Dampfers "Lucie" an den Versuchen beteiligte, sprach von einem negativen Ergebnis, obwohl die Versuche mithilfe von Drachen, Ballons und einer provisorisch in Douala errichteten Antenne durchgeführt wurden. Die örtlichen Verhältnisse und die Jahreszeit seien aber außerordentlich ungünstig gewesen. Die relative Nähe eines hohen Gebirges zerstöre jede Empfangsmöglichkeit, auch hätte kein Empfänger intakt gehalten werden können[49].

Trotz der vergeblichen Versuche bewies man bei der Reichsregierung bemerkenswerte Geduld. Telefunken wurde Anfang 1910 wieder in Überlegungen bezüglich Überwindung großer Reichweiten einbezogen. Nach einer Anfrage nahm Telefunken am 10.3.1910 Stellung zu diesem Problem:

Die Schwingungsenergie in der Nauener Antenne erreiche bei Versuchen 30 kW. Das alte Marconi-System brauche für das gleiche Resultat 100 kW Primärenergie mit einer Schirmantenne. Die Reichweite hänge außerdem von der Absorption unterwegs und von der Ausnutzung der Energie an der Empfangsstelle ab. Die Absorption über Land sei dabei stärker als über See. Ideal sei also eine auf die Kolonien ausgerichtete Station an einer südeuropäischen Küste. Dabei wurde auf die teilweise erfolgreichen Tests mit Woermann-Dampfern hingewiesen. Die Dampferantennen seien jedoch zu schwach.
Die Verlustfaktoren seien bei den Nauener Versuchen nach den in Südrichtung fahrenden Woermannschiffen besonders groß gewesen, weil in den Weg der Strahlung erst die Pyrenäen, dann die Alpen und die Gebirge des afrikanischen Hochplateaus kämen. Es fehlten bis dato die Unterlagen insbesondere darüber, welche Energiemengen zur Herstellung einer solchen Verbindung nötig sind. Wollte man also die Frage nach der Möglichkeit von solchen Verbindungen untersuchen und klären, so seien hierzu neue Versuche nötig, und zwar mit Anwendung größerer Mittel.
Solche Versuche erforderten natürlich außerordentlich große Geldaufwendungen. Während Marconi in Rücksicht auf die Möglichkeit eines sich an solche Stationen später knüpfenden großen transatlantischen Depeschenverkehrs sehr bedeutende Kapitalien in diese Versuche zu investieren berechtigt sei, fehle Telefunken auch im Falle des Gelingens ein entsprechendes geschäftliches Äquivalent. Man sehe sich daher außerstande, auf eigene Kosten derartige Versuche in großem Stil aufzunehmen.
Der Vorschlag von Telefunken war nun der: Man sollte die primäre Energie in Nauen auf etwa 100 bis 200 kW erhöhen und die Errichtung einer von sechs hohen Türmen getragenen gerichteten Antenne für eine Schwingungsenergie von 60 bis 70 kW bei gutem Strahlungswirkungsgrad ins Auge fassen. Eine Empfangsstation in Kamerun, welche nacheinander an verschiedenen Plätzen aufgestellt werden sollte, sei am zweckmäßigsten. Mit einer solchen Versuchsreihe könne derjenige Ort herausgefunden werden, an dem einerseits die aufgenommene Intensität am größten, andererseits die lokalen atmosphärischen Störungen am geringsten waren. In Rücksicht auf die langen Wellen der Senderantenne sollten die Empfangsantennen ebenfalls gerichtet ausgeführt werden. Hierzu sollte man zwei bis drei transportable 60 bis 70 m hohe Masten vorsehen.

Ähnliche Empfangsversuche würden an der Küste von Nordamerika angestellt werden, um festzustellen, ob sich die gleiche Entfernung von 6000 km über See leichter und mit größerer Empfangsintensität erreichen ließ. Die Unkosten dieser an drei Stellen auszuführenden Versuchsarbeiten würden sich auf etwa 500000 Mark belaufen und sich über die Zeitdauer von ein bis zwei Jahren erstrecken. Telefunken war bereit, die genannten Aufbauten und Versuche gegen Gewährung einer Pauschalsumme von 400000 Mark zu übernehmen unter der Bedingung, daß das für die Versuche benutzte Material später in den Besitz der Firma überging.

In der 13. Sitzung am 8.4.1910 im Reichspostamt erklärten sich sämtliche beteiligten Ressorts zuerst einmal damit einverstanden, das Recht zur Weiterbenutzung der Station Nauen gegen Gewährung einer gemeinsam aufzubringenden Vergütung zu erwirken. Es sollte der Gesellschaft für drahtlose Telegraphie in den mit ihr zu vereinbarenden Bedingungen vorgeschrieben werden, für einen ordungsgemäßen, stets betriebsfähigen Zustand der Station Sorge zu tragen. Der Zustand sollte von Zeit zu Zeit von Vertretern der Reichspostverwaltung und der Heeresverwaltung gemeinsam kontrolliert werden.
Im weiteren Verlauf der Sitzung kam Geheimrat Schrader auf die bisher mißglückten Reichweitenversuche zu sprechen. Wenn die Versuche fortgesetzt werden sollten, sollten die Vorschläge von Telefunken vom 10.3.1910 umgesetzt werden. Die Ressorts wurden um Stellungnahme gebeten. Das Reichs-Marine-Amt sah sich wiederum nicht in der Lage, Gelder bereitzustellen. Das Kriegsministerium war dazu bereit, das Kolonialamt gab eine unverbindliche Absichtserklärung ab. Es herrschte jedoch Übereinkunft darüber, sich mit Telefunken und Lorenz noch vor Ende April zusammenzusetzen und zu beraten[50].
Dieses Vorhaben wurde in einer außerordentlichen Sitzung am 28.4.1910 im Reichspostamt unter Hinzuziehung der Lorenz AG in die Tat umgesetzt. Zunächst wurden ausführliche Erwägungen der Vorschläge von Lorenz angestellt. Der Vertreter der Firma hatte referiert, daß die Wellen von einer HF-Maschine erzeugt werden sollten; der Wirkungsgrad betrage 80 bis 90%. Die beste Wirkung würde auf der 10000-m-Welle bei 12 kW Schwingungsenergie erzielt. Im Prinzip sei man geneigt, die Versuche zu übernehmen. Anschließend mußte der Firmenvertreter die Sitzung verlassen, da die Vorschläge vertraulich beraten werden sollten. Dr. Beggerow vom Marine-Amt, der gegenüber Telefunken und Lorenz recht skeptisch eingestellt war, wollte zuerst Versuche der Radioelektrischen Versuchsanstalt in Göttingen abwarten, das sei billiger, die Funktechnik sei noch gar nicht so weit. Im übrigen solle man eine Entscheidung verschieben, bis ein Angebot von Telefunken eingegangen sei. Da sowieso kein Geld für 1910 da war, wurde der Vorschlag angenommen.

Telefunken übernahm in seinem Angebot keine Gewähr:

> *"Wir sind weit entfernt davon in Aussicht zu stellen, daß bei Benutzung einer größeren Empfangsantenne nunmehr mit Sicherheit ein Empfang in Kamerun erwartet werden kann, wenn es auch nicht ausgeschlossen erscheint, daß unter ganz günstigen Umständen einige Zeichen während der langen Versuchsperiode übermittelt werden können".*

Falls die erste Versuchsphase mißlinge, sollte eine zweite nicht in Kamerun, sondern in Togo stattfinden.

Da Mittel jedoch fehlten, sollten die Versuche erst 1911 stattfinden. Der Ausschuß zeigte sich aber von der Notwendigkeit der Versuche mit Kamerun weiterhin überzeugt. Nur das Marine-Amt nahm wieder eine eher passive Haltung ein, der Vertreter des Generalstabs hingegen hielt einen Beginn der Versuche schon 1910 für notwendig[51].

In der 15. Sitzung am 10.6.1910 wurde die Finanzplanung konkretisiert. Die Telefunken-Gesellschaft, die wiederum den Zuschlag erhalten hatte, hatte mehrere Vorschläge gemacht, den geplanten Versuch auszuführen. Man hatte die Wahl zwischen einem großen Versuch (Kosten 400000 bis 500000 Mark) unter erheblicher Vergrößerung der Station Nauen und Errichtung einer Empfangsstation in Kamerun und dem später vorgeschlagenen kleinen Versuch (Kosten 125000 Mark), wobei von einer unveränderten Station Nauen und einer Antenne auf drei Türmen von je 70 m Höhe in Kamerun ausgegangen wurde. Der Ausschuß sah es als unmöglich an, die Gelder für den großen Versuch noch im laufenden Jahr flüssig zu machen. Der Haken am kleinen Versuch war jedoch, daß Telefunken ob des Nutzens desselben einige Skepsis an den Tag legte und keine Gewähr für das Gelingen übernehmen wollte und (natürlich) zum großen Versuch riet. Geheimrat Strecker bemerkte dazu, daß auch dann, wenn der kleine Versuch fehlschlagen würde, die Ergebnisse für einen größeren von Nutzen sein könnten. Anschließend wurden die Ressorts gebeten, die Taschen nach Geldmitteln für die kleine Version umzudrehen, aber auch die 125000 Mark kamen auf diese Weise nicht zusammen. Man beriet sich erneut und kam zu der Übereinkunft, daß das Reichspostamt sich sogleich auch im Namen der übrigen Ressorts für die rasche Flüssigmachung der Mittel an das Reichs-Schatzamt wenden und, falls das Schatzamt ablehne, beim Reichskanzler vorstellig werden sollte. Bei dieser Diskussion wie auch bei den vorhergehenden fällt immer wieder das Übergewicht der Militärs auf. Dabei standen natürlich strategische Vorteile im Vordergrund; es klang darüber hinaus von Zeit zu Zeit an, daß man nicht nur sehr an Verbindungen mit den Kolonien interessiert war, sondern auch mit Nord- und Südamerika[52].

In den folgenden Wochen wurden die Unterstützungsschreiben der anderen Ressorts zur Vorlage beim Schatzamt im Reichspostamt übergeben. Jedes Ressort wurde hier vom jeweiligen Ressortchef vertreten: Das Schreiben des Staatssekretärs des Reichs-Marine-Amts von Tirpitz traf am 15.6.1910 ein, das des Kriegsministers am 16.6.1910, der Chef des Generalsstabes der Armee von Moltke übersandte seines am 19.5.1910[53]. Ende Juni 1910 folgten die Petitionen des Kolonialamts und des federführenden Reichspostamts, unterschrieben von Staatssekretär Kraetke. Dieser wiederum verfaßte an das Schatzamt einen als geheim eingestuften Brief mit einer Begründung des Antrags von 10 Seiten Umfang[54]. Das mit so viel Aufwand betriebene Unternehmen wurde abgeschmettert: Das Schatzamt gab dem Antrag nicht statt. Es stellte weder die 200000 Mark für die Fortsetzung der Reichweitenversuche bereit, noch stimmte es einer außeretatmäßigen Verausgabung dieses Betrages zu. So mußte man sich auf den Etat 1911 vertrösten und das Postamt mußte die Petition am 29.8.1910 zurücknehmen. Von Moltke sah die Gründe des Schatzamts im Prinzip ein, drang aber darauf, 1911 noch mehr als 200000 Mark zu fordern, um den Reichweitenversuchen die Zukunft zu sichern[55].

Dieser Vorschlag wurde in der 16. Sitzung am 14.10.1910[56] noch einmal unterbreitet: Die Vertreter des Großen Generalstabs und des Kriegsministeriums wollten nicht nur die 200000 Mark, sondern wesentlich mehr für 1911 beantragen. Geheimrat Schrader stimmte dem nicht zu: Zur Zeit sei keine Grundlage für eine größere Forderung vorhanden, eine solche müsse erst durch die Versuche selbst geschaffen werden. Sowohl im Falle des Gelingens wie auch des Nicht-Gelingens der nächsten Versuche müsse zunächst ein neuer Plan für das weitere Vorgehen gemeinsam von den beteiligten Ressorts ausgearbeitet werden. Ohne eine solche Grundlage aufs Ungewisse bestimmte Etatforderungen zu stellen, sei nicht opportun. Daß es sich bei dem Betrag von 200000 Mark nur um einen Versuch zur Vorbereitung eines größeren dringlichen Planes handele, dessen Durchführung ohne weitere Etatforderungen nicht angängig sei, gehe aus der dem Schatzamt mitgeteilten Begründung hervor. Die Hauptsache sei zunächst, die 200000 Mark bewilligt zu bekommen, und das könne durch nachträgliche Erhöhung der Forderung mit unzureichenden Gründen unter Umständen erschwert werden.
Es wurde aber weiter für das Jahr 1911 geplant. In der 17. Sitzung am 9.12.1910[57] wurde festgelegt, daß die Versuchsstation zuerst in Togo, und zwar in der Gegend von Atakpame oder Sokodé gebaut werden sollte, da Telefunken diese Plätze bei Vorversuchen als geeigneter befunden hatte als die in Kamerun.

Die 18. Sitzung fand erst wieder im April des neuen Etatjahrs 1911 statt: Ein neuer von Telefunken gemachter Vorschlag, an die Durchführung der Reichweitenversuche zwischen Nauen und den afrikanischen Schutzgebieten von vornherein mit größeren Mitteln heranzugehen, wurde angenommen. Die Vorschläge gingen davon aus, daß die Antennenenergie der Station Nauen schon vor Beginn der ersten Versuchsperiode in Togo auf etwa 40 kW, mindestens auf 35 kW gesteigert werden sollte. Sollte sich damit kein befriedigendes Ergebnis erzielen lassen, sollte die Energie auf annähernd 100 kW, mindestens aber 80 kW gesteigert werden. Zunächst sollte eine 40tägige Versuchsperiode in Togo mit mindestens 35 kW stattfinden, die spätestens am 1.7.1911 beginnen sollte. Würden hierbei befriedigende Ergebnisse erzielt, so könne sich das Reich vorbehalten, eine weitere Versuchsperiode mit der gleichen Energie in Kamerun zu verlangen. Sollten dagegen die Empfangsversuche in Togo nicht gelingen, so würde eine zweite Versuchsperiode ebenfalls in Togo mit auf mindestens 80 kW erhöhter Energie vorgenommen. Beginn dafür sollte voraussichtlich im November sein, die Kosten veranschlagte man auf 192000 Mark. Dagegen sei noch eine Versuchsperiode mit 80 kW in Kamerun mit Kosten von 200000 Mark nicht gerechtfertigt, es sei sogar nicht ausgeschlossen, daß überhaupt keine Empfangsversuche in Kamerun stattfänden.

Auch Punkt 3 der Tagesordnung verhieß den Funkvorhaben in den Kolonien einen gewissen finanziellen Fortschritt: 1911 sollten insgesamt 420000 Mark für kleinere Funkstationen ausgegeben werden. Der grössere Teil des Geldes sollte für die Errichtung von Küstenstationen in Togo, Kamerun und Deutsch-Ostafrika verwendet werden. Für das Marine-Amt widersprach Korvettenkapitän Fielitz (wobei er von der bisherigen Linie der Marine abwich): Küstenstationen seien für die Reichsmarine ohne Wert, es sollte dagegen für Mobilmachungszwecke baldestmöglich eine Verbindung zwischen Deutschland und den afrikanischen Schutzgebieten geschaffen werden. Bereits 1912 sollten dafür Mittel eingeworben werden. Während der Vertreter des Großen Generalstabs, Major Thomsen, sich damit einverstanden erklärte, hielt Geheimrat Schrader vom Reichspostamt dagegen, daß es nicht im Interesse der Schiffahrt sei, Küstenstationen zurückzustellen; die Großstationen kämen aber im Augenblick zu teuer. Auch etwaig ins Auge zu fassende Südseeprojekte seien dann gefährdet. Man kam aber schließlich überein, daß auch eine Mittelzuweisung für Großstationen im Jahre 1912 möglich sei, da die Stimmung für solche Projekte nun auch beim Reichs-Schatzamt günstig sei; aber erst dann, wenn die Reichweitenversuche gelungen seien, sei die Zeit reif, größere Mittel einzufordern[58].

In Nauen war der Antennenmast inzwischen von 100 auf 190 m erhöht worden (nicht ohne Schwierigkeiten; die Baupolizei hatte zunächst ein paar Einwände wegen der Turmhöhe).

Während die Versuche schon im Gange waren, liefen die Aktivitäten des Ausschusses und der Ressorts forciert auf mehreren Schienen weiter.
Die Vertreter des Großen Generalstabs, des Kriegsministeriums, des Reichs-Marine-Amts und des Kommandos der Schutztruppen hatten in der 18. Sitzung am 7.4.1911 und in der 19. Sitzung am 5.5.1911 allgemeine militärische Forderungen aufgestellt, womit auch das Übergewicht militärischer Gesichtspunkte gewahrt bleiben sollte:

> *"1. Die Funkverbindung der Schutzgebiete unter sich und mit der Heimat ist für Mobilmachungszwecke und im Hinblick auf das planmäßige rasche Vorgehen anderer Kolonialstaaten - besonders Frankreichs und Großbritanniens - dringend nötig und daher sobald wie möglich herzustellen.*
> *2. Neben einer dem unter 1. genannten Zweck dienenden Großstation sind in den Schutzgebieten Togo, Deutsch-Ostafrika und Deutsch-Südwestafrika je eine Küstenstation anzulegen. Für Deutsch-Ostafrika soll in Tabora der geeignetste Platz für die Anlegung einer Großstation ausgesucht werden. Die Küstenstation bei Daresalaam soll von See her nicht sichtbar sein. Die Reichweite soll so bemessen sein, daß mit Mwanza und Tabora ein problemloser Verkehr aufrechterhalten werden kann. Für die Einrichtung sämtlicher Stationen ist zu bedenken, daß sie die Möglichkeit des Anschlusses an etwaige kleinere, tragbare Funkenstationen der Truppe mit etwa 200 km Reichweite zulassen muß. Denn die außerhalb des großen Rahmens liegende Ausstattung der Feldtruppe mit tragbaren Funkstationen von möglichst großer Reichweite bleibt nach wie vor für die Schlagkraft der Truppe eine äußerst wichtige Forderung"*[59].

Mit Wirkung vom 1.7.1911 wurde zwischen Telefunken und dem Reichspostamt ein Vertrag geschlossen, in dem Telefunken gegen Zahlung einer Reichsbeihilfe verpflichtet wurde, Nauen zu vergrößern und die geplanten Reichweitenversuche durchzuführen.

Im Juli richtete der Kriegsminister ein Schreiben an den Staatssekretär des Reichspostamts:

*"Euer Exzellenz beehre ich mich auf das Ersuchen in der XX. Sitzung des Ausschusses für gemeinsame Arbeiten auf dem Gebiete der Funkentelegraphie eine Denkschrift des Chefs des Generalstabes der Armee zu überreichen, welche die Forderung, Deutschland und die Kolonien in Afrika baldigst funkentelegraphisch zu verbinden, erneut begründen. Ich stimme den Ausführungen in allen Punkten zu. Insbesondere halte ich es für unerläßlich, daß im Etat 1912 Mittel eingestellt werden, welche es ermöglichen, endgültig die Verbindung zwischen Nauen und Togo (oder Kamerun) aufzunehmen und außer der hierfür erforderlichen Großstation in Togo (oder Kamerun) auch noch solche in Deutsch-Südwest- und Ost-Afrika zu errichten"*[60].

Der Chef des Generalstabes wies in seinem Gutachten besonders auf die Gefahren des Kabelmonopols durch England hin. Die Übermittlung deutscher Kabeldepeschen werde nur durch neutrale Staaten wahrgenommen. Es wäre aber gut für den deutschen Nachrichtendienst, wenn alle Fernmeldemittel, also auch die Funktelegraphie ausgeschöpft würden. Daher sei die Errichtung von Funkstellen in Deutschland und (zunächst) in den afrikanischen Kolonien äußerst wichtig. Er wies weiter darauf hin, daß er diese Forderungen schon seit vier Jahren stelle. Er wolle eine großzügige Subventionierung der Versuche unterstützen, das Königliche Kriegsministerium sei seiner Meinung[61]. Schließlich wurde die Forderung auch von Reichspostamt und Reichskolonialamt getragen. Wieder stellte sich das Schatzamt zunächst quer, die Bereitstellung der Summe von 400000 Mark für 1912 wurde nicht bewilligt, da nicht gesichert sei, daß das ganze überhaupt funktioniere. Das Schatzamt meinte weiterhin, daß kein Verkehrsinteresse für eine Verbindung zwischen Nauen und Togo bzw. Kamerun bestünde, daher sei keine Zahlung angebracht[62].
Hier traf man diesmal aber auf den harten Widerspruch des Reichskolonialamts[63] und des Reichspostamts[64], die beide daran festhalten wollten. Wenige Wochen später wurde das Geld jedoch in vollem Umfang genehmigt, auch durch die Fürsprache unbekannter höchster Regierungsstellen.

## 5.5 Die Reichweitenversuche in Togo

Der Platz für die Empfangsstation in Togo wurde von den Telefunken-Vertretern endgültig bei Anae, eine Tagereise nördlich von Atakpame an der Straße nach Sokodé gewählt. Die Materialien waren im April 1911 sämtlich an Ort und Stelle gelangt. Zur Durchführung der Versuche sollte eine den Größenverhältnissen der Station Nauen entsprechende Empfangsstation

mit vier in Abständen von 150 m hintereinander aufzustellenden 75 m hohen Masten errichtet werden. Es bestand immer noch die Absicht, die Station unter Umständen nacheinander an verschiedenen Orten aufzustellen und sie bei günstigem Ausfall der Versuche zu einer weiteren Versuchsperiode nach Kamerun zu bringen. Mit Rücksicht darauf hatte Telefunken sogenannte "Rendahlmasten" gewählt, die aus leichten Stahlrohren bestanden, transportabel waren, keiner Fundamente bedurften, an der Erde liegend zusammengesetzt und mittels des sogenannten Kippverfahrens in kurzer Zeit leicht aufgerichtet werden konnten.
Im Februar 1911 befand sich die Expedition bereits auf hoher See. Die Durchführung des Projekts war dem österreichischen Freiherrn von Codelli übertragen worden, einem früheren Marineoffizier, der die Funktechnik zu seinem Spezialgebiet gemacht hatte. Anfänglich nur als Amateur wirkend, war er schließlich in der Lage gewesen, einige Verbesserungen und Erfindungen zu machen, die in Deutschland patentiert und allgemein eingeführt worden waren. In seiner Begleitung befand sich der frühere österreichische Rittmeister Graf Logothetti und noch ein alter Offizier dieser Armee sowie drei Monteure[65].
Der Trupp traf am 15.2.1911 in Togo ein. Das Gouvernement von Togo sicherte daraufhin weitestgehende Unterstützung zu. Zur Anlage der Empfangsstation wurde auf Anweisung des Gouvernements gemäß Antrag der Gesellschaft ein Platz von 22,5 ha Größe bei Anae, 29 km nördlich von Atakpame kostenlos zur vorübergehenden Nutzung überlassen. Die Beschaffung der Wagen und Träger zum Transport des Baumaterials vom Endpunkt der Hinterlandbahn zum Versuchsplatz und die Gestellung der togolesischen Arbeiter wurde durch das Bezirksamt Atakpame organisiert. Die zollfreie Ein- und Ausfuhr des Materials wurde ebenfalls garantiert[66].
Bis Ende März 1911 waren 2500 Trägerlasten Material mit dem Dampfer "Savoya" angekommen. Der Stationsplatz war inzwischen aufbereitet, dafür hatte man 6000 Bäume abgeholzt. Es wurde ferner eine Straße von 2 km zum Stationsplatz angelegt, die moorigen Stellen, auf denen die Turmfundamente oder die Verankerungen zu stehen kommen sollten, wurden durch einen 1200 m messenden Hauptgraben entwässert. Für das isolierte Gegengewicht wurden zweihundertdreißig 6 m hohe Telegraphenstangen aufgestellt und mit Isolatoren versehen. Das zentrale Erdnetz war mit einer Drahtlänge von insgesamt 27000 m bereits verlegt. Drei der Antennentürme waren am Boden liegend zusammengebaut worden, vom 26.3. bis 1.4. wurden zwei davon hochgezogen.
Durchschnittlich arbeiteten 120 Arbeiter am Bauplatz und 150 Träger besorgten den Lastentransport. Die Arbeiter wurden für die anstrengende Arbeit des ersten Monats mit gerade einmal 75 Pfennigen, im zweiten

Monat, der als weniger anstrengend eingestuft wurde, mit nur 60 Pfennigen entlohnt. Historiker wie Sebald[67] gehen davon aus, daß der Lohn in Wirklichkeit nur 50 Pfennige betrug. In der benachbarten britischen Goldküstenkolonie konnten freiwillige Lohnarbeiter umgerechnet 2 Mark verdienen. Durch Yamseinkäufe in der Umgebung wurde der Essensnachschub geregelt. Die Bauern der Umgebung hatten den Yams dabei zu vom Gouvernement festgesetzten Mindestpreisen zu liefern. Der Gesundheitszustand unter den Arbeitern wurde als im allgemeinen befriedigend angesehen, alle Krankheitsfälle hätten bald geheilt werden können, so Codelli; nur durch Unkenntnis bei der Bedienung der Wagen entstanden einige schwerere Verletzungen, welche "durch antiseptische Behandlung" geheilt worden sein sollen[68]. Aus dem Bericht läßt sich folgern, daß die Betreuung durch einen Arzt auf der Baustelle nur selten erfolgte, so daß die Behandlung durch von Codelli und seinen Assistenten, alles medizinische Laien, durchgeführt wurde.

Die Leichtbaumasten erwiesen sich schließlich für die tropischen Verhältnisse als zu wenig widerstandfähig, sie zerlegten sich unter schwierigen Bedingungen genauso schnell wie sie aufgebaut werden konnten. Ende April wurden von einem Tornado zwei bereits aufgerichtete Türme umgeworfen. Nachdem unter Zuhilfenahme des vorhandenen bzw. von der Gesellschaft sofort nachgelieferten Ersatzmaterials die Arbeiten wieder aufgenommen waren, wurden am 12.5. abermals drei vollständig aufgestellte Masten umgeblasen und zerstört. Die Stürme waren überaus heftig, auch das Stationshaus wurde fortgerissen. Nach dem Urteil des Versuchsleiters war es nutzlos, die Arbeiten mit Türmen dieser Konstruktion fortzusetzen, sie würden selbst bei größerer Wandstärke den Gewitterstürmen nicht standhalten. Telefunken entschloß sich daher, zu schweren eisernen Gittermasten von ebenfalls 75 m Höhe überzugehen, die nicht aus Stahlrohren, sondern wie der Nauener Turm aus Winkeleisen bestanden. Es sollten nun drei solcher Türme in Abständen von 225 m auf festen Steinfundamenten aufgestellt werden, so daß bezüglich der Form und Ausdehnung der Antenne nichts geändert werden mußte. Der Zeitverlust war jedoch beträchtlich, also wurde der ursprüngliche Plan geändert: Von Nauen wollte man vorher mit 35 kW und einer Turmhöhe von 100 m 40 Tage lang senden und dasselbe mit einer Turmhöhe von 190 m und 80 kW versuchen. Nun sollte der 35-kW-Versuch übersprungen werden. Nauen sollte bis spätestens zum 15.12.1911 endgültig fertig sein. Danach waren zwei 40tägige Versuchsperioden mit Togo vorgesehen[69].

Trotz der Materialzerstörung wurden derweil die Versuche mithilfe eines Fesselballons, der als Antennenträger diente, fortgeführt. Und sie wurden tatsächlich von Erfolg gekrönt: Am 7.6.1911 drahtete das Bezirksamt Atakpame: "Telefunkenstation Anä meldet: heute nacht fünf Minuten lange Verbindung mit Berlin durch Ballonantenne geglückt." Von Codelli erhielt kurz darauf von Telefunken in Berlin die Nachricht, daß die Station in Togo als endgültige Station ausgebaut werden sollte[70].
Nachdem sich bei den Ballonversuchen in Anae gezeigt hatte, daß keine prinzipiellen Hindernisse für eine drahtlose Verbindung Nauens mit Togo bestanden und Telefunken den Schluß ziehen konnte, daß mit quantitativer Steigerung der Gebe-Energie und der Verwendung einer Empfangsantenne, wie sie schon in Anae geplant, aber wegen der widrigen Wetterverhältnisse nicht zur Ausführung gelangt war, eine sichere Verbindung herstellen ließ, wurde der besseren Transport- und Wasserverhältnisse wegen und weil die Möglichkeit der späteren Ausnutzung von Wasserkräften des Akpossogebirges in Betracht zu ziehen war, der Platz Kamina bei Atakpame zum neuen Stationsplatz gewählt.
Der Stationsplatz von Kamina lag ähnlich wie der in Anae auf einer flachen Erdwelle, welche durch einen in westöstlicher Richtung ziehenden Ausläufer des Atakpame-Gebirgsstockes gebildet wurde. Die Richtung nach Berlin war frei von näher liegenden Bergen. Die Höhe über der Monuebene und Anae betrug 70 bis 80 m. Die Entfernung des Stationshauses vom Endpunkt der Hinterlandbahn Agbonu belief sich auf 3,5 km. Der von Atakpame kommende Ike-Bach, der auch in der Trockenzeit Wasser führte, floß am Südrand des Stationsplatzes vorbei.
Die für den Stationsplatz benötigte Fläche bildete ein Rechteck von 1600 m Länge und 300 m Breite und lag zwischen den Dörfern Kamina und Auju. Das 48 ha messende Terrain wurde zunächst vom Busch, der teilweise sehr dicht stand, vollständig befreit. Der Boden bestand aus leicht lehmigem tiefem Sand, der auf Raseneisenstein aufgelagert war, welcher sich gegen Süden zum Ike-Bach, gegen Norden zum Abotesse senkte, so daß das Regenwasser sofort versickern und abfließen konnte.
Zur Verbindung mit der Eisenbahnstation Agbonu wurde eine Feldbahn, die vom kaiserlichen Gouvernement zu einem täglichen Mietpreis von sechs Mark zur Verfügung gestellt wurde, auf dem Sagada-Weg verlegt, der für diesen Zweck verbreitert wurde. Eine sumpfige Stelle desselben wurde entwässert und aufgedämmt sowie ein Durchstich durch einen steilen Erdrücken gemacht. Der in einer tiefen Rinne fließende Ike-Bach wurde mittels einer 40 m langen Holzbrücke beim Eingang zum Dorf Kamina überbrückt. Die darüber führende Feldbahn erreichte den Stationsplatz am Südrand und wurde bis zum zentral liegenden hölzernen Stationshaus ausgebaut, indem sie bei den Turmfundamenten vorbeiführte, um deren Bau zu erleichtern.

Telefunken gab in Anbetracht der üblen Erfahrungen, welche mit den Stahlrohrmasten in Anae gemacht worden waren, diesmal außergewöhnlich starke Eisenkonstruktionstürme in Auftrag, welche imstande sein sollten, den schwersten Stürmen mit Sicherheit zu widerstehen. Die einzelnen Türme wogen 25 Tonnen; die Fundamente für die durch schwere Eisenstangenketten gebildeten Abspannungen hatten ein Gewicht von etwa 120 Tonnen. Sie waren zwei Meter tief in der Erde fundiert und hatten eine Höhe von 6 m über dem Erdboden. Von diesen Fundamenten waren neun (drei für jeden Turm) vorhanden. Die Fußfundamente maßen 4 qm und waren einen Meter in die Erde eingelassen.
Um diese großen Mauermassen, die in ihrem unteren Teil aus Stampfbeton mit Eiseneinlage, im oberen Teil aus mit Zementmörtel gemauerten Zementziegeln bestanden, herzustellen, wurde eine eigene Zementziegel-Fabrik an der Feldbahn in der Nähe des Ike-Baches, der vorzüglichen scharfen Sand lieferte, errichtet. Die hierzu notwendigen Schuppen und Arbeiterwohnungen wurden in landesüblicher Weise aus Buschhölzern gefertigt und mit Gras eingedeckt. Außer diesen Schuppen wurden Tischlerei, Schmiede, Kohlenbrennerei, Montagemagazin, Zementschuppen und die Hütten für die 101 Arbeiter vom Volk der Kabre in gleicher Weise hergestellt, während die einheimischen, sich nun zahlreicher meldenden Arbeiter in den umliegenden Dörfern untergebracht waren. Die Kabreleute aus dem Norden des Schutzgebietes, die durch Zwangsaushebung (offizielle Schreibweise war "Vermittlung") des Kaiserlichen Bezirksamts Sokodé zum Tagelohn von 50 Pfennigen nebst den Kosten des Her- und Rückmarschs und der Verpflegung von 20 mitgekommenen Frauen dienstverpflichtet wurden, bewährten sich bei den Massenarbeiten zur Zufriedenheit der deutschen Herren,

> *"konnten aber leider nur mangels geeigneter Dolmetscher zu besseren Arbeiten, zu welchen sie übrigens, wenn sie begriffen worum es sich handelt auch recht viel Geschick erwiesen, nur wenig verwendet werden".*

Handwerker und Maurer konnten in genügender Zahl zum Tagelohn von 1,50 bis 2 Mark angeworben werden. Die etwa 100 einheimischen Akpossoleute und andere freiwillige Arbeiter erhielten einen Tagelohn von 60 Pfennigen. Die Verpflegungsbeschaffung für die Arbeiter (zu 25 Pfennigen pro Kopf und Tag) machte keine Schwierigkeiten, da die Gegend dicht bevölkert war und reichlich gute Farmen besaß.
Die Ausführung der Fundamente wurde schnell beendet und es wurde bereits mit dem Bau der Eisentürme begonnen, deren Material Anfang Oktober 1911 mit den Dampfern "Dora Horn" und "Savoya" eingetroffen war.

Zum Leidwesen der Telefunken-Leute versanken drei Bündel Eisenteile in der Meeresbrandung vor Lomé, so daß die Sachen telegraphisch nachbestellt werden mußten und der dritte Turm vorläufig nicht zur vollen Höhe aufgebaut werden konnte. Das hölzerne Stationshaus wurde errichtet und die Montage der elektrischen Apparate beendet. Das aus 53000 m verzinktem Eisendraht bestehende Erdnetz wurde ebenfalls verlegt und verlötet sowie die 299 Telegraphenstangen für das gerichtete elektrische Gegengewicht aufgestellt.
Zwei Luftballons mit je 64 ccm Inhalt, ein Pilotenballon und 60 Stahlflaschen komprimierten Wasserstoffs wurden an Ort und Stelle gebracht, um Leistungsvergleiche mit der Turmantenne anstellen zu können, welche auch für spätere Versuche in Kamerun interessant sein konnten. Der Gesundheitszustand des europäischen Personals sowie auch der afrikanischen Arbeiter war weiterhin zufriedenstellend, was jedenfalls der gesünderen Lage des jetzigen Stationsplatzes gegenüber Anae, wo die Ausfallquote beträchtlich gewesen sein soll, zuzuschreiben war.
Die Fertigstellung der Türme konnte Anfang Dezember erwartet werden[71].

Der 200-m-Turm in Nauen war Anfang Dezember fertig. Togo sollte erst gegen Weihnachten empfangsbereit sein, die Versuche Anfang Januar 1912 aufgenommen werden. Es wurde vom Reichspostamt empfohlen, auch Erdantennen von 3 km Länge, 5 bis 6 m über Grund zu benutzen[72].

Am 30.3.1912 um 12.00 Uhr mittags stürzte der Nauener Turm während eines heftigen Sturms ein. Somit wurde die am 25.3. begonnene erste Versuchsperiode bereits nach fünf Tagen unterbrochen. Dem offiziellen Beginn der Versuche war jedoch schon ein längerer Probebetrieb vorausgegangen, da die Empfangsstation in Togo Ende Dezember fertig war. Während dieses Probebetriebs versuchte man, die günstigsten Zeiten und Wellenlängen unter Berücksichtigung der Absorption herauszufinden und die Sender in Nauen zu testen. Von dort sendete man vom 2.1.1912 ab regelmäßig nachts durchschnittlich zwei bis drei Stunden nach einem mit Togo verabredeten Schema. Als Programmzeiten wurde die Periode zwischen 19.00 und 10.00 Uhr morgens ausprobiert. Die Tagesstunden sowie einige kurze Unterbrechungen des Programms wurden dazu benutzt, um die notwendigen Änderungen der Wellen vorzubereiten. Die bei den Versuchen zur Anwendung gekommenen Wellen waren 3000, 3500 und 5000 m.
Es wurde hierbei festgestellt, daß die relativ günstigste Welle für die Nachtzeit, unter Berücksichtigung der in Togo zur Verfügung stehenden Antenne, die Welle 3000 m war, während für den Verkehr am Tage die Welle von 5000 m als noch nicht lang genug erachtet wurde. Es war da-

her bereits eine Welle von 7000 m in Vorbereitung. Ferner wurden Lautstärkemessungen auf 3000 m angestellt, die im Durchschnitt Lautstärken von 50 bis 100 Ohm (einer damals gebräuchlichen Maßeinheit zu diesem Zweck) ergaben.
Mit einer 500-Perioden-Maschine war es allerdings in Nauen bis dahin nicht gelungen, bei 80 kW Antennenenergie einen reinen Ton zu erzielen. Der Fehler lag nicht beim Generator, der mühelos 60 kW erzielen konnte. Das Hauptproblem waren die als abnorm empfundenen atmosphärischen Störungen in Togo, die eine größere Intensität der Signale verlangten. Es gab aber noch keine technische Vorrichtung, um diese Störungen zu unterdrücken. Telefunken machte daraufhin den Vorschlag, die Antenne in Togo wesentlich zu vergrößern und auch wesentliche Verbesserungen an der Antenne in Nauen vorzunehmen. Dazu war allerdings eine neue Beihilfe nötig[73].
Das Reichspostamt war prinzipiell einverstanden, schon eine Abschlagszahlung auf die vereinbarte Reichsbeihilfe zu zahlen, allerdings sollte Telefunken verpflichtet bleiben, die Bedingungen des Vertrages vom 1.7.1911 zu erfüllen. Das Amt fragte im Gegenzug bei Telefunken an, wann mit der Wiederherstellung von Nauen zu rechnen sei. Wenn Telefunken die Vereinbarungen nicht einhalten könne, habe das Amt Anspruch auf Rückzahlung der Abschlagszahlung. Der Restbetrag sollte erst gezahlt werden, wenn Telefunken allen Verpflichtungen nachgekommen sei. Grundsätzlich sei man bereit, die Reichsbeihilfe zu erhöhen, aber Telefunken solle erst einmal detaillierte Spezifikationen vorlegen[74].

Der Turmumsturz bewirkte Verzögerungen um sechs Monate. Telefunken plante, das Personal aus Kamina solange abzuziehen. Der Gegenvorschlag des Reichspostamts war, in Nauen derweil eine Versuchsantenne (eine große Horizontalantenne) zu errichten. Da auch Kamerun wieder in die Erwägungen für die geplante Großstation einbezogen wurde, sollte Telefunken ruhig mit den Versuchen in Togo weitermachen. Gleichzeitig sollte eine Auskundung von Standorten in Kamerun erfolgen, wo die atmosphärischen Störungen relativ gering waren. Die Militärs machten keinen Hehl daraus, daß sie aus strategischen Gründen Kamerun bevorzugten[75]. Welcher Art die Pläne mit Kamerun (welches durch seine größere Ausdehnung militärisch sicherer war als Togo) waren, geht aus einem Artikel hervor, den ein Oberst von Dewitz, angeregt von einem Vortrag des Afrikaforschers Frobenius am 5.2.1913 vor Mitgliedern des Reichstags und des Bundesrates verfaßt hatte. Die Abhandlung trug den Titel "Die Möglichkeit einer deutsch-innerafrikanischen Luftflottenstation"[76], in dem er über eine Luftkreuzer- bzw. Flugzeugbasis in Kamerun räsonnierte. Der Zweck sollte sein, durch eine in Garoua zu errichtende Station Nordkame-

run für den Verkehr und den Handel die dort vorhandenen reichen wirtschaftlichen Schätze zu heben und nutzbar zu machen, die deutsche Administration frei zu machen von englischen Verkehrs- und Transportmitteln zur Küste und "durch das Erscheinen der Luftkreuzer die deutsche Macht zu zeigen, dadurch Ansehen und Macht Deutschlands in Innerafrika zu heben. In Afrika gilt der Grundsatz 'Macht ist Geld'"[77].
Zu diesem Zweck sollten infrastrukturelle Maßnahmen ergriffen werden wie zum Beispiel der Bau von Versorgungsstraßen[78]. Eine weitere Maßnahme sollte die Anlage einer Funkstation in Garoua sein, welche mit Luftkreuzern und Flugzeugen stets Verbindung zu halten hätte. Die Aufgabe dieser Station wäre dann aber auch gewesen, den telegraphischen Verkehr zur Küste und über Douala und Kamina mit Deutschland zu vermitteln und die Kolonie dadurch unabhängig vom Ausland zu machen.

In Kamerun wurde jedoch kein geeigneter Platz gefunden, die Errichtung einer Versuchsstation konnte frühestens im Oktober 1913 beginnen. Für den Großen Generalstab war dies eine zu große Verzögerung; es wurde die Meinung vertreten, man solle sich nun voll auf Togo konzentrieren[79]. Auch der Bau einer Großstation solle nicht von etwaigen Ergebnissen in Kamerun abhängig gemacht werden. Den Oberen von Telefunken sagte dieses Vorhaben überhaupt nicht zu, denn aufgrund der bisherigen Versuche war noch keine Gewähr für einen sicheren Telegrammverkehr gegeben; wenn also das Reich trotzdem jetzt schon eine Anlage in Togo haben wollte, müßte es einen Teil des Risikos tragen. Dazu meinte Major Thomsen vom Großen Generalstab im Ausschuß, daß für den Fall, daß Telefunken keine Garantie übernehme, das Reich das Risiko übernehmen könne und auf eigene Gefahr unverzüglich mit der Errichtung einer vollständigen Großstation in Togo begonnen werden solle, so wie sie in Nauen geplant war. Vertreter des Kriegsministeriums und des Reichs-Marine-Amts stimmten zu, schließlich schlossen sich auch die zivilen Vertreter an: Die Großstation bei Atakpame sollte so schnell wie möglich gebaut werden, ohne die Versuchsergebnisse abzuwarten; trotzdem sollten Tests in Kamerun durchgeführt werden[80].

Telefunken war daraufhin bereit, bei Kamina eine Großstation gegen die Gewährleistung einer Reichsbeihilfe für 20 Jahre einzurichten. Die Arbeiten sollten so beschleunigt werden, daß Anfang 1914 der Betrieb aufgenommen werden konnte. Gewährleistet wurde eine Telegraphiergeschwindigkeit von 75 Buchstaben in der Minute. Sollte die Verbindung mit den vorhandenen technischen Mitteln nicht zustande kommen, sollte Togo nur als ein Glied der Funkkette in den afrikanischen Schutzgebieten fungieren[81].

Nachdem der Plan für Atakpame beschlossen worden war, projektierte man im Ausschuß die nächste Großstation. Zur Wahl standen Südwestafrika und Deutsch-Ostafrika. Kapitän Heinrich vom Reichs-Marine-Amt plädierte für Tabora in Ostafrika, da das Schiffsmaterial im Indischen Ozean besonders wertvoll sei. Da aber keine Einigkeit und Klarheit über Größe und Einrichtungen der Station zu erzielen sei, solle zunächst Windhuk ins Auge gefaßt werden. Die Vorbereitungsarbeiten für Tabora sollten aber beschleunigt werden[82].
In der 27. Sitzung am 13.12.1912[83] wurde festgestellt, daß Nauen bis Mitte 1913 wiederaufgebaut sein würde, dabei sollte die Turmhöhe nun 270 m betragen. An diesem Hauptturm und fünf weiteren Türmen von 120 m sollte je eine langgestreckte Sende- und Empfangsantenne angebracht werden. Die Sendeantenne hatte dann eine Länge von 900 m, die Empfangsantenne eine solche von 1800 m. Togo sollte für eine Antennenenergie von 100 kW konzipiert werden, zu den schon bestehenden drei eisernen Gittermasten von 75 m Höhe sollten noch sechs Türme von 120 m kommen, die Sendeantenne eine Länge von 900 m bekommen, die Empfangsantenne eine solche von 2850 m.
Die Versuche begannen am 13.1.1913 um 20.00 Uhr und sollten in einer ersten Phase 40 Tage dauern. Die zweite Versuchsperiode sollte am 1.8.1913 beginnen und ebenfalls 40 Tage dauern. Gesendet wurde während der ersten drei Nächte auf Welle 5000 m, während der folgenden drei auf 7000 m, während der weiteren drei Nächte wiederum auf 5000 m, sodann mit 7000 m usw. und zwar mit Codewörtern (zum Beispiel "hedro" = Ton gut, "hegna" = Ton variiert, "hoado" = Togo ist empfangsbereit mit fertiger Antenne usw.)
Diese Versuche zeitigten wesentlich bessere Ergebnisse als diejenigen im Frühjahr des vergangenen Jahres, auch weil der technische Standard ein sehr viel höherer war. Daher wurde eine weitere 40tägige Versuchsperiode anberaumt: Wenn in drei aufeinanderfolgenden fünftägigen Perioden je 1200 Wörter in Kamina fehlerfrei aufgenommen werden konnten, dann sollten diese Resultate als Erfüllung der vom Reichspostamt gestellten Bedingungen anerkannt werden. Da es bereits bei den Vorversuchen Anfang Februar gelungen war, während eines fünftägigen Zeitraums 1410 Wörter in Kamina aufzunehmen und auch die Ergebnisse vom 10.2. ab günstig waren (1. Tag 340 Wörter, 2. Tag 522 Wörter, 3. Tag 95 Wörter), war anzunehmen, daß Telefunken die verlangten Mindestleistungen nachweisen konnte. Die Station Nauen sendete täglich mit tönenden Funken (etwa 80 kW Antennenenergie) von abends 21.00 bis 6.00 Uhr früh allstündlich 20 Minuten lang und zwar auf der 4500-m-Welle, die sich bei den vorjährigen Versuchen als die günstigste herausgestellt hatte. Außerdem wurde sonntags vormittags von 8.00 bis 11.00 Uhr auf den Wellen

6000 m bzw. 9400 m gesendet. Der Wunsch der Heeresverwaltung und der Marine, daß für die endgültige Verbindung möglichst Wellen jenseits der 10000 m verwendet werden sollten, um die Marinestationen nicht zu stören, wurde vom Reichspostamt "im Auge behalten"[84].
Letzteres Problem kam in der 33. Sitzung am 17.4.1914[85] nochmals zur Sprache: Die Versuche waren insgesamt erfolgreich, nur die Streitkräfte fühlten sich behindert, da die Welle 4500 m erheblich gestört wurde. Da aber Versuche auf und unter 10000 m nichts ergeben hatten, sollte eine zeitliche Aufteilung des Spektrums Abhilfe schaffen. Beim Senden von Nauen auf 4500 m konnten nach Angabe der Marine andere Stationen nicht nur nicht auf den benachbarten Wellenlängen arbeiten, auch die Oberschwingungen, etwa bei 1500 m, machten sich äußerst störend bemerkbar. Dabei wurde die Hoffnung auf die Bereitstellung der Hochfrequenzmaschine ausgedrückt, mit der Störungen verhindert werden sollten. Außerdem bedeutete ein Senden auf 10000 m einen ungeheuren Aufwand an Geräten und Antennen.

1 DOZ 10.12.1910 :3.
2 Hübner 1910 :677ff.
3 Thurn 1912 :1399ff.
4 DOZ 10.7.1912 :1.
5 TZ 12/1913 :136ff.
6 Vgl. die ausführliche Darlegung in diesem Kapitel.
7 Solff 1908 :726.
8 Solff 1908 :741f.
9 DKZ 44/1908 :763.
10 Vgl. 6.2.
11 DKZ 15/1910 :243.
12 TF an RKA 5.4.1910 (7187), DKZ 17/1910 :277.
13 DKZ 22/1910 :362.
14 EZ 14/1911.
15 DKB 10/15.5.1911 :394.
16 Gemeint ist Goldschmidts Konstruktion einer Hochfrequenzmaschine, der sogenannten "Goldschmidt-Maschine", in der die für die drahtlose Telegraphie notwendigen hochfrequenten Wechselströme unmittelbar erzeugt wurden.
17 Vgl. 5.4.
18 DKB 10/15.5.1911 :396f.
19 Vgl. dazu auch Schwarzhaupt 1911 und Mosler 1913.
20 Vgl. 5.4.
21 DKB 23/1.12.1911 :897f.
22 MR 7/1912 :942.
23 TZ 12/1913 :134.
24 Schmidt/Werner 1939 :152.

[25] TZ 12/1913 :140.

[26] Die Funkverbindungen mit und in den Kolonien nahmen in der Gesamtdebatte über die Möglichkeiten dieser Technologie einen sehr breiten Raum ein.

[27] Ab 1907 Reichskolonialamt.

[28] Aus dem Fehlen jeglicher Diskussion der Kabelkommunikation in den vorliegenden Reichsakten geht hervor, daß Kabelverbindungen anstelle von Funkverbindungen schon sehr frühzeitig nicht mehr in Betracht gezogen wurden.

[29] Kol.Abt.AA an RPA 14.3.1907 (15358).

[30] Vgl. 7.3.2.

[31] Geheimes Memo Chef des Generalstabes der Armee von Moltke an Königlich-Preußisches Kriegsministerium und andere Ressorts 25.1.1908 (7185).

[32] RKA an v. Moltke 13.2.1908 (7185).

[33] Dernburg an Ressorts 22.3.1908 (7185).

[34] RMA an RPA März 1908 (7184).

[35] Im folgenden nur "Ausschuß" genannt.

[36] RPA an RKA 9.4.1908 (7184).

[37] 7. Ausschußsitzung 10.6.1908 (7184).

[38] Lorenz an RKA 27.10.1908 (7185).

[39] TF an RKA 6.11.1908 (7185).

[40] TF an RKA 28.11.1908 (7185).

[41] Lorenz an RKA 30.11.1908 (7185).

[42] 8. Ausschußsitzung 9.10.1908 (7185).

[43] 9. Ausschußsitzung 11.12.1908 (7185).

[44] (7185).

[45] Ausschußsitzung vom 12.2.1909 (7185).

[46] RPA an TF 11.8.1909 (7186).

[47] TF an RKA 3.9.1909 (7186).

[48] Gouvernement Buea an RKA 7.10.1909 (7186).

[49] TF an RKA 11.12.1909 (7186).

[50] 13. Ausschußsitzung vom 8.4.1910 (7187).

[51] 14. Ausschußsitzung vom 4.5.1910 (7188).

[52] 15. Ausschußsitzung vom 10.6.1910 (7188).

[53] (7188).

[54] Kraetke an Schatzamt, nicht datiert (7188).

[55] Generalstab an Königliches Allgemeines Kriegs-Departement, geheimes Memo vom 21.9.1910 (7189).

[56] 16. Ausschußsitzung vom 14.10.1910 (7189).

[57] 17. Ausschußsitzung vom 9.12.1910 (7189).

[58] 18. Ausschußsitzung vom 7.4.1911 (7190).

[59] Note Schriftführer Ostafrika 4.7.1911 (7190).

[60] Kriegsminister an Staatssekretär RPA 7.7.1911 (7190).

[61] Geheimes Gutachten des Kriegsministers 18.7.1911 (7190).

[62] Schatzamt an RPA, nicht datierte Abschrift (7190).

[63] 20.9.1911 (7190).
[64] 13.9.1911 (7190).
[65] DOZ 8.2.1911 :2.
[66] Gouvernement Togo an RKA 6.4.1911 (7190).
[67] Sebald 1991 :1118.
[68] Bericht Codelli an Gouvernement in Lomé 26.3.1911 (7190).
[69] Bericht Codelli an Gouvernement in Lomé 26.3.1911 (7190).
[70] Gouverneur an RKA 9.7.1911 (4068).
[71] Codelli an Gouverneur Togo, Kamina 17.10.1911 (4068).
[72] 22. Ausschußsitzung 8.12.1911 (7191).
[73] TF an RPA 30.4.1912 (7191).
[74] RPA an TF 21.5.1912 (7191).
[75] 23. Ausschußsitzung 12.4.1912 (7191).
[76] Dewitz 1913 :247.
[77] Dewitz 1913 :248.
[78] Dewitz 1913 :249.
[79] In Kamerun wurde später stattdessen eine Küstenfunkstelle gebaut. Vgl. 7.3.3.
[80] 24. Ausschußsitzung 19.7.1912 (7191).
[81] RMA an RKA 26.8.1912 (7191).
[82] 26. Ausschußsitzung vom 11.10.1912 (7191).
[83] (7192).
[84] 32. Ausschußsitzung vom 14.2.1913 (7192).
[85] (7192).

# 6. DIE ERSTEN FUNKAKTIVITÄTEN IN DEUTSCH-OSTAFRIKA 1909 BIS 1911

## 6.1 Die Telekommunikationsmöglichkeiten im Schutzgebiet

Die Kommunikationsmöglichkeiten innerhalb Deutsch-Ostafrikas waren bis 1910 ähnlich schlecht wie die in Kiautschou oder der Südsee, obwohl hier der Ausbau zumindest der Kabel innerhalb der Kolonie relativ zielstrebig betrieben wurde. Schon am 10.9.1890 war die Verlegung des Kabels Zanzibar - Bagamoyo - Daresalaam durch die "South African Telegraph Company" in deutschem Auftrag beendet worden, am 18.9. begann der Telegraphenverkehr in Bagamoyo, am 22.9. in Daresalaam[1]. Außerdem führten die anfangs nur achtwöchentlich verkehrenden Reichspostdampfer ab März 1891 regelmäßig vierwöchentliche Fahrten durch[2].
Am 8.10.1892 wurde die Telegraphenleitung Bagamoyo - Tanga fertiggestellt. Es war in der Verschiedenheit zwischen Seekabel und Überlandlinie begründet, daß Telegramme zwischen der neuen Nordlinie und Daressalaam oder Zanzibar nicht unmittelbar gewechselt werden konnten, sondern in Bagamoyo umgearbeitet werden mußten. Die Landlinie war, und das blieb richtungsgebend für alle künftigen Anlagen derselben Art, von vornherein für den Telegraphen- und Fernsprechdienst eingerichtet. Damit wurde vor allem den Nichteuropäern in vielen Fällen Gelegenheit gegeben, der schwierigen Abfassung und Niederschrift eines Telegramms zu entgehen und sich durch den Fernsprecher mit dem von der Post herbeigerufenen Gesprächsteilnehmer gegen geringe Gebühr (1 Rupie für 5 Minuten) in der eigenen Sprache zu verständigen.
Allerdings liefen trotz dieser Fortschritte bis 1894 die Hauptverbindungen der Poststellen an der Küste über Küstendampfer[3].
Die Postverbindungen nach innen waren genau wie in Südwestafrika schwierig; zunächst einmal wurden die Verbindungen mit Botenläufern bewerkstelligt. Das Projekt Usambara-Bahn, welches 1891 in seine erste Bauphase trat, hatte nach drei Jahren erst 15 km Eisenbahnlinie fertiggestellt, bedingt durch schwieriges Gelände, Beschaffung von Baumaterialien, die explodierenden Baukosten und damit knapperer Geldmittel[4]. Ebenfalls 1891 war der Bau einer Bahn von Daresalaam nach Morogoro beschlossen worden, doch erst 1905 begann die Holzmann AG mit dem Bau. Erst 1914 wurde das letzte Teilstück zwischen Tabora und Ujiji/Kigoma fertiggestellt. Die Gesamtlänge der Strecke betrug 1260km[5].
1897 wurde die Ausdehnung von Telegraphennetzen besonders dringlich. Die deutsche Verwaltung hatte die Einführung einer Häuser- und Hüttensteuer oder wahlweise Arbeitsdienst für die afrikanischen Untertanen des

Kaisers beschlossen. Diese Maßnahmen fielen mit Mißernten und Dürreperioden zusammen, was zu großer Unzufriedenheit und Aufstandsgelüsten führte; erst im Mai 1900 jedoch wurde das nächste größere Projekt begonnen, der Bau der Mittellandtelegraphenlinie. Zunächst wurde das Teilstück Daresalaam - Tabora fertiggestellt. Im November 1902 gelangte die Leitung bis Kilimatinde und andere kleinere Ansiedlungen. Im April 1904 gelang der Telegraphenanschluß von Tabora, im März 1905 wurde der Endpunkt Mwanza erreicht.
1905 brachen schwere Unruhen im Süden des Schutzgebietes aus, durch die die Leitung Lindi - Kilwa nachhaltig gestört wurde. Diese konnte erst 1906 wiederherstellt werden, was die Verwaltung aber nicht daran hinderte, weitere Telegraphennetze im Hinterland zu errichten.
Ende 1908 gab es im Schutzgebiet acht Ortsfernsprecheinrichtungen. 1909/10 wurde mit der Telegraphenlinie Kilosa - Iringa begonnen[6].
Die Telegraphenlinien waren aber aus verschiedenen Gründen derart störungsanfällig, daß kaum eine Nummer der Deutsch-Ostafrikanischen Zeitung ohne eine Störungsmeldung auskam:
"Kilwa: Die seit Sonnabend früh unterbrochen gewesene Telegraphenlinie Kilwa-Lindi-Mikindani funktioniert seit Sonntag früh wieder"[7], "der Telegraph funktioniert nicht. Seit gestern ist die Telegraphenlinie Kilimatinde-Tabora-Mwanza gestört"[8], "seit heute früh ist die Telegraphenleitung Kilwa-Lindi-Mikindani unterbrochen"[9].

Seit dem Jahre 1908 existierte neben den Telegraphenlinien auch eine von der Schutztruppe für militärische Zwecke errichtete 125 km lange Heliographenlinie von Lindi nach Masasi mit drei Zwischenstationen. Da zwischen den betreffenden Orten eine Drahtverbindung nicht bestand, wurde zwischen dem Gouvernement und dem Postamt Daresalaam die Mitbenutzung der Heliographenlinie für den Privattelegrammverkehr vereinbart. Im August 1909 ging die Verbindung jedoch ein, weil Personal und Apparate an anderen Stellen des Schutzgebietes gebraucht wurden[10].
Anfang 1910 wurde wieder eine Heliographenlinie von der Schutztruppe von Kondoa - Irangi nach Kilimatinde angelegt[11], die im April desselben Jahres fertiggestellt und in Betrieb genommen wurde. Die Benutzung der Linie für Privattelegramme war auch Zivilpersonen kostenlos gestattet, sofern die Linie nicht mit Diensttelegrammen überlastet war[12]. Dazu wurde eine weitere besondere Vereinbarung über den privaten Telegrammverkehr getroffen. Danach waren nur gewöhnliche Telegramme in deutscher Sprache oder in Swahili nach Orten des Schutzgebietes zugelassen; besondere Vermerke (wie "DRP" = dringend, Antwort bezahlt usw.) durften sie nicht enthalten. Eine Gewähr für die richtige und rechtzeitige Beförderung auf den Heliographenlinien wurde weder vom Kommando der

Schutztruppe noch von der Reichstelegraphenverwaltung übernommen. Die Beförderung geschah kostenfrei.
Die Einrichtung bewährte sich im allgemeinen. Den stärksten Verkehr hatten die Linien Kilimatinde - Mkalama und Kilimatinde - Kondoa - Irangi mit zusammen 205 Telegrammen zu verzeichnen; die übrigen Telegramme entfielen auf die Linien Kilosa - Mahenge, Iringa - Neu Langenburg, Mwanza - Ikoma und Mwanza - Shirati. Über Verstümmelungen oder Verluste von Telegrammen wurde nur vereinzelt geklagt. Dagegen waren Verzögerungen in der Regenzeit keine Seltenheit, weil dann wegen Fehlens der Sonne keine Verbindung zwischen den einzelnen Posten erreicht werden konnte[13].
Zusätzlich wurde mit dem 5.3.1911 die seitens der Schutztruppe eingerichtete Heliographenlinie Arusha - Lolgisale - Nebenstelle Umbulu für einen beschränkten Verkehr eröffnet. Privatheliogramme waren kostenlos zugelassen und zu Übungszwecken sogar erwünscht[14]. Überhaupt schien die Einübung des Morsealphabets bei der Schutztruppe an der einen oder anderen Stelle Not zu tun: Die Kenntnis des telegraphischen Verkehrs war vielfach ausschließlich den Händen afrikanischer Telegraphisten anvertraut. Beim militärischen Oberkommando in Daresalaam sann man auf Abhilfe, um die Sicherungskette in der Kolonie nach Möglichkeit eng zu schließen. Man kam auf den Gedanken, beim Kaiserlichen Postamt einen Antrag auf Überlassung einiger entbehrlicher älterer Morse-Apparate zu stellen; nachdem der Antrag genehmigt war, wurden die Geräte in mehreren Offizier-Dienstzimmern montiert, um den Herren die Selbstausbildung im Telegraphendienst zu ermöglichen[15].
Dagegen war die Heliographenlinie Bukoba - Kigali kein großer Erfolg und wurde wieder eingestellt, da die Witterungsverhältnisse in Rwanda (die vielen Nebel und Wolkenbildungen) dauernd ungünstig für den Betrieb von Heliographen waren[16].

1910 gab es in Deutsch-Ostafrika auch im externen Verkehr noch erhebliche Mängel und Lücken. Es gab neben ausländischen Kabeln nur die Möglichkeit, Funkverbindungen mit deutschen Dampfern über die Küstenfunkstelle im britischen Zanzibar zu halten. Nur die Dampfer der "Deutschen Ostafrika-Linie"[17], nämlich "Admiral", "Adolph Woermann", "Feldmarschall", "Gertrud Woermann", "Kronprinz" und "Prinzessin" besaßen Einrichtungen für Funktelegraphie. Aufgenommen wurden die Telegramme aus Zanzibar von den Anstalten an der Küste der Kolonie und in Usambara (bis einschließlich Mkumbora) für 25 Heller, von den übrigen Anstalten des Schutzgebietes betrug die Gebühr (außer Bismarckburg und Ujiji) 37,5 Heller das Wort.

In ihrer Ausgabe 97 vom 7.12.1910 zog die DOZ ein eher trostloses Resümee hinsichtlich drahtloser Verbindungen für Kolonialafrika im allgemeinen und das Schutzgebiet im besonderen: Danach war drahtlose Telegraphie auf folgenden Linien eingerichtet:

- Norddeutscher Lloyd: Ostasiatische und australische Hauptlinien,
- Hamburg-Amerika-Linie: Verkehr Shanghai, Tsingtau, Dalni, Tientsin, Tschifu,
- ferner in Gemeinschaft mit der Hamburg-Südamerika-Linie: Der Dienst nach Mittelamerika und Brasilien und dem La Plata,
- Deutsche Ostafrika-Linie, Hamburg-Amerika-Linie, Woermann-Linie: Die Hauptdampfer in beiden Richtungen,
- Woermann-Linie: Die Schiffe der Kamerun-Hauptlinie,
- Kosmos-Linie: Der Dienst nach der südamerikanischen Westküste.

Im Afrika-Verkehr war die DOAL die erste Gesellschaft, die ihre Dampfer mit Funk ausrüstete, allerdings erst, als man in Südafrika an die Errichtung von Küstenstationen ging.
Welche Stationen auf dem langen Weg um Afrika standen der DOAL nun zur Verfügung? Der Autor kam dabei zu der reichlich unangenehmen Erkenntnis, daß keine einzige deutsche Funkstation in Afrika bestand; die kleine Funkwagenstation, die zu dieser Zeit in Ujakos in Südwestafrika stationiert war, konnte nicht in Betracht kommen, weil ihre Reichweite viel zu gering war.
Das Deutsche Reich besaß deshalb keine Funkstation, so mutmaßte der Autor, weil die Sparsamkeit diesbezüglich zu groß gewesen sei. Wenn aber überhaupt zwei Häfen in Frage kämen, die einer Funkstation dringend bedürften, so seien es Swakopmund und Lüderitzbucht in Südwestafrika, wohin sich ein immer größerer Verkehr entwickelte. Tatsächlich könnten an der südwestafrikanischen Küste sehr dichte Nebel und sonstige unangenehme Witterungsverhältnisse herrschen, die die Annäherung oft ungemein erschwerten. Eine drahtlose Verständigung lasse sich schon einige Tage vor der Ankunft ermöglichen, wodurch die herannahenden Schiffe von den Barrenverhältnissen usw. unterrichtet werden könnten - atmosphärische Störungen seien in den trockenen und gewitterarmen Strichen der unwirtlichen Küste kaum zu befürchten. Ferner sei eine drahtlose Verständigung zwischen beiden Häfen allein schon aus dem Grunde wünschenswert, weil die Überlandverbindung zu manchen Zeiten immer noch nicht gewährleistet sei.
In Südafrika dagegen war einige Monate vor dem Erscheinen des Artikels die weitreichende Station auf dem Bluff bei Durban-Port Natal in Betrieb genommen worden, die mit dem deutschen Dampfer "Feldmarschall" auf eine Entfernung von über 2500 km Funksprüche ausgetauscht hatte. Die

Station war nach dem Marconisystem erbaut worden, das auch auf den englischen Schiffen gebräuchlich war. Die Station hatte nominell nur eine Reichweite von etwa 400 sm (rund 740 km). Der unmittelbare Anlaß für die Errichtung der Station war gewesen, daß im August 1909 der englische 11000-Tonnen-Dampfer "Waratah", der keine Funkeinrichtung besaß, im Indischen Ozean in nicht zu weiter Entfernung vom südafrikanischen Festland spurlos untergegangen war. Das war für die erregte südafrikanische Presse und später die britischen Regierungsbehörden der Anstoß, die Vorteile einer Küstenfunkstation in Erwägung zu ziehen.
Etwas später als in Durban wurde eine größere Funkstation in Slangkop bei Kapstadt erbaut (5 kW, Marconisystem, angebliche Reichweite bei Tage 740 km, bei Nacht 1480 km).

Hatte man das Kap umrundet, stand erst wieder an der ostafrikanischen Küste, auf Zanzibar und Pemba, je eine Station zur Verfügung, und abermals fragte der Autor, weshalb Deutschland in Ostafrika noch keine Station errichtet hatte. Man könne diese Beantwortung derjenigen von Südwestafrika gleichstellen und es sei schade, daß sich nicht die Initiative gefunden habe, einer so großen Kolonie wenigstens eine Funkstation zur Verfügung zu stellen. Zanzibar und Pemba nähmen alles für sich, und doch seien es vornehmlich deutsche Schiffe, die nun den Engländern Gebühren zahlen müßten, denn abgesehen von wenigen italienischen Kriegsschiffen, die sich an der Küste aufhielten, fände man nur an Bord der Dampfer der DOAL Funkausrüstungen.
Auch die Weiterfahrt nach Norden war dem Autor zufolge für die deutschen Dampfer eher unerfreulich: An der italienischen Somaliküste lägen zwar eine ganze Reihe von Stationen, nämlich Merca, Mogadishu und Brava, die aber dem Gesetz Marconis gehorchend nur mit Marconistationen verkehrten und so ziemlich wenig Verkehr bekämen. Und wollte ein deutscher Dampfer mit ihnen in Verbindung treten, müßte er schon eine List anwenden. Als ähnlich unfreundlich müsse Aden eingestuft werden, wogegen Berbera an der britischen Somaliküste gern die Gelegenheit wahrnehme, mit den zahlreichen vorbeikommenden Telefunken-Stationen in Verbindung zu treten. Die von den Italienern geplante große Station Massawa war zu dieser Zeit noch nicht zur Ausführung gekommen. Der Verfasser rechnete auch damit, daß sich für den Betrieb allerhand Schwierigkeiten einstellen würden, denn die atmosphärischen Störungen seien gerade im Roten Meer ungemein heftig, sodaß ein regelmäßiger Verkehr zwischen Eritrea und Italien auf große Schwierigkeiten stoßen würde.
Beide Eingänge zum Suezkanal hätten dagegen ihre Funkstationen, die dem allgemeinen öffentlichen Verkehr geöffnet wären und auch fleißig benutzt würden.

*Abb. 12: Postagentur Bagamoyo, Telegraphendienststelle, 1911 (Geschichte der Deutschen Post in den Kolonien und im Ausland)*

In den Kolonien um das Schutzgebiet herum war man beim Aufbau von Funkstationen wesentlich emsiger und konsequenter: Neben den Engländern in ihren ostafrikanischen Besitzungen waren auch die Franzosen ein gutes Stück weiter. Die Komoren wurden schon Anfang 1910 durch drahtlose Telegraphie mit Madagaskar verbunden. Untereinander standen die Inseln zudem durch optische Telegraphieeinrichtungen in Verbindung[18].
In Deutsch-Ostafrika wurde die Funktechnik ansonsten von der Öffentlichkeit höchstens beiläufig als Kuriosum wahrgenommen und der DOZ war die Funktechnik immer ein paar Zeilen wert:

*"Die morgen früh hier ankommende "Gertrud Woermann" ist mit Apparaten für drahtlose Telegraphie ausgestattet. Hinter Aden stellte das Schiff über Pemba mit Mombasa telegraphische Verbindung her"*[19]*;*

*"Drahtlose DOAL: Auf den Passagierlisten der DOAL findet sich jetzt eine neue hochmoderne Eintragung. Die Liste der "Kronprinz" druckt: Drahtlose Telegraphie: Radiotelegraphist Steinbrecht"*[20]*.*

Galt schon der Aufbau eines geregelten Funknetzes für den Schiffsverkehr und zwischen binnenlands gelegenen Ortschaften als schwierig, so war die Funkverbindung zwischen dem Schutzgebiet und Deutschland zu der Zeit eine technische und wirtschaftliche Utopie, die aber von der DOZ zuweilen gehegt und gepflegt wurde. In ihrer Ausgabe vom 2.7.1910 räsonniert die Zeitung über Deutschlands Möglichkeiten, telegraphische Verbindungen besonders mit Ostafrika einrichten zu können. Das Kabel könne der Weisheit letzter Schluß nicht sein, da dieses im Kriegsfall leicht unterbrochen werden könne. Es sei auch nicht abzusehen, wie eine Kabelverbindung herzustellen sei, da sich sowohl der Herumführung um das Kap der Guten Hoffnung als auch der Verlegung durch den Suezkanal und das Rote Meer Schwierigkeiten entgegenstellten, die zur Zeit unüberwindlich erschienen. Als Hoffnungsträger galt der Zeitung nunmehr die Funktelegraphie. Als Argument wurden die Versuche der Großstation in Nauen angeführt, die schließlich über tausende von Kilometern mit einem Dampfer in Verbindung bleiben konnte.

### 6.2 Die Funkstellen Mwanza und Bukoba

Zunächst einmal zeichnete sich eine kleinere Funkverbindung am Horizont ab. Schon am 27.10.1909, vor einem offiziellen Beschluß der Reichsregierung, traf mit dem Reichspostdampfer "Feldmarschall" Telegraphenbausekretär Krüger in Mombasa ein. Dieser begab sich von dort aus nach Mwanza, Bukoba und Shirati, um dort die Vorarbeiten für die Anlage von Funkverbindungen zwischen diesen drei Orten zu beginnen[21]. Dieses war aber wohl eher eine Nebentätigkeit, denn Hauptaufgabe von Krüger war der Telegraphenbau. 14 Tagen später marschierte Krüger von Daressalaam nach Kilosa ab, um mit den Vorarbeiten für den Telegraphenbau nach Iringa zu beginnen[22].
Schon bald danach erhielt Telefunken den Auftrag, zwei Stationen zur Verbindung von Mwanza und Bukoba in Deutsch-Ostafrika einzurichten. Bukoba war ein Knotenpunkt von Karawanenstraßen und hatte in wirtschaftlicher Beziehung großen Wert wegen seines gewinnreichen Bauholzhandels; der Bezirk Mwanza galt als reich bevölkert und gut ausgebaut und stand in regem Frachtverkehr mit der zum östlichen Ufer des Viktoriasees führenden englischen Ugandabahn. Die beiden Stationen sollten nun eine Art Versuchslinie zur Sammlung praktischer Erfahrungen über den Funkbetrieb im äquatorialen Klima bilden, wozu sie infolge ihrer Lage im Binnenland und am Viktoria-See als besonders geeignet angesehen wurden. Die anderen Stationen waren zu dem Zeitpunkt je nach Bedarf für die nächsten Jahre geplant. Tabora sollte dabei eine größere Sta-

tion erhalten und zwar wegen seiner günstigen Lage zu den beiden nördlichsten innerafrikanischen Seen und wegen seiner Bedeutung als Handelszentrum des ostafrikanischen Innern; zugleich lieferte seine Nachbarschaft Arbeitskräfte für Bauprojekte und Trägerkolonnen.

*Abb. 13: Funkstation mit dem im Bau befindlichen Turm, ca. 1911 (Der Unterbrochene Draht: 136, Abb. 63)*

Die Errichtung der beiden Anlagen verbesserte auch die militärstrategische Lage des gesamten Gebiets. In Mwanza endete die große Binnenland-Telegraphenlinie Daresalaam - Tabora - Mwanza; die Möglichkeit der drahtlosen Weitergabe von Telegrammen von der Küste zum weit entfernten Bukoba war zum einen wegen der politischen und militärischen Sicherung des Nordwestens der Kolonie zweckmäßig, zum anderen sollte sie eine erhebliche Beschleunigung der Nachrichtenübermittlung nach jenen Gebieten ermöglichen, die bisher ihre Post lediglich durch Vermittlung der kleinen deutschen und englischen Seedampfer erhielten.
In einer kommissarischen Besprechung vom 17.2.1910[23] in Berlin wurden die Vorschläge zur Wahl der Bauplätze von Telegraphensekretär Krüger von Militärs und Zivilisten angenommen. Bei der Rekrutierung von qualifizierten Kräften fanden die Administration und Telefunken bald heraus, daß weder in Mwanza noch in Bukoba deutsche Handwerker zu finden waren. Deshalb wurde von vornherein einkalkuliert, daß die Stationsbeamten gute Maschinenkenntnisse mitbringen mußten, um diese gegebenenfalls selbständig reparieren zu können[24].
Die Reichweite der Station Mwanza sollte die der Station Bukoba erheblich übertreffen und 600 km betragen, weil sie den Anschluß an die für das darauffolgende Jahr geplante Hauptstation in Tabora vermitteln sollte. Die Reichweite der Station Bukoba wurde auf etwa 200 km konzipiert, da sie im wesentlichen nur die jederzeitige Verbindung dieses Ortes und seines volkreichen Hinterlandes mit dem am südlichen Ufer des Sees liegenden Mwanza sicherstellen sollte.
Tabora sollte dabei Geräte und Antennen mit einer Reichweite von bis zu 4000 km erhalten. Der Zweck und Wert dieser Station sollte dabei in der Herstellung der Verbindung Deutsch-Ostafrikas mit Kamerun und damit im Anschluß an das deutsche Kabel an der Westküste Afrikas liegen. Die Vollendung dieser Verbindung hätte die Unabhängigkeit der deutschen Regierung und des Handels in Deutsch-Ostafrika von dem englischen Kabeldienst über Zanzibar - Aden oder Zanzibar - Kapstadt nach Europa und die Herabsetzung der seinerzeit noch sehr hohen Kabeltelegrammgebühren ermöglicht[25].

Der Platz der Funkstelle Bukoba lag dicht am See, etwa 3 bis 4 m über dem Seespiegel und 700 m nordöstlich von der befestigten Militärstation entfernt; durch Verlegung des Schießplatzes kam die Station noch näher an die Boma[26] heran. Das Gelände war fast eben, der Boden bestand aus reinem Sand, Hütten und Fruchtbäume waren nicht vorhanden, so daß bei Benutzung dieser Fläche nur Kosten für etwa ausgesäte Feldfrüchte zu erstatten waren. Das Grundwasser war in einer Tiefe von 4 bis 5 m gut zu erreichen. Bis zu einer Entfernung von 50 km war die weitere Umgebung nach Norden, Süden und Westen unbewaldetes, welliges Hügelland, das keine Erhebungen über 200 m aufwies. Die Station lag außerhalb der zwei Befestigungsgürtel, die zum einen von der Boma, zum anderen durch das Askaridorf gebildet wurden. Innerhalb des militärisch gesicherten Geländes gab es für die Station keinen Platz.

Bukoba wurde von 18 Europäern und ungefähr 80 Afrikanern bewohnt. Der Hafen lag ungünstig, bei den zeitweilig sehr heftig auftretenden Stürmen und Gewittern konnten Dampfer oft überhaupt nicht anlegen.

Der Telefunken-Ingenieur Köhler, der die Oberleitung über beide Bauplätze innehatte, traf am 7.8.1910 in Bukoba ein. Bausand fand man auf dem Stationsplatz vor, Steine holte man von einer 2 km entfernten Insel; Material aus Deutschland war allerdings noch keines angekommen, traf aber wenig später ein[27]. Am 18.9.1910 war ein Pardunenfundament fertig, die beiden anderen waren bis zur Erdoberfläche gediehen. Kurz danach wurde mit der Turmmontage und mit den Erdarbeiten begonnen[28].

Am 4.10.1910 war Bauhandwerker Ruckschuss noch mit dem dritten Pardunenfundament beschäftigt, der Turm stand 30 m hoch, doch mußte Monteur Kühne noch mit dem Weiterbau warten, da er den Turm noch nicht verankern konnte[29].

*Abb. 14: Mwanza, Funk-Senderaum (Der Unterbrochene Draht: 138, Abb. 65)*

Die Auswahl des Platzes in Mwanza war weit schwieriger als in Bukoba, weil das Gelände dort weit weniger für den Bau einer Funkstation geeignet war als das von Bukoba. Der schließlich ausgesuchte Platz lag von der Postagentur 500 m Luftlinie entfernt, vom neuen Fort etwa 1 km, befand sich ungefähr 5 m über dem Seespiegel und war vollständig eben. Der Boden bestand aus reinem Sand, Wasser erhielt man schon in 6 m Tiefe. Funktechnisch gesehen war eine günstige Abstrahlung in Richtung Bukoba und Tabora gewährleistet. Die einzige Gefährdung der Station drohte von manchmal heftig auftretenden Gewittern und Wirbelstürmen.
Mitte September 1910 war in Mwanza das erste Pardunenfundament fertig, ein zweites in Arbeit. Die Erdanlage war vollständig eingegraben, das Maschinenhaus fast fertig. Wie in Bukoba wurden die Arbeiten immer wieder durch Krankheiten wie Malaria, Pocken und Ruhr aufgehalten, unter denen Afrikaner wie Europäer gleichermaßen zu leiden hatten. Anfang Oktober 1910 waren die Fundamente für die Petroleummotoren fertig, kurz darauf begann man mit dem Verlegen der elektrischen Leitungen. Mitte Dezember war der Turmbau in Mwanza beendet, die 28 PS starken Motoren, von denen jede Station jeweils zwei besaß, jedoch noch nicht betriebsfähig[30].

Mitte März gab es einen Bericht über eine leichte Verdrehung des Turms von Bukoba, die aber relativ schnell beseitigt werden konnte, indem die Turmabspannungen nochmals angezogen wurden. Erste Sende- und Empfangsversuche zwischen den beiden Stationen wurden durch starke Gewitterstörungen behindert, es konnte aber bald eine vorzügliche Verständigung erreicht werden[31].
Am 20.3.1911 nahmen die Stationen Bukoba und Mwanza den Funktelegrammverkehr auf. Die Gebühr für Telegramme nach Bukoba betrug von allen Telegraphenanstalten des Schutzgebietes, ausgenommen Bismarckburg und Ujiji, 15 Heller für das Wort, mindestens aber 150 Heller[32].
Nachdem die drahtlose Telegraphie zwischen Mwanza und Bukoba in Tätigkeit getreten war, war auch für Uganda die Möglichkeit vorhanden, sich telegraphisch mit Bukoba zu verständigen, jedoch auf einem etwas umständlichen Weg. Um von Entebbe nach dem nur 120 englische Meilen entfernt liegenden Bukoba zu telegraphieren, mußte das Telegramm folgenden Weg nehmen: Entebbe - Mombasa - Zanzibar - Bagamoyo - Mwanza - Bukoba[33].
Der drahtlose telegraphische Verkehr zwischen den beiden Funkstationen Mwanza und Bukoba entwickelte sich allen Berichten zufolge sehr gut.

Dadurch bekam auch der Wunsch nach einer direkten Funkverbindung nach Deutschland neue Nahrung. Es wurde allgemein bedauert, daß in Anbetracht des in Aussicht genommenen Ausbaus der Funktelegraphie vorderhand zwischen den afrikanischen Kolonien und dem Mutterland die Stationen nicht für eine größere Reichweite eingerichtet wurden: Während Mwanza zum Beispiel nur eine Reichweite von 600 km besitze, so habe Bukoba mit seinem 60 m hohen Turm gerade einmal eine solche von 200 km. Der 85 m hohe Turm der Funkstation Mwanza stehe jedoch nur 15 m hinter dem der Großstation Nauen zurück. Nauen sei es im Jahr zuvor gelungen, sich mit einem Dampfer der Hamburg-Amerika-Linie, der sich vor Kamerun befand, auf eine Entfernung von 5200 km in Verbindung zu setzen, was ihr durch eine Maschinenleistung von 50 PS möglich gemacht worden sei. Es sei nun, wie der Direktor der Nauenstation auf dem letzten Seeschiffahrtstag erklärt habe, beabsichtigt, in Kamerun eine Station von der gleichen Größenordnung wie Nauen aufzustellen, um eine direkte Verbindung zwischen Nauen und Kamerun zu schaffen. Von Kamerun aus solle dann eine weitere Verbindung mit den in Südwestafrika (in Planung bzw. im Bau) befindlichen Stationen sowie mit Ostafrika (Mwanza) hergestellt werden. Hierzu müsse jedoch, so die vorteilhafte Schlußfolgerung, die Station Mwanza für eine Reichweite von mindestens 3000 km eingerichtet werden. Der Wunsch blieb unerfüllt[34].

Die Funkstationen, mit denen sämtliche zur Personenbeförderung dienenden Dampfer der DOAL ausgerüstet worden waren, taten das ihrige, um das Vertrauen in die neue Technik zu stärken. Sie funktionierte bis zu den größten Entfernungen tadellos. Der vorläufige Rekord in dieser Beziehung wurde im September 1911 aufgestellt, als sich der Vertreter der Linie in Daresalaam vom "Adolph Woermann" aus, der im Hafen lag, mit dem "General" auf der Höhe von Chinde und später über den "General" hinweg mit dem "Bürgermeister", der sich kurz vor Kapstadt befand, sehr gut verständigen konnte. Die Entfernung bis dahin beträgt etwa 2700 sm oder 4370 km[35].
In Mwanza begann man im April mit Reichweitenversuchen, die über die Verbindung mit Bukoba hinausgingen. Am 8.4.1911 erreichte man mit dem RPD "General" eine gute Verständigung (dabei lag der "General" im Hafen von Daresalaam). Es kam jedoch kein regelmäßiger Kontakt zustande, da wieder einmal starke Gewitter Störungen verursachten[36]. Am 18., 19. und 20. kam eine gute Verbindung mit dem Dampfer "Bürgermeister" zustande, der sich auf der Heimreise von Daresalaam nach Deutschland befand (am 18.4. auf 956 km, am 19.4. auf 1324 km und am 20.4. auf 1965 km)[37].
Immer wieder wurde von den Spezialisten vor Ort auf das Problem hingewiesen, daß starke elektrische Störungen nach Sonnenuntergang bis in die Nacht ein betriebssicheres Arbeiten mit Bordstationen kaum möglich erscheinen ließen[38].

Eine weitere drahtlose Verbindung größeren Stils, diesmal zwischen dem Kongo und Deutsch-Ostafrika, war Ende 1911 in Planung. Es war beabsichtigt, den Kongofluß entlang bis zum Katanga auf einer Strecke von 3000 km eine drahtlose Verbindung herzustellen, die auch mit den französischen Kongobesitzungen und den deutschen Schutzgebieten Verbindung erhalten sollte. Zu diesem Zweck sollten an geeigneten Stellen Telefunkenstationen zur Übernahme der deutschen drahtlosen Telegramme errichtet werden. Fernerhin sollten auch die französischen Telefunkenapparate zur Verwendung gelangen, und zwar an den Stellen, wo die drahtlosen Telegramme von französischer Seite einliefen. Durch die Errichtung der Stationen Ujiji und Tabora (beide nie realisiert)[39] sowie der Station Brazzaville im französischen Kongo sollte durch ganz Afrika eine Kette drahtloser Stationen gehen, die eine schnelle Verbindung und Nachrichtenübermittlung durch den ganzen Erdteil von Daresalaam aus hätten ermöglichen können[40].

Am 12.2.1912 fanden unverbindliche Besprechungen zwischen dem Postmaster General von Britisch-Ostafrika, Gosling, und Vertretern des kaiserlichen Postamts von Daresalaam statt, weil in Mombasa eine Station von 400 km Reichweite errichtet werden sollte. Mwanza und Mombasa sollten dabei vernetzt werden; die Gebühren, die mit der wirtschaftlichen Erschließung der Region immer reichlicher fließen sollten, sollten nach einem bestimmten Schlüssel aufgeteilt werden[41]. Dies kam aber mangels Interesse deutscherseits und wegen des verzögerten Baus der Station Mombasa nicht zustande.

Die Stationen Mwanza und Bukoba funktionierten auch in den Jahren 1912 und 1913 im gegenseitigen Verkehr tadellos. Größer angelegte Reichweitenversuche zwischen Mwanza und weiter entfernt liegenden Funkeinrichtungen stießen jedoch wegen der Störungen auf große Probleme. So zeitigten auch die Versuche mit den kongolesischen Stationen Lowa, Kindu und Kongolo im März 1913 kein praktisch verwertbares Ergebnis. Die Gewitterstörungen waren so heftig, daß die ankommenden Zeichen in dem Geräusch der Störungen zumeist verloren gingen. Am 10. und 11.3. wurde keine der Stationen zur vereinbarten Zeit gehört; erst als darauf hingewiesen wurde, daß vergeblich beobachtet würde, meldeten sich drei Stationen gleichzeitig, doch war wegen zunehmender Helligkeit und heftiger Gewitterstörungen nichts zu verstehen. Am 12.3. wurde Kindu (etwa 750 km) zunächst deutlich vernommen; der Ton der Station war anfangs sehr hoch, so daß die Gewitterstörungen übertönt wurden; nach einiger Zeit wurde der Ton aber tiefer und die Zeichen gingen im Geräusch der Gewitterstörungen verloren[42].

Auch dem Mangel an deutschem Stationspersonal wurde man kaum Herr: Für die Station Mwanza wurden schließlich sogar landwirtschaftliche Gehilfen und ein Sekretär der Bezirksverwaltung herangezogen und ausgebildet. In Bukoba traf es einen Vizefeldwebel der Schutztruppe und einen Regierungslehrer. Außerdem wurde sowohl in Mwanza als auch in Bukoba afrikanisches Maschinenpersonal angelernt und afrikanisches Funkpersonal soweit ausgebildet, daß bei Erkrankung des Beamten der Telegraphendienst durch sie, allerdings unter Aufsicht, wahrgenommen werden konnte[43].

## 6.3 Die geplanten Funkstellen Usumbura und Ujiji

### 6.3.1 Usumbura

Ein Auskundungsbericht des Telegraphensekretärs Krüger vom 17.8.1911 wußte über die Region Usumbura folgendes zu berichten:
Der Ort Usumbura liegt am Nordostende des Tanganyika-Sees, er ist Sitz der Residentur Urundi, hat 2000 Einwohner, davon 40 Europäer (im gesamten Bezirk). Es gibt keine europäischen Kaufleute, nur indische und arabische Geschäftsleute; ein gut florierender Wirtschaftszweig sei der rege Handels- und Schmuggelverkehr mit dem Kongo. "Wie oft im Schutzgebiet bleiben auch hier die tatsächlichen Verhältnisse weit hinter den Erwartungen zurück."
Krüger hatte auch schon einen Stationsplatz bei Usumbura festgelegt. Die Topographie war nicht ohne Schwierigkeiten, der Platz lag aber derart günstig, daß eine Vereinigung der Postagentur mit der Funkstation erfolgen konnte. Das Geschäftsviertel lag in unmittelbarer Nähe, der Landungsplatz und die Boma waren je 600 m entfernt, aber auch die Grundstücke der Europäer befanden sich nicht allzuweit ab. Als günstig wurde auch vermerkt, daß es keinerlei gesundheitliche Bedrohung durch die Schlafkrankheit gab[44].

Am 21.10.1912 glaubte man die Wahl des Platzes endgültig geklärt zu haben. Die Residentur sollte jedoch von Usumbura nach Gitega, der "schönen Ebene", verlegt werden. Was die Errichtung der Funkstation anlangte, so führte das Kaiserliche Postamt gegen den neuen Verwaltungssitz die erheblichen Schwierigkeiten und Mehrkosten, mit denen der Trägertransport der schweren Maschinen- und Turmbestandteile verbunden sein würde, ins Feld und wies darauf hin, daß die Errichtung der Funkstation in Ujiji/Kigoma und Usumbura/Gitega bis zur Vollendung der Bahn Tabora -

Kigoma auch aus dem Grund zurückgestellt werden sollte, um jene hohen Trägerkosten zu vermeiden. Das Postamt glaubte, daß die militärischen Interessen mehr für die Errichtung der Station in Usumbura als an dem künftigen Verwaltungssitz sprachen, da die 9. Feldkompagnie ihren Standort in Usumbura behalten würde[45].

Die Verlegung nach Gitega fand Mitte 1912 statt. Man kam letztendlich doch zu dem Schluß, daß nach dem Wegzug der Residentur Usumbura zu geringe Bedeutung hatte, um die Errichtung einer Funkstation zu rechtfertigen[46]. Das Postamt in Daresalaam aber beharrte in einem Schreiben vom 2.3.1913 auf Usumbura und zwar aus folgenden Gründen: Erstens entwickele sich der Schiffsverkehr auf dem Tanganyika-See immer stärker, zweitens bestände ein unbedingtes militärisches Interesse und drittens sei die Heranschaffung der Materialien günstiger zu bewerkstelligen als nach Gitega[47].

Am 8.5.1913 kam schließlich die Erklärung des Gouvernements von Deutsch-Ostafrika, man sei mit Usumbura einverstanden, Gitega erscheine weniger geeignet. Der Gouverneur bemerkte jedoch bei dieser Gelegenheit, daß die Schutztruppenkompagnie vor Ort im Kriegsfall mit Rücksicht auf ihre Verwendung als Feldkompagnie einen militärischen Schutz der Anlage wohl kaum übernehmen könne[48].

Die Pläne für die Station kamen nie zur Realisierung.

### 6.3.2 Ujiji

Ujiji liegt am östlichen Ufer des Tanganyika-Sees, rund 175 km südlich von Usumbura. Der Ort zählte um die Jahrhundertwende etwa 4000 Einwohner. Im ganzen Bezirk waren 18 Europäer ansässig, davon 6 Privatleute. Es gab zwei deutsche Handelsniederlassungen sowie indische, arabische und afrikanische Händler. Für den Fall, daß die Zentralbahn weitergebaut würde, sollte das Gouvernement nach Kigoma verlegt werden, die Händler sollten für diesen Fall mit umziehen. Daher fand eine funktechnische Auskundung nur bei Kigoma statt. Es wurde schließlich ein Platz auf der Halbinsel Ketelani ausgewählt, von dem man sich in wirtschaftlicher und auch in strategischer Hinsicht einiges versprach, in technischer Beziehung erfüllte er nicht alle Bedingungen, da er etwas zu klein war. Eine nahe Verbindung mit der Postagentur war aber vorhanden. Dem Reichspostamt wurde anheimgestellt, die Station auch auf den umliegenden Höhen errichten zu lassen, falls dieser Ort nicht gewünscht würde. Dies war die höchste Erhebung in der Gegend und versprach eine gute Verbindung mit der zu errichtenden Schwesterstation in Daresalaam. Auch in dieser Gegend stellte sich das Problem der Gewitterstörungen, außerdem wurde eine leichte Erdbebentätigkeit registriert.

Die in Ujiji bzw. Kigoma geplante Funkstation sollte die Größe der in Mwanza bestehenden erhalten, während man für Usumbura eine solche mit der Reichweite von Bukoba als genügend erachtete. Nach den bisherigen Ergebnissen stand zu erwarten, daß Ujiji dann mit einer gleichwertigen Station in Daresalaam in wechselseitigen Verkehr treten konnte. Daraus ergab sich ohne weiteres auch eine unmittelbare Verbindung mit Bukoba, Mwanza, Tabora und mit Stationen im Kongostaat bis auf eine Entfernung von rund 1000 km. Für Usumbura genügte ein Verkehr mit Ujiji, Tabora, Mwanza und Bukoba.

Neben der Wahl des Platzes wurden auch konkrete Überlegungen zu den Antriebsmotoren für die Stationen Ujiji/Kigoma und Usumbura angestellt. Die Diskussion wurde für und wider Kohle geführt, auch Holz, Erdöl und sogar Palmenöl waren als Betriebsstoff im Gespräch.
Schließlich wurde der vorläufige Planungsstop für die Stationen Ujiji/Kigoma und Usumbura verfügt, es wurde als zweckmäßiger angesehen, zu warten, bis die Zentralbahn den Tanganyika-See erreicht hatte. Außerdem seien Handel und Verkehr am See noch nicht so entwickelt, daß die Anlage von Funkstationen dringlich wäre. Vorläufig genügten für Ujiji der durch die englische Telegrapheninie geschaffene Anschluß an das Welttelegraphennetz. Der Schutz gegen Erdbeben sei ebenfalls noch keineswegs gewährleistet[49].
Bis April 1914 fanden weitere sporadische Auskundungen statt, bis das Reichspostamt den Plan für Kigoma schließlich fallenließ und stattdessen von Tabora nach Kigoma eine Doppelleitung am Gestänge des Bahntelegraphen herstellten wollte. Ein Bau der Station Kigoma war unter 300000 Mark nicht zu realisieren und daher zu teuer, eine Leitung sollte nur etwa halb so viel kosten. Wie einem Schreiben des Telegraphensekretärs Krüger vom Postamt Daresalaam vom 16.7.1914 zu entnehmen ist, ging dieser allerdings weiter von einem Bau der Station Kigoma aus[50].

### 6.4 Die erste deutsche "Amateurfunkexpedition"

Eine Episode am Rande blieb die (ebenfalls nur geplante) erste "Amateurfunkexpedition".
Die DKZ meldete in ihrer Ausgabe 24/1910, daß ein aktiver deutscher Offizier, der sich der Unterstützung hoher Staatsbehörden erfreue, beabsichtige, eine Fahrt im "Kraftwagen" von Berlin nach Kapstadt über Ägypten, Deutsch-Ostafrika und Rhodesien auszuführen. Sein Wagen sollte mit einer drahtlosen Telegraphenstation ausgerüstet sein, mit der am Viktoriasee eingehende Versuche angestellt werden sollten. Dieser Offizier

suche nun einen "jungen, gesunden und energischen" Teilnehmer, der in der Lage sein sollte, sich an der Hälfte der 15000 bis 20000 Mark betragenden Kosten zu beteiligen. In der DOZ vom 19.10.1910 stand darüber weiter zu lesen:

*"(...) ist in Deutschland mit den planmäßigen Vorbereitungen zu einer Forschungsreise von Kairo nach Kapstadt begonnen worden. In Deutsch-Ostafrika sollen während 8 Monaten Versuche über die Verkehrsmöglichkeit an den verschiedenen Karawanenstraßen unternommen werden. Zugleich aber wird der Kraftwagen, und das ist vielleicht der bemerkenswerteste Teil des Planes, Versuche mit drahtloser Telegraphie unternehmen. Im nächsten Frühjahr sind die beiden festen Stationen des Reichspostamtes in Bukoba und Mwanza fertiggestellt. Der Kraftwagen führt eine vollständige Einrichtung des Systems Telefunken mit sich und wird mit seinem 25 m hohen Fontanamast Funkversuche bis zu 400 km und darüber machen können. Im Gegensatz zu den bisherigen Afrikafahrten werden sämtliche Teilnehmer als Wagenführer und Techniker ausgebildet, denn eine Fahrt von Herren, die selber mit ihrem Kraftwagen nicht vertraut sind, muß notwendig, wie die Erfahrung gezeigt hat, zu Mißgeschicken führen, welche eine technische Würdigung unmöglich machen".*

Hinter diesem recht mysteriös anmutenden Unternehmen steckte als treibende Kraft ein gewisser Leutnant Detlef Schmude vom Fußartillerieregiment 4 in Magdeburg, der dieses Projekt erdacht und konzipiert hatte.
Die Expedition sollte mehrere Ziele verfolgen: Neben der Durchführung eines Eignungstests für PKW und LKW zur Lastenbeförderung in Ostafrika sollte das Unternehmen die Frage der schnellen und sicheren Nachrichtenübermittlung in der Kolonie klären. Zu diesem Zweck sollte die schon erwähnte Funkstation ("System von Lepel") mitgeführt werden, mit der in Verbindung mit den am Viktoriasee befindlichen Stationen Funkversuche vorgenommen werden sollten. Dabei sollte einerseits geprüft werden, wie ein Koloniallastkraftwagen am zweckmäßigsten mit einer leichten Funkstation auszustatten war und andererseits, welche Einflüsse die klimatischen und geologischen Verhältnisse des zu durchfahrenden Gebiets auf den Funkverkehr ausübten. Schmude hatte erkannt, daß die Durchführung dieser Tests bei der jederzeit vorhandenen Möglichkeit von Aufständen und der relativ geringen Stärke der zu Gebote stehenden militärischen Machtmittel neben ihrer wirtschaftlichen auch eine hervorragende militärische Bedeutung hatten.

Es waren sieben Teilnehmer einschließlich Fahrer vorgesehen, der als Funktelegraphist ausgebildet sein sollte. Die Transportfrage sollte mit zwei leichten LKWs, deren kostenlose Gestellung die Firma Büssing in Braunschweig zugesagt hatte, gelöst werden.
Die Fahrt sollte von Kapstadt aus ins Innere Afrikas führen. Es sollte zunächst im wesentlichen der Cecil-Rhodes-Strecke (Bechuanaland - Matabeleland - Mashonaland) gefolgt werden und die Reise dann von den Viktoriafällen des Zambezi weiter in die Kupfererzgebiete des belgischen Katanga fortgesetzt werden. Von diesen Gebieten aus wollte man einen geeigneten Zugangsweg nach Deutsch-Ostfrika erkunden, was in Anbetracht der außerordentlichen handelspolitischen Vorteile, die von der Auffindung eines solchen Weges für die Kolonie zu erwarten waren, zur besonderen Aufgabe gemacht werden sollte. Nach Eintritt in das Schutzgebiet, etwa bei Ujiji, sollte die Reise weiter nach Tabora gehen, das als Ausgangspunkt für die Erkundungen und Fahrversuche in der deutschen Kolonie ausersehen worden war. Mit der Ausreise sollte natürlich so lange gewartet werden, bis die Stationen Mwanza und Bukoba fertiggestellt waren.

Schmude war emsig bemüht, von allen denjenigen Institutionen und Firmen Gelder einzuwerben, die Vorteile aus dem Unternehmen ziehen konnten. Zunächst wollte er einen Zuschuß von 35000 bis 40000 Mark vom Reichspostamt für die Funkstation im Wagen, der jedoch nicht gewährt wurde. Dabei gab er eine Reihe von Referenzen an, darunter die des Chefs der Verkehrsabteilung des Königlich-Preußischen Kriegsministeriums, seines Regimentskommandeurs und des Vorsitzenden des Kaiserlichen Automobilclubs, Adolf Friedrich zu Mecklenburg.
Telefunken war ebenfalls von der Nützlichkeit dieses Plans überzeugt, man war der Meinung, daß solche Unterlagen für die Reichsregierung im Hinblick auf die zu errichtenden Funkstationen in den Kolonien von großem Nutzen sein könnten[51]. Nicht zuletzt hätte es für Telefunken natürlich ein werbewirksamer Auftritt werden können. Man hätte nur darauf warten müssen, bis die Expedition die Nützlichkeit von Funkverbindungen in der Kolonie nachgewiesen hätte, ohne daß Telefunken selbst etwas hätte riskieren müssen. Trotzdem wollte Telefunken die Stationen nicht kostenlos bereitstellen, daher ersuchte Schmude um Unterstützung des Reichskolonialamts, um die Funkgeräte zumindest billiger zu bekommen[52].
Jeder Teilnehmer sollte von sich aus 3000 Mark zu den allgemeinen Kosten beitragen. Zur weiteren Finanzierung wurden zudem in Köln, Magdeburg, München, Darmstadt und Nürnberg Komitees gebildet, die weitere Gelder sammeln sollten. Die für das Unternehmen gezeichneten Beträge sollten jedoch erst dann eingezahlt werden, wenn die Deutsche Bank in

Berlin bekannt geben konnte, daß insgesamt 100000 Mark für das Unternehmen gezeichnet waren. Außer der Firma Büssing hatte eine Reihe von Firmen kostenlose Materiallieferungen zugesagt.
Das Unternehmen wurde schließlich von höchster Stelle befürwortet. Neben einer Empfehlung der deutschen Verkehrstruppen, namentlich des Freiherrn von Lyncker[53] und einer weiteren Befürwortung durch Adolf Friedrich zu Mecklenburg[54] zog der Plan auch die Aufmerksamkeit des deutschen Kronprinzen auf sich: Für den Morgen des 9.7.1910 wurde Schmude im Potsdamer Schloß zu einer Audienz empfangen; der Kronprinz bekundete dann noch einmal brieflich sein Interesse an dem Versuch[55].

Dem Unternehmen war jedoch kein finanzieller Erfolg beschieden, die Summe kam nicht annähernd zusammen. Es wurde schließlich sang- und klanglos eingestellt. Später gab es Pläne an Universitäten, den Plan wieder aufzunehmen. Schließlich schlief das Projekt aber vollständig ein.

1 Schmidt/Werner 1939 :233.
2 Schmidt/Werner 1939 :235.
3 Puche 1901 :1ff., Schmidt/Werner 1939 :238.
4 Erst im Oktober 1911 wurde der Endpunkt Moshi nach Fertigstellung von 352 km Strecke erreicht.
5 Brüggemann 1989 :23.
6 Schmidt/Werner 1939 :258.
7 DOZ 8.9.1909 :3.
8 DOZ 25.9.1909 :3.
9 DOZ 25.9.1909 :3.
10 EZ 37/12.9.1912 :959.
11 DOZ 16.2.1910.
12 DOZ 9.4.1910.
13 EZ 37/12.9.1912 :959.
14 DOZ 3.5.1911 :3.
15 DOZ 19.3.1910 :3.
16 DOZ 11.5.1910.
17 Im folgenden DOAL.
18 DOZ 5.3.1910.
19 DOZ 9.7.1910.
20 DOZ 30.7.1910.
21 DOZ 27.10.1909.
22 DOZ 8.12.1909 :3.
23 (15351).

[24] Auskundung der FT-Stationen in Bukoba und Mwanza von Telegraphensekretär Krüger vom 2.12.1909 (15351).

[25] EZ 30.3.1911 :318.

[26] Swahiliwort für "Festung".

[27] Bericht Ingenieur Köhler an TF Berlin 15.8.1910 (15351).

[28] Bericht Köhler an TF Berlin 18.9.1910 (15352).

[29] Köhler an TF Berlin 4.10.1910 (15352).

[30] PA Daresalaam an RPA 25.12.1910 (15352).

[31] Bericht Ingenieur Köhler an TF Berlin 13.3.1911 (15352).

[32] DOZ 22.3.1911 :2.

[33] DOZ 19.4.1911 :2.

[34] DOZ 3.5.1911 :3.

[35] DOZ 30.9.1911 :3.

[36] PA Daresalaam an RPA 14.4.1911 (15352).

[37] PA Daresalaam an RPA 5.6.1911 (15352).

[38] Kegenbein, Mwanza an PA Daresalaam 2.8.1911 (15353).

[39] Vgl. 6.3.

[40] DOZ 30.12.1911 :3.

[41] PA Daresalaam an RPA 24.2.1912 (15353).

[42] Postagentur Mwanza, Bericht 10.4.1913 (15354).

[43] PA Daresalaam an RPA 28.5.1913 (15354).

[44] Bericht Krüger 17.8.1911 (15357).

[45] Gouverneur Schnee an RKA 21.10.1912 (15356).

[46] Vorschlagsnachweisung vom 12.2.1913 durch PA Daresalaam (15356).

[47] PA Daresalaam an Gouverneur 2.3.1913 (15356).

[48] Humann für Gouverneur an PA Daresalaam 8.5.1913 (15356).

[49] Auskundungsbericht Krüger an RPA 17.8.1911 (15357).

[50] (15357).

[51] TF an Schmude 24.3.1910 (15351).

[52] Schmude an RKA 24.5.1910 (15351).

[53] 23.3.1911 (15353).

[54] 5.7.1910 (15353).

[55] 9.7.1910 (15353).

# 7. DIE ENTSTEHUNG DES DEUTSCHEN KOLONIAL-FUNKNETZES 1911 BIS 1914

## 7.1 Deutsch-Südwestafrika

### 7.1.1 Einführung

In den letzten sechs Jahren vor dem Ausbruch des Weltkrieges wurden für das Post- und Telegraphenwesen zahlreiche Maßnahmen getroffen, die durch den Bahnbau, durch die Diamantfunde in der Umgebung von Lüderitzbucht Mitte 1908 und nicht zuletzt durch die nach den Aufständen stark einsetzende Farmbesiedlung bedingt waren.
Besonders infolge des Bahnbaus hatten sich die Postverbindungen des Schutzgebietes günstig entwickelt. Wenn auch viele kostspielige Karrenpostverbindungen und Botenposten aufgehoben worden waren, so bestand immer noch eine Anzahl dieser Einrichtungen. Inzwischen waren auch bessere Postverbindungen mit Europa hergestellt worden:
1. Die Dampfer der DOAL legten regelmäßig alle drei Wochen zweimal in Swakopmund und Lüderitzbucht an.
2. Die Woermann-Linie (Lüderitzbucht- und Swakopmundlinie) ließ ihre Dampfer am 1. und 18. eines jeden Monats von Hamburg zum Schutzgebiet abfahren.
3. Der Woermann-Dampfer "Frieda Woermann" verkehrte in dreiwöchigen Zwischenräumen im Anschluß an die Dampfer der Union Castle Line Southampton - Kapstadt zwischen Kapstadt, Port Nolloth, Lüderitzbucht und Swakopmund[1].

Der Ausbau der Telegraphennetze boomte weiter; 1910 wurde eine Verbindung der deutschen und südafrikanischen Telegraphennetze und somit die Überlandverbindung zwischen Schutzgebiet und Kapkolonie hergestellt. Im Jahre 1909 war bereits mit der Übernahme der Militärtelegraphenlinien begonnen worden, die die Schutztruppe infolge ihrer Verminderung nicht mehr in vollem Umfang betreiben konnte.
Zudem wurde der Ausbau der Farmfernsprechstellen weitergeführt. Besonders für die einsam gelegenen Farmen war dies ein wesentlicher wirtschaftlicher Faktor, konnte man sich doch von dort aus immer über die aktuellen Marktpreise für Vieh, Mais, Gemüse, Eier usw. informieren.

Die Geschichte der drahtlosen Telegraphie in Südwestafrika hatte eigentlich schon Anfang 1903, also vor dem Kriegseinsatz der Funktechnik, begonnen. Da nämlich fragte das Reichspostamt bei der Gesellschaft für drahtlose Telegraphie bzw. Telefunken an, ob es möglich sei, auf eine Entfernung von 500 km zwischen Windhuk und Keetmanshoop eine drahtlose Verbindung herzustellen, da sich das Gelände für den Bau einer Telegraphenlinie als relativ schwierig erwiesen hatte. Die Essenz der Expertise Telefunkens war, daß von einem Plan, Windhuk und Keetmanshoop mit nur zwei Zwischenstationen miteinander zu verbinden, abgeraten wurde, und zwar deshalb, weil das gebirgige Gelände eine solche Verbindung nicht zuließe. Telefunken schlug stattdessen eine Linie Windhuk - Rehoboth - Gochas - Keetmanshoop vor, da das Terrain zwischen diesen Orten am günstigsten sei[2]. Es tat sich aber nichts weiter in der Sache.
Anfang 1906 beantragte dann die "Damara- und Namaqua-Handelsgesellschaft" in Swakopmund beim Reich auf Betreiben des hauptsächlich dabei interessierten Gesellschaftsmitglieds, der Firma "Carl Woermann" in Hamburg, die Genehmigung für eine Privatverbindung zwischen Swakopmund und Lüderitzbucht. Funkverkehr sollte zwischen den beiden Siedlungen und zu Schiffen auf See hergestellt werden[3]. Das Schutztruppenkommando Keetmanshoop sprach sich unter Hinweis auf die schon bestehende Telegraphenlinie Swakopmund - Lüderitzbucht gegen Funkanlagen aus[4], der Führer der I. Funkentelegraphenabteilung, Oberleutnant von Kleist, äußerte sich abwartend und wollte erst Versuche mit eigenem Material durchführen. Überhaupt wurde es Telefunken technisch noch nicht zugetraut, eine Entfernung von 500 km unter Tropenbedingungen zu überbrücken[5]. Außerdem wurde speziell von den Militärs der Einwand erhoben, das zwischen den beiden Orten liegende britische Walvisbay könne durch Abhören des Funkverkehrs die beiden Stationen zu einem Sicherheitsrisiko im Krisenfall machen. Dem trat Hauptmann Flaskamp, ein Funkoffizier, der während der Aufstände Führer einer Funkenabteilung gewesen war in einem Telegramm vom 6.6.1906 aus Warmbad entgegen:

> *"Früher gemachte Einwendungen, daß Telegramme in Walfischbay aufgefangen werden können halte ich nicht für stichhaltig, weil Errichtung einer Station in Walfischbay bekannt würde und Telegramme dann chiffriert gegeben werden können"*[6].

Das Ergebnis der Diskussion war jedenfalls, daß die Gesellschaft ihre Funkpläne zurückstellen mußte.
Die Funktechnik spielte auch weiterhin keine nennenswerte Rolle in den Planungen der Kolonialadministration Südwestafrikas. Auch 1908 war in Verwaltungskreisen die Meinung verbreitet, daß die Ausdehnung des Te-

legraphennetzes in Südwestafrika sowie die Billigkeit der Unterhaltung der bestehenden Drahtleitungen die Errichtung eines Funknetzes für die Zwecke der Verwaltung unnötig machten. Ein solches Netz, so hieß es, würde in dem weit besiedelten Land auch die jetzt vorhandene Möglichkeit ausschließen, zahlreiche Zwischenstationen zu schaffen. Man solle also nur dort für Verwaltungszwecke feste Funkanlagen errichten, wo entlegene, aber wichtige Orte in telegraphische Verbindung mit dem Verwaltungszentrum gebracht werden müßten. Dieser Fall läge bei der beabsichtigten Ausdehnung der Verwaltungstätigkeit auf das Amboland (im äußersten Norden des Schutzgebiets) vor. Für einen Residenten in Ondonga sei eine telegraphische Verbindung mit Windhuk ein Erfordernis, eine Drahtverbindung aber zu teuer. Die Entfernung von 150 km zwischen Namutoni und Ondonga könne von fahrbaren Stationen der Schutztruppe überbrückt werden. Außerdem würden Angehörige des Ovambovolks die Kupferkabel der Telegraphenlinien zu Gebrauchs- und Schmuckgegenständen umfunktionieren, also brauche man Funkeinrichtungen. Die Residentur im Caprivizipfel im Nordosten dagegen brauche keine Funkverbindung, da sie den englischen Telegraphen Livingstone - Kapstadt zur Verfügung hätte. Darüber hinaus würde eine Station im Caprivizipfel im Kriegsfall nicht zu schützen sein[7].
Es wurde allerdings auch vereinzelt der Standpunkt vertreten, daß eine Funkverbindung zwischen Swakopmund und Lüderitzbucht insofern von Wert sein könnte, als damit über eine Seeblockade hinweg der Verkehr mit deutschen Schiffen aufrechterhalten werden könnte.
Als Resultat der ablehnenden Haltung offizieller Stellen machte Telefunken den Versuch, eine Gesellschaft zu gründen, die das erforderliche Kapital für den Bau der beiden Stationen aufbringen sollte und gleichzeitig diese in eigener Regie verwalten sollte. Die Gesellschaft kam aus finanziellen Gründen nicht zustande, deshalb suchte Telefunken um die Unterstützung der Reichsregierung nach, ohne tiefgreifenden Erfolg[8].
Die Behörden in Berlin wollten jedoch erst die Versuche der Militärstationen abwarten. Wie durch von Kleist angekündigt, begann die Schutztruppe zunächst mit eigenem Material zu experimentieren. Die erste Maßnahme war, daß die Schutztruppe in Swakopmund eine feste Landstation für Funktelegraphie errichtete. Die Station war zunächst ausschließlich für Versuchs- und Übungszwecke bestimmt und sollte vornehmlich mit den bei Usakos und Karibib aufgestellten fahrbaren Funkstationen der Militärverwaltung verkehren. Da sie jedoch gleichzeitig imstande waren, auch mit den auf See fahrenden Schiffen arbeiten zu können, bildete sich nebenher allmählich auch ein öffentlicher Funkdienst in Swakopmund heraus[9].

Bei den Tests der Militärstationen hatte man einige physikalische Besonderheiten an der Küste zwischen Swakopmund und Lüderitzbucht festgestellt. Zum einen trat öfters dichter Nebel auf (dies war ungünstig für Schiffe, günstig für den Funkverkehr), zum anderen fegten allerdings auch Sandstürme über die Küstenregion, die den Funkverkehr nachteilig beeinflußten. Heftige atmosphärische Störungen durch Gewitter waren eher selten. Die Militärstation Swakopmund stellte zwischen dem 10.12.1910 und dem 23.1.1911 fest, daß von 3.00 Uhr morgens bis 18.00 Uhr abends der Empfang absolut störungsfrei war, Störungen traten ab der Zeit von 18.00 bis 19.00 Uhr auf, die um Mitternacht herum ihren Höhepunkt erreichten. Ab 3.00 Uhr nachts flauten die Störungen dann ab. Das Ergebnis bezog sich allerdings nur auf die relativ kurze Versuchsperiode.
Die Behörden in Berlin waren von der Funktechnik eher überzeugt als die Kolonial- und Militärverwaltung in Südwestafrika. 1911 wurden folgende Ziele festgelegt: Es sollte ein "begrenzter Verkehr" zwischen Swakopmund und Lüderitzbucht eingerichtet werden, dazu ein möglichst weitreichender Verkehr mit Schiffen auf See, auch eine Verbindung mit Durban (auf eine Distanz von 1800 km) sollte tunlichst mit einkalkuliert werden. Auch die Tanganyika-Station (2400 km) und, als Endziel, ein Verkehr mit Kamerun (3000 km) wurden ins Auge gefaßt. Beide Stationen mit gleich starker Technik auszustatten wäre zu teuer gekommen, daher sollte in Swakopmund, da man dort günstigere Vorbedingungen vorfand, eine stärkere Station errichtet werden.

In der ersten Hälfte des Jahres 1911 begannen Versuche, eine Funkverbindung zwischen Swakopmund und Lüderitzbucht herzustellen; diese glückten jedoch zuerst nicht. Man vermutete, daß irgendein Hindernis die elektrischen Wellen abfing. Tatsächlich fand eine von Hollamsbird ins Innere entsandte Expedition, daß in der Verbindungslinie der beiden Orte der Silvia Hill liegt, der fast reine Eisenerze enthält[10].

### 7.1.2 Die Küstenfunkstellen Swakopmund und Lüderitzbucht

Nach den recht erfolgreichen Versuchen der Militärfunkstationen trat man nun in die Diskussion um die richtige Standortwahl für die Stationen in Swakopmund und Lüderitzbucht ein. Für diese Wahl herrschten bei den beteiligten Reichsbehörden in Berlin zuerst zwei entgegengesetzte Meinungen. Die Vertreter der einen Auffassung wünschten den Aufbau der Stationen im Innern des Landes, und zwar so weit von der Küste, daß sie dem plötzlichen Zugriff eines etwaigen Feindes entzogen würden, andererseits aber lange den Funkdienst mit Schiffen auf See aufrechterhalten

könnten. Die Verfechter der anderen Ansicht erklärten, die beiden Stationen, die in erster Linie Handelszwecken dienen sollten, müßten unmittelbar an der Küste errichtet werden, weil so voraussichtlich die größten Reichweiten erzielt würden und die Handelsschiffe frühzeitig mit dem Festland in Verbindung treten könnten. Schließlich setzten sich wirtschaftliche und technische Gesichtspunkte gegenüber den militärischen durch; so wurde der letzte Plan schließlich einstimmig angenommen[11].
Die Diskussion hatte zur Folge, daß die jeweils schon feststehenden Pläne für Grundstückserwerb und Bebauung umgeworfen werden mußten. In Lüderitzbucht wurde anstelle des zuerst in Aussicht genommenen Grundstücks auf der Haifischhalbinsel nunmehr ein anderer Stationsplatz ausgewählt, der östlich vom Roberthafen lag und nach allen Seiten eine freie, unbebaute Fläche und reichlich Raum auch für die Antennenabspannungen bot. In strategischer Hinsicht hatte dieser Platz außerdem den Vorteil, daß das Stationsgebäude in einer leichten Bodensenkung hinter einem Höhenzuge zu liegen kam und vom Meer her nicht zu sehen war; es ließ sich allerdings nicht vermeiden, daß der Turm vom Meer angepeilt werden konnte. Als günstig wurde auch angesehen, daß Strom- und Wasserleitungen dicht an dem Platz vorbeiführten. Das Grundstück wurde schließlich endgültig und kostenlos von der Stadt Lüderitzbucht an die Reichs-Telegraphenverwaltung abgegeben[12].

In Swakopmund erwies sich das vom Gouvernement zugewiesene Grundstück am alten Staatsbahnhof als zu klein, daher wurde ein Grundstück am Südstrand der Stadt avisiert, alle anderen fiskalischen Grundstücke waren besetzt. Die Deutsche Kolonialgesellschaft wollte kostenlos keine ihrer Parzellen abtreten. Die Deutsche Kolonialgesellschaft für Südwestafrika (Zweigniederlassung Swakopmund) hatte zunächst offenbar ohne Zustimmung der Zentrale in Windhuk eigene Grundstücke für den Bau zur Verfügung gestellt. In den darauffolgenden Streit waren außer der Deutschen Kolonialgesellschaft der Gemeinderat, der Bürgermeister und das Postamt Swakopmund verwickelt. Dieser Streit wurde mithilfe mehrerer Briefe ausgetragen, die auch in der "Deutsch-Südwestafrikanischen Zeitung" veröffentlicht wurden:

> *"Im Anschluß an den Bericht über die Sitzung des Swakopmunder Gemeinderates vom 21.12.1911 Nr 103/04 der Deutsch-Südwestafrikanischen Zeitung legen wir Wert darauf, zur weiteren Klarstellung der unter 4a behandelten Angelegenheit folgende beiden an uns gerichteten Schreiben bekannt zu geben:*
> *1. von der Stadtverwaltung vom 23.12.1911: "Auf Ihr Schreiben vom 6. Dezember 1911 teile ich Ihnen im Auftrag des Gemeinderates*

*sehr ergebenst mit, daß er davon Kenntnis genommen hat, daß Sie ohne Genehmigung Ihrer heimischen Zentrale nicht befugt sind, Land unentgeltlich abzutreten. Der Gemeinderat ist der Überzeugung, daß es zu der Differenz mit Ihnen nicht gekommen wäre, wenn er von Anfang an hierüber Bescheid gewußt hätte."*
*gez. Kötz, Bürgermeister.*
*2. von Herrn Kötz vom 23.12.1911: "Nach der mit Herrn Dr. Reunig Anfang Dezember des Js. gehabten Unterredung spreche ich es Ihnen gegenüber gern aus, daß nach meiner Überzeugung die Kolonialgesellschaft in der Angelegenheit mit dem Kaiserlichen Postamt wegen Abtretung von Land für die Zwecke der Funkenstation das nach Lage der Sache nur mögliche Entgegenkommen gezeigt hat, indem sie sich bereit erklärte, den erforderlichen Geländestreifen zu billigstem Preise herzugeben und indem sie für die notwendige Vermessung des Funkenstationgrundstücks ihren Landmesser bereitwilligst zur Verfügung stellte.*
*gez. Bürgermeister Kötz.*
*Auch von dem Kaiserlichen Postamt Swakopmund und Herrn Postinspektor Zeller Windhuk, mit dem Anfang 1911 das Abkommen, betreffend die unentgeltliche Benutzung unseres Grund und Bodens zu Zwecken des Funkenturms geschlossen wurde, ist uns gegenüber schriftlich anerkannt worden, daß wir uns durchaus entgegenkommend verhalten haben. Nur war es uns nicht möglich, plötzlich einen Geländestreifen unentgeltlich herzugeben, weil dazu die Genehmigung unseres Vorstandes und Aufsichtsrats erforderlich war, die natürlich nicht in der Zeit von einigen Tagen beschafft werden kann. Die Postverwaltung hätte in diesem Falle rechtzeitig an uns herantreten müssen.*
*Der im Gemeinderate gegen uns erhobene Vorwurf erweist sich somit, wie jetzt allseitig anerkannt wird, als völlig unbegründet.*
*Deutsche Kolonialgesellschaft für SWA, Zweigniederlassung Swakopmund, Mansfeld/Hagemeister*
*Wir sprechen angesichts des Vorstehenden die Hoffnung aus, daß damit die an sich belanglose, aber immerhin unerquickliche Unstimmigkeit beendigt sein möchte"*[13].

Der Südstrand wurde unter den gegebenen Möglichkeiten als der in wirtschaftlicher und technischer Hinsicht beste Platz angesehen. Er war von einem Beauftragten der Militärverwaltung mit ausgesucht worden und war für feindliche Kriegsschiffe auf See jedenfalls nicht sichtbarer als alle übrigen Grundstücke in Swakopmund.

*Abb. 15: Küstenfunkstation Swakopmund, - 1912 (Geschichte der Deutschen Post in den Kolonien und im Ausland)*

Die Montage der Station Swakopmund wurde Anfang November 1911 begonnen. Von fachkundiger Seite wurde es als recht bedenklich bezeichnet, daß Telefunken anstelle des vorgeschlagenen hölzernen Antennenturms einen eisernen Gittermast zu errichten beabsichtigte. In Swakopmund wurde die Rostzerstörung durch die salzstoffhaltige Seeluft besonders stark wahrgenommen, sie schritt viel schneller voran als zum Beispiel in Lüderitzbucht. Die Instandhaltungskosten wurden auf jährlich 3000 bis

5000 Mark beziffert[14]. Trotzdem wurde der Bau mit den geplanten Materialien durchgeführt. Schon am 1.2.1912, einen Monat vor Ablauf der vertraglich festgesetzten Frist, konnte Telefunken die Montage der Station beenden, der Bau war ohne besondere Vorkommnisse glatt verlaufen. Gleichzeitig wurde die auf dem Wasserturm des alten Bahnhofs in Swakopmund errichtete Militärfunkstation unter Leitung von Oberleutnant Jochmann demontiert. Die Anlage entstand in Karibib neu[15].

Am 4.2.1912 erfolgte die Übernahme und Inbetriebsetzung der Station Swakopmund, während sich die Station Lüderitzbucht noch im Bau befand. Zur Übernahme der Anlage war Postinspektor Zeller mehrere Tage in Swakopmund anwesend. Vorher waren ausgiebige Sende- und Empfangstests auch mit der Station Lüderitzbucht durchgeführt worden, die zu dem Zeitpunkt erst empfangen konnte. Daher mußten sich die Versuche auf eine Prüfung des telegraphischen Empfangs von Swakopmund in Lüderitzbucht beschränken. Es wurden hierfür zu verschiedenen Tageszeiten, um 15.00 Uhr und um 22.00 Uhr längere Telegramme gegeben, wobei die drei verfügbaren Wellenlängen 600, 1650 und 2500 m zur Anwendung kamen und wechselseitig mit einer verschiedenen Anzahl von Funkenstrecken gearbeitet wurde. Es ergab sich bei allen Versuchen ein zufriedenstellender Empfang, wenn auch nachgewiesen wurde, daß die Verständigung zur Abendzeit im allgemeinen störungsfreier als in den Nachmittagsstunden war. Die früher befürchteten Hindernisse eines radiotelegraphischen Verkehrs zwischen Swakopmund und Lüderitzbucht waren überwunden. Ob dies auch in umgekehrter Richtung zutraf, konnte erst geklärt werden, als Lüderitzbucht sendefähig war[16]. Die Funkstation Swakopmund wurde am 4.2.1912 eröffnet. Sie diente dem allgemeinen öffentlichen Verkehr mit Schiffen auf See. Die Dienststunden wurden vorläufig auf 9.00 bis 12.00 Uhr sowie auf 15.00 bis 18.00 Uhr und 21.00 bis 00.00 Uhr festgesetzt. Das Rufzeichen lautete "KSK". Die Küstengebühr betrug 30 Pfennige für das Wort, mindestens aber 3 Mark für das Telegramm.

Der Turm war insgesamt 90 m hoch (nach anderen Quellen 85 m) und wog 22 t. Um die Stromverluste möglichst gering zu halten, war er einfüßig hergestellt, indem er auf einer Spitze balancierte, die außerdem noch durch doppelt unterlegte Glasplatten gegen Erde isoliert war. Im Gleichgewicht wurde der Turm durch drei doppelte Rundeisenanker gehalten, die an ihren Endpunkten durch hohe Fundamentgewichte aus Zementbeton beschwert waren. Von der Spitze des Turms breitete sich die vierdrähtige Antenne aus (eine Schirmantenne mit vier 3-mm-Siliziumbronzedrähten und ein radiales Erdnetz). Den Antriebsstrom der Station lieferte das elek-

trische Werk der Stadt, wobei allerdings noch eine Umformung für die Zwecke des Funkbetriebs stattfinden mußte. Der Gleichstrom des Stadtnetzes speiste einen Gleichstrommotor, der in direkter Kupplung einen Wechselstromdynamo bewegte. Der in dem Dynamo erzeugte Wechselstrom von 220 V wurde in einem Umformer auf eine hohe Spannung gebracht (der Transformator hatte sekundär etwa 1400 V). Zur Herstellung der Funkenentladungen diente eine Batterie aus großen Leydener Flaschen (die vier Leydener Flaschen hatten je 11000 ccm Kapazität und stöpselbare Flachspulen) in Verbindung mit einer Funkenstrecke. Durch das Schließen und Öffnen einer Morsetaste war die Möglichkeit gegeben, die Stoßerregung im Rhythmus der Morsezeichen in kurzen oder langen Entladungen erfolgen zu lassen, die den Buchstaben des Alphabets entsprachen. Um eine Erwärmung der Funkenstrecken und eine Elektrisierung der zwischenliegenden Luftschichten möglichst zu verhüten, wurde die Funkenstrecke durch einen Ventilator dauernd gekühlt. Zum Ergötzen von Besuchern wurde an einem Wellenmesser-Apparat demonstriert, daß tatsächlich eine elektrische Fernwirkung durch den Luftraum hindurch stattfand.
Der Empfänger war für gedämpfte Wellen mit Stöpsel und verschiebbarer Antenne bzw. Detektorspulen eingerichtet. Die Senderanlage war so bemessen, daß 5 kW Schwingungsenergie ausgestrahlt werden konnte, um die vertragsgemäße Reichweite von 600 sm tags (1100 km) und 900 sm nachts (1700 km) erreichen zu können[17]. Feste Senderwellen waren 600, 1650 und 2500 m. Die Normalwelle für den Schiffsverkehr war 600 m. Kurz nach der ersten Inbetriebsetzung wurde mit dem Dampfer "Windhuck" ein gegenseitiger Verkehr bis auf 2100 km und mit dem Dampfer "Admiral" der Ostafrikalinie auf 2500 km erzielt. Letzterer Dampfer konnte außerdem noch Chiffretelegramme auf 3650 km von Swakopmund aufnehmen.

Die Station, welche der Kapstädter Marconi-Station offensichtlich erheblich überlegen war, funktionierte nach den ersten erfolgreichen Tests weiterhin ausgezeichnet. Sie wurde denn auch von Südafrika- und Australdampfern, die zunächst unbewußt mit der Station in Verbindung traten, gleich zu Beginn ihrer Tätigkeit mehrfach in Anspruch genommen; sehr zum Leidwesen der Station Kapstadt geschah das im Laufe der Zeit in steigendem Maße, da den Schiffen zwischen Rufisque bei Cap Vert an der nördlichen Westküste und Kapstadt bis zu diesem Zeitpunkt keinerlei andere Möglichkeit einer Verbindung gegeben war[18]. Mitte März 1912 hatte die Station einen Ausfall zu verzeichnen, der Motor war defekt. Der Schaden wurde jedoch in den darauffolgenden Tagen behoben.

Swakopmund war bis zu diesem Zeitpunkt noch nicht mit einer zweiten Antenne ausgestattet, man arbeitete auf der 600-m-Welle mit der verkürzten Antenne. Die mit dieser Anordnung erzielten Reichweiten konnten als vorzüglich bezeichnet werden. Dies bestätigte die Erfahrungen, die zum Beispiel in Indonesien mit einer Antenne mit Eigenschwingung bei 600 m gemacht wurden. Telefunken entschloß sich daraufhin, vom zunächst beabsichtigten Einbau einer Zusatzantenne in Swakopmund Abstand zu nehmen[19]. Diese günstigen Ergebnisse waren Anfang April 1912 im Verkehr mit Reichspostdampfern erzielt worden, mit denen man Reichweitenversuche vereinbart hatte. Es wurde eine gegenseitige Verständigung zwischen Station und Dampfer bei Tag bis zu 2600 km, bei Nacht bis zu 3100 km erzielt. Einseitige Verständigung war auf der 600-m-Welle nachts mit dem Dampfer "Prinzregent" auf eine Entfernung von 3800 km möglich. Sehr bemerkenswert ist die Eintragung im Tagebuch von Swakopmund am 1.8.1913 kurz nach 00.00 Uhr. Es wurde folgendes Funkgespräch geführt: "Here German cruiser Bremen bound to Saint Helena, what station are you?" Der Funker in Swakopmund meldete sich und bat um Angabe des Standortes des Schiffs. Der Kreuzer antwortete: "2000 Seemeilen. Ihre Zeichen sind sehr gut." Es handelte sich hier um eine gegenseitige Verständigung auf ungefähr 3700 km. Am 8.8.1913 rief die "Bremen" abends Douala, ohne die Station zu erreichen. Es befand sich auf Position 3 Süd und 6 Ost. Am 9.8. wurde die "Bremen" in Swakopmund nicht mehr gehört. Während der Fahrt von Rio de Janeiro nach Douala stand Swakopmund somit volle acht Tage in Funkverbindung mit der "Bremen"[20].

Die zweite Reichsfunkstation Südwestafrikas in Lüderitzbucht wurde am 3.6.1912 in Betrieb genommen. Die Wortgebühr für über die Station geleitete Funktelegramme aus dem Schutzgebiet nach Schiffen auf See betrug genau wie für über Swakopmund geleitete Funktelegramme 75 Pfennige, die Mindestgebühr betrug 7.50 Mark[21].
Die Anlage erhielt 30000 V Drehstrom aus dem E-Werk des Ortes, die im Trafohäuschen auf dem Funkgelände in 500 V Drehstrom umgeformt wurden. Der Drehstrommotor 500 V war mit einer 500-Perioden-Wechselstrommaschine gekoppelt. Auf der gleichen Achse befand sich noch ein Gleichstromdynamo mit 110 V zur Versorgung der Hilfsstromkreise. Statt des Erdnetzes, wie es bei der Station Swakopmund eingerichtet worden war, wurde hier ein isoliertes oberirdisches Gegengewicht benutzt. Sonst war die Station baugleich mit der in Swakopmund.
Bei der Station traten am 30.5. während des Probebetriebs und am 17.6. kleinere Störungen auf. Am 30.5. wurde der Fehler durch eine Berührung zwischen der großen und kleinen Antenne infolge stärkeren Lei-

tungs-Durchhangs bei plötzlich einsetzender Ostwindhitze verursacht und machte sich durch falsche Funkenübergänge bemerkbar, die zwischen der Serienfunkenstrecke, der Erregerselbstinduktion und dem eisernen Trägergestell beobachtet wurden. Die zweite Störung am 17.6. bestand in einem Drahtbruch der großen Antenne.
Die Station Lüderitzbucht konnte im ersten Betriebsmonat die Nachmittags-Dienststunde von 15.00 bis 16.00 Uhr noch nicht einhalten, weil das dortige E-Werk zu einer Stromlieferung während dieser Zeit noch nicht eingerichtet war. Ab Mitte Juli erfolgte die Stromlieferung bei Tag und bei Nacht ununterbrochen[22].

War der Bau der Stationen noch ohne Probleme verlaufen, begannen 1913 und 1914 besonders in Swakopmund die Schwierigkeiten: Bei dem Betrieb von Swakopmund und auch Lüderitzbucht machte sich der Mangel eines sachkundigen Mechanikers empfindlich bemerkbar. Außer einem Kurzschluß in der Flaschenbatterie und einem Durchschlagen der Sprühschutzisolatoren hatte die Swakopmunder Station bereits zu Beginn einen erheblichen Maschinendefekt zu beklagen. Hier sollte das Swakopmunder E-Werk helfend einspringen, aber auch dort hatte man keine Ahnung von Funktelegraphie und ihrer Maschinenperipherie. Ein Ingenieur Baade von der Firma "Woermann, Brock & Co." wurde schließlich dazu ausersehen, die Geheimnisse der Wartung zu erlernen und später nach Südwestafrika zu reisen[23]. Resultat dieser und anderer Schäden war ein erhöhter Ersatzteilaufwand. Die Ersatzteile jedoch, die von Telefunken beschafft werden sollten, waren entweder die falschen oder sie wurden gar nicht geliefert oder waren durch falsche Lagerung schon von Rost zerfressen. Dann wurde Anfang 1914 eine leichte Verdrehung des Sendeturms registriert, daraufhin mußten Halteseile und Pardunen ausgewechselt werden. Darüber hinaus ließ der Stationsleiter von Swakopmund die Station mit viel zu großer Energie laufen, um möglichst große Reichweiten zu erzielen. Auf die Gefahren, den Sendebetrieb immer mit maximalem Energieaufwand zu betreiben, wurde er schon im Juli 1913 von Telefunkeningenieur Eickhoff hingewiesen. Eickhoff betonte ausdrücklich, daß Telefunken keine Garantie für etwaige Schäden übernehmen würde, da sich die Garantie nur auf einen Betrieb mit normaler Leistung bezöge[24]. Diese und andere angebliche Betriebsfehler führten zu einer Verstimmung zwischen Telefunken und der Postverwaltung. Der Krach war vorprogrammiert und entzündete sich am Sendebetrieb für die 600-m-Welle. Diskussionsteilnehmer vor Ort waren für Telefunken Ingenieur Eickhoff und der Stationsleiter Schönwandt. Man wollte die 600-m-Welle mit 12 bis 14 Funkenstrekken statt der eigentlichen 16 betreiben, so Schönwandt, was dann ein eher moderater Umgang mit dem Material gewesen war. Trotzdem explodierte der Anker des Antriebsaggregats. Im folgenden wurden lange mündliche und briefliche Diskussionen darüber geführt, wer verantwortlich sei und wer den Schaden zu bezahlen habe. Die Schuldfrage wurde bis zum Beginn des Weltkrieges diskutiert, Schäden traten weiterhin auf, ohne daß bis Räumung des Schutzgebietes eine befriedigende Lösung für Swakopmund gefunden werden konnte[25]. Noch Anfang Februar 1914 ging zum wiederholten Male der Motor von Swakopmund in die Brüche. Die Betriebsstörung hielt einige Zeit an, da ein Ersatzstück für den defekten Motorteil in Swakopmund nicht zu beschaffen war. Bis zur Beseitigung der Störung wurden Funktelegramme von oder nach Swakopmund über Lüderitzbucht auf dem Landweg befördert[26]. Am 19.2. war die Station wieder in Betrieb[27].

Mängel machten sich auch an den Funkeinrichtungen bemerkbar. Besonders schmerzhaft war, daß die 600-m-Normalwelle bei beiden Stationen nicht genau erreicht wurde und mit den verfügbaren Hilfsmitteln auch nicht weiter verkürzt werden konnte. Ihre Länge wurde in Swakopmund auf 660 m und in Lüderitzbucht auf 625 m gemessen, in der Lüderitzbuchter Zusatzantenne betrug die Wellenlänge 640 m. Es trat die eigenartige Erscheinung hinzu, daß mit dieser kurzen Welle eine gegenseitige Verständigung der beiden Küstenstationen bei Tage unmöglich war; erst bei Einbruch der Dämmerung zwischen 16.00 und 17.00 Uhr wurde ein sicherer Verkehr erreicht. Dagegen waren die Wellen 1650 und 2500 m jederzeit verfügbar. Man vermutete, daß auf 600 m eine stärkere Absorption durch das Tageslicht einen geregelten Betrieb verhinderte[28].

Die Experten von Telefunken bestätigten schließlich die Absorption auf 600 m. Weiterhin führten sie aus, daß am Tage der Verkehr der Küstenstationen untereinander mit der großen Welle, mit den Schiffen dagegen mit der kleinen Welle erfolgen müsse, so daß, wenn der Empfänger für den Schiffsverkehr abgestimmt war, die längere Welle der Gegenstation nicht wahrgenommen werden konnte. Diesem Fehler, so der Vorschlag Telefunkens, könnte eventuell durch Einschalten eines Doppelempfangsschalters abgeholfen werden. Die Anbringung dieser Apparate würde sich empfehlen, da die Stationen Lüderitzbucht und Swakopmund bereits mit zwei Empfängern ausgerüstet seien. Einem geübten Beamten sollte es möglich sein, bei Aufnahme eines Telegramms mittels "eines zusammengesetzten Telefones" gleichzeitig herauszuhören, ob die Gegenstation anrufe, da der zweite Empfänger auf deren Welle abgestimmt sei. Sollte dem Beamten durch den doppelten Anruf irgendwelche Schwierigkeiten entstehen, so ließe sich für die Bedienung des zweiten Empfängers ein Afrikaner verwenden, der zu diesem Zweck angelernt werden müßte; eventuell könnten auch spezielle Anrufzeichen festgelegt werden. Ein solcher Schalter sollte die nicht unerhebliche Summe von 1200 Mark pro Stück kosten[29].

Dies erschien der Verwaltung kaum praktikabel, es wurden daher weitere Experimente durchgeführt. Man baute bei Lüderitzbucht und Swakopmund sogenannte geknickte waagerechte Zusatzantennen ein[30]. Über die Wirkungsweise der großen Antenne und der eingebauten Zusatzantenne wurden bei Lüderitzbucht vergleichende Versuche angestellt (mit der großen Antenne 625 m, 640 m mit der Zusatzantenne). Telegraphierversuche fanden vormittags, nachmittags und abends statt. Es wurden durchweg günstigere Ergebnisse mit der großen Antenne erzielt, sowohl was das Senden als auch das Empfangen von Swakopmund anging. Die mit den Zusatzantennen angestellten Versuche ergaben sogar, daß die Sende- und Empfangswirkung der großen Schirmantennen die der waagerechten Zusatzantennen teilweise erheblich übertraf[31]. Somit konnten die Versuche als fehlgeschlagen gelten. Dies erschien um so befremdlicher, als zum Beispiel bei Norddeich an der Nordseeküste die Versuche sehr günstig ausgefallen waren, obwohl dort der Unterboden für Funkexperimente als ungünstig angesehen wurde. Der Grund, so wurde vermutet, war, daß der höchste Punkt der Zusatzantenne in der Luft 30 m niedriger lag als der der großen Antenne. Allerdings waren die atmosphärischen Störungen bei der Zusatzantenne geringer.
Besonders für die Station Swakopmund wäre ein positives Ergebnis von großer Bedeutung gewesen, da, wie schon erwähnt, der Eisenturm nur sehr schwer zu pflegen war. Für die kleinere Antenne hätte anstelle des eisernen Turms dann ein hölzerner von erheblich geringerer Höhe genügt.
Stattdessen mußte das Postamt in Windhuk mit Telefunken eine Übereinstimmung unterzeichnen, in der festgelegt wurde, daß die Eisenteile des Turms viermal im Jahr einen neuen Anstrich erhielten[32]. Noch am 9.11.1912 hatte das Postamt Windhuk einen dringenden Bericht über korrodierte Metallteile an der Station Swakopmund nach Berlin geschickt[33].
Trotz aller Pannen wurden die Leistungen der beiden Stationen im Laufe der Zeit offensichtlich immer besser; sie wurden auch von den an der West-, Süd- und Ostküste Afrikas vorbeifahrenden ausländischen Schiffen mit Bordfunkstationen voll gewürdigt. Die fremden Schiffe wurden von den beiden Küstenstationen bereits erreicht, wenn sie sich östlich noch weit im Indischen Ozean oder westlich im Atlantischen Ozean auf der Höhe von Dakar befanden (5500 km). Das erregte offenbar Neid und Eifersucht bei den britischen Nachbarn. Ihre Marconistationen waren längst nicht so leistungsfähig wie die deutschen und konnten sich auf große Entfernungen nicht durchsetzen. Der Postminister der südafrikanischen Union hielt es für angebracht, mehrmals beim Reichspostamt in Berlin über angebliche deutsche Machenschaften und über Störungen des britischen Funkverkehrs durch Lüderitzbucht und Swakopmund Klage zu führen. Besonders die Station Durban beschwerte sich darüber, daß eine Station

KSK mit tönenden Funken mit großer Energie dauernd störe[34]. Die Beschwerden waren nach Auffassung des Reichspostamts unbegründet. Das Reichspostamt brachte sie der Postverwaltung in Windhuk nur zur Kenntnis, ohne ihnen eine weitere Folge zu geben[35].

Am 14.6.1912 fand eine Besichtigung der Station Swakopmund durch Postinspektor Zeller statt. Ein Besteigen des Turms, durch eine Reihe von Sportsleuten beantragt, konnte von nun ab durch die Postverwaltung in Windhuk zugelassen werden, die ihrerseits wieder an eine Genehmigung durch das Gouvernement gebunden war. Da das Besteigen nicht ganz ungefährlich war, mußte jeder Private, der die Erlaubnis erhielt, vorher einen Revers unterschreiben, daß er auf eventuelle Schadensersatzansprüche an den Fiskus verzichtete. Im übrigen waren die weniger Sportbegeisterten der Meinung, daß eine Besteigung des Turms keineswegs zu den Annehmlichkeiten zähle, da es eine ziemliche Anstrengung bedeute, 90 m senkrecht emporzuklettern und die Schwankungen an der Spitze etwa 75 cm betrugen; Schwindelempfindungen und Erscheinungen von Seekrankheit waren jedenfalls bei derlei Exkursionen die Regel[36].

Ende Juni 1912 konnten sich auf mehrfach geäußerten Wunsch und mit Genehmigung der zuständigen Behörden während einer Besichtigung Vertreter der Behörden, die Mitglieder des Landesrates, die in Swakopmund anwesenden Offiziere sowie mehrere Bürger ein Bild von der Leistungsfähigkeit der Station Swakopmund machen. Postinspektor Zeller erläuterte die Stationseinrichtung anhand eines Vortrags. Mehrere Empfangs- und Sendeversuche mit der Station Lüderitzbucht ergaben beiderseits eine gute Verständigung. Auch die mit Marconiapparaten ausgerüstete Station Kapstadt sowie ein gleichfalls mit einer Marconistation ausgerüstetes englisches Handelsschiff wurden hörbar und lieferten den Besuchern ein anschauliches Bild über die verschiedenen Wirkungsweisen des deutschen und des Marconisystems[37].

Vom 13.8.1912 ab fiel die Forderung einer Mindestküstengebühr für Funktelegramme aus und nach Südwestafrika weg. Während bisher für jedes Funktelegramm mit bis zu 10 Taxwörtern Umfang von und nach einem deutschen Schiff eine feste Gebühr von 7.50 Mark erhoben wurde, kam nun ein vereinfachter Tarif zur Anwendung, der sich aus folgenden Teilen zusammensetzte: a) aus der Landgebühr, für jedes Wort 10 Pfennige, mindestens 1 Mark, b) aus der Bordgebühr für jedes Wort 35 Pfennige, mindestens 3.50 Mark, c) aus der Küstengebühr für jedes Wort 30 Pfennige, ohne Mindestsatz. Hierdurch wurde es möglich, auch kürzere Funktelegramme mit weniger als 10 Taxwörtern zu einem ermäßigten Satz abzu-

senden. So kostete zum Beispiel ein Funktelegramm mit 10 Taxwörtern zu einem deutschen Schiff statt 7.50 Mark nur noch 5.70 Mark. Man erhoffte sich durch diese für das Publikum interessante Neuerung eine weitere Zunahme des Funkverkehrs[38]. Nicht nur das: In der Reichweite von Lüderitzbucht und Swakopmund befanden sich die zwei englischen Küstenstationen Kapstadt und Durban, diese erhoben keine Mindestküstengebühr, daher waren die deutschen Stationen durchweg teurer. Es kam hinzu, daß Kapstadt und Durban durch eine leistungsfähige Landtelegraphenlinie mit Deutsch-Südwestafrika verbunden waren, was den Verkehr für die Kunden zusätzlich verbilligte. Es war also ein wirtschaftlicher Einbruch für die deutschen Stationen zu befürchten. Außerdem wollte man auch englische Schiffe bedienen, von denen damals wesentlich mehr die Meere befuhren als deutsche[39].
Bis August 1912 wurden durch beide Stationen 853 Funktelegramme mit zusammen 8887 Wörtern befördert. Die Summe der aufgekommenen Küstengebühren belief sich auf 2158,20 Mark, denen Betriebsausgaben in Höhe von 8406,83 Mark gegenüberstanden. Nach den Ergebnissen der "Betriebskosten-Nachweisungen" erforderte jede Station vorläufig einen monatlichen Zuschuß von rund 1000 Mark. Noch im November 1912 betrugen die Zuschüsse für Lüderitzbucht 880 Mark monatlich und für Swakopmund 800 Mark monatlich[40]. Die Stationen sollten auch in Zukunft Zuschußbetriebe bleiben.

Die offenbar über das Kabel monopolisierte Nachrichtenflut des "Wolffschen Telegraphenbüros" von außerhalb des Schutzgebiets war jedoch vorerst nicht zu umgehen, da keine interkontinentale Funkstation vorhanden war. Im August 1912 kam es zu einem Skandal, in dessen Verlauf die südwestafrikanische Administration und die Medien dem Wolffschen Telegraphenbüro vorwarfen, dem Landesrat von Südwestafrika während seiner jährlichen Tagung 1912 infolge amtlicher Beeinflussung wichtige Reichstagsresolutionen vorenthalten zu haben. Es ging im wesentlichen um die Resolution des Reichstags, daß der Landesfiskus von Südwestafrika für das Jahr 1913 zu den Kosten der Schutztruppe mit herangezogen werden sollte. Die detaillierten Beschlüsse des Reichstags bezüglich einer geplanten Verminderung der Schutztruppe wurden nicht telegraphiert, sondern nur etwas über die "Mitverwendung der Schutztruppe zu wirtschaftlichen Zwecken - Annahme der Resolution durch den Reichstag". Die Pläne wurden deshalb als besonders unverschämt empfunden, da 9000 südwestafrikanische Steuerzahler eine Last von 17688000 Mark Steuern zu tragen hatten und nun obendrein noch zu den Kosten von 13325000 Mark für die Schutztruppe herangezogen werden sollten. Für die DSWAZ war dies eine Bedrohung der militärischen Sicherheit.

Weiter hieß es:

> *"Die Behauptung des Wolffschen Büros, die knappe Berichterstattung sei durch Sparsamkeitsrücksichten bedingt, ist eine Kühnheit sondergleichen. Denn just um die kritische Zeit der Resolutionen wurde ein ellenlanger Bericht über den Untergang der Titanic nach Südwest gekabelt."*

Daher kamen im Schutzgebiet Zweifel an der Unabhängigkeit des Büros auf[41].

Inzwischen wurde an der Westküste Afrikas eine weitere Küstenfunkstation eröffnet. Die der "Deutsch-Südamerikanischen Telegraphengesellschaft" gehörende Anlage in Monrovia (Liberia) wurde am 10.7.1912 eröffnet. Die Dienststunden waren auf 7.00 bis 9.00 Uhr und 21.00 bis 23.00 Uhr GMT nachmittags festgesetzt. Das Rufzeichen war "FMO". Die Station sendete auf der festen Welle von 600 m. Die Küstengebühr betrug sechs Dollarcents ohne Mindestgebühr[42].

### 7.1.3 Die Großfunkstelle Windhuk

Im Dezember 1912 begannen die konkreten Planungen für die Station Windhuk, die besonders als Verbindungsstation zu Kamina und auch Nauen angesehen wurde.
Der Stationsplatz wurde im Verein mit dem Schutztruppenkommandeur, dem Bürgermeister von Windhuk und einem Vertreter der Gouvernementsverwaltung ausgesucht, um die Zustimmung sämtlicher beteiligten Behörden zu erreichen; der Stationsplatz, auf den die Wahl schließlich fiel (und dessen Lage später leicht korrigiert wurde), wurde auch von Telefunken-Ingenieur Eickhoff als am geeignetsten in der näheren Umgebung von Windhuk bezeichnet. Dies bezog sich auf die Lage: Der Platz befand sich 30 bis 40 m höher als die Stadt Windhuk. Die Staatsbahn lag im Tal ungefähr 1,6 km von dem zukünftigen Stationsgebäude entfernt. Der Stationsplatz war wie die Windhuker Gegend überhaupt sehr stark wellig und teils zerklüftet. Der Boden bestand aus von Quarzschichten durchsetzten, schräg gelagerten Glimmerschieferschichten, welche an verschiedenen Stellen bis zu 1 m Höhe zutage traten. Die Spalten waren von Quarz-, Sandstein- und Granitfindlingen, vermischt mit Sand und Kies, ausgefüllt. Das Gelände selbst war also als ziemlich schwierig zu betrachten und die Bodenformation für die baulichen Maßnahmen nicht gerade günstig. So mußten zum Beispiel die Erddrähte mit der Picke eingelassen werden. Der

Boden war staubtrocken, das Grundwasser lag in 20 bis 30 m Tiefe. Ursprünglich war die Anschließung des Funkplatzes an das städtische Wasserleitungsnetz geplant. Die Gemeinde war jedoch nicht in der Lage, eine dauernde Wasserentnahme in dem seitens der Funkstation benötigten Umfang zu garantieren. Daher wurde zunächst (im September 1913) ein erstes Bohrloch niedergetrieben. Dieses war bald auf über 60 m Teufe niedergebracht und sollte im Verein mit einem weiteren, von der Gouvernements-Verwaltung zur Verfügung gestellten und nicht ganz so tiefen Bohrloch mittels zweier Pumpen zur Wasserversorgung der Station dienen. Beide Bohrungen hatten eher geringen Erfolg. Da die Bohrlöcher nicht in der Lage waren, den Wasserbedarf der Station schon während ihrer Errichtung völlig zu decken, war es nötig, das fehlende Wasser auf Tendern über das Anschlußgleis zur Funkstation zu schaffen. Bis Ende 1913 waren noch keine endgültigen Maßnahmen zur Lösung dieses Problems beschlossen worden.
Die Abholzung des Terrains, das teilweise sehr dicht mit 3 bis 6 m hohen Dornbüschen bewachsen war, wurde bis September 1913 vollendet[43].

Die ursprünglichen vom Regierungsbaumeister Dörpfeld in Berlin entworfenen Baupläne wurden vom Hochbaureferat des Gouvernements in Windhuk einer gründlichen Nachbearbeitung unterzogen, da sie als unzureichend, teilweise als unpraktikabel angesehen wurden. Trotzdem blieben sie im allgemeinen unverändert, es wurden nur kleine Änderungen vorgenommen, besonders hinsichtlich der Balkenlage bei den Gebäuden. Dieser eher widersprüchliche Vorgang hatte ganz bestimmte Gründe. Am 8.8.1913 sandte das Postamt in Windhuk ein Telegramm an das Reichspostamt, in dem die Annahme der Vorschläge des Hochbaureferats wegen der Erteilung des Zuschlages dringend befürwortet wurde. Später wurde das Telegramm noch einmal gerechtfertigt: Die Gesellschaft für drahtlose Telegraphie verzögerte die Zuschlagerteilung, weil ihr die von dem Ingenieur Eickhoff mitgeteilten Preise zu hoch erschienen. Wenn sich auch die Bausumme gegenüber dem heimischen Voranschlag, bei dessen Bearbeitung wohl die Landeskenntnisse gefehlt hatten, erheblich erhöht hatte, so waren doch nach dem in Schutzgebietsbausachen durchaus zuverlässigen Urteil des Hochbaureferats die erzielten Preise als sehr günstig anzusehen. Neue Ausschreibungen hätten die Preise hochgetrieben, da die private Bautätigkeit in Windhuk sehr stark florierte und deshalb dort mehr zu verdienen war. Telefunken kündigte ihrem Ingenieur an, daß man beabsichtige, die fraglichen Bauten in eigener Regie auszuführen. Die Folge der Nichterteilung des Zuschlags wäre gewesen, daß sich das Hochbaureferat von seiner so wichtigen Mitarbeit hätte zurückziehen müssen, daß der Gouverneur einen derartigen unberechtigten Eingriff der

heimischen Leitung nicht verstanden und das Interesse an der Förderung des ganzen Unternehmens verloren hätte, daß die Bauten teurer geworden wären und daß die Inbetriebnahme infolge Verzögerung der Bauarbeiten zu den in der Konzession festgesetzten Zeitpunkten voraussichtlich nicht hätte erfolgen können[44].
Der ursprüngliche Kostenanschlag wurde als nicht ausführlich genug kritisiert. Infolgedessen hatten die Bewerber für ihre Angebote keine genügenden Unterlagen, auch hätten diese Unterlagen zu einer ordnungsgemäßen Nachprüfung der Angebote nicht ausgereicht. Den Zuschlag für das Maschinenhaus erhielt die Firma "Woermann, Brock & Co." (Technische Abteilung) in Swakopmund zum Preise von 110000 Mark. Hierbei mußten dem Unternehmer an Baumaterialien Zement, Sand, Kies, Eisenfenster, Binder und Wasser unentgeltlich geliefert werden. Der Unternehmer war verpflichtet, das Maschinenhaus bis zum 1.1.1914 und die Turmfundamente bis zum 1.12.1913 fertigzustellen. Ende September 1913 waren immerhin schon die Fundamente der Grundmauer des Maschinenhauses fertiggestellt. Die Grundmauern selbst waren bis zur Erdoberfläche emporgeführt, die Betonklötze für den Spitzenturm und die zugehörigen Pardunen waren fertig, die für die übrigen Pardunen erforderlichen Gruben sämtlich ausgehoben. Es konnte davon ausgegangen werden, daß der Unternehmer die ihm für die Fertigstellung der Anlage gesetzten Fristen nicht überschreiten würde.
Der Turmmonteur von Telefunken traf am 23.9.1913 in Windhuk ein und begann sofort mit dem Aufbau des Spitzenturms. Das Material für den Spitzenturm und einen weiteren Turm war schon angefahren und an Ort und Stelle ausgelegt worden. Nach der Berechnung des Ingenieurs Eickhoff wurde mit der Beendigung der Montagearbeiten an sämtlichen Türmen zum 15.2.1914 gerechnet. Mit der Aufstellung der Kraftmaschinen wurde im Laufe des November begonnen.

Die Baugüter für die Funkstation wurden ohne Umladung auf einem 1,6 km langen Anschlußgleis zum Bauplatz befördert. Die Kosten der durch den Unternehmer Manetti für Rechnung der Gesellschaft gebauten Anschlußbahn betrugen etwa 8000 Mark. Die Verbindung zwischen den Türmen wurde durch eine besondere Schmalspurbahn hergestellt. Durch diese Maßnahmen wurden erhebliche Kosten an Ochsenwagenfrachten eingespart.

*Abb. 16: Großfunkstelle Windhuk (Geschichte der Deutschen Post in den Kolonien und im Ausland)*

*Abb. 17: Die Stationsgebäude der Großfunkstelle Windhuk (Telefunken-Zeitung, Nr. 21, Juli 1920: 44, Abb. 44)*

*Abb. 18: Senderraum der Großfunkstelle Windhuk (Telefunken- Zeitung, Nr. 21, Juli 1920: 47, Abb. 47)*

*Abb. 19: Maschinenraum der Großfunkstelle Windhuk (Telefunken-Zeitung, Nr. 21, Juli 1920: 46, Abb. 46)*

Während die ersten Bauarbeiten bereits im Gange waren, war der bereits fertiggestellte Vertragsentwurf (Überlassung des Stationsplatzes) noch nicht vollständig ratifiziert. Er bedurfte noch der Genehmigung durch die Aufsichtsbehörde, das Bezirksamt des Gouvernements in Windhuk, weil es sich zum Teil um Abtretung von Weidegebiet der Gemeinde Windhuk handelte. Die Genehmigung der Aufsichtsbehörde verzögerte sich insbesondere durch die Stellungnahme des Eingeborenenreferats. Dieses versuchte, für die Einwohner der benachbarten großen Werft besondere Rechte hinsichtlich der Verwendung eines Teils des Funkplatzes für Gartenzwecke und der Mitbenutzung eines der Wasserbohrlöcher im Vertrag vorzubehalten. Dieser Versuch wurde vom Postamt zurückgewiesen[45]. Schließlich gab aber das Gouvernement seine früheren Vorbehalte gegen die Verwendung eines Teiles des Funkplatzes für Gartenzwecke zugunsten der einheimischen Bevölkerung und wegen Mitbenutzung eines Bohrloches durch die Eingeborenen auf. Zudem sollte ein unbedeutendes Stück an der Grenze des Stationsgeländes herausgeschnitten und der Gemeinde zurückgegeben werden, weil infolge neuerer Vermessungen festgestellt worden war, daß sich dort ein von den Einheimischen benutzter Brunnen befand[46].

Im Herbst 1913 begann auch der Bau der technischen Einrichtungen der Station. Der erste der fünf geplanten Funktürme war in der ersten Dezemberwoche 1913 fertiggestellt. Er hatte eine Höhe von 120 m. Während sich beim Bau des Turmes keinerlei Zwischenfälle ereigneten, brachte der Tag der Vollendung ein Unglück. Eines samstagsnachmittags sollte der neue Turm photographiert werden. Einer der Monteure von Telefunken namens Götze wollte auf dem Bild nicht fehlen und nahm in der schwindelerregenden Höhe der Turmkrone eine ziemlich waghalsige Stellung ein. Plötzlich verlor er aus ungeklärten Gründen, anscheinend infolge eines Schwindelanfalls den Halt und stürzte aus 120 m Höhe zur Erde. Der Körper des Unglücklichen wurde bei der ungeheuren Wucht des Sturzes völlig zerschmettert. Zunächst aufgetauchte Gerüchte, es handelte sich um einen Angestellten der Firma Woermann, Brock und Co., die die Maschinengebäude für die Funkstation baute, stellten sich als unzutreffend heraus. Woermann, Brock und Co. hatten mit dem Bau des Funkturms nichts zu tun, die dabei Beschäftigten waren alles Telefunken-Leute[47].

Danach schritt die Konstruktion allerdings ohne größere Probleme voran. Der Motor I mit einer Leistung von 85 PS wurde am 6.3.1914 zum ersten Mal in Betrieb gesetzt und arbeitete seitdem, häufig stundenlang, bei Leerlauf und bei Vollast unter Ankuppelung des Gleichstromdynamos und unter Entnahme von 40 kW aus dem Dynamo einwandfrei. Die Kompressoren, die Kühlanlage und die Ölzufuhr funktionierten ordnungsgemäß.

Die Schaltanlage im Maschinenraum des Maschinenhauses war zu diesem Zeitpunkt fertiggestellt, ebenso die Akkumulatorenbatterie mit dem Zusatzapparat; der Hochfrequenzteil war bis auf das auf dem Podium des Hochfrequenz-Raumes aufzustellende Schaltpult einsatzbereit. Der Reservetransformator war noch nicht auf dem zugehörigen und fertigen Fundament aufgebaut, die Inbetriebnahme des Hochfrequenzteils war indes jederzeit mit geringen, nur wenige Tage in Anspruch nehmenden Arbeiten möglich. Die vollständige Fertigstellung der Antennenanlage wurde bis Ende März 1914 erwartet.
Zur Anstellung von Empfangsversuchen wurde vom Spitzenturm über die östlichen hinteren Türme eine provisorische Empfangsantenne aus 5 mm starkem Kupferdrahtseil angebracht. Ingenieur Eickhoff empfing nach seiner Angabe über diese Antenne in den Nächten vom 9. zum 10. und vom 10. auf den 11.3. Zeichen aus Nauen. In der darauffolgenden Nacht hörte Eickhoff keine Zeichen mehr von Nauen, obwohl er durch Telegramm an Telefunken um Zeichengebung ab 20.00 Uhr gebeten hatte. In diesen drei Nächten sollen allerdings die atmosphärischen Störungen sehr stark gewesen sein. Während der ganzen Dauer der Nächte herrschte hellster Mondschein, Vollmond war am 12.3..
Für den 12.3. hatte Eickhoff telegraphisch um Zeichengebung durch Nauen ab 19.00 Uhr gebeten. An den Empfangsversuchen an diesem Abend nahm auch Postinspektor Hackenberg teil. Das Ergebnis der von 19.00 bis 1.00 Uhr morgens angestellten Versuche war ermutigend:

*"7.00 bis 7.20: nichts empfangen*
*8.00 bis 8.20: desgleichen*
*9.00 bis 9.20: Nauen sehr leise zu hören, starke Störungen, sehr helles Mondlicht, keine Bewölkung,*
*10.00 bis 10.20: Nauen ziemlich gut zu hören, nach Schätzung Eickhoffs mit 200 Ohm, nach der des Monteurs Kasper mit 100 Ohm; am Himmel dünner Wolkenschleier, infolgedessen kein direktes Mondlicht,*
*11.00 bis 11.20: Lautstärke der Nauener Zeichen haben noch zugenommen, infolgedessen losere Kopplung möglich. Himmel wie um 10 Uhr.*
*12.00 bis 12.20: Von Nauen nichts mehr gehört. Störungen nehmen zu. Der aus den Wolken heraustretende Mond steht senkrecht über Windhuk.*
*1.00 bis 1.20: Kein Empfang. Störungen wie um 12 Uhr. Abbruch der Versuche, weil Monduntergang nicht vor Sonnenaufgang eintritt und Bewölkung sehr schwach geworden ist.*
*Die von Nauen gehörten Zeichen konnten wegen starken Störun-*

*gen nicht im Zusammenhang aufgenommen werden. Daß die Zeichen von Nauen herrührten, dürfte mit Sicherheit aus der Pünktlichkeit des Beginns und des Aufhörens der Zeichen während der üblichen Nauener Gebezeit sowie aus der scharfen Abstimmung der Zeichen auf Welle 4500 m zu schließen sein, die ein Variieren der Kapazitäten nur um einige Grade zuließ, während die übrigen von Küsten- und Schiffsstationen aufgenommenen Zeichen (Oberschwingungen) über die ganze Skala zu hören waren*[48].

Die Verbindung zwischen Nauen und der südwestafrikanischen Hauptstadt war also Mitte März 1914 provisorisch erreicht worden, obwohl Windhuk noch gar nicht fertiggestellt war. Bisher konnte Nauen mit New York und mit Togo und Kamerun verkehren, also höchstens über eine Entfernung von 6600 km. Die Station Windhuk, auf der die von Nauen aufgegebenen drahtlosen Versuchstelegramme gehört wurden, war etwa 9730 km von Nauen entfernt. Durch die nun zustande gekommene Verständigung mit Windhuk wurde die Rekordleistung von 6600 km zwischen Nauen und Kamina[49] um mehr als 3000 km überboten. Dazu muß allerdings gesagt werden, daß diese Verbindungen keineswegs die Regel waren, sondern nur sporadisch erzielt wurden. Hauptgegenstation von Windhuk war nicht Nauen, sondern Kamina.
Die regelmäßige Verbindung zwischen Windhuk und Kamina wurde im Juli 1914 hergestellt, vorher hatte es wiederum weitgehende Versuche zwischen beiden Stationen gegeben. Diese Versuche teilten sich in eine Vorphase vom 10.6. bis zum 16.6. und eine Hauptphase vom 21.6. bis zum 27.6.1914. Während es bei den Vorversuchen nur beabsichtigt war, die Bedingungen für eine wechselseitige Textübermittlung festzustellen, bezweckten die Hauptversuche, den Nachweis zu erbringen, daß der Verkehr den gemäß Art. 6c der Konzession für die Verbindung Togo - Südwestafrika verlangten Bedingungen entsprach.
Während der gesamten Dauer der Versuche sendete Kamina nachts auf Welle 4200 m, Windhuk auf Welle 4300 m; vormittags gaben beide Stationen auf Welle 7500 m. Es wurde bereits bei den Vorversuchen in beiden Richtungen an jedem Tage eine erhebliche Anzahl Wörter übermittelt (ungefähr 200 bis 700 Wörter täglich). Bei den Hauptversuchen wurden noch größere tägliche Wortzahlen erzielt. Am 27.6., an welchem Tage die Übermittlung einer möglichst großen Anzahl Worte angestrebt wurde, betrug die in Richtung nach Kamina übermittelte Wortzahl sogar 1381.
Die Hauptversuche erstreckten sich über sieben Tage. An den fünf letzten Tagen vom 23. bis 27.6.1914 wurde, was die Richtung Windhuk - Kamina betraf, die in den Bedingungen festgelegte Mindestwortzahl von 400 wesentlich überschritten. An den beiden ersten Tagen vom 21. und 22.6. wur-

de der Text wegen der Vornahme von Vergleichsversuchen in Kamina nur teilweise aufgenommen.
Was die Richtung Kamina betrifft, so wurde während der Hauptversuche an sechs Tagen die vorgeschriebene Mindestwortzahl von 400 erreicht. Daraus geht hervor, daß während der siebentägigen Hauptversuche an fünf Tagen hintereinander, und zwar vom 23. bis 27.6. in beiden Richtungen mehr als 400 Worte zu 10 Buchstaben täglich übertragen wurden. Damit waren die Bedingungen erfüllt[50]. Nach erfolgter Abnahmeprüfung wurde die Station in den öffentlichen Dienst gestellt. Es gelang relativ problemlos, Funkdepeschen von Windhuk über Togo nach Nauen zu senden. Die Windhuker Blätter beschwerten sich allerdings, daß von der offiziellen Aufnahme dieses Funkverkehrs der Presse keine amtliche Mitteilung gemacht wurde. Gemildert wurde diese Unterlassungssünde allerdings dadurch, daß die zuständigen Stellen die Blätter schon Ende Mai von der unmittelbar bevorstehenden Eröffnung des direkten Verkehrs Windhuk - Nauen verständigt hatten[51].

Auch die Schutztruppe sollte funktechnisch modernisiert werden. Zwei neue Funkstationen für die Truppe wurden im Etat für 1915 mit 100000 Mark Gesamtkosten angefordert. Vier solcher Stationen waren bereits seit 1912 bewilligt, mit diesen beiden letzten glaubte man das Bedürfnis decken zu können[52]. Das Vorhaben kam wegen des Kriegsbeginns nicht mehr zur Durchführung.

## 7.2 Deutsch-Ostafrika

Ende 1910 wurden die Planungen für eine Funkstelle in oder bei Daresalaam, dem Hauptort des Schutzgebietes Deutsch-Ostafrikas aufgenommen. Am 28.12.1910 wurde bei Telefunken die Kalkulation für eine "7.5TK-Küstenstation in Ostafrika" in Auftrag gegeben[53]. Dieser Voranschlag wurde aber nur zu den Akten genommen. Am 19.7.1911 richtete das Reichspostamt an das Postamt in Daresalaam die Aufforderung, die lokalen Gegebenheiten für eine Küstenfunkstation zu erkunden. Im einzelnen sollten folgende Punkte abgeklärt werden:
- örtliche Verhältnisse,
- Spezifikationen für den künftigen Stationsplatz,
- ein Stationsplatz sollte gefunden werden, der von See aus nicht beschossen werden kann,
- Möglichkeiten der Stromversorgung,
- sinnvolle Dienstzeiten,
- welche Gebäude im einzelnen benötigt werden,
- wieviele Einheimische als Arbeitskräfte verfügbar sind[54].

Im Einvernehmen mit dem Postamt Daresalaam war für die Station das Gelände südlich der Stadt auf dem fiskalischen Grundstück der ehemaligen Pflanzung Kurasini ausgesucht worden (auf Empfehlung des Telegraphensekretärs Krüger). Dieser Ort lag nur wenige Kilometer vom Postamt von Daresalaam entfernt, so daß die Beamten dort die Leitung der Station hätten übernehmen können und die Station außerdem an die städtische elektrische Beleuchtungsanlage hätte angeschlossen werden können. Den militärischen Erfordernissen war ebenfalls Genüge getan, da der Fuß des Antennenturms durch Buschwerk und Palmen auf den beiden vorspringenden, sich deckenden Landspitzen am Hafeneingang gegen Sicht von See aus gedeckt war und die Besatzung der nördlich der Station auf Kurasini gelegenen Polizeikaserne gegen Überrumpelung durch ein feindliches Landungskorps oder Aufständische den größtmöglichen Schutz hätte gewähren können[55].
Im Juni 1912 jedoch stand dieser Platz schon wieder zur Disposition, und zwar wegen des Einspruchs des Schutztruppenkommandeurs sowie von Marineangehörigen: Im Jahr 1911 sei die Spannung zwischen Großbritannien und Deutschland noch nicht so groß gewesen wie 1912, deshalb solle die Station zu ihrer Sicherheit einen Tagesmarsch landeinwärts in Pugu gebaut werden. Dort würde es einem feindlichen Landungskorps niemals gelingen, die an den Buschkrieg gewöhnte Schutztruppe zu überrumpeln. Der offizielle Marinevertreter meinte jedoch, der Platz sei zwar zu dicht am Hafen, müsse aber in Daresalaam liegen, um immer direkte Verbindung zum Gouverneurssitz zu halten. Wegen dieses Gesichtspunkts und auch aus Kostengründen rührte man dann nicht mehr am alten Platz, es wäre zu teuer gewesen, sämtliche Materialien landeinwärts zu schaffen. Außerdem bestand noch die Hoffnung auf den Bau einer Großstation im Inland[56].

Zunächst wurde die Planung für die Stationsgebäude in Angriff genommen. Der Etatentwurf der Post- und Telegraphenverwaltung des Reiches sah zunächst 25000 Mark für das Rechnungsjahr 1912 vor.
Mitte Juni 1912 wurde die Planung vom Reichspostamt jedoch dahingehend geändert, daß eine größere Leistungsfähigkeit mit stärkeren Apparatetypen als vorher angestrebt wurde. Dazu sollte zur Erzielung größerer Betriebssicherheit eine eigene Kraftanlage (außer dem vorgesehenen Anschluß an das lokale, von der Ostafrikanischen Eisenbahngesellschaft betriebene E-Werk) mit Ölmotor und Akkumulatoren errichtet werden. Schon das zusätzliche Maschinenhaus sollte eine Fläche von 131 qm haben, die schon genehmigten Gebäude zur Aufnahme der Apparate mußten wegen der leistungsstärkeren Geräte ebenfalls größer konzipiert werden. Man ging nun von Kosten in Höhe von 40000 bis 45000 Mark

aus[57]. Dieses wurde vom Schatzamt auch unter der Voraussetzung genehmigt, daß damit nicht der Gesamthaushalt für zu errichtende Funkstellen im Zuständigkeitsbereich des Kolonialamts überschritten wurde[58].

Anfang Dezember 1911 war das Reichspostamt an Telefunken erneut wegen eines Kostenvoranschlags für die Station herangetreten. Dieser wurde am 15.3.1912 von Telefunken überreicht und am 17.5.1912 noch einmal bestätigt. Die Voranschläge wiesen für eine 5-kW- und eine 7,5-kW-Station jeweils drei Alternativen mit jeweils unterschiedlichen Kosten auf; je nach technischer Ausstattung beliefen sich die Kosten auf 104910 Mark für die billigste und auf 185548 Mark für die teuerste Version[59]. Schließlich sprach man sich für die teuerste Version aus. Das kaiserliche Telegraphen-Versuchsamt, das für das Reichspostamt die Vorschläge von Telefunken zu prüfen hatte, legte besonders auf die Unabhängigkeit vom Stromnetz großen Wert; diese Unabhängigkeit sei besonders bei Unruhen von großer Wichtigkeit[60]. Telefunken bekam den Zuschlag und übersandte dem Reichspostamt am 2.8.1912 eine 32 Seiten lange Materialliste. Die Gebäude sollten durch lokale Baufirmen ausgeführt, die Rohölmotoren von der Firma Swiderski in Leipzig-Plagwitz geliefert werden.

Der 7,5-kW-Sender beruhte auf dem System "tönende Löschfunken" für die drei festen Wellen 600, 1650 und 2500 m; zur Ausrüstung gehörten auch zwei Hörempfänger mit Zwischenkreis für Tropenzwecke und je zwei Detektoren und ein Telefon. Der Antennenturm sollte eine Höhe von 100 m erhalten und 500 kg Winddruck pro qm senkrecht getroffener Fläche aushalten können.
Die Station wurde für eine Reichweite von ungefähr 1000 km konzipiert. Man hoffte durch sie mit der Station in Mwanza und damit auch mit der in Bukoba in Verbindung treten zu können, was für den Fall einer Störung des Zentraltelegraphen von großer Bedeutung war. Außerdem war dann die Möglichkeit gegeben, durch Anschluß über mit Funk ausgerüstete Schiffe mit Aden und Beira in Verbindung zu treten, ein vor allen Dingen für den Schiffsverkehr wesentlicher Fortschritt. Die DOZ gab dabei der Hoffnung Ausdruck, daß auch eine "rein deutsche" drahtlose Verbindung von Deutsch-Ostafrika zur afrikanischen Westküste und damit nach der Heimat in Planung gegeben werden möge, sofern die in der Zeit angestellten Versuche Togo - Nauen ein gutes Resultat ergäben[61].

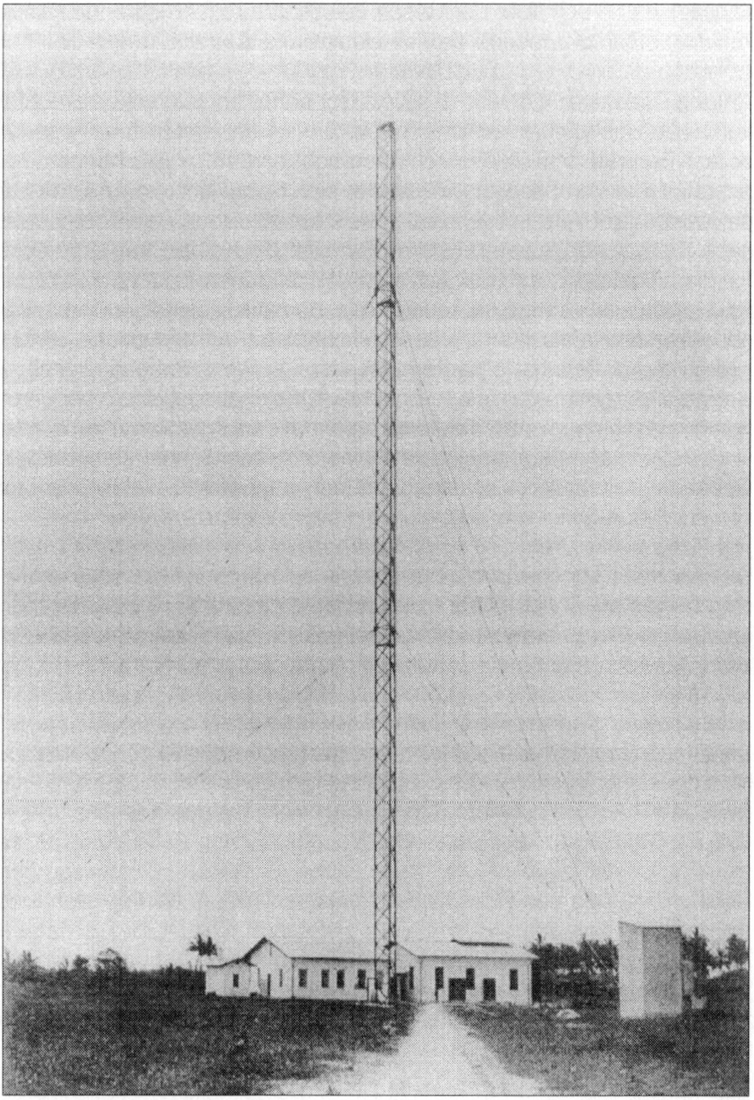

*Abb. 20: Gesamtansicht der Telefunkenstation Daresalaam; Turm -höhe 100 m, 40-PS-Rohölmotor (Telefunken-Zeitung, Nr. 12, Juni 1913: 180, Abb. 136)*

Der Bauplan sah folgenden Ablauf vor:

| | |
|---|---|
| 1.10.1912 | Absendung des Materials |
| 15.11.1912 | Eintreffen des Montagepersonals |
| 5.12.1912 | Beginn der Montage des Rohölmotors |
| 2. 1.1913 | Fertigstellung der elektrischen Maschinen |
| 5. 1.1913 | Fertigstellung der Akkumulatorenbatterie |
| 1. 2.1913 | Beendigung der Schalttafelmontage |
| 24. 2.1913 | Beendigung der Sendermontage |
| 26. 2.1913 | Fertigstellung der Antenne |
| 5. 3.1913 | Fertigstellung der Inneninstallation |
| 15. 3.1913 | Fertigstellung der gesamten Montage |
| 15.-20. 3.1913 | Probebetrieb und Abstimmung der Station |

Mit dem Bau der Station wurde im Spätsommer 1912 auf der Kurasiniseite des Hafens von Daresalaam begonnen[62]. Noch während die erste Bauphase unmittelbar anstand, äußerte sich Gouverneur Schnee weiterhin skeptisch, was die militärische Weitsicht der Standortwahl anging. Zwar sei Kurasini im Falle von Aufständen günstig gelegen, da die Station dort Verbindung ins Innere gewährleiste. Im Falle eines Krieges gegen eine europäische Seemacht allerdings sei Kurasini zu nahe am Wasser[63]. Deshalb habe er eher für den Standort Pugu weiter im Inland plädiert, da aber die Planung nun einmal abgeschlossen sei, wolle er keine Umwerfung der Pläne.

> *"Dafür wurde allseits der Wunsch ausgesprochen, den Bau der Großstation in Tabora zu beschleunigen, die es, selbst im Falle der Zerstörung der hiesigen Funkenstation, ermöglichen würde, sowohl über Kamerun oder die Kongostationen mit Europa, wie auch direkt an der Ostküste Afrikas bis nach Aden zu verkehren."*

Schnee erhob daher die Forderung, den Bau von Tabora nicht erst im Reichspostamts-Etat von 1913, sondern schon im Nachtragsetat von 1912 einzufordern[64]. Die Forderung blieb ungehört.

Die Schwierigkeiten begannen schon beim Transport der Materialien vom Hafen zur nur wenige Kilometer entfernten Kurasini-Halbinsel, besonders hervorgerufen durch die ungelöste Arbeiterfrage. Fähige afrikanische Arbeitskräfte waren fast ausschließlich beim Bahnbau beschäftigt, darunter alle in der Kolonie vorhandenen Schlosser und Maurer sowie die meisten Transportarbeiter. Man trieb schließlich einen Unternehmer auf, der sich bereiterklärte, die Materialien zum Stationsplatz zu schaffen. Schließlich stellte sich jedoch heraus, daß dieser Unternehmer nur 2 bis 3 t täglich hinzuschaffen bereit und in der Lage war, was bei den vielen hundert Tonnen die Fertigstellung um Wochen verzögert hätte. Bis Ende November 1912 hatte Nicolet, der Leitende Ingenieur von Telefunken vor Ort noch keine Abhilfe schaffen können[65].

Trotzdem wurde in der ersten Hälfte des Dezember 1912 zunächst das Hauptfundament für den Radiomast und dann ein Großteil der Gebäude fertig, denn Nicolet hatte einen, wenngleich teureren Ausweg für die Arbeitermisere gefunden:

> *"Es ist unmöglich, jetzt in der Regenzeit Arbeiter zu bekommen, und die wenigen, die sich melden, sind kaum brauchbar. Ich muss fast durchweg mit Indiern arbeiten, die viel teurer sind, da sie täglich wenigstens zwei Rupien bekommen. Sogar an der Winde laufen mir die Leute weg unter dem Vorwande, die Arbeit sei zu schwer."*[66].

Trotz aller Probleme ging die Arbeit anscheinend relativ flott voran. Zur Jahreswende traten neue Probleme auf: Zum einen waren die Bohrungsarbeiten für den Tiefwasserbrunnen, der die Station mit Trink- und Kühlwasser versorgen sollte, zunächst von nur mäßigem Erfolg gekrönt: Nachdem das Bohrloch auf 25 m abgetäuft war, stellte man fest, daß das Loch gerade einmal 1,5 cbm pro Tag klares Wasser lieferte, das auch nicht als Trinkwasser zu verwenden war. Zudem lag der erst vor ein paar Wochen aus Deutschland eingetroffene Maschinen- und Turmmonteur mit Malaria darnieder. Trotzdem äußerte sich Nicolet optimistisch über die Einhaltung des Liefertermins[67].

Mitte Februar 1913 hatte der Turm eine Höhe von 84 m, die drei oberen Pardunen waren angebracht. Die Maschinenanlage war bis auf das zweite Umformeraggregat fertig montiert, welches erst zu einem späteren Termin geliefert wurde. Am 3.2. war der Motor zum ersten Mal in Betrieb gesetzt worden. Das von Telefunken bestellte Rohöl war bis zu diesem Zeitpunkt nicht eingetroffen, und da im Schutzgebiet kein Rohöl erhältlich war, mußte Petroleum als Betriebsstoff verwendet werden. Der Motor lief nach einigen Versuchen ohne Störungen, so daß am 5.2. mit dem Laden der Akkumulatoren begonnen werden konnte. Sender, Empfänger und die im Empfangsraum stehende Schalttafel waren fast fertig, der Brunnen 24 m tief mit einem Wasserstand von 8 m. Eine Wassermessung ergab schließlich, daß der Brunnen bei dieser Tiefe genügend Wasser lieferte.

Im März 1913 stand der Funkturm bei gleicher Höhe wie im Februar, aber der Testbetrieb der Akku-Batterien und des Glühkopfmotors verlief erfolgreich, Sender und Empfänger waren fertiggestellt[68]. Da die Station auf den Wellen 300 m und 600 m senden sollte, wollte man zunächst für erstere ein Segment der großen 600-m-Antenne verwenden. Da man aber zu dem Schluß kam, daß man eher eine eigene Antenne dafür brauchte, wurde der Montageleiter in Daresalaam von Telefunken angewiesen, eine spezielle T-Antenne zu bauen, die auch für 600 m eingesetzt werden sollte[69]. Am 20.3.1913 traf das Telegramm aus Daresalaam bei Telefunken ein, daß nach erfolgreichen Abnahmeversuchen die Station am 20.3. eröffnet und die Ausbildung des Bedienungspersonals abgeschlossen war[70].

Schon kurz nach der Fertigstellung stellte Nicolet inoffizielle Reichweitenversuche an. Dabei wurde eine gegenseitige Verbindung mit Dampfern der DOAL bis auf eine Entfernung von 2000 km erzielt, einseitig reichte es sogar bis Aden. Nicolet ging davon aus, daß damit die Grenze noch nicht erreicht war[71].

Mit der erfolgreichen Inbetriebnahme wurde die Rechnung von Telefunken fällig, die sich letztendlich auf die Summe von 196110 Mark belief.

Die Abnahmeversuche hatten vom 15. bis zum 19.3.1913 gedauert, wobei man eine Verständigung mit der Funkstation in Mwanza erreichte. In Bukoba wurden ihre Zeichen ebenfalls gehört. Da Bukoba aber weniger Sendeleistung und damit einen geringeren Radius hatte, konnte sie Daresalaam selber nicht erreichen. Mit dem vom Süden kommenden Reichspostdampfer "Tabora" und dem nach Europa fahrenden Postdampfer "Gertrud Woermann" hatte die Funkstation ebenfalls Verbindung aufgenommen. Die Reichweite der Station stand aber zu diesem Zeitpunkt noch nicht endgültig fest.

Die beste Verständigung wurde mit der 1800-m-Welle erreicht. Mit der 600-m-Welle konnten größere Entfernungen nicht überbrückt werden, weil nach Ausweis der Versuche die neugebaute Antenne zu wenig Energie ausstrahlte. Sie wurde daher nur für den engeren Küstenverkehr (100 km) in Betracht gezogen. Da es aber erforderlich war, die Verbindung mit Schiffen meist schon auf größere Entfernungen (1500 km und mehr) aufzunehmen und sich hierzu nur die Welle 1800 m eignete, wurde fast ausschließlich diese benutzt.

Die Versuche mit Mwanza hatten zudem ergeben, daß nach Sonnenuntergang ein wechselseitiger Verkehr aufrechterhalten werden konnte, wenn die Luftstörungen nicht allzu stark waren. Infolgedessen wurde angeordnet, daß bei Störungen der Westleitung die Station Mwanza von 20.00 Uhr ab Dienstbereitschaft hatte.

Im April 1913 wurde zusätzlich die 300-m-Welle eingebaut, zusammen mit einer kleinen Antenne für 300 und 600 m. Während bis dahin die kleine Antenne aus einem isolierten Draht der großen Antenne bestand, und das isolierte Gegengewicht für beide Antennen benutzt wurde, sollte nunmehr eine besondere kleine Antenne und ein besonderes kleines isoliertes Gegengewicht eingebaut werden[72].

Reichweitenversuche zwischen dem Dampfer "Admiral" und Daresalaam ("KAC") vom 2. bis zum 8.5.1913 gestalteten sich ebenfalls zur Zufriedenheit. Auszüge aus dem Stationslogbuch des "Admiral":

*"Sonnabend, 3. Mai 1913.*
*10. am Versuche Kac auf 600 m Welle und 1800 m zu empfangen, aber nichts zu hören. Entf. genau 600 Sm - 1110 Km, ziemliche starke H's Störungen durch Verkehr der Benadirstationen ausserdem noch durch die Bordmusikanten.*
*9.20 pm S an Kac Entf. 750 Sm = 1387 Km. Es treten im Verkehr mit Kac ähnliche Erscheinungen auf, wie an der Südostafrikanischen Küste im Verkehr mit Durban. Sehr starke Zeichen werden bis zu gänzlichem Verschwinden allmählich schwächer und treten plötzlich mit anfänglicher Lautstärke wieder durch.*
*10.30 pm Nochmals Verbindung mit Kac, ist auf 600 und 1800 m gut und ziemlich laut. Er empfängt meine Zeichen besser auf der kleinen als auf der grossen Antenne.*
*5.5.1913 Kac gehört auf Entfernung von 2423 km, Gegenruf unbeantwortet"*[73].

Am 6.6.1913 wurde die bis dahin beste Leistung erzielt. Von 2.30 bis 2.40 MEZ morgens wurde in Daresalaam eine von Nauen ausgestrahlte Nachricht über Unwetter in Baden bei einer Lautstärke von 50 Ohm und Luftstörungen von 40 Ohm teilweise aufgenommen[74].
Im Juli wurden auch die Ergebnisse mit Schiffen noch besser: Am 21.7.1913 wurde zwischen 20.00 und 23.00 Uhr auf der 600-m-Welle mit der SMS "Seeadler" (bei Mahé, Seychellen) auf 1780 km, mit RPD "Bürgermeister" (Aden) auf 2275 km und mit Dampfer "Sydney" auf dem Weg von East London nach Fremantle in Höhe von 39° 54' Süd und 56° 56' Ost auf 3880 km wechselseitige Verbindung erzielt. "Sydney" war nur schwach zu hören, er mußte daher seine Zeichen öfters wiederholen, während er die Zeichen von Daresalaam gut empfing. Der Empfang geschah mit der großen Antenne, es war bewölkt, aber trocken[75].

Während die Station im Bau war, behalf man sich derweil weiter mit Funkeinrichtungen auf Schiffen. Die Funkeinrichtungen wurden aber nicht nur für die Sicherheit auf See genutzt, sondern dienten auch bei besonderen Anlässen an Land als willkommene Planungshilfe:

*"SMS Seeadler ist neuerdings mit Einrichtungen für drahtlose Telegraphie versehen worden, welche der Kommandant, Korvettenkapitän Walter, in entgegenkommendster Weise für Übermittlung von Schiffsnachrichten zur Verfügung gestellt hat. Besonders angenehm wurde dies bei den Vorbereitungen zum Empfang des Staatssekretärs empfunden.*
*Der Empfang Sr. Exzellenz des Herrn Staatssekretärs des Reichskolonialamts Dr. Solf und seiner Gemahlin wickelte sich programmäßig ab. Die frühere Ankunft des Reichspostdampfers 'General' war veranlaßt worden durch den Ausbruch der Cholera in Zanzibar. Am Montag, pünktlich um 4 Uhr nachmittags, lief der 'General' in den Hafen ein, begrüßt von einer am Ufer aufgestellten zahllosen Menge Europäer und Eingeborener. Das Kaiserliche Bezirksamt hatte noch durch Extrablätter auf das frühere Eintreffen aufmerksam machen lassen und zugleich die Bevölkerung Daressalams gebeten, die Häuser zu schmücken. Die kleine, aber augenscheinlich sehr gut arbeitende und weitreichende Station des 'Seeadler' beweist wieder einmal auf das Deutlichste den Wert der Einrichtung von Stationen drahtloser Telegraphie"*[76].

Vonseiten der europäischen Siedler in Deutsch-Ostafrika wurde die Einführung der Funktelegraphie nicht nur als Erleichterung der Kommunikation angesehen, sondern offenbar auch als willkommene Abwechslung im sonst eher eintönigen kolonialen Alltag. Die DOZ pries daher auch in einer Meldung die neue Touristenattraktion:

*"Wenn jetzt das Auge des Spaziergängers vom Kaiser-Wilhelm-Ufer über den Hafen hinüber nach der Kurasiniseite blickt, wird er dort etwas neues in dem landschaftlichen Bilde entdecken. Über den Palmen erhebt sich bereits bis zu seinem dritten Absatz der neue Turm für die drahtlose Telegraphie. Die ganze Anlage, die soweit bauliche Arbeiten in Frage kommen, von Herrn Borgfeldt ausgeführt wird, bietet soviel Interessantes, daß sich ein Spaziergang nach Kurasini hin wohl lohnt. Die drahtlose Station dürfte, wenn die Arbeiten weiter so fortschreiten, wohl Ende des nächsten Vierteljahres fertiggestellt sein"*[77].

Da auch dank der Werbung durch die Zeitungen der Funkstationsplatz in Kurasini tatsächlich zu einem beliebten Ausflugsziel geworden war, wurde er mit einer Einzäunung versehen, soweit die stromführenden Drähte der Station reichten. Da das Betreten des Stationsplatzes mit Lebensgefahr verbunden war, wurde es amtlich verboten.

Daresalaam verkehrte von nun an mit der Station Mwanza auf 875 km über Land, ferner mit der Station Zanzibar auf ca. 100 km über See und mit vorbeifahrenden Schiffen auf 700 bis 1000 km bei Tag und 2000 km bei Nacht. Garantiert war ein sicherer Nachtverkehr mit der Station Mwanza mit einer Lautstärke, bei welcher noch bei 10fach stärkerer atmosphärischer Störung als gewöhnlich mit Sicherheit aufgenommen werden konnte. Eine Lautstärke von 100 Ohm parallel zum Telefon wurde als genügend laut den Garantiebedingungen zugrundegelegt. In Wirklichkeit konnte aber die Lautstärke am Tage schon bis 30 Parallel-Ohm und des Nachts bis auf 2 Parallel-Ohm gesteigert werden.
Die Küstengebühr der Station betrug 30 Pfennige pro Wort, eine Mindesttaxe wurde nicht erhoben. Das Rufzeichen lautete "KAC", die Normalwelle lag bei 600 m[78].
Die DOZ lieferte auch gleich eine ausführliche technische Beschreibung der Station: Die Antenne war ein Gebilde von Drähten, die möglichst hoch über dem Erdboden gespannt worden waren. Um die Drähte hoch zu halten, baute man den Turm, der also lediglich als Stütze der Antennendrähte diente. Der Turm war 100 m hoch; er stand auf mehreren Glasplatten. In seiner senkrechten Lage wurde er durch 3 x 2 Pardunen gehalten. Es waren dies starke Rundeisenstangen, die durch Bolzen und Laschen verbunden waren. Sie waren am Turm in einer Höhe von 40 m und 80 m ebenfalls durch Laschen befestigt. Ihr anderes Ende lief in lange Schraubspindeln aus, die in kräftigen Eisenrahmen befestigt waren. Sie dienten mit ihren Muttern dazu, die Spannung der Pardunen zu regulieren. Die Eisenrahmen waren in massiven Fundamenten verankert. Die Pardunen waren ebenfalls durch mehrere Glasisolatoren isoliert.
Die Antennendrähte befestigte man einige Meter vom Turm entfernt an Isolatoren, sie wurden durch isoliert unterteilte Stahlseile gehalten.
Die Antenne und das isolierte Gegengewicht waren aus Phosphorbronzedraht hergestellt. Die von dem oberen Ende der Antenne nach unten führenden Drähte und die Drähte des Gegengewichts waren etwa 3 bis 4 m über der Erde strahlenförmig nach allen Seiten ausgestreut, wurden durch Holzmasten gehalten und durch Porzellantrichter in das Haus eingeführt. Gleich hinter der Durchführung der Antenne saß ein Umschalter, der es vom Arbeitsplatz des Telegraphisten aus ermöglichte, die Antenne sowohl an das Sende- als auch an das Empfangssystem zu legen.
Für die Absendung von Telegrammen wurden folgende Geräte eingesetzt: Zunächst wurde der erforderliche Wechselstrom von 500 Perioden durch eine Dynamomaschine erzeugt, die durch einen mit Gleichstrom vom E-Werk Daresalaam gespeisten Motor angetrieben wurde.
Der Antrieb des Motors konnte auch durch die aufgestellte Akkumulatorbatterie erfolgen. Außerdem besaß die Funkstation auch noch eine eigene Kraftquelle, einen 40-PS-Motor.

Dieser hochperiodige Wechselstrom wurde über eine Schalttafel einem Transformator zugeführt, der seine Spannung auf 9000-12000 V brachte. Mit dem hochgespannten Wechselstrom wurde die im primären Teil des Sendersystems befindliche Batterie von Leydener Flaschen geladen. Die Energie, mit der diese Ladung stattfand, wurde so gewählt, daß bei jedem Wechsel des Wechselstroms eine einmalige volle Ladung der Flaschenbatterie erfolgte. Die Flaschenbatterie war über eine flachgewickelte, aus versilbertem Kupferband bestehende Selbstinduktionsspule mit einer Reihe von Funkenstrecken verbunden. Diese Funkenstrecken bestanden aus flachen Silberscheiben, die ca. 5 cm Durchmesser hatten. Sie waren an größere Kupferplatten angelötet, um für die durch einen Ventilator bewegte Kühlluft größere Angriffsflächen zu schaffen. Zwischen zwei solchen Platten schuf man einen Abstand von 0,2 mm, der durch zwischengelegte Glimmerringe genau hergestellt wurde. Sobald die Flaschen voll aufgeladen waren, ging in diesen Funkenstrecken ein Funke über. Dieser Funke brachte das ganze System, bestehend aus Selbstinduktion und Kapazität, zum Schwingen. Im Primärsystem hätten diese Wellen aber noch wenig Nutzen gehabt. Um eine Wirkung nach außen zu erzielen, wurde das ganze mit der Antenne verbunden. Dies geschah mit dem Antennenschalter.
Um nun aber nach System geordnete Morsezeichen zu generieren, war in den Wechselstromkreis ein von einem normalen Taster betätigtes Relais eingebaut, das den Wechselstrom für kürzere oder längere Zeit schloß, entsprechend den Punkten und Strichen des Morsesystems.
Um dem technisch weniger bewanderten Leser die Abläufe der eigentlichen Funkverbindung näher zu bringen, bemühte die DOZ eine etwas blumige Didaktik:

*"Das ganze System erhält dadurch längere oder kürzere Schwingungsimpulse, die sich frei in der Luft fortbewegen, und andere Stationen zum Ansprechen bringen. Ist eine Station angerufen worden und erwartet man eine Antwort von ihr, so ist der schon erwähnte Antennenschalter von Senden auf Empfang zu legen. Hierdurch wird die Antenne an den Empfangsapparat gelegt. Der Empfangsapparat besteht aus einer Kombination von Selbstinduktionen und Kapazitäten. Will man die Morsezeichen einer sendenden Station aufnehmen, so stimmt man zunächst seinen Primär- und dann den Sekundärkreis auf die Wellenlänge der sendenden Station ab.*
*Ein in den Sekundärkreis eingeschalteter Detektor macht die ankommenden Wellenzeichen im Telephon hörbar, sodaß sie vom Telegraphisten niedergeschrieben werden können. Damit sich mehre-*

*re gleichzeitig arbeitende Stationen nicht stören, arbeitet man mit verschiedener Wellenlänge und stimmt seine Station darauf ab. Es ist dies mit zwei musikalischen Instrumenten, zum Beispiel Klavier und Geige zu vergleichen.*

*Nach dem angeschlagenen Klavier wird zunächst die Saite der Geige durch Anziehen oder Nachlassen höher oder tiefer gebracht, bis ihr Ton mit dem des Klaviers übereinstimmt. Ist die Geige jetzt in Ruhe und man schlägt den Ton des Klaviers wieder an, hält die Geige an das Ohr, so klingt diese allein weiter, selbst wenn die Saite des Klaviers angehalten wird. Es klingt aber nur die eingestimmte Geigensaite, wie auch bei der Telegraphie nur die abgestimmten Stationen aufeinander reagieren. Es entspricht bei musikalischen Instrumenten die Tonschwingung den Wellen der drahtlosen Telegraphie.*

*Die alten Stationen haben alle durch ihre langsame Funkenfolge einen schnarrenden Ton, die neueren Stationen gehen alle zu rascher Funkenfolge über. Die hiesige Station ist so eingerichtet, daß in der Sekunde 1000 Funken übergehen. Im Telephon einer empfangenden Station entsteht dadurch ein sehr hoher, musikalisch reiner Ton."*[79]

*Abb. 21: Empfangstisch und Sender-Schalttafel der Telefunken- Station Daresalaam (Telefunken-Zeitung, Nr. 12, Juni 1913: 179, Abb. 135)*

Die Dienststunden von Daresalaam waren auf 7.30 bis 11.30 Uhr, 16.00 bis 18.00 Uhr, 20.00 bis 23.00 Uhr werktags, 9.00 bis 11.00 Uhr und 20.00 bis 22.00 Uhr sonntags nach der Zeit Daresalaams festgelegt. Die genaue geographische Lage war 39° 17' 27" Ost und 6° 50' 30" Süd. Der Dienst wurde durch deutsche Telegraphenassistenten, zwei afrikanische Maschinisten und zwei afrikanische Telegraphisten wahrgenommen[80].

Es wurden außer mit Zanzibar offensichtlich keinerlei Verbindungen mit Kolonien anderer Nationen getätigt. Als im April 1914 die in Kinshasa und Besankussu errichteten Stationen für drahtlose Telegraphie dem öffentlichen Verkehr übergeben worden waren, drückte man belgischerseits die Hoffnung aus, nicht nur die weitere Entwicklung des Telegraphenverkehrs in der eigenen Kolonie fördern zu können, sondern auch direkte Verbindungen mit den Nachbarländern, insbesondere Deutsch-Ostafrika und Ägypten, knüpfen zu können, Pläne, die dann aber durch den Ausbruch des I. Weltkrieges vereitelt wurden[81].

## 7.3 Kamerun

### 7.3.1 Einführung

Nach der Inbesitznahme Kameruns im Jahre 1884 wurde für die Beförderung der Post nach und von Ländern in Afrika sowie Europa und den übrigen Erdteilen die ursprünglich unregelmäßig, später nach festen Fahrplänen verkehrenden Dampfer deutscher und, in wesentlich geringerem Umfang, auch englischer Schiffahrtslinien benutzt. Die Linien bemühten sich, dem steigenden Verkehr durch Indienststellung schnellerer und größerer Schiffe gerecht zu werden. Anfänglich verkehrten zwischen Hamburg und Kamerun nur kleine Segler. Dem ersten in den Jahren 1877 und 1879 erbauten Woermann-Dampfer "Aline Woermann" von nur 1279 BRT folgten fast alljährlich neue und immer größere Dampfer. Im Jahre 1914 waren bereits mehrere Woermann-Dampfer von über 6000 BRT vorhanden.
Den Postverkehr an der Küste Kameruns vermittelten außer den genannten Linien auch deutsche Regierungsdampfer.
Ab 1902 wurde der Bau der Mittellandbahn begonnen[82].
Von Europa nach Kamerun führte zunächst keine durchgehende telegraphische Verbindung. Sollte eine Nachricht schneller als mit Schiffen ausgetauscht werden, so war die Vermittlung fremder Kabelgesellschaften nötig. Am nächsten gelegen waren die englischen Kabelstationen in Bonny und Lagos (Nigeria), die in unregelmäßigen Fristen von den Kame-

rundampfern angesteuert wurden. Nach langwierigen Verhandlungen und Vorarbeiten gelang dem Reichspostamt der Abschluß eines Vertrages mit der African Direct Telegraph Co. über Herstellung und Unterhaltung eines 337 km langen Seekabels zwischen Bonny und Douala. Am 21.2.1893 erhielt Douala diesen Anschluß an das Welttelegraphennetz. Erst am 19.1.1913 sollte dagegen das deutsche Kabel nach Lomé in Betrieb gehen. Mit dem Bau von Telegraphenleitungen und Fernsprechlinien über Land wurde 1901, also 17 Jahre nach Inbesitznahme Kameruns, auf der Strecke Victoria - Buea begonnen. In den Jahren 1903 bis 1906 erhielten zunächst die Küstenorte Douala, Victoria, Malimba, Plantation und Kribi untereinander und mit den der Küste naheliegenden Orten Buea, Edea, Bonambasi, Jabassi, Lobetal und Bonaberi Telegraphen- und Fernsprechverbindung; von 1907 an stieß der Telegraph über Yaoundé bis Akonolinga in das südöstliche Hinterland vor. In den Jahren 1908 und 1909 wurde das Netz an und in der Nähe der Küste durch die Linien Jabassi - Nyanga und Victoria - Isongo - Bibundi ergänzt. Dann stockte der Weiterbau aus Mangel an Haushaltsmitteln, wurde aber 1911 bis 1913 schnell auf den Strecken Akonolinga - Abong Mbang - Dume - Niassi, Kribi - Großbatanga - Kampo sowie Lolodorf - Ebolowa vorangetrieben. Im Jahre 1914 wurden Fernsprechdoppelleitungen der Deutschen Reichspost an der Nordbahn Bonaberi - Mundeck - Nkongsamba sowie zwischen Victoria und Tiko hergestellt[83].
Ähnlich kompliziert wie der Bau der Leitungen waren Wartung und Entstörung derselben: Anfänglich vermutete man, daß wilde Tiere, besonders Elefanten, den Linien gefährlich werden müßten. Diese Befürchtung erfüllte sich aber nicht. Zwar zerschlugen im ersten Jahr Affen von den Bäumen aus mit Stöcken einige Glocken, doch legte man ihnen das Handwerk bald durch Verbreitern des Durchhaus. Elefanten rissen mit dem Leitungsdraht mehrfach eine ganze Reihe von Stangen zugleich um. Es wurde aber bald festgestellt, daß sie es nicht aus Abneigung gegen den Telegraphen taten. Der Draht war vielmehr aus irgendeinem Grund herabgefallen, lag im dichten Unterholz, die Elefanten verfingen sich beim Äsen in ihm und rissen natürlich mit dem nicht nachgebenden Draht auch einige Stangen heraus. Je reiner der Durchhau gehalten wurde, desto seltener kamen solche Fälle vor. Daß die Elefanten im Durchhau gerne ästen, war von Vorteil, denn sie hielten dadurch das nachwachsende Unterholz niedrig. Man machte deshalb auch keinen Versuch, sie zu vergrämen[84].
Anscheinend mußten aber die Deutschen nicht die schauerlichen Erfahrungen einiger großer Minengesellschaften in Mittelafrika erdulden, die ihre Landtelegraphenlinien durch Funkverbindungen ersetzen mußten, weil die Leitungen fortgesetzten Störungen durch afrikanische (menschliche) Anlieger unterworfen waren, die sich aus dem Draht Schmucksachen und Gebrauchsgegenstände anfertigten[85].

### 7.3.2 Erste begrenzte Funkversuche mit Militärstationen

In einer schriftlichen Anfrage vom 14.3.1907 schlug die Kolonial-Abteilung des Auswärtigen Amtes dem Reichspostamt Versuche mit Funktelegraphie in Kamerun vor, um diese unter tropischen Bedingungen zu testen. Der Gouverneur in Buea stand diesen Versuchen äußerst positiv gegenüber, nicht zuletzt auch deshalb, weil zu dieser Zeit eine starke Angst vor Aufständen herrschte. Als sehr geeignet erschien die vom Gouvernement vorgeschlagene Linie Douala - Suellaba; die Entfernung der Orte untereinander beträgt 28,4 km, die Kosten hielten sich daher in Grenzen. Gleichzeitig brachte die Verbindung Douala - Suellaba einen nicht unwesentlichen wirtschaftlichen Nutzen: Das Sanatorium Suellaba wäre zweifellos besser ausgenützt worden, wenn es die Möglichkeit jederzeitiger Verständigung gegeben hätte. Dagegen wurde eine Funkverbindung Buea - Suellaba verworfen, zum einen wegen der erhöhten Lage von Buea, womit die Versuche unter atypischen Bedingungen stattgefunden hätten, zum anderen bestanden schon Drahtverbindungen zwischen den beiden Orten[86].

Die Versuche, mit der ausschließlich Soldaten betraut wurden, dauerten vom 23.12.1907 bis zum 11.5.1908: Die Versuchstruppe bestand aus einem Offizier und zwei Unteroffizieren, die zwei Funkstationen mitführten und traf am 23.12.1907 mit dem Dampfer "Ingo" der Menzellinie aus Südwestafrika in Douala ein. Zu dieser Gruppe wurden noch 12 kamerunische Soldaten abgestellt. Die beiden Stationen, eine Protzwagenstation und eine Karrenstation, hatten schon im Feldzug gegen Herero und Nama gedient. Versuche sollten nun zwischen verschiedenen Orten Kameruns und mit dem SMS "Panther" im Hafen von Douala ausgeführt werden, letztere Verbindung hatte eher den Zweck, die Apparate nach der Seereise zu testen. Es wurden ein rundes Dutzend an Strecken ausprobiert. Auszüge aus dem Bericht des kommandierenden Offiziers Plieninger:

> *"Douala-Jabassi (60 km): Zeichen klar und laut, bei Ballonhöhe von 100 m kein Empfang. Beste Zeit für Verkehr vor- und nachmittags.*
> *Douala-Suellaba (28 km): Auf dem Exerzierplatz in Douala wird eine 25 m hohe Maststation errichtet. Anstelle der direkten Empfangsschaltung der Protzwagenstation wird ein Hörtransformator (induktive Empfangsschaltung) aus Behelfsmitteln hergestellt. Trotzdem kein Wellenmesser zur Abstimmung der Mastschirmantenne zur Verfügung steht, gelingt es empirisch, die Maststation in Douala auf die Ballonstation in Suellaba abzustimmen. Die Ver-*

*ständigung ist gut und sicher. Mit der Schirmantenne ist ein Mittel geschaffen, die Wirkung der Luftstörungen ganz erheblich herabzusetzen. Die geringen Störungen können fast ganz durch lose Koppelung des Hörtransformators beseitigt werden.*
*Douala-Kribi (125 km): An allen Tagen gute Verbindung.*
*Kribi-Edea (100 km dicht bewaldetes Bergland): Keine Verbindung, es scheint, daß nicht so sehr das tropische Klima, sondern die Topographie die Wellen behindert".*

*Abb. 22: Fahrbare Funkstation Edea, - 1907 (Geschichte der Deutschen Post in den Kolonien und im Ausland)*

Die Versuche fanden zu einer Zeit statt, in der in Kamerun heiße Feuchtluft und starke Gewitterbildung vorherrschten. Im allgemeinen nahmen die Störungen gegen Mittag und Abend an Stärke zu, so daß die Verständigung zu diesen Zeiten mit Ballonantenne sehr erschwert wurde. Von Sonnenaufgang bis Mittag war immer Telegrammverkehr möglich, wobei die beste Verständigung mit einer Ballonhöhe von 265 m an der Karrenstation und 300 m Ballonhöhe an der Protzstation möglich war.

Besonders in den Urwaldgebieten kamen plötzliche Tornados auf, die dem aufgebrachten Ballon gefährlich wurden. So riß in Groß-Sambe der Ballon mit Kabel und trieb in östlicher Richtung gegen Lolodorf. Das Kabel blieb in den mächtigen Kronen der 50 bis 60 m hohen Baumriesen hängen. Die Soldaten kletterten an Lianen auf die Bäume, um das Kabel durch Abschlagen der Äste freizubekommen. Die gewaltigen Blitzentladungen und die hereinbrechende Dunkelheit zwangen, die Arbeiten einzustellen. Der tropische Regenguß hatte inzwischen den Ballon auf das Blätterdach niedergedrückt. Am anderen Morgen stand der Ballon, dessen Hülle abgetrocknet war, frei und konnte nach kurzer Zeit unversehrt geborgen werden.
Das Gesamtergebnis der Mission war, daß die Funktelegraphie als ein durchaus brauchbares Nachrichtenmittel in tropischen Ländern angesehen werden konnte. Bei festen wie fahrbaren Stationen sollte als Antenne nur der Mast in Frage kommen, da einerseits die atmosphärischen Störungen mit Mast geringer waren als mit Ballonantennen, andererseits der Gasersatz für den Ballon zu große Schwierigkeiten bereitete, eine Erkenntnis, die bereits während der Aufstände in Deutsch-Südwestafrika gewonnen worden war. Die Kraftwirkung der Stationen sollte so bemessen sein, daß sie unter günstigen Verhältnissen die doppelte bis dreifache Reichweite der geforderten erzielen konnten[87].
Der nicht gar so euphorische Ton in Plieningers Bericht ließ auf die Problematik schließen, die besonders die atmosphärischen Störungen aufwarfen. Für eine Inlandsstation größeren Ausmaßes kam noch ein ungünstiger Umstand dazu: Manche der für eine feste Station damals nötigen Teile hatten ein Gewicht, daß man sie mit Trägern allein nicht ins Hinterland schaffen konnte. Besondere Hilfsmittel erschienen zu kostspielig und, da die Geldmittelfrage eine große Rolle spielte, gab man den Gedanken an Inlandsstationen zunächst auf und beschränkte sich in den nächsten Jahren auf eine Küstenstation nahe Douala[88].
Erst Anfang 1910 kam es zu einem Briefwechsel zwischen Reichskolonialamt und Reichspostamt über eine zu errichtende Station in Kamerun, von einer weiterreichenden Küstenstation war allerdings nicht die Rede. Das Reichspostamt sprach sich dafür aus, noch zu warten, bis Erfahrungen aus Mwanza und Bukoba vorlägen. Das Reichskolonialamt argumentierte dagegen, daß die Bedingungen dort verschieden von denen in Kamerun seien. Es würde sich daher nicht umgehen lassen, eine Probeanlage in kleinerem Umfang in Kamerun zu bauen. Dabei wurde auf die relativ günstigen Ergebnisse von Plieningers Gruppe verwiesen. Als Versuchsstrecke wurde die Linie vom Endpunkt der im Oktober 1910 zur Eröffnung anstehenden Manengubabahn bis zur Station Bamenda via Dschang auserkoren. Die Luftlinie betrug 120 km, die Kosten sollten allerdings vom Reichspostamt übernommen werden und zwar für das Jahr 1911[89].

### 7.3.3 Die Küstenfunkstelle Douala

Die Planungen wurden nie realisiert, dagegen wurde in Berlin beschlossen, für das Rechnungsjahr 1911 eine Küstenstation an der Küste Kameruns zu bauen. Für diese Station hatte das Postamt in Douala im Einvernehmen mit dem Gouvernement anfänglich einen Stationsplatz bei Dinde-la-Muri vorgeschlagen. Maßgebend für die Wahl dieses etwa 8 km von Douala entfernten Platzes war gewesen, daß die Materialien auf dem Wasserwege bis zur Verwendungsstelle hätten befördert werden können und daß in Douala selbst oder in unmittelbarer Nähe der Erwerb des erforderlichen Geländes mit sehr großen Kosten verknüpft gewesen wäre. Die große Entfernung von Douala war jedoch unerwünscht, außerdem schlugen die Wegeverhältnisse und die sumpfige, ungesunde Lage von Dinde-la-Muri ungünstig zu Buche.
Zudem wandten sich einige Dorfhäuptlinge mit der Bitte an das Bezirksamt, von der Wahl des Platzes bei Dinde-la-Muri abzusehen in der Befürchtung, daß die Bewohner auch dort allmählich vom Wasser abgedrängt werden könnten, wie ihnen das in Douala bereits in sicherer Aussicht stand. Das Postamt schlug nun selbst ein Gelände vor, das auf der Südseite des Bahnterrains bei km 6,5 zwischen den Dörfern Ndogobati und Ndogosimbi in derselben Gegend lag, die bereits von den Behörden in Berlin ins Auge gefaßt worden war und die auch von Telefunken für zweckmäßig gehalten wurde[90].
Fast zur selben Zeit entwarf von Codelli einen Plan für die drahtlose Vernetzung des Hinterlands von Kamerun und der geplanten Station Douala; dieser Vorschlag wurde nie berücksichtigt[91].
Am 15.10.1911 traf Ingenieur Nicolet in Douala ein. Zu diesem Zeitpunkt war der Stationsplatz nur zu einem Drittel von Bäumen freigelegt. Der Rest war noch mit Baumstämmen und Urwald bewachsen, weil die Behörde erst bei Eintreten der Trockenzeit den Platz säubern lassen wollte.
Ende Oktober 1911 war das Stationshaus bezugsfertig und wurde die Woche darauf dem Gouvernement übergeben; es wurde gemäß den Anordnungen Telefunkens hergestellt. Die Turmfundamente waren noch im Bau, das Hauptfundament jedoch bereits gegossen. Die Dreiankerfundamente wurden erst vier Wochen später fertiggestellt, da die Arbeiten durch starke Regengüsse sehr erschwert wurden. Turmmonteur Kalweit war bereits am 1.10. angekommen, konnte aber bis Mitte des Monats nicht viel anfangen, da das Hauptfundament zu der Zeit noch nicht beendet war. Die Materialien für den Turmbau waren zu dem Zeitpunkt vollständig an der Baustelle, und am 18.10. wurde mit der Turmmontage begonnen. Für die Station selbst waren bis dahin nur Antenne und Erdungsmaterial sowie die gesamte Beleuchtungsanlage vorhanden. Vorläufig konnte also nur an der letzteren gearbeitet werden.

Es waren für den Turmbau und für das Heranbringen der Materialien 25 Mann beschäftigt. Die Arbeitsleistung eines Eingeborenen gegenüber eines weißen Arbeiters stellte sich, Nicolet zufolge, wie 1:6 dar. Die afrikanischen Arbeiter wurden je nach Leistung und Alter mit 75 Pfennigen bis eine Mark bezahlt[92].
Anfang Januar 1912 war man mit der Turmmontage schon ein wesentliches Stück weitergekommen: Die zweite Abspannung war beinahe fertig eingebaut, Ende des Monats sollte die Höhe von 100 m erreicht werden. Es wurden dann noch 14 Tage für die Anstreicharbeiten eingeplant, so daß man für Mitte Februar mit der Fertigstellung des Turms rechnete. Die Stationsmontage stand kurz vor der Fertigstellung, die Akkumulatoren waren aufgeladen und gaben auch die garantierte Kapazität ab. Sowohl bei der ersten Ladung als auch bei der ersten Entladung war im Auftrag des Postamts ein Telegraphen-Assistent anwesend, der die Erfüllung der Garantieleistungen überwachen sollte. Während der Ladung lief der Petroleummotor 32 Stunden ununterbrochen ohne jegliche Störung. Um alle Elemente richtig nachfüllen zu können, brauchte Nicolet noch ungefähr 60 kg Schwefelsäure, die er aber nicht auftreiben konnte. Sender und Empfänger waren ebenfalls aufgebaut, es fehlte nur noch der Transformator, mit dessen Eintreffen acht Tage später zu rechnen war[93].

Nachdem im Februar mehrere Versuche mit Schiffen auf See stattgefunden hatten und nachdem der bauleitende Ingenieur die Station als betriebsfähig bezeichnete, wurde sie in allen Teilen in der Zeit vom 3. bis 4.3. abgenommen. Die Verständigung mit Bordstationen konnte in den Abnahmetagen nur auf kürzere Entfernung erfolgen, weil sich zwischen 120 und 800 km kein Dampfer mit Funkstation auf See befand. Die Versuchsstation bei Atakpame in Togo nahm von Douala Signale mit großer Stärke auf[94].
Der eigentlichen Abnahme war ein dreimonatiger Probebetrieb vorausgegangen, bei welchem Nicolet Versuche mit Togo und anderen Stationen angestellt hatte.
Eine große Reichweite mit den Woermann-Dampfern, die nach Kamerun fuhren, war demnach nicht ohne weiteres möglich, da die Telegraphisten auf diesen Dampfern nur immer auf die 600-m-Welle (ihre festgelegte Welle) reagierten, während Douala meist auch auf 1650 und 2000 m hörte. Diese Welle wurde in Douala von der kleinen Antenne ausgestrahlt. Bei dieser Antenne war der Wirkungsgrad nicht so gut wie bei der großen, da sie wegen ihrer geringen Kapazität (Eigenschwingung) nur einen Bruchteil der vollen Stationsenergie, also höchstens 2,5 kW statt 7,5 kW aufnehmen konnte. Außerdem hatte die Stadt Douala keine gute Lage für Radiotelegraphie. Man versprach dem Postamt jedoch, aus der Station das Maximum herauszuholen[95].

*Abb. 23: Funkstation bei Douala (Geschichte der Deutschen Post in den Kolonien und im Ausland)*

Trotz der noch keineswegs feststehenden Betriebssicherheit (man hatte zum Beispiel noch keine Verbindung mit Swakopmund herstellen können, obwohl dies vertraglich festgelegt war) wurde die Station am 5.3.1912 für den öffentlichen Verkehr eröffnet. Sie diente dem allgemeinen öffentlichen Verkehr mit Schiffen auf See. Die Dienststunden waren vorläufig auf 6.00 bis 12.00 Uhr und 14.00 bis 18.00 Uhr festgesetzt worden. Das Rufzeichen lautete "KDU" (später in "KBU" geändert). Die Normalwelle hatte eine Länge von 600 m, außerdem besaß der Sender die beiden festen Wellen 1650 und 2500 m. Die Küstengebühr belief sich auf 30 Pfennige für das Wort und auf mindestens 3 Mark für das Telegramm. Die Reichweite der Station bei Anwendung der Normalwelle betrug vorbehaltlich näherer Feststellungen etwa 1100 km[96]. Bemerkenswert ist, daß der Bau des 100 m hohen Turms unter Leitung nur eines Ingenieurs und eines Mon-

teurs von Telefunken durch angeworbene Kameruner Arbeiter ausgeführt wurde. Kameruner haben auch den Petroleummotor bedient und später die nötigen Instandsetzungsarbeiten am Turm ausgeführt. Mit dem Postamt Douala bestand Fernsprech- und Simultan-Telegraphenverbindung, der Dienst wurde unter Leitung von weißen Fachbeamten von afrikanischen Gehilfen wahrgenommen[97]. Hier glaubte man aber deutscherseits, daß die unmittelbare Nähe und Aufsicht durch Fachbeamte geboten war. Neben dem nach europäischer Auffassung "nicht genügend entwickelten Pflichtgefühl" kam noch ein anderer ungünstiger Umstand hinzu, den die weißen Chefs monierten. Da die afrikanischen Telegraphenangestellten offenbar nicht daran gewöhnt waren, nachts zu wachen, schliefen sie eher ein als ihre deutschen Kollegen. Da in der Funktelegraphie Nachtdienst in gewissem Umfang nicht entbehrt werden konnte, wurde weiße Aufsicht auch nachts angeordnet. Man schuf deshalb für den Fachbeamten im Hause der Funkstation sogar eine Unterkunft, sodaß er auch nachts stets dienstbereit sein konnte.
Auch im August gelang es nicht, Verbindung mit Swakopmund aufzunehmen, obwohl diese Station wiederholt mitgehört wurde. Am 17.8. abends 22.00 Uhr wurde Verkehr zwischen Swakopmund und Lüderitzbucht, allerdings nur schwach, beobachtet. Im Verkehr mit Schiffen war die größte Reichweite am 16.8. mit SMS "Eber" auf 1100 km (in Höhe der Kongomündung) erzielt worden. Die Verständigung war bei störungsfreier Luft in beiden Richtungen gut. Mitgehört wurden ferner der Dampfer "Prinzregent" am 27.7. auf etwa 1800 km Entfernung (in Höhe von Banana auf der Fahrt nach Südwestafrika) und die Dampfer "Prinzessin" und "Selandia" am 13.8. in etwa gleicher Entfernung. "Eleonore Woermann" hatte das Arbeiten von Douala am 10.8. auf 1100 km ebenfalls mühelos verfolgen können. Das Postamt Douala empfahl daraufhin, die nach Südafrika fahrenden Dampfer mit Stationen der Debeg[98] aufzufordern, auf etwa 4° Nord Douala anzurufen und ihnen mitzuteilen, daß von der Station Douala aus mit Welle 1650 m geantwortet würde.
In der Zeit vom 13. bis 20.8. wurden ferner fast täglich tönende und Marconistationen mit den Wellen 1200 und 900 m gehört, ohne daß es gelang, das Rufzeichen aufzufangen. Daß die mit Welle 1200 arbeitende und früher schon mehrfach gehörte Station Rufisque hierbei beteiligt war, war nicht wahrscheinlich, da einige spanische oder italienische Wörter gehört wurden. Wie vorausgesagt wurden aber die Reichweiten während der Regenzeit größer.
Mit Swakopmund wurden schriftlich Versuche für die Zeit vom 20. bis 30.8. verabredet, die aber bei ungünstiger Witterung zu keinem Ergebnis führten[99].

Auch nach einer Überholung und Justierung der Station durch Nicolet wurde die Reichweitenleistung nicht verbessert. Telefunken führte dies auf die ungünstige Lage von Douala zurück und machte einen Verbesserungsvorschlag: Um die Einwirkung der starken atmosphärischen Störungen etwas zu beseitigen, und auch um die Dämpfung der ausgesandten Welle (die Verluste in der Antennenanlage) zu vermindern, schlug man den Bau einer größeren Gegengewichts-Anlage vor. Ferner beabsichtigte Telefunken, eine geeignete Antennenform für den Verkehr mit Schiffen dadurch zu erzielen, daß nur ein Antennensegment mit einem Teil des Gegengewichts zur Erzielung einer geringeren Eigenschwingung benutzt wurde. Diese Kombination sollte alsdann für den Verkehr mit Schiffen auf der Welle 600 m verwendet werden[100].

Da Verbesserungen der elektrischen Verhältnisse durch Änderungen an Luftleiter und Erdnetz geplant waren, wies Telefunken gleich noch auf einen Punkt hin, der nach Meinung der Ingenieure noch nicht genügend beachtet worden war. Das Erdnetz der Station hatte zwar einen sehr geringen Ohm'schen Widerstand, vermutlich aber keine Verbindung mit dem Grundwasser. Verschiedene Brunnenbohrungen der letzten Jahre, die Vorarbeiten für die Wasserleitungen und sonstige Beobachtungen machten es nach Meinung Telefunkens wahrscheinlich, daß wirklich dauernd Wasser führende Schichten am Platz der Funkstation erst in etwa 40 m Tiefe zu finden waren. Darüber lägen verschiedene Erdschichten, von denen mehrere für Wasser undurchlässig seien[101].
Auf Wunsch des Postamts fragte Telefunken bei der Firma Grove nach, die in der Nähe des Stationsplatzes Grundwassermessungen durchgeführt hatte und den Spiegel auf 4 bis 6 m geschätzt hatte. Die Firma vermutete daraufhin, daß die Zahl nicht 40 m, sondern 4 m lauten mußte. Auf diese Information aufbauend schlug Telefunken vor, die an und für sich reichliche Antennenkapazität, welche 4100 cm betrug, etwas zu vermindern, indem eventuell zwei gegenüberliegende Segmente heruntergenommen würden. Durch die Verminderung der Antennenkapazität wäre die Dämpfung vielleicht eine bessere, wodurch alsdann sicherlich auch bessere Reichweitenresultate bedingt würden[102].
Trotz aller technischen Experimente und daraus resultierenden Verbesserungen arbeitete Douala immer noch mangelhaft, was von Telefunken nun teilweise auf das schlecht ausgebildete Personal besonders an der Maschinenanlage zurückgeführt wurde. Die Station arbeitete schließlich so chaotisch und unzuverlässig, daß SMS "Eber" im Hafen von Douala den Funkdienst übernehmen mußte. In einem Bericht von der "Eber" steht zu lesen, daß man die Ausbildung der Stationsbesatzung von Douala für viel zu kurz hielt. Der Maschinenwärter sei nicht voll ausgebildet und der ka-

merunische Schlosser sei auch nicht gerade auf der Höhe. Zur Aufsicht des Petroleummotors sei ein Telegraphenleitungsaufseher bestellt worden, der nur eine dreiwöchige Ausbildung in einer Motorenfabrik absolviert habe. Außerdem gebe es Hinweise darauf, daß die diensttuenden Telegraphisten nicht geübt seien, bei atmosphärischen Störungen zu hören. Weiter hieß es in dem Bericht:

*"Wenn die F. T.-Station S.M.S. "Eber" mit der kleinen und niedrigen Antenne über 1000 sm hört, auch von Duala aus, so muß umsomehr die F. T.-Station an Land mit ihrem 100 Mtr. hohen Mast und der großen Schirmantenne im Stande sein, weiter zu hören und mit Sicherheit Swakopmund und Lüderitzbucht zu erreichen; daß dies nicht der Fall ist, geht auch schon daraus hervor, daß Duala oft zwischen im Gange befindlichen Verkehr einfach dazwischen funkt ohne zu prüfen, ob Stationen miteinander verkehren. Tut sie dies aber vorher, so hört der Telegraphist eben nicht und ist den Anforderungen nicht gewachsen"*[103].

Das ganze mündete schließlich in einen Streit zwischen dem Postamt Douala, Dienststelle des Stationspersonals und Telefunken. Telefunken hatte im Dezember auch noch einige Schäden an der Station festgestellt, die man auf die unsachgemäße Behandlung durch die Telegraphenbeamten zurückführte. Zum Beispiel waren am Zellenschalter die Kontaktstükke vollständig durchgebrannt. Weiterhin hieß es in dem in recht offenem Ton gehaltenen Bericht:

*"Das Amperemeter habe ich auch eingebaut. Das Wattmeter hatte schon früher der Telegrafist einzubauen versucht, hatte es angeblich schon 14 Tage in Betrieb, dann hat es nicht mehr ausgeschlagen, es ist anscheinend durchgebrannt. Ich bitte dem Postamt ein neues zuzusenden mit der Skala 0-30 und einem Schema, auf dem ganz genau die Klemmen angegeben sind, wo es der Telegrafist anzuschließen hat, sonst dürfte er denselben Fehler nochmal machen. Die Funkenstrecken sind schon so angebrannt, dass sie wohl bald ganz unbrauchbar sein dürften, trotzdem mir versichert wurde, dass dieselben jede Woche zweimal sachgemäß gereinigt wurden."*

Die Akkumulatorenbatterie hatte überdies schon zuviel Sulphat angesetzt, die Isolation der Antenne mit Eierisolatoren war verbesserungsbedürftig, da selbige bei dem Klima schnell mit Salz überzogen wurde, was Funkensprühen zur Folge hatte.

Was die Leistung der Telegraphisten anging, schloß sich Telefunken dankbar dem Urteil der Besatzung des "Eber" an:

> *"Ueber Telegrafieren und Reichweiten möchte ich folgendes bemerken: Die Posttelegrafisten sind gewohnt, nur mit dem Klopfer zu arbeiten, der einen harten und lauten Ton hat; dann ist das Gehör dieser Herren nicht an Störungen gewöhnt, es fehlt ihnen also die Fähigkeit, leise und mit Störungen zu empfangen. Bevor diese Herren eine Landstation übernehmen, müssten sie mindestens ein Jahr in tropischen Gewässern als Bordtelegrafist fahren. Aus den oben angeführten Gründen erzielen sie eben auch keine Reichweiten. Was nun Maschinen- und Accumulatorenwartung angeht, so ist dieselbe mehr als laienhaft; solange nicht ein Fachmann die Aufsicht über Maschinen pp. hat, werden immer grössere und kleinere Defekte auftreten, zum Nachteil der Firma, denn die Post gibt vielleicht nicht zu, dass das Personal vollständig ungenügend ausgebildet ist (...)"*[104].

Zu spät merkten die Telefunkenleute, daß sie sich mit dieser Kritik selbst den schwarzen Peter zugespielt hatten. Das Reichspostamt bemerkte in einer Antwort an Telefunken richtig:

> *"Über die von Kaspar erwähnte angebliche ungenügende Ausbildung der Beamten (...) ist das P.A. Duala zum Bericht aufgefordert worden. Sollten die Angaben sich als zutreffend herausstellen, so wäre anzunehmen, daß den Bestimmungen des § 13 des Vertrages vom 11./26.August 1911 zuwider Ihr Montagepersonal s.Zt. nach Fertigstellung der Station abgereist ist, bevor die ihm zufallende Ausbildung des Betriebspersonals zum Abschluß gekommen war (...)"*[105].

Erschwerend für Telefunken kam hinzu, daß ein Postbeamter, Telegrapheningenieur Kunert, Ende 1912 eine eintägige Stationsbesichtigung durchführte. Dabei stellte er fest, daß der Kraftmotor nicht bedienungsfähig war und schlug einen Reservemotor vor. Im Sammlerraum war das Dach undicht, was nur einer von vielen weiteren baulichen Mängeln war. In einer Zelle wurde ein Plattenfehler festgestellt, von dem Kunert meinte, daß dieser nicht durch falsches Laden entstanden sein konnte, wie Kaspar meinte, sondern auf einen Materialfehler zurückzuführen war. Ansonsten sei der Zustand der Station einwandfrei. Postdirektor Peglow, der die Station beaufsichtigte, sei kompetent. Zu den Telegraphierleistungen könne er allerdings nicht Stellung nehmen, da seine Besichtigung nur sehr kurz gewesen sei. Eine einjährige Praxis an Bord von Tropenschiffen für Telegraphi-

sten in den deutschen Kolonialfunkstationen hielt er für nicht notwendig, da man diese Ausbildung mit Luftstörungen auch in Norddeich machen könne, außerdem seien Bordfunkstationen anders geartet als Landstationen[106].
Schließlich mußte Telefunken zumindest insofern nachgeben, als man dem Reichspostamt versicherte, strengste Anweisungen zur Ausbildung an der nun im Bau befindlichen Station Daresalaam zu geben und zwar dahingehend, daß die Leute erst dann an die Tasten gelassen würden, wenn sichergestellt sei, daß die Ausbildung wirklich ausreichend sei. Auch bei der Ausbildung der Maschinisten sollten strengere Maßstäbe gesetzt werden, diese sollte nun zwei Monate dauern.
Durch Auswechslung defekter Teile und Umsetzung der Verbesserungsvorschläge funktionierte die Station ab Mitte 1913 so viel besser, daß die Wahrnehmung der eigentlichen Aufgaben möglich wurde. Am 14.2.1913 wurde gute Verständigung in beiden Richtungen mit der "Gertrud Woermann" auf 1700 km, am 2.3.1913 gute Verständigung in beiden Richtungen mit der "Essen" auf 2600 km erzielt. Dies gelang mit der 600-m-Welle[107].
Die Mängelberichte durch das Postamt Douala nahmen jedoch immer noch kein Ende: Es waren Schäden an der Isolation von Turm und Antenne für die 1650-m-Welle festgestellt worden, da diese nur selten verwendet wurde, bemerkte man die Schäden erst im März 1913; Telefunken mußte diese Mängel daraufhin auf eigene Rechnung abstellen[108].

Am 9.6.1913 gelang erstmals eine gegenseitige Verbindung mit Swakopmund auf 600 m (auf 1650 m war nichts zu hören), auch mit Accra fand kurze Zeit später eine wechselseitige Verbindung statt[109]. Im Juni und Juli versuchte man mit Kamina in Kontakt zu treten, die Versuche auf 1650 m schlugen fehl, dagegen war auf 2500 m ein guter Empfang zu verzeichnen. Am 1.8.1913 hatte Douala von 11.20 bis 15.20 Uhr vorzügliche Verbindung mit Kamina im Rahmen von Tagesreichweitenversuchen auf 3000 m erzielt[110].

Am 12.6.1912 wurde zwischen Douala und dem spanischen Santa Isabel auf Fernando Póo eine Funkverbindung für den internationalen Verkehr eröffnet. Diese durch die Schwierigkeiten von Douala erst sporadisch funktionierende Verbindung, durch die Fernando Póo an das Welttelegraphennetz angeschlossen wurde, galt als gewöhnliche Verlängerung der internationalen Telegraphenlinien und nicht als eine radiotelegraphische Verbindung im eigentlichen Sinne. Die Worttaxe für Telegramme nach Fernando Póo war dieselbe wie für Kamerun mit einem Zuschlag von 1,10 Franc für das Wort[111]. Regelmäßige Verbindungen mit Fernando Póo wurden bei Versuchen erst im September, Oktober und November 1912 erreicht[112].

### 7.3.4 Die Rolle der Küstenfunkstelle bei den Grenzvermessungs-Expeditionen 1912 bis 1913

Eine Arbeit ganz besonderer Art leistete die Station Douala für das Schutzgebiet, als es um die Vermessung der durch das deutsch-französische Marokkoabkommen von 1911 veränderten Grenzen im Osten und Süden des Schutzgebietes ging. Ein Regierungsastronom richtete sich zu diesem Zweck in der Station häuslich ein und sendete nach verabredetem Plan den mit tragbaren Empfangsapparaten ausgerüsteten deutschen und französischen Grenzexpeditionen mehrere Monate hindurch abends und nachts Zeitzeichen und stellte eigene Mond- und Sternbeobachtungen an. Soweit es der Stand der Technik zuließ, bewährte sich die Station dabei gut[113].

Die deutsch-französischen Vermessungen Ende 1912 bis Mitte 1913 an den Neukameruner Grenzen nahmen einen guten Verlauf. Der Oberleiter der Ostexpeditionen, Hauptmann a.D. von Ramsay, berichtete, daß die Aufgaben der Logone-Pama- und der Lobaje-Pama-Grenzexpedition unter seiner Leitung und der von Hauptmann Bartsch bereits Mitte Mai im wesentlichen beendet worden waren. Da der von der französischen Leitung unternommene Versuch, die für den Grenzverlauf wichtige geographische Länge der Pamaquelle durch Funktelegraphie abzuleiten nicht geglückt war, mußte an dieser Stelle noch eine genaue astronomische Bestimmung stattfinden. Die dritte Ostexpedition, Kongo-Lobaje unter Hauptmann Horn, wurde zur selben Zeit im Anmarsch auf Bakota (am Lobaje) gemeldet und erreichte glücklich ihren Endpunkt, Singa am Ubangi. Danach fanden die Arbeiten sämtlicher Ostexpeditionen ihren Abschluß.

Von den beiden Südgruppen erreichte die Sanga-Jua-Grenzexpedition unter Führung von Major Ritter bereits im März Majingo, den Endpunkt der ihr zugewiesenen Strecke. Die Mitglieder der Expedition kehrten nach Beendigung ihrer Arbeiten, bei denen völlige Übereinstimmung mit ihren französischen Kollegen erzielt worden waren, heim. Die zweite Südexpedition, Monda-Jua unter Hauptmann Abel, war noch bis Mitte September beschäftigt. Die von dieser Expedition übernommene Ausführung von Längenbestimmungen durch drahtlose Telegraphie gestaltete sich mühselig und zeitraubend. Das jedesmalige Hochbringen der Antenne über die Urwaldbäume bildete eine besonders schwierige Aufgabe, die aber recht erfolgreich gelöst wurde, da an einer Reihe von Orten die von der Funkstation Douala gegebenen Signale aufgenommen werden konnten. Auch mit Widerstand der Einwohner des Gebietes hatte diese Expedition, deren Fortschritte unter Berücksichtigung dieser Umstände durchaus zufriedenstellend waren, zu kämpfen. Der Oberleiter der Südexpeditionen, Major Zimmermann, bereiste die gesamte Südgrenze und erkundete sie auch in wirtschaftlicher Hinsicht.

Der Gesundheitszustand der 33 den Grenzexpeditionen zugeteilten deutschen Mitglieder war relativ gut. Ein Todesfall war jedoch zu beklagen: Bei der Logone-Pama-Grenzexpedition fiel der Regierungsarzt Dr. Houy einem Mordanschlag zum Opfer[114].
Der nachstehend zitierte Bericht über eine geglückte Längenübertragung per Funk von Douala zur Pama-Quelle wurde von Hauptmann Bartsch, dem Führer der Logone-Pama-Grenzexpedition abgefaßt. Aus dem Bericht geht die genaue Festlegung auch dieses wichtigen Punktes in Länge und Breite hervor.
Die Entfernung der Pama-Quelle von Douala beträgt 850 km Luftlinie. Der Erfolg war für die Beteiligten umso erfreulicher, als der Expedition nur ein sehr einfaches Empfängermodell zu Versuchszwecken mitgegeben worden war. Gemäß § I.6 der Berner Abmachungen gehörten die radiotelegraphischen Längenbestimmungen an der Ostgrenze nicht zu den eigentlichen Aufgaben der deutschen Abteilungen:

*"Bericht über die Versuche mit drahtloser Zeitübertragung zur Längenbestimmung.*
*Lager an der Pama-Quelle den 14. Mai 1913.*

*Die Versuche mit dem Einwellen-Empfänger und der gerichteten Antenne in Gore (Dezember 1912) waren trotz großen Arbeits- und Zeitaufwandes gänzlich mißlungen. Dies nahm mir zunächst die Lust, im Meridian-Lager Bate den Versuch zu wiederholen, zumal dort der größte Teil meiner Arbeiter aus Verpflegungsmangel vom Lager ferngehalten wurde und der verfügbare Rest einen zur Triangulation notwendigen Hochstand bauen mußte.*
*Da erhielt ich während der Dreiecksvermessung bei Bate - Ende März - ein altes Telegramm aus Douala ausgehändigt, aus dem ich ersah, daß die Funkstation Douala ihren Zeitsignaldienst erst im Januar 1913 begonnen hatte. Meine Gore-Station war aber schon Anfang Januar abgebaut. Ich beschloß nun, im Meridian-Lager Pama den Versuch zu wiederholen.*
*Nach Eintreffen an der Pama-Quelle stellte ich das geodätische Azimut der Linie Pama-Quelle-Douala fest und ließ die Antenne in der ermittelten Richtung aufstellen. Diese Arbeiten wurden durch Unterzahlmeister Wedderkopf aufgrund unserer in Gore erworbenen Erfahrung vorzüglich ausgeführt.*
*Die Empfangsanlage steht quer auf einer flachen Geländewelle, die Hörstation etwa am höchsten Punkt, die Antenne senkt sich nach Westen hin in das Tal des Bara-Baches hinab, das Gegengewicht nach Osten in das Pama-Tal. Die Bronzelitze hängt in*

*etwa 10 m Höhe und ist an jedem Aufhängepunkt durch einen Kreuzisolator isoliert. Je fünf Masten tragen Antenne und Gegengewicht. Ein Durchhängen der Litze findet fast gar nicht statt. Der Draht ist an den äußeren Enden durch starke Bindung an Bäume isoliert befestigt, vor der Hörstation an schräggestellte Pfähle. Das Steifholen des Drahtes ist durch eingeschaltete Blöcke erleichtert. An die Hauptdrähte sind Zuführungsdrähte gelötet, die isoliert auf den Apparattisch führen. Das Aufstellen einschließlich Materialbeschaffung hat mit 100 Mann Arbeitern zwei Tage gedauert.*

*Auch die französische Abteilung hatte Antennen ausgelegt, je sechs Paralleldrähte nach Coquilhatville gerichtet, je zwei auf Brazzaville. Ihr Gegengewicht war geerdet und endete im Wasser des Bara-Bachs. Sie hatte einen großen Empfangsapparat mit Variation und elektrolytischen sowie Kristalldetektoren. Auch versuchte sie mehrfach (ohne Erfolg), eine Antenne mit Drachen zu heben. Ihre Versuche leitete ein Fachtechniker. Sie bekam keine Verbindung. Auch meine ersten Versuche waren ohne Erfolg. Ich glaubte den Mißerfolg der besonders ungünstigen Jahreszeit mit den täglichen Gewittern (besonders zu den Signalzeiten) zuschreiben zu müssen. Vielleicht hat auch die Lage der französischen Antenne, die die meinige senkrecht kreuzte, störend eingewirkt.*

*Als die französische Abteilung am 5. Mai abgebaut hatte und fortmarschiert war, erhielt ich am 6. Mai abends trotz eines im Osten stehenden Horizontgewitters überraschend deutliche Signalverbindung. Seit diesem Tage bin ich bei jedem Abend- und jedem Mitternachtssignal in Verbindung mit Douala. Die sehr starken Störungsgeräusche verhindern freilich ein tägliches Aufnehmen des Zeitsignals, denn während die Ankündigungszeichen der Signalgruppen meist vorzüglich hörbar sind, werden die kurzen, dazwischenliegenden Sekundenzeichen meist durch die Störungen übertönt. Eine Änderung der Koppelungsvariation führt hierbei zu keiner Besserung. Am lautesten sind die Zeichen (und freilich auch die Störungen) bei Stellung des Koppelungs-Drehknopfs bis zum Anschlage rechts.*

*Die Sekundenzeichen für Chronometer-Koincidenzen sind meist besser hörbar als diejenigen der sechs Signalgruppen. Von den drei Detektoren konnte ich zwei durch geeignetes Stellen an der Innenschraube bei Fernempfang zu hervorragender Empfindlichkeit bringen. Der dritte ist anscheinend unbrauchbar geworden. Der Prüfer des Apparats ist schon in Gore unbrauchbar gewor-*

*den. Das Summgeräusch ist im Telephon nicht mehr hörbar. Die beiden dem Apparat beigegebenen Telephone sind gleichwertig gut. Ein gleichzeitiges Abhören von zwei Beobachtern ist möglich und durchgeführt.*
*Das Ergebnis des Versuchs kann ich in folgendem zusammenfassen:*
*Der Einwellenempfänger hat sich unter recht erschwerenden Verhältnissen (Mangel von Fachkenntnissen seitens des Gebrauchers, sehr ungünstige Jahreszeit) als vorzüglich geeignet zur drahtlosen Zeitübertragung bzw. Ortsbestimmung erwiesen. Die Depeschen sind gut abhörbar, konnten aber von mir wegen Mangel an Übung nicht aufgenommen werden. Auch wurden die Morsezeichen in Douala sehr schnell hintereinander gegeben und nicht besonders langsam, wie verabredet.*
*Als beste Abhörzeit hier sind 7 Uhr abends und besonders Mitternacht anzusehen. Das Morgensignal 5 Uhr M.D.Zt. halte ich für unnütz"*[115].

Auch vonseiten Doualas liegt ein Bericht über den technischen Verlauf der Versuche vor, der auch Teile der Ausführungen von Bartsch kommentiert und diskutiert:

*"Die Verwendung der drahtlosen Telegraphie bei der Neukamerumer Grenzexpedition.*
*Vorläufiger Bericht des Astronomen H. Rauschelbach in Douala.*
*Im folgenden gebe ich eine Übersicht über die Erfolge der drahtlosen Telegraphie, soweit mir das Material darüber bis jetzt vorliegt.*
*1. Die Erfolge der Monda-Jua-Grenzexpedition.*
*Herr Hauptmann Abel hat mir über die in den Monaten Januar und Februar aufgenommenen Zeitsignale kurz berichtet. Das Material genügt jedoch nicht zu einer kritischen Verwertung. Der Vollständigkeit halber sind in der untenstehenden Tabelle einige Zahlen aus diesen Monaten mit aufgeführt.*

*Dem Kaiserlichen Postamte in Douala hat Herr Hauptmann Abel über die Monate März, April, Mai eine ausführlichere Aufstellung über die Signale zukommen lassen, die von der Station des Technikers Müller in diesen Monaten aufgenommen worden sind.*
*Das Ergebnis muß als überaus gut bezeichnet werden.*
*Von besonderem Interesse dürfte folgende Tabelle sein:*

| Im Monat | Jan | Febr | März | April | Mai |
|---|---|---|---|---|---|
| habe ich Signale | | | | | |
| gegeben | 22 | 44 | 57 | 32 | 32 |
| Davon sind nicht abgehört | - | - | 26 | 18 | 9 |
| a) da Station nicht aufgebaut | - | - | 18 | 16 | 3 |
| b) wegen Nahgewitter | - | - | 8 | 2 | 6 |
| Es sind abgehört worden | - | - | 31 | 14 | 23 |
| und zwar ist aufgenommen | | | | | |
| a) sehr gut oder gut | 4 | 6 | 21 | 10 | 9 |
| b) genügend | 1 | - | 3 | 1 | 1 |
| c) mangelhaft | - | 1 | 6 | 3 | 10 |
| d) nichts | - | - | 1 | 0 | 3 |
| oder in Prozenten | | | | | |
| a) sehr gut oder gut | - | - | 68 | 72 | 39 |
| b) genügend | - | - | 10 | 7 | 4 |
| c) mangelhaft | - | - | 19 | 21 | 44 |
| d) nichts | - | - | 3 | 0 | 13 |

*2. Die Erfolge mit der Logone-Pama-Expedition.*
*Herr Hauptmann Bartsch hat mir telegraphisch über Mongoumba, Herr Hauptmann a.D. von Ramsay brieflich von Singa mitgeteilt, daß die Expedition die Zeitsignale an der Pama-Quelle vom 6.-18. Mai gut hat aufnehmen können.*

*3. Die Erfolge mit der Funkstation in Brazzaville.*
*Herr Leutnant Malgat, der Leiter der französischen Station in Brazzaville, hat zwecks Bestimmung des Längenunterschiedes Douala-Brazzaville vom 18. Juni bis 5. Juli acht Douala-Zeitsignale aufgenommen. Im Mittel ergab sich als Zeitunterschied:*

*Brazzaville-Douala* $= 22^m 15^s,0 - 0^s,2$
$= 5°33'45'' - 3''$.

*Unter der Voraussetzung, daß der für die Länge von Brazzaville gegebene Wert 15°16'15" östl. Greenwich richtig ist, würde sich für die Länge der Beobachtungsstation Douala ergeben: 9°42'30" östl. Greenwich, während meine Annahme aufgrund vorläufiger Berechnungen 9°41'30" ist. (Es dürfte wohl richtiger sein, die bisherige Bestimmung von Douala als die schärfere anzusehen und hiernach die Länge von Brazzaville zu verbessern. Es sei jedoch erwähnt, daß eine neue scharfe Längenbestimmung von Douala durch das Kabel Emden-Douala im Werke ist. Hierdurch werden die drahtlosen Längenbestimmungen der Grenzexpeditionen erst ihren vollen Wert erhalten; außerdem wird voraussichtlich für die*

*Kartographie eines großen Teils von Westafrika eine sehr wichtige Neuorientierung im Gradnetz geliefert werden. Durch die von dem Astronomen Rauschelbach und dem Leutnant Freiherrn von Prankh ‹bisher bei der Monda-Jua-Grenzexpedition› ausgeführte Kabelübertragung werden sich folgende relative Längen ableiten lassen: Emden, Tenerife, Monrovia, Lome, Douala, Pointe-Noire, Brazzaville und sämtliche von den Grenzexpeditionen mit drahtlosen Stationen besetzten Punkte.) Brazzaville hat meine Abend- und Morgensignale gehört. Da es jedoch vor Mitte Juni um dieselbe Zeit selbst Signale gab, so war es nicht in der Lage, meine Zeichen aufzunehmen. Herr Leutnant Malgat hat mir noch eine neue Reihe in Aussicht gestellt.*
*4. Die Erfolge mit der Funkenstation in Pointe-Noire.*
*Die Versuche mit Pointe-Noire hatten den Zweck, ebenfalls den Längenunterschied Douala-Brazzaville zu bestimmen, indem die von Pointe-Noire gegebenen Zeichen in Brazzaville und Douala gleichzeitig aufgenommen werden sollten. Vom 30. Juli bis zum 6. August ist es endlich gelungen, mit der 600m-Welle an sechs Abenden die Vergleichssignale aufzunehmen. Ich habe mein Beobachtungsmaterial nach Brazzaville gesandt, wie es verabredet war. Sobald das Beobachtungsmaterial von Brazzaville selbst hier eintrifft, kann ich das Resultat ableiten.*

*Bemerkungen zu dem Berichte des Herrn Hauptmann Bartsch von der Aufnahme der Signale an der Pamaquelle (...). Am Schluß heißt es dort: 'Als beste Abhörzeiten hier sind 7 Uhr abends und besonders Mitternacht anzusehen. Das Morgensignal 5 Uhr M.D.Zt. halte ich für unnütz.'*
*Ich halte dieses Urteil für etwas verfrüht. In der Zeit vom 6. bis 14. Mai, von der in dem Bericht die Rede ist, sind im ganzen nur 12 Signale gegeben worden, und zwar 7 Abendsignale (7h p), 3 Nachtsignale (12h p), 2 Morgensignale (5h a). Ich halte es für unrichtig, aus diesen wenigen Zahlen schon einen allgemeinen Schluß zu ziehen, zumal in der fraglichen Zeit elektrische Entladungen sehr häufig waren. Jedem Eingeweihten ist es bekannt, daß in den Tropen gerade in den Morgenstunden vor Tagesanbruch die Aufnahmemöglichkeit von radiotelegraphischen Zeichen die größte ist.*
*Dies läßt sich auch schon an dem mir vorliegenden Material von drei Monaten von der Monda-Jua-Grenzexpedition beweisen. Zu dem Zwecke habe ich einmal die Intensität der Störungen tabuliert, wie sie an den Signalzeiten beobachtet worden sind, andererseits die Aufnahme der Signale selbst.*

*Tabelle A*
*Intensität der Störungen zu den Signalzeiten*

*Es bedeutet: 3 = mittlere Störungen 5 = sehr starke S.*
*2 = geringe Störungen 4 = starke Störungen*
*G = Gewitter*

| *Monat* | *7 Uhr p* | | | | | *12 Uhr p* | | | | | *5 Uhr a* | | | | |
|---|---|---|---|---|---|---|---|---|---|---|---|---|---|---|---|
| | | *2* | *3* | *4* | *5* | *G* | *2* | *3* | *4* | *5* | *G* | *2* | *3* | *4* | *5 G* |
| *März* | *2* | *4* | *2* | *4* | *5* | *0* | *1* | *0* | *3* | *0* | *9* | *4* | *3* | *1* | *0* |
| *April* | *0* | *4* | *2* | *2* | *2* | *1* | *3* | *0* | *1* | *0* | *3* | *5* | *2* | *1* | *0* |
| *Mai* | *4* | *3* | *7* | *3* | *7* | *1* | *2* | *0* | *3* | *2* | *6* | *7* | *3* | *2* | *2* |
| *Summe* | *6* | *11* | *11* | *9* | *14* | *2* | *5* | *0* | *7* | *2* | *18* | *16* | *8* | *4* | *2* |
| *in Prozenten* | *12* | *21* | *21* | *18* | *28* | *12* | *31* | *0* | *44* | *12* | *38* | *33* | *17* | *8* | *4* |

*Tabelle B*
*Aufnahme der Signale*

*Es bedeutet: 3 = genügend = nichts*
*2 = gut 4 = mangelhaft*
*G = Gewitter*

| *Monat* | *7 Uhr p* | | | | | *12 Uhr p* | | | | | *5 Uhr a* | | | | |
|---|---|---|---|---|---|---|---|---|---|---|---|---|---|---|---|
| | *2* | *3* | *4* | *n* | *G* | *2* | *3* | *4* | *n* | *G* | *2* | *3* | *4* | *n* | *G* |
| *März* | *6* | *2* | *2* | *2* | *4* | *1* | *0* | *2* | *0* | *0* | *7* | *0* | *2* | *0* | *0* |
| *April* | *5* | *1* | *1* | *0* | *2* | *1* | *0* | *0* | *0* | *0* | *4* | *0* | *2* | *0* | *0* |
| *Mai* | *8* | *0* | *7* | *2* | *4* | *0* | *1* | *1* | *0* | *2* | *1* | *2* | *0* | *1* | *2* |
| *Summe* | *19* | *3* | *10* | *4* | *10* | *2* | *1* | *3* | *0* | *2* | *12* | *0* | *6* | *1* | *0* |
| *in Prozenten* | *41* | *6* | *22* | *9* | *22* | *25* | *12* | *38* | *0* | *25* | *63* | *0* | *32* | *5* | *0* |

*Aus Tabelle A ergibt sich, daß die Störungen um 5h a am geringsten sind. Je geringer diese aber sind, desto größer ist die Wahrscheinlichkeit, daß das Signal gut aufgenommen werden kann. Tabelle B bestätigt dieses (gut aufgenommene Signale um 5H a: 63 p.c.).*
*Demnach ist die günstigste Zeit von den drei Signalzeiten 5 Uhr morgens (...)"*[116].

Trotz der Größe der Kolonie und ihrer offensichtlicher strategischer Bedeutung für die deutschen Militärs[117] kam es nicht zu einer funktechnischen Erschließung des Schutzgebiets, während man über Kabel und Funk Anschluß an das Weltnetz besaß.

## 7.4 Togo

### 7.4.1 Einführung

Die Postverbindungen Togos mit Europa waren anfangs nicht besonders günstig; hinzu kam, daß fast ausschließlich englische Dampfer benutzt werden mußten. Als dann die Woermann-Linie 1882 auf den Plan trat, wurden fortan in erster Linie deren Schiffe benutzt. Es ergab sich indes, daß der Fahrplan der Woermann-Linie den Interessen des Schutzgebietes noch nicht genügend Rechnung trug und auf die wöchentlich von und nach der Goldküste verkehrenden englischen Dampfer nicht ganz verzichtet werden konnte. Hinzu trat etwa 1898 die Benutzung der alle 20 Tage ab Cotonou verkehrenden französischen Dampfer. Das Jahr 1901 brachte wesentliche Verbesserungen und Veränderungen im Fahrplan der Woermann-Dampfer. Zur Postbenutzung nach den Schutzgebieten standen fortan monatlich zwei Schiffe zur Verfügung. Neben der Vermehrung der Dampferverbindungen wurde die Fahrzeit durch die Indienststellung schnellerer Schiffe verkürzt.
Die Postverbindungen innerhalb des Schutzgebiets wurden zuerst durch wöchentlich ein- bis zweimal zwischen Anecho und Lomé verkehrende Botenposten hergestellt. Im Gegensatz zur Küste bestand bis um die Jahrhundertwende keine Postverbindung ins Innere des Landes. Außerordentlich gefördert wurden die Postverbindungen ins Innerne des Schutzgebiets durch den 1905 einsetzenden Eisenbahnbetrieb. 1906 bis 1908 wurden neue Botenpostverbindungen im Innern eingerichtet. Nachdem Ende 1913 auch Sansane-Mangu über Sokode eine Botenpostverbindung erhalten hatte, bestand zwischen sämtlichen Plätzen von Bedeutung ein Netz von Postverbindungen[118].
Mit dem Ausbau der postalischen Einrichtungen ging die Erschließung des Schutzgebietes durch den Telegraphen einher. Verhältnismäßig früh schon, in den Jahren 1893/94, wurde die Telegraphenlinie an der Küste angelegt, die den Anschluß an die Nachbarkolonien, die englische Goldküste im Westen und das französische Dahomé im Osten und damit nach beiden Seiten hin an das Weltkabelnetz bezweckte. Das Schutzgebiet erhielt dadurch eine Verbindung mit dem Mutterland, da ein unmittelbarer Anschluß durch ein Seekabel vorläufig nicht in Betracht kam. In der zweiten Hälfte des Jahres 1893 schließlich wurde eine Telegraphenlinie zwischen der Grenze der Goldküste (englisches Kabel) bis Anecho über sämtliche wichtigen Orte an der Küste gelegt. Die Arbeiten wurden am 13.3.1894 vollendet. Der Gesundheitszustand der Baukolonne und der Weißen war nicht immer zufriedenstellend. Das Arbeiten in schattenloser

Ebene bei großer Hitze ließ namentlich den europäischen Leitungsaufseher wiederholt nicht nur an Malaria erkranken. Auch bei den Afrikanern stellten sich Malaria und Erbrechen ein.
Von 1907 bis 1913 wurde der Ausbau der Telegraphenlinien im Innern intensiv vorangetrieben. Dabei wurden die Verbindungen Agome-Kpalime - Ho, Agome-Kpalime - Kpandu, Lome - Atakpame, Anecho - Tokpli, Atakpame - Sokode, Kpandu - Kete-Krachi und Kete-Krachi - Sansane-Mangu geschaffen[119].

### 7.4.2 Die Großfunkstelle Kamina

Neben der Herstellung von Kabelverbindungen innerhalb und außerhalb der Kolonie liefen Versuche wegen des Baues einer Großfunkstation in Togo, deren beschleunigte Errichtung im Jahre 1912 beschlossen wurde, und zwar an dem Platz, wo vorher einmal die Versuchsempfangsantenne gestanden hatte[120]: in Kamina. Hierzu kam, daß ohnehin die Wahl Togos als Aufstellungsort für die Großfunkstation (auch Kamerun war im Gespräch) überwiegend damit begründet wurde, daß die Hinterlandbahn Lomé - Atakpame bei Agbonu (16 km vor Atakpame) in nur 3,5 km Entfernung von dem Versuchsort vorbeiführte und die Strecke Agbonu - Kamina zur weiteren Verbilligung der Transportkosten und aus Zeitersparnis durch eine Feldbahn leicht überbrückt werden konnte, während vorauszusehen war, daß die Errichtung der Station in Kamerun mit erheblichen Transportschwierigkeiten und Transportkosten verbunden sein würde.
Die Empfangsversuche mußten jedoch wegen des Umsturzes des Nauener Funkturms im Frühjahr 1912 unterbrochen werden; in der Kommissionssitzung vom 28.1.1913 vermeldete der Staatssekretär des Reichspostamtes, daß die Versuche Nauen - Togo mit erhöhter Kraft wieder aufgenommen würden und daß die Absicht bestände, die Verbindung Nauen - Togo und von hier weiter nach Südwest-Afrika im Jahre 1914 in Betrieb zu nehmen. Ende Januar 1913 wurden die Versuche tatsächlich wieder aufgenommen. Bemerkenswert ist, daß bei der Verbindung Kamina - Nauen große Schwierigkeiten auftraten, da der Versuchsempfang in Togo besonders unter überaus starken atmosphärischen Störungen zu leiden hatte. Nur vormittags und nachts wurde sowohl in Nauen als auch in Kamina gut empfangen[121].
Der Bau war allerdings schon während der laufenden Versuche beschlossen worden, so daß schon 1912 in Kamina, 5 km von der Bezirksstadt Atakpame entfernt die ersten Arbeiten begannen. Eine zweite, kleinere Station, die besonders dem Funkverkehr mit Schiffen im Südatlantik dienen sollte, sollte in der Nähe von Lomé bei Togblekovhe (17 km landein-

wärts und somit außerhalb der Reichweite von Schiffskanonen gelegen) errichtet werden. Beide Objekte waren aufgrund der mit ihnen beabsichtigten globalen Zielsetzung für die deutsche Kolonialpolitik in Togo absolute Vorrangprojekte. Zum einen hatte die Station strategische Bedeutung in den weltumspannenden Imperialismusplänen des deutschen Reiches.
Für die Administration in Togo hatte die transkontinentale Funkstation in Kamina aber andererseits auch ein innenpolitisches Gewicht, weil der Aufbau der Station nach dem Bau der Eisenbahn bis Atakpame eine wichtige koloniale Großbaustelle war; Telefunken war mithin der erste deutsche Großkonzern, der sich in der Kolonie mit beträchtlichen Geldsummen engagierte. Am Beispiel dieses Großprojektes läßt sich das koloniale Ausbeutungssystem gut illustrieren und gewiß auch auf die anderen Funkstationsprojekte hochrechnen. In Kamina zeigte sich das Wesen der Ausbeutung allerdings in seiner extremen Form. Ein Konzern, der damals das Weltniveau auf dem Gebiet der drahtlosen Telegraphie bestimmte und Millionen Profite in Europa erwirtschaftete, errichtete in Afrika eine Zweigstelle, wobei er den afrikanischen Arbeitern nicht einmal den jämmerlichen Tageslohn von 85 Pfennigen, den ein freier Lohnarbeiter an der deutschen Togoküste verdiente, zahlte. Er verwendete zur Arbeit 200 gezwungene "Pflichtarbeiter" aus Nordtogo (meist vom Volk der Kabre), denen er nur den Lohn von 50 Pfennigen je Tag (und 25 Pfennigen Verpflegungsgeld) zu zahlen brauchte. Die Rekrutierung von freiwilligen Lohnarbeitern verbot sich für das Gouvernement von selbst, da dann das auf Zwangsrekrutierungen beruhende koloniale Arbeitssystem in Gefahr geraten wäre[122].
Die Zwangsarbeit erfaßte aber nicht nur die männliche Bevölkerung. Auch Frauen begleiteten die "Pflichtarbeiter", teils freiwillig, zumeist jedoch gezwungen, vor allem weil die Frauen den Arbeitern bei Kamina das Essen kochen sollten. Die deutschen Kolonialherren nahmen an, daß hier die Ehefrauen mitgenommen würden. Das scheint keineswegs die Regel gewesen zu sein, besonders deshalb nicht, weil Kinder und Feldbestellung das Verbleiben der Frauen in der Heimat erforderten.
Ein weiterer Faktor, der für die Kolonisierten zumindest später nachteilig ins Gewicht fallen sollte, war die immense ökologische Schädigung der Region durch vermehrten Holzeinschlag. Die Administration hatte nämlich mit Telefunken einen Vertrag abgeschlossen, in dem sie der Firma für 20000 Mark jährlich 3000 Festmeter Holz für den Betrieb der Motoren von Kamina zusicherte, obwohl nur 1,5% des gesamten Territoriums bewaldet war. Demgegenüber hatte die Administration den Afrikanern 1912 die Rodung für das Anlegen von Kakaoplantagen verboten. Es hätte für den Betrieb durchaus importierte Kohle verwendet werden können[123].

Abb. 24: Bau der Telefunken-Station Kamina/Togo (Telefunken- Zeitung, Nr. 12, Juni 1913: 167, Abb. 121)

Abb. 25: Bau der Telefunken-Station Kamina/Togo, Fremdenhaus (Telefunken-Zeitung, Nr. 12, Juni 1913: 171, Abb. 129)

*Abb 26: Gesamtansicht des Stationsplatzes Kamina/Togo (Telefunken-Zeitung, Nr. 12, Juni 1913: 171, Abb. 130)*

Anfang 1913 war der Bau der Station in vollem Gang. Abzweigend von der Togo-Bahn hatte Telefunken bei dem Ort Agbonu eine Feldbahn von über 5 km Länge gebaut, um den Transport der schweren Eisenteile für die Antennenträger, der Maschinen etc. zu vereinfachen. Trotz erheblicher Anlagekosten wurde eine bedeutende Verbilligung des Transportes und eine große Zeitersparnis erzielt.

Am Bahnhof von Agbonu stand ein 5-Tonnen-Kran, der über das Gleis der Togobahn und das Feldbahngleis der zusätzlich angelegten Telefunken--Bahn hinwegreichte, so daß er eine direkte Überladung der Waren gestattete. Das Feldbahngleis führte über eine Weiche zum Telefunken-Schuppen, der auf einer 80 cm hohen Anschüttung in einer Ausdehnung von 4 x 80 m aufgestellt worden war. Von der Weiche zweigte die Hauptstrecke nach Kamina ab und führte über eine aufgedämmte Kurve zum Steinlagerplatz und von da weiter in einer 1,3 km langen Geraden durch Buschland zu dem Dorf Loma.

Kleine Einschnitte und Aufdämmungen gaben der Strecke ein konstantes Gefälle von 2 bis 3%. Vor dem Dorf Loma befand sich ein ca. 20 m langes Ausweichgleis. Neben der Bahn führte die ebenfalls von Telefunken hergestellte Fahrstraße nach Kamina, welche im Nivellement natürlich dem Gelände angepaßt worden war und die Umdrehungskurven der Bahn nicht mitmachte.

Vor Loma befand sich ein Sumpf, der überdämmt und durch einen 1,5 m tiefen Graben entwässert werden mußte. Durch einen Eisenbeton-Durchlaß unter der Bahn wurde das überschüssige Wasser in den Ike-Bach geleitet. In der weiteren Strecke wurden noch zwei andere Durchlässe aus Beton angelegt, die das von den Hügeln herabfließende Wasser unter dem Bahndamm hinwegführten.
In der Nähe des Stationsplatzes gabelte sich die Bahn in eine westliche Strecke, die zur Sandgewinnungsstelle führte und in die nördliche Hauptstrecke zum Stationsplatz Kamina. Einer der Türme stand in der Nähe der Sandgewinnungsstelle. Der Sand wurde in Eimern aus dem Ike-Bach geschöpft und zum Sandplatz getragen, von wo aus die Wagenschieber ihre Wagen beluden.

Beim Ausheben eines Fundamentes wurde eine kleine ganz klare Quelle in ca. 3 m Tiefe entdeckt, die der leitende Telefunken-Ingenieur in zementierten Kanälen abfangen und zu einem Brunnen neben dem Fundament führen ließ, weil die an das reine Bergwasser ihrer Heimat gewöhnten Kabre durch das Wasser des Ike-Baches häufig an Dysenterie erkrankten.
Auf dem Stationsplatz selbst war ein Grundwasserbrunnen ausgehoben und zementiert worden, aus dem das Wasser vermittels einer Pumpe, die von vier Mann betätigt wurde, in das 10 m hohe Wasserreservoir gepumpt wurde. Das Hochreservoir diente auch gleichzeitig als Sicherheitsventil der Leitung bei geschlossenen Hähnen, wenn die Sonne das Wasser auf über 50 Grad erhitzte und wenn gepumpt wurde, ohne daß an einer Verbrauchsstelle ein Hahn geöffnet war. Die Verbrauchsstellen, die Ziegelei und die Bauplätze der verschiedenen Türme waren bis zu 1200 m von dem Hochreservoir entfernt. Der Platz wurde unter einem Affenbrotbaum gewählt, um an einem seiner Äste das eiserne Reservoir bequem auf den Pfeiler zu bringen. Da der Verbrauch beim Betonieren manchmal größer war als die Wasserleitung liefern konnte, war an jeder Verbrauchsstelle ein kleines Betonreservoir von ca. 1,5 qm Fassungsraum gebaut worden, über welchem die Auslaufhähne mündeten.

An der Nordwestgabelung der Trasse befand sich das "Fremdenhaus", welches Repräsentationszwecken diente. Es war ganz aus Grasstroh gebaut, hatte aber einen dünnen Betonbelag als Fußboden; es umfaßte drei Räume: Speisezimmer, Schlafzimmer und Badezimmer, das auch infolge seiner Größe als Anrichte diente. Innen war es sehr wohnlich gemacht durch Überkleidung der Graswände mit geflochtenem und in farbigen Mustern gehaltenen Haussa-Strohmatten. Gegenüber dem Fremdenhaus, getrennt durch eine frisch abgeholzte Fläche, befand sich der große Sammelplatz der Arbeiter, umgeben vom Baubüro, dem Handwerksschuppen

und dem Proviantschuppen. Gleich nach dem Fremdenhaus zweigte eine Stichbahn über eine Weiche und einen betonierten Durchlaß zu dem Platz ab, an welchem die künftige Gebestation errichtet werden sollte[7].
Am 7.10.1913, nachdem schon sieben der Funktürme fertiggestellt waren, fand ein Besuch des Staatssekretärs Dr. Solf, der sich mit Ehefrau auf einer Besichtigungstour durch die afrikanischen Kolonien befand, dem Gouverneur, Herzog zu Mecklenburg und zahlreichem Gefolge im halbfertigen Kamina statt. Nach dem Empfang in Atakpame und Dejeuner im Bezirksamt fuhr der bauleitende Ingenieur mit den hohen Besuchern und der ganzen übrigen Gesellschaft, die in vier Autos folgte, nach Agbonu, wobei der am Ausgangspunkt der von Telefunken angelegten Straßen und Bahnen errichteten Ehrenpforte die Vorstellung aller beim Bau beschäftigten Europäer erfolgte (Afrikaner wurden nicht berücksichtigt).
Hierauf wurde der provisorisch aus zwei Plateauwagen mittels Drehscheiben zu einem langen, vierachsigen Wagen ausgebildete Personenwagen bestiegen und zum Fremdenhaus der Telefunkengesellschaft in Kamina gefahren, um den Tee einzunehmen. Hierauf fand die Besichtigung aller Objekte mit Auto und Feldbahn statt. Da zum Diner 20 Personen angesagt waren, mußte der Bauleiter im eben fertig gestellten Kesselraum decken lassen. Die Fundamente wurden mittels Brettern abgedeckt und so ein Fußboden geschaffen. Der Raum wurde dekoriert und provisorisch elektrisch beleuchtet, wozu ein kleiner Benzinmotor mit Ladedynamo diente. Die Stühle hatte das Personal der Station selbst angefertigt.
Im ebenfalls gerade fertiggestellten und eingedeckten Maschinenraum wurde nach dem Diner an kleinen Tischen der Kaffee serviert, wobei ein Kinoabend mit Aufnahmen der Station veranstaltet wurde. Bei der Abfahrt um 21.00 Uhr waren sämtliche sieben Türme bis zur Spitze beleuchtet, wodurch die riesige Ausdehnung der Station zum Ausdruck kam. Der Staatssekretär äußerte sich über das Gesehene sehr befriedigt und bezeichnete die Besichtigung von Kamina als den Clou seiner Reise.
Die Arbeiten an der Station schritten inzwischen weiter voran. Die wichtigsten Baulichkeiten waren Ende 1913 fertiggestellt; es konnten auch schon versuchsweise Telegramme von Nauen aufgenommen werden. Antworten konnte Kamina aber noch nicht, da sich die Maschinenanlagen noch im Bau befanden.
Am Montag, den 8.12.1913 besichtigte Gouverneur Mecklenburg wiederum die Station. Während seiner Anwesenheit wurde eine Anzahl von Telegrammen und außerdem ein Begrüßungstelegramm der Station Nauen aufgenommen, das folgenden Wortlaut hatte: "Eurer Hoheit entbietet aus der deutschen Heimat auf drahtlosem Wege über 5000 km ihre untertänigst. Grüße die Telefunkenstation Nauen."

Bald nachher lief die per Kabel nach Nauen gegebene Antwort des Herzogs ein: "Funkenstation Nauen. Aufrichtigen Dank für Heimatgrüße, die gestern abend Kamina hörte und empfing. Herzog Mecklenburg."[125]

Im übrigen wurden die Arbeiten so gefördert, daß die Station Mitte Juni 1914 im großen und ganzen fertiggestellt war und mit den Funktests, die gemäß Konzession der endgültigen Übergabe vorauszugehen hatten, begonnen werden konnte. Insgesamt umfaßte diese Konzession vom 12.7.1913 und die dazu getroffenen besonderen Vereinbarungen vom 12. bzw. 18.7.1913 folgende Punkte:
a) Herstellung einer Funkverbindung zwischen Kamina einerseits und Nauen, Südwestafrika und Deutsch-Ostafrika andererseits,
b) Herstellung eines wechselseitigen Dienstes Nauen - Kamina und
c) Herstellung einer Funkverbindung zwischen Windhuk einerseits und Togo und Ostafrika andererseits.

Die Tests begannen am 20.7.1914 um 8.00 Uhr. Kurz darauf wurde die Station offiziell in Betrieb genommen.

Auf dem 4 km langen und 3 km breiten Funkplatz erhoben sich nun neun riesige Türme, von denen drei je 75 m und sechs je 120 m hoch waren. Die Erdung bestand aus 30 Kupferblechplatten zu 1 qm. An sonstigen Baulichkeiten gehörten zu der Station 1. ein Empfänger- und Beamtenwohnhaus, das an einen von Süden nach Norden über sieben Türme geführten, über 3,5 km langen und aus etwa 11 mm starkem Bronzeseil bestehenden Empfangsluftleiter angeschlossen war, während der Sendeluftleiter in Gestalt einer Harfe die mittleren vier Türme bedeckte. Zur Empfangsanlage gehörten drei Hörempfänger mit einem stetigen Wellenbereich von 200 bis 14000 m. 2. Ein Sendehaus mit Wasserbehälter und Kühlturm. Das in der Mitte des Platzes gelegene Sendehaus war auch das Herz der ganzen Anlage; hier wurde der Strom erzeugt, der sich in 100 kW Schwingungsenergie in der Antenne auswirkte. 3. Ein Kesselhaus mit Wasserreinigungsanlage und allen erforderlichen Nebeneinrichtungen (Wasser- und Dampfmesser, Wasserreiniger usw.). In dem unteren Teil des Kesselhauses befand sich eine Riesenfeueranlage, die mit Holz beschickt wurde; Kohlen wären angeblich zu teuer gewesen. 4. Eine Maschinenhalle. Sie enthielt zwei Dampfturbinen von je 500 PS, die mit zwei Wechselstromerzeugern gekuppelt waren, ferner zwei Gleichstrommaschinen zur Ladung der Sammlerbatterie. 5. Ein Senderbedienungspult, dessen Taste den Sender mit einer Schwingungsenergie von 100 kW in Betrieb setzte. 6. Ein Stauwehr mit Pumpenhaus und eine Ziegelei. Es war nicht leicht, den großen Wasserverbrauch auf dem Gelände zu decken.

Neben drei tiefen Brunnen, aus denen das Wasser mit elektrischen Kreiselpumpen gehoben wurde, sorgte daher eine große Stauwehranlage dafür, daß das Wasser des vorbeifließenden Ike-Baches auch während der Trockenzeit nicht versiegte. Und 7. das Betriebsleiterhaus, das im Sommer 1914 bei Kriegsausbruch eben fertig geworden war[126].

### 7.4.3 Die Küstenfunkstelle Togblekovhe

Genau wie im Falle Kamina mußte auch der Standort für die Küstenfunkstation in Togo im Hinblick auf einen möglichen Kriegsfall außerhalb der Reichweite der feindlichen Schiffgeschütze liegen. Dies war um so notwendiger, als sie für den Fall, daß eine Großfunkstation in Kamerun hergestellt werden würde, auch die Verbindung mit der Heimat (über Kamerun) zu vermitteln hatte. Die Wahl fiel schließlich auf ein Gelände bei dem rund 16 km nördlich von Lomé an der Bahn Lomé - Atakpame gelegenen Togblekovhe, das in einer Größe von 400 m Durchmesser vom Gouvernement zu dem Zweck unentgeltlich überlassen wurde. Ebenso verpflichtete sich das letztere zur unentgeltlichen Überstellung von afrikanischen Arbeitskräften, Beaufsichtigung und Abnahme der Gebäude sowie zur zollfreien Einfuhr sämtlicher Materialien, Apparate usw.
Nach Regelung dieser Fragen und Fertigstellung der Baulichkeiten begannen die vertragsmäßigen Lieferungen und der Aufbau der Station durch Telefunken, deren Montagepersonal (ein Ingenieur und ein Monteur) am 25.9.1913 die Ausreise von Hamburg antrat. Als Tag der Übergabe der Küstenfunkstation war der 15.3.1914 vorgesehen. Diese Frist konnte infolge einer schweren Erkrankung des Ingenieurs, die am 13.3. seine sofortige Heimreise erforderlich machte, trotz Entsendung von Aushilfspersonal von Kamina nicht eingehalten werden. Aufbauten der Abspannfundamente für den Turm stürzten kurz nach Fertigstellung der Station teilweise ein. Der Einsturz dieser Aufbauten war darauf zurückzuführen, daß bei der Ausführung der Arbeiten der Montageleiter krank daniederlag und die Arbeiten ausgeführt wurden, ohne daß er darüber eine Kontrolle ausüben konnte[127]. Im Anschluß an die erst mit dem 20.3. aufgenommenen Empfangsversuche und die anschließende Abnahme der Station durch den leitenden Beamten der Reichspostverwaltung in Lomé (Postinspektor Laage) erfolgte die Übergabe erst am 12.4. und die Aufnahme des öffentlichen Dienstes mit Schiffen in See am 11.5.1914.
Das Rufzeichen war "KBL", die Reichweite etwa 1100 km. Die Station arbeitete mit festen Wellen von 300, 600, 1400, 1800 und 2500 m[128].
Die Dienststunden waren auf 7.00 bis 10.00 Uhr und 18.00 bis 21.00 Uhr GMT angesetzt. Die Gebühr für einen Funkspruch von 10 Wörtern betrug 6,50 Mark[129].

*Abb. 27: Küstenfunkstelle in Lomé/Togo, Stationsgebäude, im Vordergrund eine Halteseilverankerung (Telefunken- Zeitung), Nr. 21, Juli 1920: 48, Abb. 48)*

## 7.5 Kiautschou

1911 wurde der Plan gefaßt, die im Jahr 1906 von der deutschen Marine errichtete, auch dem öffentlichen Verkehr dienende Station auf dem Signalberg in Tsingtau zu modernisieren. Statt der veralteten Ausrüstung sollte das System der "tönenden Löschfunken" eingebaut werden. Gleichzeitig sollte die bisher 200 km betragende Reichweite auf 600 km erhöht werden. Die Station sollte außerdem auf 4 kW verstärkt werden. Die Lieferung des Materials wurde Ende 1911 bei Telefunken in Auftrag gegeben. Die Kosten wurden auf 150000 Mark veranschlagt[130].
Für die Funktelegrammverbindungen nach draußen waren diese Maßnahmen, zunächst jedenfalls, ohne Bedeutung. Diese Verbindungen waren weiterhin durch eine Serie von Ausfällen charakterisiert, die allerdings nicht immer technisch bedingt waren. Im Oktober und November 1911 waren die Telegraphenlinien nach Hankou unterbrochen, da dort inzwischen Unruhen ausgebrochen waren. Telegramme nach Hankou konnten jedoch vorerst vom Postamt auf Gefahr der Absender angenommen werden. Sie

fanden, soweit möglich, mittels des Funktelegraphen Beförderung. Starke Verzögerungen waren dabei nicht ausgeschlossen[131].
Mitte November konnten auch Funktelegramme nach Hankou bis auf weiteres nicht mehr befördert werden[132].
Kurz danach war die Funkverbindung mit Hankou laut Mitteilung des kaiserlichen Post- und Telegraphenamts vom 15.11. wiederhergestellt[133].

Die modernisierte Station lag wie die alte auf dem Signalberg bei Shantung auf 120° 19' 27" Ost und 36° 04' 00" Nord, das Rufzeichen war "KTS" (ab 1913 "KBS"), die normale Reichweite betrug nachts 2500 km, tagsüber 1000 km, im Winter steigerte sich die Reichweite etwas, im Sommer reduzierte sie sich entsprechend; die Normalwelle betrug 600 m, die Station versah ihren Dienst rund um die Uhr[134].
Nach der erfolgten Modernisierung und Vergrößerung der Station Tsingtau wurde die Radiotechnik auch auf anderen Sektoren als der der Schiffssicherheit eingeführt, zum Beispiel wurde durch den Norddeutschen Lloyd im Oktober 1912 ein drahtloser Pressedienst in den ostasiatischen Gewässern eingerichtet. Schon seit mehreren Jahren standen seine Dampfer mit den Küstenradiostationen in dauernder Verbindung und erhielten auf diese Weise aktuelle Nachrichten über die wichtigsten Tagesereignisse. Die Schnelldampfer des Norddeutschen Lloyd und mehrere seiner großen Passagierdampfer auf der Fahrt zwischen Bremen und New York hatten eine Druckerei an Bord, die auf der Fahrt eine Ozeanzeitung mit den jüngsten drahtlosen Telegrammen druckte, die kostenfrei an die Passagiere verteilt wurde. Für die Reichspostdampfer nach Ostasien hatte bis dahin nur die Möglichkeit bestanden, wichtige Nachrichten per Funk höchstens bis vor Port Said an Bord zu holen. Nur bis dahin reichten die von der Station Norddeich ausgesandten Funksprüche, auf der weiteren Fahrt standen die Schiffe auf der Ostasienfahrt mit keiner Küstenstation für drahtlose Nachrichtenübermittlung mehr in Verbindung. Allerdings war kurz zuvor eine Station in Colombo eröffnet worden, die jedoch für den Pressedienst zu diesem Zeitpunkt noch nicht in Frage kam. Nachrichten auf See konnten die Lloyddampfer auf ihrer Fahrt nach Ostasien auch durch andere Schiffe erhalten. Die Schiffe waren also auf Seetelegramme angewiesen, und wenn sie nicht in den Anlaufhäfen Nachrichten erhalten hätten, wären sie auf einige Wochen ohne Nachrichtendienst geblieben. An eine Wandlung dieses Zustandes war nicht zu denken gewesen, da, wie erwähnt, im Fernen Osten eine Küstenstation für drahtlose Telegraphie, die die Lloydschiffe mit Nachrichten hätte versehen können, fehlte. Nachdem nun aber in Tsingtau die nötigen Einrichtungen für drahtlose Telegramme installiert worden waren, war für die Schiffe die Möglichkeit gegeben, solche zu erhalten. Die täglich unter der Telegrammadresse der

TNN in Tsingtau eintreffenden Pressetelegramme wurden per Funk von der Station in Tsingtau aus an die Reichspostdampfer des Norddeutschen Lloyd gesandt. Die Zeit der Aufgabe der drahtlosen Telegramme wählte man so, daß die am Vormittag eingetroffenen Telegramme noch am gleichen Nachmittag weitergegeben und unter Umständen abends noch durch Hinzufügung eines Zeitungsauszuges ergänzt werden konnten. Die drahtlosen Telegramme der Station Tsingtau wurden den Passagieren der Lloyddampfer an Bord sofort durch Anschlag zur Kenntnis gebracht[135].

1912 schaltete die Station Tsingtau die 600-m-Welle als öffentliche Welle. Der Zeitungsdienst fand täglich statt; zusätzlich verkehrte die Station um 11.00 und 17.00 Uhr mittlerer chinesischer Küstenzeit mit Dairen (Dalny) auf 450 m zwecks Austauschs von Observatoriumssignalen. Während dieser Zeit konnte die Station nicht angerufen werden.
Dazu gab es Wettervorhersagen und Nachrichten für Seefahrer. Der Wetterbericht wurde täglich im Anschluß an den Zeitungsdienst gegeben, Sturmwarnungen des Observatoriums Tsingtau wurden unverzüglich dreimal hintereinander auf der 600-m-Welle weitergeleitet. Alle derartigen Meldungen wurden im Anschluß an den Zeitungsdienst noch einmal wiederholt. Darüber hinaus wurden besonders eilige und wichtige Nachrichten für Seefahrer, wie das Abtreiben von Leuchtschiffen usw. sofort nach dem Eintreffen auf 600 m gegeben[136].

Anfang 1913 faßte man für die Station Tsingtau weitreichendere Möglichkeiten ins Auge, um nun die Nachrichtensituation des Pachtgebiets selbst weiter zu verbessern. Der Zeitungsdienst an die Schiffe war zwar für diese eine schöne Sache, verbesserte aber die Versorgung von Tsingtau mit Nachrichten keineswegs. Der Direktor der Gesellschaft für drahtlose Telegraphie bemerkte in einem Vortrag vor dem Kolonialwirtschaftlichen Komitee in Berlin über die Station Tsingtau unter anderem, daß die Versuche, zwischen Yap und der Marinestation in Tsingtau Verbindung herzustellen, bei Nacht Erfolg gehabt hätten; zur Herstellung einer regelmäßigen Verbindung müßte die Station Tsingtau aber weiter vergrößert werden[137].
Nachrichten von außen unabhängig von irgendwelchen Gesellschaften oder ausländischen Regierungsstellen zu erhalten war tatsächlich ein Hauptanliegen der Tsingtauer Verwaltung und der Geschäftswelt. Man war, was Nachrichten von außerhalb anging, weitestgehend vom Kabeldienst des "Ostasiatischen Lloyd" abhängig, einer deutschsprachigen Wochenzeitung in Shanghai. Eine große Geldanleihe, die Kiautschou in Shanghai aufnehmen wollte, war anscheinend infolge von Quertreibereien immer noch nicht zum Abschluß gelangt. Als besonders bedauerlich wurde es bezeichnet, daß der Kabeldienst des "Ostasiatischen Lloyd" nach

Tsingtau in dieser hochbedeutsamen Angelegenheit anscheinend versagte, indem er, nach Tsingtauer Geschmack, durch seine Nachrichtenpolitik dazu beitrug, das Projekt zu hintertreiben. Die vonseiten der Tsingtauer seit Monaten in Shanghai erhobenen Vorstellungen führten zu keinem auch nur einigermaßen befriedigendem Ergebnis. Man wurde darum das Gefühl nicht los, daß der "Ostasiatische Lloyd" sein im deutschen Interesse in Ostasien eingerichtetes Kabelmonopol zum Schaden Tsingtaus und der deutschen Interessen im Wirtschaftsgebiet von Shantung mißbrauchte[138].

> *"Es muß im höchsten Maße Wunder nehmen, daß allerhand überflüssige Dinge, die keinen Menschen interessieren nach Tsingtau telegraphiert, sehr wichtige Nachrichten aber einfach verschwiegen werden. Wie reimt sich das zusammen? Das ist doch eigentlich ein unhaltbarer Zustand, wenn es sich der 'Ostasiatische Lloyd', der sich immer als Vertreter des gesamten Deutschtums in Ostasien aufspielt erlauben kann, Tsingtau in dieser Weise an der Nase herumzuführen. Ältere Tsingtauer wissen sich noch sehr genau zu erinnern, wie das Shanghaier Wochenblatt jahrelang systematisch gegen Tsingtau gehetzt hat und Zuschriften aus Tsingtau, die sich in ruhiger Art gegen solche Hetze wandten, mit vielen Worten an den Absender zurücksandte, ohne sie veröffentlicht zu haben. Es müßte ernstlich in Erwägung gezogen werden, ob man sich hier in Tsingtau nicht ganz vom Kabeldienst des 'Ostasiatischen Lloyd' freimachen kann. Es sollte wohl möglich sein, regelmäßig andere Telegramme dafür zu erhalten"*[139].

Neben dem Telegrammdienst versah die Station Tsingtau recht erfolgreich die Aufgaben für die Sicherheit auf See. So wurden Seerettungsaktionen beobachtet und gegebenenfalls unterstützt, was wegen des regen Dschunken- und Fischereiverkehrs nach wie vor die wichtigste Aufgabe der Station war. Am Nachmittag den 23.1.1913 funkte zum Beispiel der Dampfer Goldenfels (Kapitän Diedrichsen) der Hamburg-Amerika-Linie nachmittags die Nachricht an die Station, daß etwa 85 sm südöstlich von Tsingtau ein treibendes offenes Fischerboot mit 5 Mann Besatzung angetroffen und gerettet wurde[140].

Seit dem 5.5.1913 übernahm die Station Tsingtau eine weitere Aufgabe im Bereich der Ausstrahlung von Zeitzeichen: Um jeweils 12.00 und 20.00 Uhr chinesischer Küstenzeit (4.00 und 12.00 Uhr GMT) übertrug man vom Observatorium Tsingtau automatisch regulierte Zeitsignale auf der

1250-m-Welle (240 kHz), und zwar nach Beschluß der internationalen Zeitkonferenz von Paris (15.-25.10.1912) nach folgendem Schema:

57. Minute:
0. s bis 50. s zum Abstimmen
55. s bis 56. s Strich
57. s bis 58. s Strich
59. s bis 60. s Strich

58. Minute:
8. s bis 9. s Strich
10. s Punkt
18. s bis 19. s Strich
20. s Punkt
28. s bis 29. s Strich
30. s Punkt
38. s bis 39. s Strich
40. s Punkt
48. s bis 49. s Strich
50. s Punkt
55. s bis 56. s Strich
57. s bis 58. s Strich
59. s bis 60. s Strich

59. Minute:
6. s bis 7. s Strich
8. s bis 9. s Strich
10. s Punkt
16. s bis 17. s Strich
18. s bis 19. s Strich
20. s Punkt
26. s bis 27. s Strich
28. s bis 29. s Strich
30. s Punkt
36. s bis 37. s Strich
38. s bis 39. s Strich
40. s Punkt
46. s bis 47. s Strich
48. s bis 49. s Strich
50. s Punkt
55. s bis 56. s Strich
57. s bis 58. s Strich
59. s bis 60. s Strich

Dauer eines Strichs: 1 s
Dauer eines Punkts: 0,25 s[141].

Als nachgeordnete Aufgabe der Funkstation bildete sich ihre Benutzung für Telegramme gesellschaftlichen Charakters heraus. Als im März 1913 eine Privatsegelyacht von der Tsingtauer Hafenmole ablegte, wurden folgende in schwülstigem Ton gehaltenen Telegramme zwischen den Segelfreunden und dem Gouvernement ausgetauscht:

> *"Von Dank erfüllt für die Gastfreundschaft, der wir uns in dem neuen Deutschland erfreut haben, wünschen wir besten Erfolg für die weitere Entwicklung Ihres großen Kulturwerks. Im Namen der Weltreisenden an Bord der 'Cleveland' - Hollington, Kühnemann, McClung, Stecke, Svetchine, Thorer"*

und:

> *"Ganz erfüllt von Größe der deutschen Tat in Tsingtau, voll Bewunderung für die Arbeit der treuen Männer an dem Bollwerk des neuen Deutschlands in China, von dem sie in der alten Heimat stolz erzählen werden, senden Ihnen liebenswürdigen Wirten dankbaren Gruß. Die deutschen Gäste von der 'Cleveland'."*

Der Gouverneur antwortete:

> *"Für beide Radio-Telegramme herzlichsten Dank den Absendern. Durch Aufklärung in der Heimat über die Bedeutung des Schutzgebiets gerade in der heutigen Zeit würden Sie der Kolonie den größten Dienst erweisen. Glückliche Weiterfahrt. Gouverneur"*[142].

Ende 1913 war ein zunehmender Trend dahingehend zu beobachten, daß auch Schiffahrtslinien, die im Küstendienst standen, Funkanlagen auf den Schiffen installierten. Die "Hamburg-Amerika-Linie" beabsichtigte, auch ihre an der chinesischen Küste zwischen Shanghai, Tsingtau, Tschifu, Dalny und Tientsin fahrenden Dampfer mit Funkanlagen auszustatten. Diese Neuerung geschah ausdrücklich zur Erhöhung der Sicherheit. Die Dampfer der H.A.L. konnten dann jederzeit Verbindung mit Tsingtau herstellen[143]. Am 18.12.1913 trat als erster dieser Dampfer der "Staatssekretär Kraetke" sofort nach dem Verlassen Shanghais mit der Tsingtauer Küstenfunkstation in wechselseitige Verbindung. Da Tsingtau ja inzwischen täglich die neuesten Pressetelegramme des Ostasiatischen Lloyd, Wettertelegramme und Sturmwarnungen veröffentlichte sowie zweimal täglich Zeitsignale gab, waren nun auch die Passagiere der Küstendampfer dauernd über die neuesten Begebenheiten orientiert[144]. Da hierdurch das Treiben auf den wenigen zur Verfügung stehenden Frequenzen immer dichter und unübersichtlicher wurde, sah sich der Gouverneur gezwungen, regulierende Maßnahmen zu ergreifen. Das Amtsblatt vom 24.12.1913 enthielt eine Bekanntmachung des Kaiserlichen Gouverneurs in Tsingtau, worin unter Hinweis auf die Kaiserliche Verordnung über das Telegraphenwesen im Kiautschougebiet vom 16.10.1901 den Handelsschiffen, abgesehen von Fällen der Seenot, die Benutzung ihrer drahtlosen Telegraphieeinrichtungen zur Absendung von Nachrichten in den Schutzgebietsgewässern westlich der Linie Maitau - Taikungtau und nördlich der Linie Taikungtau - Kutsyyang untersagt wurde. Das hierdurch begrenzte Gebiet der Kiautschou-Bucht war der Küstenfunkstation auf dem Signalberg vorgelagert; der Verkehr der Station wurde infolge der angeordneten Funkstille anscheinend wesentlich erleichtert. Die Kaiserliche Verordnung betraf das alleinige Recht des Reichs, Telegraphenanlagen für die Vermittlung von Nachrichten im Kiautschougebiet zu errichten und zu betreiben[145].

Seit dem 1.12.1913 schließlich konnten dank des weiteren Ausbaus der Station Funktelegramme in die Südsee geschickt werden, und zwar nach Nauru und Angaur zur Beförderung über Yap. Die Wortgebühr nach den betreffenden Plätzen betrug für gewöhnliche Telegramme $1,10[146].
Die Tsingtauer Funkstation hatte gleichzeitig auch im Verkehr mit den Kriegsschiffen des Kreuzergeschwaders und zivilen Schiffen sehr günstige Ergebnisse aufzuweisen. Im wechselseitigen Verkehr zwischen Küstenstation und Schiffsstation wurden Reichweiten bis zu 2800 sm (3850 km) erzielt, im einseitigen Verkehr von der Küstenstation zur Bordstation Reichweiten bis zu rund 4000 sm (6640 km).
Der Kreuzer "Nürnberg" vom ostasiatischen Kreuzergeschwader hatte im November 1913 auf der ostasiatischen Station im Funkverkehr bemerkenswerte Reichweiten, die auch für die Küstenfunkstation Günstiges verhießen, erzielt. Die "Nürnberg" erhielt einwandfrei drahtlose Nachrichten von der Station Nauru auf eine Entfernung von 5000 sm (9200 km) und von der Station Yap sogar auf eine Entfernung von 6600 sm (12200 km)[147].
Klagen über die Arbeit der Station waren eher die Ausnahme. So hieß es im Tagebuch des Bordtelegraphisten des Dampfers "Prinz Ludwig":

*"Mittwoch, den 3.9.1913.*
*1.50 am Schalte Tsingtau Presse, kann nicht erhalten, da Störungen zu stark. KBS gibt furchtbar schlecht. Obgleich sehr laut kann nicht erhalten, da Punkte direkt ausbleiben.*
*2.30 am Versuche vergeblich, Presse zu erhalten, das Senden von KBS ist zu schlecht. Punkte bleiben aus und alles wird in ei-*

*nem fortgegeben. Abstände werden nicht gemacht. Punkte werden viel zu spitz gegeben, daher bleiben einige aus. Hätte trotz der X's die Presse erhalten können, wenn KBS nach Vorschrift gegeben hätte, so ausgeschlossen, je eine Presse zu nehmen. Distance ca. 1100 Meilen*[148].

Dazu ließ das Reichs-Marine-Amt lapidar verlauten, daß vom Kaiserlichen Kommando (das heißt den deutschen Kriegsschiffen in asiatischen Gewässern) betreffs schlechten Gebens von Tsingtau bisher noch keine Klagen eingegangen seien[149]. Die Sache wurde offensichtlich auch vom Reichspostamt nicht weiter verfolgt.
Die Leistungen der Station waren auch über jeden Zweifel erhaben: Am 28.11.1913 erzielte man zum ersten Mal eine Verbindung mit der chinesischen 5-kW-Station Kalgan (ZAK) und am 29.11.1913 um 5.00 Uhr morgens, ebenfalls zum ersten Mal, eine wechselseitige Verständigung mit Sabang (PKA), Nord-Sumatra (4140 km) auf der 600-m-Welle[150].

Der Aufbau einer kleineren Funkstation auf der Insel Tschalientau (50 km östlich der Kiautschou-Bucht), für die das alte Material von Tsingtau verwendet worden war, erfolgte Oktober 1913. Er erlitt dadurch eine Verzögerung, daß sich der Induktor als zu schwach erwies und daher durch einen größeren ersetzt werden mußte. Ferner mußten stärkere Akkumulatoren besorgt werden. Der Empfang der Tsingtauer Station war dort jedenfalls ausgezeichnet. Die Fertigstellung als Sendestation sollte jedoch noch ungefähr einen Monat länger dauern[151].
Der Induktor für Tschalientau wurde daraufhin vergrößert und am 29.11. zum Einbau zur Insel gebracht. Während der letzten Wochen vor Fertigstellung der Station wurde ein sich in Tsingtau auf Urlaub befindlicher Leuchtturmwärter von Tschalientau im Hören und in der Apparatkunde soweit vorgebildet, daß er die kleine Station bedienen konnte[152]. Nach Meldung des Gouvernements Kiautschou wurde zwischen der kleinen Station Tschalientau und Tsingtau Anfang Dezember 1913 zum ersten Mal wechselseitige Verbindung hergestellt, am 27.12. wurde dann nach Verstärkung der Akkumulatoren auf 8 x 4 = 32 Volt der Betrieb endgültig aufgenommen. Das Rufzeichen für Tschalientau war "SCH", Verkehrszeiten mit Tsingtau wurden täglich unmittelbar hinter den Zeitsignalen von Tsingtau wahrgenommen[153].

## 7.6 Südsee

### 7.6.1 Die Vorgeschichte der deutschen Südsee-Funkprojekte

Anfang August 1908 wurde der Vertreter der britischen "Amalgamated Radio Telegraph Co. of London and Berlin" beim deutschen Gouvernement in Apia wegen der Einrichtung einer Funkverbindung vorstellig. Die Gesellschaft wollte die Anlagen in Verbindung mit der "Pacific Phosphate Co." als "Pacific Island Radio Telegraph Co." ausführen. Es handelte sich um die Überspannung des westlichen Stillen Ozeans mit zwei Hauptstationen auf Fiji und Ocean Island (Banaba) von 1250 Meilen Reichweite. Innerhalb von 12 Monaten sollten nach Angabe des Vertreters alle Stationen eingerichtet sein. Die Bewertung des Gouverneurs in Apia war negativ: Da vorher die Zusicherung eines mehrjährigen Zuschusses (für Apia 1200 Pfund pro Jahr für 10 Jahre) verlangt wurde, rückte bei der großen Zahl der beteiligten Gouvernements und Regierungen die Verwirklichung des Projekts in weite Ferne. Das deutsche Gouvernement hielt die Verbindung für den Kriegsfall darüberhinaus für wertlos. Die Stellungnahme des Gouverneurs schloß mit einem Seufzer: Auch in Bezug auf eine telegraphische Verbindung mit der Außenwelt werde Samoa wohl das Stiefkind unter den deutschen Kolonien bleiben[154].
Ausgerechnet die Marine stand diesen Plänen nicht gar so negativ gegenüber: Man war sehr an der Errichtung von Funkverbindungen der deutschen Südseeinseln ans Weltverkehrsnetz interessiert und fragte deshalb beim Reichspostamt an, ob man dort den Plänen der Gesellschaft nähertrete[155].
Schließlich wurde aber Übereinstimmung dahingehend erzielt, daß die Ausdehnung der Pacific Islands Radio Telegraph Co. auf das deutsche Kolonialgebiet in der Südsee nicht erwünscht war. In der Gesellschaft, so befürchtete man, würde voraussichtlich englisches Kapital und englischer Einfluß die Oberhand behalten, zum Schaden der deutschen Interessen. Nach den bekanntgegebenen Plänen hatte die Gesellschaft eine Station in Yap überhaupt nicht vorgesehen, wohl nur, um das dortige deutsch-holländische Kabel auszuschalten; für Jaluit und Ponape kamen solche Verbindungen erst für eine spätere Zukunft in Frage.

Nach der endgültigen Ablehnung der englischen Pläne, besonders bedingt durch die militärstrategischen Bedenken, wurde die Errichtung von Funkverbindungen in der Südsee durch die Errichtung von Großstationen in Yap und Herbertshöhe (Neu-Guinea) befürwortet, dazu sollte als dritte Großstation Samoa kommen. Selbst bei dem damaligen Stand der Funk-

technik wurde die Überbrückung der Entfernung zwischen Herbertshöhe und Samoa als wahrscheinlich angenommen. Die Durchführung sollte nach Meinung des Reichs-Marine-Amts mit Reichsmitteln angestrebt werden; sollte dies nicht angängig sein, müßte die Bildung einer Gesellschaft angeregt werden. Die aufzubringenden Mittel würden kaum bedeutend höher sein als bei fremden Gesellschaften. Die Kosten für Stationen mit großer Reichweite seien von solchen mit geringerer nur unwesentlich verschieden. An die Stelle der Fiji-Station sollte die auf Herbertshöhe treten; die bereits für die Verbindung Yap - Angaur projektierte Station auf Yap bedürfe nur einer Erweiterung zu einer Großstation[156].
Eine Beteiligung englischer Firmen wurde auch vom Reichskolonialamt nicht befürwortet. Etwaige Funkprojekte sollten ausschließlich von deutschen Firmen ausgeführt werden. Am 18.9.1909 bat man die Telefunken-Konkurrenz Lorenz AG um einen Kostenvoranschlag (der wie immer um einiges ungünstiger ausfiel als der von Telefunken). Dabei strebte man einen Anschluß von Simpsonhafen (dem künftigen Sitz des Gouvernements von Deutsch-Neu-Guinea) an eine Großstation Yap (und damit an das deutsch-niederländische Kabel) an; von dort sollte die Verbindung nach Apia fortgesetzt werden und wiederum je nach Bedarf eine Vernetzung der anderen Hauptorte erfolgen. Vorläufig handelte es sich aber darum, Yap zu einer Großstation auszubauen[157].
Auch der Gouverneur in Apia hatte es als wünschenswert erachtet, Großstationen zu errichten; gleichzeitig wurde festgestellt, daß man kein Bedürfnis für Küstenstationen wegen des geringen Umfangs des Schiffsverkehrs und des insularen Charakters des Schutzgebiets sehe, Großstationen könnten dagegen gleichzeitig als Küstenstationen dienen. Auch der Plan der Funkverbindung zwischen Samoa und Fiji sei, so wurde noch einmal betont, angesichts der Höhe des hierzu erforderlichen Reichszuschusses "einstweilen" aufgegeben worden. Die Regierung in Fiji scheine kein erhebliches Interesse an der Anlage zu haben. Wenn die "Colonial Sugar Co.", die ein wirtschaftliches Interesse an den Stationen bekundet hatte, sich der Sache nicht annähme, würde man mit der Initiative Fijis nicht rechnen können[158].

Die Engländer waren wohl ihrerseits zu ähnlichen Schlußfolgerungen gekommen. Auf einer Konferenz am 18.12.1909 "zum Zwecke der zukünftigen Organisation der drahtlosen Telegraphie in den britischen Besitzungen des Stillen Ozeans" in Melbourne wurde der Beschluß gefaßt, daß ein großes Projekt unter Einschließung der deutschen und französischen Besitzungen nicht wünschenswert wäre[159].
Somit blieb die Bilanz 1909 und in den folgenden Jahren, was die kommunikative Vernetzung des weitverstreuten deutschen Kolonialbesitzes in

der Südsee anging, eher trist. Mit Ausnahme der Insel Yap fehlte eine telegraphische Verbindung mit den deutschen Kolonien in der Südsee vollkommen. Telegramme dorthin mußten von der nächsten Telegraphenstation mit dem Dampfer befördert werden, so zum Beispiel Telegramme nach Deutsch-Neu-Guinea von Manila oder Hongkong aus mit Schiffspost[160].
Neu-Guinea war bis zu Beginn des Weltkriegs die einzige deutsche Kolonie, die noch keinen Anschluß an das Weltkabelnetz hatte. Die für Empfänger in Deutsch-Neu-Guinea bestimmten Telegramme wurden bis zu dem am günstigsten gelegenen Ort durch Kabel befördert, von dort aus wurden sie mit der Post weitergeschickt.
Das Fehlen einer Kabelverbindung machte sich immer mehr nicht nur bei den Regierungsstellen, sondern auch in der Geschäftswelt bemerkbar. Die Kaufleute waren über die Entwicklung der Rohstoffpreise nur ungenügend unterrichtet, auch die Bestellung von Waren war zu umständlich und zu teuer, wenn sie telegraphisch geschehen mußte. Durch die von Zeit zu Zeit auftretenden Kabelstörungen blieben die Telegramme des Wolffschen Telegrafenbüros ganz aus, dann konnten Marktpreise über Kakao, Gummi und Palmkerne in den Amtsblättern nicht veröffentlicht werden[161].

Im Juli 1910 lag der englische Kleine Kreuzer "Cambrian" einige Tage vor Rabaul; der Kommandant des Kreuzers erzählte den dort ansässigen Deutschen, die "Cambrian" könne von Rabaul aus Funkverbindung mit Sydney halten. Im August kam ein deutsches Geschwader mit den Schiffen "Scharnhorst", "Emden" und "Nürnberg" zum Flottenbesuch nach Rabaul. Konteradmiral Gühler bezweifelte das Resultat der "Cambrian", wohingegen die Bestätigung der Richtigkeit dieser Behauptung durch niemand anderen als durch den ortsansässigen Bischof von Rabaul erfolgte. Dieser hatte kurz vorher persönlich beim Gouvernement angefragt, ob Bedenken dagegen bestünden, wenn die "Katholische Mission vom Heiligen Herzen Jesu" in Vuna-Pope sich für ihre Zwecke und auf ihre eigenen Kosten eine Funkanlage zur Verständigung mit Sydney zulegen würde. Er konnte dort allerdings keinen verbindlichen Bescheid bekommen und sprach auf dem Rückweg in anderen Angelegenheiten zufällig beim Postamt vor. Das Postamt informierte ihn dahingehend, daß das Reich das Monopol für Funkentelegraphie innehabe und daher eine Erlaubnis nur vom Reichspostamt in Berlin zu bekommen sei. Für die Anlage sollte ein von einem Pater Shaw in Sydney erfundenes System verwendet werden. Die Kosten für die Anlage der Hauptstation sollten etwa 160000 Mark betragen, während die Betriebskosten zur Erzeugung elektrischer Energie verschwindend gering sein sollten. Die Möglichkeit einer Verständigung zwischen Sydney und Rabaul durch dieses System sei bereits erwiesen, so der Bischof, da Pater Shaw von seiner Station aus mit dem im Juli vor Rabaul liegenden "Cambrian" jede Nacht gesprochen habe[162].

Damit war technisch die Möglichkeit nachgewiesen, die erforderlichen Reichweiten auch bei eventuell zu errichtenden deutschen Großstationen erzielen zu können. Auf politischem Gebiet erhielt die Sache zusätzlich Zündstoff, als am 18.10.1910 in Ponape vier Regierungsbeamte von Aufständischen getötet wurden und den deutschen Beamten vor Augen geführt wurde, wie sehr die ohnehin durch die weiten Entfernungen schwierige Verwaltungstätigkeit der Behörden durch das Fehlen einer schnellen Nachrichtenübermittlung gehemmt wurde. Wäre nicht der größere Teil der Bevölkerung Ponapes der deutschen Regierung treu geblieben, so wären bis zum Eintreffen auswärtiger Hilfe voraussichtlich alle Deutschen der Station Ponape getötet worden. Das Gouvernement in Rabaul erfuhr erst am 2.12.1910 durch Meldungen, die der Dampfer "Germania" der Jaluit-Linie mitbrachte, von dem Aufstand.
Dieser Aufstand, dessen Einzelheiten also erst nach fast zwei Monaten der Öffentlichkeit zur Kenntnis gelangte, ließ in einem großen Teil der deutschen Presse den Wunsch nach besseren telegraphischen Verbindungen zwischen den einzelnen weit verstreuten Inselgruppen des deutschen Südseegebietes laut werden. Bezeichnenderweise wurden dabei fast einstimmig die Funktelegraphie als das in erster Linie in Betracht kommende Verkehrsmittel bezeichnet. Die Frage der Einrichtung von Funkverbindungen in der deutschen Südsee wurde bereits im Laufe des Jahres 1910 seitens der in Betracht kommenden Reichsbehörden in nähere Erwägung gezogen.
Die Verhältnisse waren in diesen Schutzgebieten insofern schwieriger, als es sich nicht, wie in Afrika, um große, geschlossene Länderkomplexe handelte, sondern um ein weit ausgedehntes Gebiet kleiner und kleinster Inseln, deren Landmasse, wenn man das geschlossene Areal von Kaiser-Wilhelms-Land außer acht läßt, kaum der Bayerns entsprach. Dabei bildete die äußere Peripherie dieses Inselgebietes eine Ellipse mit einem Längsdurchmesser von ungefähr 5000 km. Das entspricht etwa der Entfernung von Berlin zum Tschad-See[163].

Erschwerend kam hinzu, daß die für den Anschluß an das Weltkabelnetz wichtige Westkarolineninsel Yap an der nördlichen Peripherie des Inselgebietes lag. Man mußte also die Sitze der Bezirksämter Yap und Ponape (Ostkarolinen) mit dem Sitz des Gouvernements der Südsee, das heißt Simpsonhafen (Rabaul) im Bismarckarchipel, verbinden und letzteren Ort an das allgemeine Kabelnetz anschließen. Dazu mußten Entfernungen von 2000 bis 3000 km überbrückt werden, und zwar in einem unmittelbar unter dem Äquator liegenden Gebiet, in dem außerdem mit einer etwa 50% geringeren Leistung der Stationen infolge der atmosphärischen Störungen gerechnet werden mußte. Von Simpsonhafen nach Samoa betrug die Entfernung etwa 4500 km, und ebenso weit war es von Yap nach Kiautschou. Die Einbindung des letztgenannten Marinestützpunkts war insofern wichtig, als im Bedarfsfall (zum Beispiel bei Aufständen) sofort Kriegsschiffe nach jedem Punkt des Schutzgebietes herbeigerufen werden konnten[164].

Am 6.9.1909 fand im Reichskolonialamt eine kommissarische Beratung des Ausschusses für gemeinsame Arbeiten auf dem Gebiete der Funkentelegraphie unter Beteiligung aller Ressorts und unter Vorsitz des Geheimen Rats Dernburg statt. Thema war die Errichtung von Funkverbindungen in der Südsee. Das Ergebnis dieser Sitzung war, daß zunächst nur der Bau der drei Großstationen Apia, Rabaul und Yap in Frage kam. Die am Großauftrag interessierten Firmen, nämlich die Gesellschaft für drahtlose Telegraphie/Telefunken sowie die Lorenz AG, sollten aufgefordert werden, Projekte mit genauen Kostenvoranschlägen einzureichen und dabei anzugeben, welche jährliche Beihilfe sie zur Ausführung des geplanten Unternehmens verlangen würden. Auch die Schiffahrtsgesellschaften sollten aufgefordert werden, sich an der Unterstützung der Funkspruchanlagen zu beteiligen, denn diese müßten eigentlich auch Interesse an genau übermittelten Zeitplänen ihrer Schiffe haben, über die Größe der Ladungen etc. Wenn kein freiwilliger Kostenbeitrag geleistet würde, sollten die Schiffahrtslinien in Form von Registriergebühren zur finanziellen Beteiligung gezwungen werden. Es sollte ferner eine deutsche Betriebsgesellschaft gegründet werden, die den Bau und den Betrieb der Stationen übernehmen könnte[165].

In der Ausschußsitzung am 31.5.1910 unter Beteiligung sämtlicher Ressorts und einiger der als Kunden der Stationen in Frage kommenden Gesellschaften war das Ergebnis für die Vertreter der Reichsregierung eher unbefriedigend: Sämtliche Ressorts und Gesellschaften brachten dem Projekt reges Interesse entgegen, als die Regierungsvertreter jedoch mit dem Klingelbeutel umhergingen, wurde die Begeisterung merklich dünner. Keine der Firmen sah sich in der Lage, Geld zu spendieren. Trotzdem bat Staatssekretär Dernburg um schriftliche Bestätigung der zu erwartenden Gelder und sonstigen Zusagen, um sämtliche zu beteiligenden Ressorts weiter für das Projekt warm zu halten. Schließlich erhielt man von einigen Firmen Einzelzusagen: Regierungsrat Petzet (für den "Norddeutschen Lloyd") sagte zu, die Anlagen der Gesellschaft in Rabaul für den Bau der dortigen Station zur Verfügung zu stellen. Die gleiche Zusage kam von einem Herrn von Beck (für die "Neu-Guinea-Kompagnie")[166].

Auf Veranlassung des Reichskolonialamts fanden im Herbst 1911 bezüglich des deutschen Südseegebietes weitere Verhandlungen zwischen den betreffenden Behörden und Privatgesellschaften statt, um die Grundsätze festzulegen, die bei der Anlage von Funkverbindungen maßgebend waren[167]. Staatssekretär von Lindequist bestätigte im Frühjahr 1912 in der Budgetkommission des Reichstags auf eine Anregung des Abgeordnenten Arendt hin die unbedingte Notwendigkeit einer telegraphischen Verbindung der Südsee-Kolonien[168].

Im Frühjahr 1912 erteilte die Reichspostverwaltung zur Anschließung der deutschen Schutzgebiete in der Südsee an das Welttelegraphennetz der Gesellschaft für drahtlose Telegraphie in Berlin und der Deutsch-Niederländischen Telegraphengesellschaft in Köln gemeinsam auf die Dauer von 20 Jahren eine Konzession für die Herstellung und den Betrieb eines Funknetzes; dieses sollte zunächst vier Stationen umfassen und zwar in Yap (Westkarolinen), in Rabaul (Sitz des Gouvernements von Deutsch-Neu-Guinea), in Nauru (Marshall-Inseln) und in Apia (Sitz des Gouvernements von Samoa). Das ganze Netz sollte spätestens am 31.3.1913 in Betrieb genommen werden[169].
Sitz der von den beiden beteiligten Firmen gegründeten "Deutschen Südseegesellschaft für drahtlose Telegraphie, Aktiengesellschaft zu Berlin" war Köln, da die Gesellschaft zwecks Vereinfachung der Betriebsverwaltung an die Deutsch-Niederländische Telegraphengesellschaft angegliedert werden sollte, die ihren Sitz in Köln hatte[170].
Zu Direktoren der Gesellschaft wurden Graf Arco und Postrat Pfitzner, zu stellvertretenden Direktoren Ingenieur Bredow und Hauptmann le Roy gewählt. Zu allen Sitzungen des Aufsichtsrats und zu den Generalversammlungen konnte das Reichspostamt satzungsgemäß einen Kommissar abordnen, der an den Sitzungen mit beratender Stimme teilnahm. Zur Ausübung des Betriebes dieser Stationen wurde von den genannten beteiligten Firmen eine Aktiengesellschaft gegründet. Das Anlagekapital wurde auf 2100000 Mark festgesetzt. Davon sollten 1300000 Mark in Aktien und 800000 Mark in 4½prozentigen Obligationen aufgebracht werden. Das Reich zahlte eine jährliche Beihilfe, die so bemessen war, daß eine ausreichende Verzinsung und Tilgung des Anlagekapitals gewährleistet werden konnte. Von den Einnahmen aus Funktelegrammgebühren floß ein Teil der Gesellschaft zu.
Es wurde allerdings damit gerechnet, daß die zu erwartende Frequenz des Verkehrs auch nicht annähernd die jährlichen Unterhaltungskosten einer solchen Anlage würde decken können.

Die Samoanische Zeitung ging daher in der Planung einen Schritt weiter:

> *"Die Sache bekäme schon ein anderes Gesicht, wenn man die Stationen in Simpsonhafen und Jap gleich so groß bemißt, daß erstere mit Samoa, letztere mit Kiautschou direkt Verbindung aufnehmen könnte. Dann wären unsere sämtlichen Besitzungen im Stillen Ozean unter sich und über mehrere Kabel mit dem Mutterland verbunden. Von unsererm Kriegshafen Kiautschou aus wäre demnach jeder bedrohte Punkt unseres Gebietes in kurzer Zeit unseren Stationskreuzern erreichbar und damit Vorkommnissen, wie den jüngsten auf Ponape, ein für allemal die Spitze abgebrochen."*

Die Stationsplätze sollten von den Schutzgebietsverwaltungen unentgeltlich zur Verfügung gestellt werden. Die Annahme und Zustellung der Telegramme war Sache des Reichs. Dieses setzte auch die Gebühren fest. Der Unternehmer hatte auf seine Kosten eine Telegraphenleitung nebst den erforderlichen Apparaten und Batterien zur nächsten Reichs-Telegraphendienststelle einzurichten und dauernd in dienstfähigem Zustand zu erhalten. Dafür zahlte das Reich auf 20 Jahre eine jährliche Beihilfe. Die Gesellschaft verpflichtete sich auch, auf Verlangen kleine Zubringerstationen gegen Erhöhung der jährlichen Beihilfe einzurichten. Soweit Deutsch-Neu-Guinea in Frage kam, waren solche Stationen in Eitape, Friedrich-Wilhelms-Hafen und Morobe im Kaiser-Wilhelms-Land sowie in Kavieng (Neu-Mecklenburg) und Kieta (auf der Salomoneninsel Bougainville) in Aussicht genommen worden[171].
Die beabsichtigte Errichtung der Funkstationen sollte im Jahr 1912 in Angriff genommen werden und, wie schon erwähnt, Ende März 1913 betriebsfertig sein, was sich im Nachhincin als utopisch herausstellte.
Geplant war zunächst, die vier Stationen gleichmäßig auszurüsten; mit Rücksicht auf die ungünstigen atmosphärischen Verhältnisse in der Südsee und die beträchtlichen Entfernungen sollte zudem ein großer Stationstyp gewählt werden. Für den Küstenverkehr mit Schiffen auf nahe Entfernungen, insbesondere für den mit in den ostasiatischen Gewässern stationierten Kriegsschiffen sollte jede Station eine Zusatzanlage für 2,5 bis 5 kW Schwingungsenergie in der Antenne erhalten. Die Großanlagen sollten mit Energiequellen von 120 PS und 120 m hohen Stahltürmen ausgerüstet werden. Die durch den Funktelegraphen zu überbrückenden Entfernungen waren schließlich beträchtlich: Yap - Rabaul 2200 km, Yap - Nauru 3400 km, Rabaul - Apia 4000 km, Rabaul - Nauru 1700 km und Nauru - Apia 2700 km[172]. Die Antennenenergie der vier Stationen sollte daher auch 25 bis 30 kW betragen, die Telegraphengeschwindigkeit mindestens 75 Buchstaben in der Minute.

Für Samoa bedeutete die Errichtung einer Funkstation ferner den Vorteil, daß sie einen Funkverkehr mit den Fiji-Inseln ermöglichen konnte, auf denen eine englische Funkstation vorhanden war. Auf diese Weise erhielt Samoa auch eine Verbindung mit Australien und Amerika über das englische Kabel, das auf den Fiji-Inseln begann[173].

Trotz all dieser ehrgeizigen Pläne waren die deutschen Südseebesitzungen auch 1912 vom telegraphischen Verkehr fast vollkommen abgeschlossen. Die Blätter auf den Inseln waren durchaus nicht nur auf Funk fixiert, sondern stellten auch neue Überlegungen hinsichtlich Kabelverbindungen an. Appelle in der Samoanischen Zeitung häuften sich daher in dem Sinne, daß eine Vermehrung der Kabellinien von größter Bedeutung sei. Für Samoa war bereits ein Anschluß an das sogenannte T-Kabel der britischen "Pacific Cable Co." vorgeschlagen worden. Dieser Weg war aber nicht gangbar und die Anlage neuer Kabel von der Insel Yap aus kam wegen der großen Herstellungs- und Unterhaltskosten nicht in Betracht. Schon im Jahre 1896 hatten Kostenvoranschläge durch das Reichspostamt offenbart, daß der Anschluß an das Weltkabelnetz viel zu teuer sein würde[174].
Nach Fertigstellung des Kabels Menado (Celebes) - Yap - Guam der Deutsch-Niederländischen Telegraphengesellschaft wurde erneut die Frage einer Seekabelverbindung geprüft, wobei neben Rabaul die wegen des Phosphatabbaus wichtige Insel Nauru und das Schutzgebiet Samoa an das Kabel in Yap angeschlossen werden sollten. Die Kosten dieses etwa 7260 km langen Kabels wurden auf 19 Millionen Mark geschätzt, was als viel zu teuer angesehen wurde.
Allerdings war ja auf Yap am 25.11.1909 eine drahtlose Station errichtet worden und von dort aus wurde dann der Anschluß an die Kabel nach Menado und an das deutsch-niederländische Kabel in Guam sowie an das Kabel nach Shanghai vollzogen. Durch diese telephonische Verbindung von Yap nach Samoa und Rabaul war zumindest teilweise eine militärische Sicherung der Südsee gewährleistet, die eine dringende Forderung gewesen war.

Im April 1912 wurde man konkret: Telefunken entsandte in Verbindung mit der Deutsch-Niederländischen Telegraphengesellschaft eine gemeinsame Expedition in die Südsee, speziell nach Samoa, die die vorbereitenden Schritte zur Errichtung einer Funkverbindung von den Karolinen und Samoa nach Deutschland im Anschluß an den Endpunkt des deutsch-niederländischen Kabels in Guam auf der Insel Yap tun sollte. Dr. Solf, der damalige Kolonialstaatssekretär, der die dortigen Verhältnisse von seiner elfjährigen Amtstätigkeit in Apia genau kannte, betrieb die Angelegenheit ener-

gisch weiter, auch weil er endlich die Zusage finanzieller Beihilfen zu den Kosten der Expedition seitens der maßgebenden Südsee-Interessenten erhalten hatte[175].
In einem von Telefunken vorgelegten Gutachten für Samoa wurde die Insel Upolu als am günstigsten für die Errichtung einer Station angesehen. Soweit die lokalen Traditionen und menschlichen Erinnerungen zurückreichten, seien keine Erdbeben oder Vulkanausbrüche mehr vorgekommen, auch geologisch ließen sich diese nicht nachweisen. Die Tragfähigkeit des Basaltbodens stünde außer Frage, Orkane seien selten[176].
Für Nauru konnte Regierungsgutachter Dr. Schucht ebenfalls ein positives Gutachten erstellen, es sei ein fester Untergrund aus Phosphatgestein vorhanden, es sei nichts über Erdbeben bekannt[177]. Die Insel Yap wurde schon seit 1910 radiotelegraphisch genutzt, die Erdbebensicherheit stand hier schon seit längerem fest.
Was Rabaul anging, verhielt sich die Sache anders. Neben den Geologen und Seismologen, die das gesamte Archipel für nicht erdbebensicher hielten[178] hatte sich schon die Marine anläßlich eines Flottenbesuchs 1910 in Rabaul negativ zu den Funkmöglichkeiten geäußert:

> *"Ich möchte hier nicht verfehlen, noch einmal darauf aufmerksam zu machen, wie sehr ungünstige funkentelegraphische Verhältnisse die Schiffe des Kreuzergeschwaders im vorigen Jahr in Rabaul beobachtet haben. Ich halte es nach diesen Erfahrungen für dringend notwendig, daß, bevor in Rabaul eine funkentelegraphische Station gebaut wird, noch einmal eingehende Studien über die dort herrschenden funkentelegraphischen Verhältnisse gemacht werden"*[179].

Trotz dieser Aktivitäten auf administrativem und wissenschaftlichem Sektor war auch Anfang 1913 die nachrichtentechnische Lage für Samoa trostlos. Dies wurde auch in Deutschland registriert, konnten doch die Siedler auf Samoa in einer deutschen Zeitung[180] folgendes über ihr Problem lesen:

> *"Die Berichterstattung nach den deutschen Kolonien liegt immer noch sehr im Argen und die deutschen Kolonialzeitungen sind leider immer noch auf die Reuter-Telegramme angewiesen, die häufig im deutsch-feindlichen Sinne berichten.*
> *Am stiefmütterlichsten in der Berichterstattung scheint Samoa behandelt zu werden. Die 'Samoanische Zeitung' vom 18. November bringt die Nachricht vom Abgang Lindequists und die Ernennung Dr. Solfs zum stellvertretenden Kolonialsekretär. Sie hat die*

*Neuigkeit einer Neuseeländer, also englischen Zeitung entnommen. Man sollte meinen, daß der neue Staatssekretär persönlich Interesse daran gehabt hätte, dafür zu sorgen, daß die Samoaner seine Beförderung auf direktem Wege und nicht aus englischer Quelle erhielten."*

Die Samoanische Zeitung reagierte auf diesen Artikel wie folgt:

*"Diese Notiz in der 'Post' hat nach vielen Seiten ihre Berechtigung, jedoch ganz so schwarz, wie die 'Post' schreibt, mit der uns aus einer englischen Zeitung bekannt gewordenen Beförderung Dr. Solfs ist es doch nicht. Allerdings haben wir die Neuigkeit aus der 'Auckland Weekly News' abgedruckt, weil wir diese Zeitung mit dem von Auckland kommenden Union S.S. Co. Dampfer früher erhielten, kurze Zeit, ehe die Zeitung in Druck ging. Unsere offiziellen Nachrichten kommen via Fiji, also etwa drei Tage nach Erscheinen unseres Blattes. So kommt es, daß wir häufig eine wichtige, uns persönlich angehende Neuigkeit vor Empfang der offiziellen Depesche aus einer Neuseeländer Zeitung abdrucken können.*
*Was sonst die stiefmütterliche Behandlung uns anbelangt, wie die 'Post' schreibt, so beruht das tatsächlich auf Wahrheit. Drei Wochen sind wir völlig von der Welt abgeschnitten, ohne irgendeine Nachricht zu bekommen, und was wir dann für uns wichtiges aus einer kolonialen Zeitung lesen können, ist sehr karg. Samoa müßte endlich so wie Neu-Guinea mit der Außenwelt per Kabel oder drahtlos verbunden werden. Die Entfernung von Samoa bis Suva ist tatsächlich nur gering, und wäre das die uns am nächsten gelegene Verbindung per Funk mit der pulsierenden Außenwelt. Aber wann kommt uns diese Wohltat zugute?"*[181].

Neu-Guinea scheint es da tatsächlich etwas besser gehabt zu haben, denn im dortigen Amtsblatt (welches auch für Samoa Gültigkeit hatte) tauchten immer einmal Auslandsmeldungen auf, die von der Funkstation eines gerade vor Anker liegenden Schiffes aufgenommen worden waren. Am 10.7.1913 wurde man in Neu-Guinea durch Funkspruch der SMS "Gneisenau" über Vorgänge in China, Griechenland oder Sibirien informiert[182]. Am 22.7.1913 versah der Dampfer "Titania" den Zeitungsdienst, sodaß im Amtsblatt vom 1.8.1913[183] über für Neu-Guinea so wichtige Ereignisse berichtet werden konnte wie den Befehl der türkischen Großvesire, die türkischen Truppen an der Maritzalinie halt machen zu lassen und über die Einstellung des türkischen Vormarschs nach Altbulgarien.

Im April/Mai 1913 wurde den Einwohnern von Samoa, besonders den europäischen Pflanzern, die Nützlichkeit und Schnelligkeit der Funktechnik erneut vor Augen geführt: 15 Tage nach Absetzen einer entsprechenden Funknachricht vom Motorschoner "Atua" nach San Francisco kam ein Professor Doane von der Universität Stanford zusammen mit Frau und Kind in Samoa an, um den Pflanzern gegen die Insektenplagen zu helfen. Diese Plagen bildeten ein großes Problem und hielten eine ganze Reihe von Investoren von den Inseln fern. Professor Doane sollte mit dem aus Deutschland herbeigerufenen Professor Friedrichs zusammenarbeiten. Trotz der Anwesenheit der beiden Kapazitäten waren, darüber war sich jeder im klaren, keine schnellen Resultate zu erwarten. Doane besaß dem Vernehmen nach hohe Qualifikationen, hatten sich doch die besten Wissenschaftler von Stanford für ihn ausgesprochen. Er schlug sein Lager im Tivoli-Hotel auf und beabsichtigte, schädliche Käfer überall dort zu bekämpfen, wo sie aktuell auftraten. Doane kam mit der erklärten Absicht, nicht nur zu lehren, sondern auch eigene Forschungsprojekte durchzuführen. Zu diesem Zweck ließ er verlauten, sämtliche Pflanzer treffen zu wollen, die ihm Informationen zur Pflanzengesundheit und zu Schäden durch Insekten geben konnten[184].

### 7.6.2 Der Bau der Funkstelle auf Yap

Am 19.8.1912 trafen in Yap Ingenieur Köhler und ein Monteur von Telefunken sowie sieben Chinesen als Handwerker ein. Der am 18.8. eingetroffene Dampfer "Germania" und der am 7.9. angekommene Dampfer "Wiegand" brachten einen Teil der benötigten Baumaterialien, der andere Teil des Baumaterials schwamm noch auf hoher See. Es wurden 80 Einwohner Yaps als Arbeiter angeworben und eingestellt[185].

Der alte Stationsplatz war für den Verkehr mit Tsingtau weniger als der neue geeignet, da dem Terrain in nordwestlicher Richtung ein etwa 100 m hoher Berg in 2 km Entfernung vorgelagert war. Der neue Platz wurde als ideal angesehen. Die militärische Forderung, den Turm so zu bauen, daß er von See aus nicht auszumachen war, war auf Yap nirgendwo zu erfüllen. Dazu ist die Insel zu schmal und wie ein länglicher, flacher Sandhaufen gebaut. Die Station war also selbst für veraltete Geschütze erreichbar. Das einstige Gelände war für eine 25-kW-Station ungeeignet und zu klein. Es hätte theoretisch schon genügend weitläufiges Gelände um den Platz herum zur Verfügung gestanden, aber es wären dann vier bis sechs 30 m hohe Abspannmasten notwendig gewesen. Ferner waren schon bei der Erkundung, ob der das umliegende Terrain bedeckende heilige Wald der

Eingeborenen, der schon beim Bau der alten Funkstation nicht niedergeschlagen werden durfte, nunmehr abgeholzt werden konnte, große Schwierigkeiten entstanden. Die Leute weigerten sich, ihn zu fällen, weil sie fürchteten, daß schwere Krankheiten ausbrechen und viele Leute sterben würden. Ein Nachteil des neuen Grundstücks war wiederum, daß er 4 bis 5 km von der Kolonie Yap entfernt lag.
Auch in wirtschaftlicher Hinsicht war der Standort günstig, da das Montagematerial in der Nähe gelandet werden konnte und ein 4 m breiter Weg vom Stationsplatz zum in Frage kommenden Landungsplatz führte.
Der Platz war mit Steppengras, Farnen und einzelstehenden Pandanußpalmen bewachsen, Grundwasser war keines vorhanden. Als Trinkwasserquelle kamen nur Tanks auf den Dächern in Frage, in denen man das Regenwasser sammeln konnte. Für maschinelle Zwecke mußte zusätzlich ein großer Tank bzw. eine Regensammelgrube auf dem Gelände installiert werden. Als Erdung sollte ein mit Hacken und Spaten 50 cm tief eingegrabenes Gegengewicht verlegt werden.
Das Klima war rein tropisch. Um 6.30 Uhr morgens betrug die durchschnittliche Temperatur bereits 26°, nachmittags um 15.00 Uhr 31°; die Luftfeuchtigkeit betrug 92% im Mittel, das ganze Jahr über waren teilweise starke Niederschläge zu verzeichnen. Das Klima wurde als relativ gesund bezeichnet, drückte aber die Arbeitsleistung eines Europäers doch sehr herab, Gewitter waren selten.
Tagesstörungen im Äther traten im allgemeinen nur während des Wechsels der Windrichtung und der Windstärke auf. Dies hatte man schon beim Betrieb der beiden alten Stationen Yap und Angaur festgestellt. Sehr starke Störungen gab es nur bei den seltenen, aber fast immer sturm- oder orkanartig auftretenden Taifunen. Die Nacht hindurch waren die Störungen fast immer so stark, daß eine Verständigung mit langsamen Funken unmöglich war. Selbst bei Anwendung der vierfachen Tagesenergie gelang es nicht immer, Verständigung zwschen Yap und Angaur zu erzielen. Die Detektoren nahmen dabei rasch Schaden.
Das Material mußte mit einer Europa-Ostasien-Linie bis Hongkong verschifft und dort auf den RPD "Germania" umgeladen werden. Dieser Dampfer legte dann in Yap an der Pier der Insel Tarang an, wo die Sachen direkt auf die Pier geschafft wurden. Von dort aus wurde das Material mit Segelbooten oder Dampfbooten zur Ausladestelle bei Inuff gebracht, da dort geeignete Ausladevorrichtungen vorhanden waren. Von dort aus wurden die Lasten über den Weg zum Stationsplatz transportiert[186]. Dabei gab es eine Pannenserie: Zunächst hatte das Zurückbleiben von 900 Faß Zement sowie des Feldbahn-Materials in Hongkong im September 1912 eine längere Verzögerung verursacht[187].

Der Plan, Yap termingerecht fertigzustellen, wurde endgültig über den Haufen geworfen, als ein Brand auf dem Transportdampfer ausbrach, der die Hauptlieferung der Stationsmaterialien nach Hongkong beförderte, bei welchem der größte Teil der Ladung durch Seewasser beschädigt wurde. In dieser Sendung befanden sich die Ladedynamos, Umformer, sämtliche Kabel, sonstige Installationsmaterialien sowie die Empfangsapparate. Die ordnungsgemäße Wiederherstellung dieser Teile nahm sehr viel Zeit in Anspruch. Es zeigte sich speziell bei den Kabeln, nachdem dieselben fertig montiert waren und in Betrieb genommen werden sollten, daß die Isolation durch teilweises Eindringen des Seewassers so stark gelitten hatte, daß sie ersetzt werden mußten. Auch mußten die elektrischen Maschinen sowie die Empfangsapparate demontiert und die einzelnen Teile sorgfältig getrocknet und isoliert werden.
Nach diesen Unglücksfällen mußte Telefunken das Reichspostamt bitten, die Baukaution nicht zurückzuhalten[188].

Anfang Dezember 1912 war der Bau der Station Yap relativ weit fortgeschritten: Der Antennenmast stand auf 70 m, das Wohnhaus war mit Dachpappe gedeckt, mit der Wellblechbedachung wurde gerade begonnen. Die Arbeiten verzögerten sich allerdings infolge einer Serie von Taifunen sehr, man hatte drei Taifune in acht Tagen zu verzeichnen[189].
Ende Dezember war der Turm bis zu einer Höhe von 98 m gediehen. Am Montag, den 31.12.1912, war die Montage des Rohölmotors und der Kühlanlage ganz, die Installation der Leitungs-Akkumulatoren fast beendet. Der Fortgang der Turmarbeiten wurde weiterhin durch den stetigen Regen und die häufigen Stürme stark verzögert. Dazu kam, daß das Material einem weiteren nicht geplanten Härtetest unterworfen wurde. Eine Lieferung fiel beim Löschen ins Wasser. In den Kisten befanden sich (wiederum) beide Ladedynamos und der Umformer. Die Ladedynamos hatten das Mißgeschick gut vertragen, die Umformerkisten waren hingegen voll Seewasser, die Metallteile sehr oxydiert. Es mußten daher erneut ein Ladedynamo und ein Umformer auf den Weg gebracht werden. Sie sollten erst am 31.3.1913 in Inuff eintreffen[190].
Zwei Wochen später stand der Mast auf 106 m, das Maschinenhaus war gestrichen, der Akkumulator wenige Tage später fertiggestellt. Gleichzeitig war der Empfangsraum fertig gestrichen worden, die Schalttafel aufgestellt; im Senderraum wurde mit der Montage der Apparate begonnen[191].

Seit dem 24.4. stand die Station zu den vorgeschriebenen Besetzungsstunden im Verkehr mit Angaur und die dienstfreie Zeit wurde mit Versuchen und Aufräumungsarbeiten der Station ausgenutzt. Ingenieur Kleinschmidt wurde von Telefunken auf seiner Reise nach Rabaul beauftragt, gemeinschaftlich mit Ingenieur Köhler Versuche, Messungen und Überprüfungen sämtlicher elektrischer Einrichtungen vorzunehmen. Dieselben dauerten bis zum 21.6.1913. Durch Vermittlung der Station Yap hatte man seit der Zeit wiederholt unter Vermittlung eines deutschen Kriegsschiffes im Hafen von Rabaul Nachrichten nach Rabaul übermittelt und auch solche von dort erhalten[192].

Im Juli 1913 schon waren die Masten der alten Stationen von einem Telefunken-Ingenieur umgelegt worden[193].

### 7.6.3 Der Bau der Funkstelle auf Nauru

Der bauleitende Ingenieur und der Turmmonteur trafen am 17.10.1912 in Nauru ein. Zuerst war das Problem der endgültigen Festlegung des Stationsplatzes zu lösen.
Die Höhe des schließlich aus mehreren Vorschlägen ausgewählten Sendeplatzes lag etwa 35 bis 38 m über dem Meeresspiegel, seine Ausdehnung wurde von Telefunken als genügend erachtet. Die Station sollte auf einem um 4 m höheren Plateau gebaut werden. Das Gelände war im Süden und Südwesten nach See frei, nach Osten und Westen gab es nur geringe Erhebungen. Der Untergrund setzte sich aus Korallen- bzw. Phosphatgestein zusammen. Das Terrain war nur mit kleinerem Gestrüpp und Bäumen bepflanzt und ragte über die Gipfel der am Gürtel der Insel und im Zwischengelände angepflanzten alten Kokosbestände um ungefähr 8 bis 10 m hinaus.
Steine für die Fundamente waren ganz in der Nähe vorhanden. Der Weg für die Materialbeförderung mußte an den Bergabhang verlegt werden und wurde als erster Arbeitsgang sofort in Angriff genommen. Die Länge des Weges betrug 1,7 km vom Anschlußgleis der "Pacific Phosphate Company" an gerechnet, das Fazit der Telefunken-Ingenieure war, daß man ohne Wegebau dort auf keinen Fall auskommen würde. Zudem war die Wasserfrage überall auf der Insel gleich schwierig. Ein Terrain in benötigter Ausdehnung an anderen Punkten der Insel gab es nicht, man hätte bei einer anderen Wahl beträchtliche Kokosbestände abzuholzen gehabt, was wiederum große kommerzielle Nachteile mit sich gebracht hätte. Der nun gewählte Platz besaß genügend Ausdehnung, es würden nur geringe Kosten infolge Niederschlagens einiger Bäume entstehen, brauchbare Fahrstraßen hoffte man mit aller Energie in 14 Tagen fertigstellen zu können. Schließlich hatte auch die P. P. C. nichts mehr gegen den Stationsplatz einzuwenden, obwohl das Stationsterrain von der Industriebahn der P. P. C. durchschnitten wurde, weswegen die Gegengewichtsdrähte sehr hoch verlegt werden mußten, damit der Betrieb nicht behindert wurde. Die be-

reits von der P. P. C. angebauten Felder zu benutzen war ausgeschlossen, denn auf diesen Feldern standen die Reste ehemaliger Korallenfelsen dicht an dicht in ungefähr 2 m Höhe.
Nachdem die Platzwahl entschieden war, wurde mit dem Bau der Zufahrtsstraße begonnen. Das Material von Rabaul traf am 5.11.1912 in Nauru ein und war am 11.11. gelöscht[194].
Die ersten Probleme ließen nicht lange auf sich warten. Schon bald nach Beginn der ersten Arbeiten war bei Telefunken die Rede davon, daß Nauru voraussichtlich erst Mai 1913 empfangsbereit und im Juni sendebereit sein würde. Dies bedeutete eine etwa zweimonatige Verspätung der Fertigstellung über den in der Konzession festgelegten Termin vom 31.3.1913 hinaus. Telefunken sah sich nicht in der Lage, die Verantwortung für diese Verzögerung zu übernehmen. Als teilweise Begründung für die Verspätung wurde angegeben, daß das am 31.12.1912 in Nauru eingetroffene Lastauto erst am 3.2.1913 gelöscht werden konnte, denn das Auto war infolge von Unfällen beim Löschen zweimal ins Wasser gefallen. Der erste Unfall ereignete sich dadurch, daß die Krankette brach, der zweite dadurch, daß der Haken des Schiffskrans entzweisprang.
Außerdem war man offensichtlich von der Entscheidung der Reichsregierung, eine Umdisposition des Stationsbaus von Rabaul nach Nauru vorzunehmen, auf dem falschen Fuß erwischt worden. Telefunken bezweifelte deshalb offen, daß die Station rechtzeitig fertiggestellt werden könnte, denn infolge der Umdisposition bis zum vertraglichen Fertigstellungstermin ständen nur etwa viereinhalb Monate für die Montage zur Verfügung. Weiter hieß es bei Telefunken:

> *"Wir haben seinerzeit alles getan, um eine geeignete Platzwahl in Rabaul so schnell wie möglich herbeizuführen und sind daher ohne Schuld an der jetzigen Verspätung in der Fertigstellung der Station Nauru. Telefunken bittet darum, für den Zeitverzug nicht die Subventionen entzogen zu bekommen"*[195].

Auch die Bauarbeiten selber waren nicht unbedingt immer von Glück verfolgt. In einem Bericht des bauleitenden Ingenieurs an Telefunken in Berlin vom 7.2.1913 heißt es:

> *"Leider war das Wetter in den letzten 14 Tagen so ungünstig, dass die Arbeiten nur sehr langsam von statten gingen. Heftige Stürme und starker Regen liessen ein Arbeiten im Freien nicht zu. Die Eingeborenen sind den Unbilden der Witterung nicht gewachsen und suchen schützende Plätze auf. Die Wege werden unbenutzbar, sodass auch der Transport stockt. Es regnet nicht, sondern es*

*gießt in Strömen. Meine zum Teil fertige Post musste ich noch einmal schreiben, da alles in der Behausung verregnet bezw. vom Winde fortgefegt war. Die Dampfer haben alle das Weite gesucht und werden nicht beladen; das Wetter ist so schlecht, dass die Dampfer nicht ausgeladen abfahren müssen, das sagt genug. Wir konnten an den einigermaßen guten Tagen Material, Sand und Cement heranschaffen mit dem Auto und sind nun die Fundamentarbeiten im Gange, die, wenn das Wetter sich bessert, schnell weiter gehen, da eben alles gut vorbereitet ist. Schotter liegt in ausreichender Menge zerschlagen auf dem Platze. Der Sandtransport geht gut (...). Sie müssen bedenken, unter welchen Verhältnissen und Umständen Ihr Personal hier arbeitet; die enorme Hitze setzt naturgemäß die Leistungsfähigkeit nicht gering herab"*[196].

Ende März 1913 waren an Turmarbeiten erst die erste Abspannung fertig, die Arbeiten am Turm mußten vorläufig eingestellt werden, da wegen Wassermangels der Bau der Außenfundamente nur langsam fortschritt[197]. Im Februar hatten nämlich die Regenfälle ausgesetzt, die Zisternen versiegten daraufhin und es gab kein Wasser mehr, um Beton herzustellen; besonders schlimm war, daß kaum noch Trinkwasser vorhanden war, da auch die Zisternen der P. P. C. versagten. Die Kaiserliche Station wollte keinen Tropfen herausrücken, obwohl hinter vorgehaltener Hand die Aussage kursierte, es sei in Wirklichkeit genug vorhanden. Man konnte auch auf dringliche Vorstellungen bei der Station hin nichts über die Gründe der Verweigerung erfahren. Man behalf sich schließlich damit, daß man aus einer Höhle Brackwasser gewann[198].
Zudem gab es Sturmschäden: Das Ausrichten verbogener Stiele mußte durch Turmmonteur Schenk und zwei Chinesen erledigt werden, genauso das Ausrichten von verbogenen Pardunen. Schließlich wurde das westliche Fundament bis auf den Aufbau der Blöcke fertig. Kurze Zeit später wurde mit zwei weiteren Fundamenten begonnen. In der Zwischenzeit half Turmmonteur Schenk beim Hausbau und verrichtete sonstige anfallende Arbeiten. Das Maschinenhaus war im Verbund fertig, Maschinenmonteur Mix arbeitete an der Kühlanlage, die Motorenmontage sollte beginnen, sobald das Maschinenhaus eingedeckt war[199].
Über all den Arbeiten schwebte jedoch, wie über den anderen Südseebaustellen Telefunkens auch, der Arbeitermangel. Über dieses Problem und die üblen Methoden, dessen Herr zu werden, schrieb der Bauleiter in Nauru einen langen Bericht nach Berlin. Dieser soll hier in längeren Passagen wiedergegeben werden, kommen hier doch exemplarisch die arroganten und menschenverachtenden Attitüden der deutschen Kolonialherren zum Ausdruck:

"Betr. der Arbeiter bemerke ich noch, daß die P.P.C. vor kurzem einen Rekrutierungstrip nach den Inseln unternahm und in 4 Wochen 33 Mann zusammenbrachte, sodass jeder ca. M 1000.-- kostet. Auf meinen Antrag hin hat die Regierung Eingeborene zwangsweise ausgehoben, da diese Leute das Arbeiten absolut nicht nötig haben und auf Geld keinen Wert legen. Aus diesen Gründen war der Stand ein sehr schwieriger; nur durch Antreiben konnte ich das schaffen, was in der kurzen Zeit zur allgemeinen Verwunderung geleistet ist. Jetzt bin ich, nachdem ich die Faulsten, damit sie nicht infektiös wirken, ausgemerzt habe, ganz zufrieden mit den Leuten. Beim Löschen und Wegebauen geht es flott voran. Diese Leute erhalten pro Tag M 1.-- und beköstigen sich selbst. Von den Eingeborenen kann ich 96 Mann bekommen; je nachdem Arbeit vorliegt, lasse ich mehr oder weniger antreten. Dass uns die P.P.C. keine Arbeiter überlassen konnte, habe ich Ihnen bereits mitgeteilt. Sie hat eben selbst nicht genug. Wir sind auf die zur Zwangsarbeit herangezogenen Nauru-Leute angewiesen, deren Leistungsfähigkeit in gar keinem Verhältnis zu der der andern Insulaner steht, aus welchem Grunde sie auch keine Verwendung bei der P.P.C. finden; die Leute kennen eben keine Arbeit. Mittlerweile habe ich die Leute ja schliesslich soweit gebracht, dass sie mit anfassen, aber wodurch? Drohungen des Bezirksamts mit Strafen, Gefängnis und Deportation mussten den Ansporn geben. Wenn wir dann noch die Arbeit fertigstellen, die wir benötigen, so macht es eben nur die Menge, und wenn es so weiter geht, wie in letzter Zeit, so kann ich mit den Leuten zufrieden sein.
Steht der Südsee-Insulaner im allgemeinen in dem Rufe, ein guter Arbeiter zu sein und findet er aus diesem Grunde bei den in der Südsee liegenden Unternehmungen und Betrieben gern Verwendung, so kann von den Nauru-Eingeborenen gerade das Gegenteil gesagt werden. Leute, welche nie das Wort Arbeit in seiner Bedeutung kennen gelernt haben wegen des an Cocos so grossen Reichtums der Insel, welche in jeder Beziehung, geistig, wie körperlich degeneriert sind, sie eignen sich zur Arbeit in keiner Beziehung. Beschäftigungslos liegen sie faul auf den Matten, nicht Sinn für Kunst, wie man sie unter den Leuten von Neu-Guinea immerhin findet, regt sich in ihnen, kein Schmuck der Hütten, keine kunstvoll geflochtene Matte oder irgend ein anderer Gegenstand gibt Zeugnis von irgend welcher Intelligenz. Nicht Geld lockt den Nauru-Mann zur Arbeit; zu Tausenden liegen die herabgefallenen Cocosnüsse auf der Erde, keine Hand rührt sich, diese zu Kopra

*zu verarbeiten, nicht Zucht von Gemüse oder Vieh, welches zu hohen Preisen einen guten Absatz findet, ist unter den Leuten zu finden. Das sind in groben Umrissen die Leute, welche zum Bau der Station kommandiert sind. Nicht aus eigenem Antriebe, nicht um Geld zu verdienen, sind sie auf der Station, sie empfinden es als Strafe und sind die Leistungen dementspechend. Wohl sagen sie auf der Station, dass sie arbeiten wollen, aber nur um evtl. Bestrafung zu entgehen, gute Behandlung sei Bedingung, ich füge hinzu 'und keine Arbeit' dann geht es. Die Aufsichtsleute stecken natürlich mit ihren Leuten unter einer Decke und jedes Rügen oder Schimpfen dringt garnicht zu den Ohren dessen, dem es gilt. Gewiss gab es eine Zeit, wo man sagen konnte, 'ich bin zufrieden', ja, was stellte man da aber auch für Ansprüche? Diese waren schon so reduziert, dass es ein Weniger kaum gab. Fegte ich dann mit einem Donnerwetter und dem nötigen Nachdruck dazwischen, dann ging es wieder für einige Zeit, aber wie wurde es beurteilt. Ich möchte den sehen, welcher, wenn er Interesse an der Sache hat, ruhig zusehen kann, wie die Leute, welche doch immerhin ihren Leistungen entsprechend gut bezahlt werden, sich im Busch herumtreiben oder sich um jede Arbeit herumdrücken und schliesslich sich noch dummer anstellen, wie sie in Wirklichkeit sind, wenn dazu auch nicht viel gehört"*[200].

Noch in einem Bericht vom 30.5.1913 war von weiterhin großem Wassermangel die Rede, weswegen sich die Herstellung der Verankerungsfundamente für den Turm nur langsam entwickelte. Trotzdem ging man recht optimistisch von einer Inbetriebnahme im Juli 1913 aus[201].

### 7.6.4 Yap und Nauru im Funkbetrieb

Bedingt durch die Serien von Pannen, Unglücksfällen und Unzulänglichkeiten wurden Yap und Nauru erst am 1.12.1913 eröffnet[202]; sie waren nun mit schirmförmigen Antennen ausgerüstet, die von einem 120 m hohen eisernen Gitterturm getragen wurden. Die Kraftanlage bestand aus zwei 60-PS-Glühkopfmotoren, die eine Antennenenergie von 25 bis 30 kW lieferten. Die damit überbrückte Entfernung zwischen Yap und Nauru betrug 3400 km; sie blieb also nur wenig hinter derjenigen der transatlantischen Marconi-Verbindung Clifden (Schottland) - Glace Bay (Nordamerika) zurück, die sich auf 3700 km belief. Für den Verkehr mit Schiffen im Nahverkehr waren Zusatzstationen mit T-förmigem Luftleiter und einer An-

tennenenergie von 5 kW vorhanden, die bei Verwendung der Normalwellenlänge von 600 m (500 kHz) bei Tage 600 km, nachts 2000 km weit reichten[203]. Versuche zwischen Yap und Nauru brachten das Ergebnis, daß die besten Sende- und Empfangszeiten am Tage 17.00 bis 19.00 Uhr und in der Nacht 00.00 bis 5.00 Uhr (Yap-Zeit) waren. Dies konnte später durch weitere Versuche untermauert werden[204]. Die Dienststunden von Yap und Nauru wurden auf 8.00 bis 9.00 Uhr vormittags, 17.00 bis 20.00 Uhr nachmittags und 1.00 bis 3.00 Uhr nachts festgesetzt. Die Zeitangaben bezogen sich für beide Stationen auf den Meridian von Yap ("vorbehaltlich genauer Feststellung 138° 8' 21" östl. Länge von Greenwich"). Die Dienststunden der von der deutschen Südsee Phosphat AG in Bremen weiter betriebenen Station Angaur (die Dienststunden waren auf 8.00 bis 9.00 Uhr und auf 14.00 bis 15.00 Uhr festgesetzt) bezogen sich ebenfalls auf den Meridian von Yap, statt wie vorher auf den von Shanghai[205]. Das Rufzeichen von Nauru war "KBN", das von Yap "KJA".
Die Reichweite von Angaur (Rufzeichen "KAN") betrug zu dieser Zeit noch 500 km[206].

*Abb. 28; Funkstation Yap/Karolinen (Geschichte der Deutschen Post in den Kolonien und im Ausland)*

Mit der Inbetriebnahme von Yap und Nauru war die erste Teilstrecke des deutschen Telefunkennetzes in der Südsee dem öffentlichen Verkehr übergeben worden. Von da an gingen Telegramme nach Nauru per Kabel bis Yap und von dort funktelegraphisch weiter nach Nauru.
Die Küstengebühr betrug 50 Pfennige für das Wort, eine Mindestgebühr wurde nicht erhoben. Bezüglich des Tarifes wurde bestimmt, daß nicht für jede Station Einzelgebühren für Aufnahme und Beförderung, sondern für jede Beförderungsstrecke zwischen zwei Funkstationen feste Gebühren berechnet werden sollten. Diese Beförderungsstrecken waren keine funktelegraphischen Verbindungen im eigentlichen Sinne, sondern eine Erweiterung des gewöhnlichen Telegraphennetzes. Bei einem zwischen zwei Stationen dieses Netzes unmittelbar ausgetauschten Telegramm wurden für die funktelegraphische Beförderung 50 Pfennige Wortgebühr berechnet. Bedurfte es bei der Beförderung der Zwischenvermittlung einer oder mehrerer weiterer Stationen, so betrug die Funkgebühr für jede Teilstrecke 50 Pfennige. Die gesamte Worttaxe für ein im Lokalverkehr zwischen deutschen Stationen gewechseltes gewöhnliches Privattelegramm setzte sich zusammen aus der vorgenannten Funkgebühr und der dem Reich für die Annahme und Bestellung des Telegramms zufließenden Endgebühr von 20 Pfennigen[207]. Die Worttaxe für Telegramme von Nauru nach Deutschland betrug 4,90 Mark, für Telegramme zu halber Gebühr 2,95 Mark[208].

Von der erfolgreichen Etablierung von Yap profitierte auch Neu-Guinea. Das Amtsblatt enthielt seit Mitte 1913 einen regelmäßigen telegraphischen Nachrichtendienst. Die Übermittlung geschah auf dem Funkweg von Yap aus, das bekanntlich an das Weltkabelnetz Anschluß hatte[209].

Während der Versuchsphase hatte es nur noch einen etwas gewichtigeren Vorfall gegeben: Während des Aufenthalts der Schiffe eines deutschen Kreuzergeschwaders in der Südsee wurde besonders auf der SMS "Condor", die zu dem Zeitpunkt bei den Westkarolinen lag, vielfach die Beobachtung gemacht, daß der geschlossene Verkehr der Schiffe mit Yap vorsätzlich gestört wurde. Dem Ton nach schien dies durch ein japanisches Kriegsschiff zu geschehen, das zwar nicht gesichtet wurde, sich aber tagelang in der Nähe von Yap aufgehalten haben muß. Anscheinend gelang es der Großstation in Yap einmal, der unbekannten Station kurz nach Beendigung eines ihrer Störmanöver durch plötzliches Geben mit hoher Intensität ihre Zelle zu durchschlagen. Daraufhin hörten die Störungen auf[210].

### 7.6.5 Der Bau der Funkstelle auf Samoa

Der bauleitende Ingenieur für Samoa, Hirsch, kam am 3.5.1913 in Apia an, zwei Tage später traf SMS "Cormoran" mit dem Gouverneur Dr. Schulz von einer Dienstreise ein. Man beschloß, sofort mit der Auswahl des Stationsplatzes zu beginnen. An den Expeditionen beteiligten sich neben Telefunken-Leuten Offiziere des "Cormoran" sowie Vertreter des Gouvernements. Die bis zu diesem Zeitpunkt ausgesuchten drei Plätze erwiesen sich samt und sonders als ungeeignet. Schließlich unternahm der Trupp von dort aus verschiedene Vorstöße durch den Dschungel ins Innere, ohne besonders geeignetes Gelände zu finden. Der hohe Urwald, der das in Frage kommende Gebiet bedeckte, hinderte die Übersicht sehr. Schließlich stieß man bei Quadrat 70 auf ziemlich flaches Gelände und fand nach mehrmaligem Durchstreifen des Gebietes, daß hier recht günstige Bedingungen vorlagen. Es wurde einstimmig beschlossen, das Gebiet als Stationsplatz zu wählen. Die Gründe dafür waren:

1. Der Platz lag nach dem Gutachten des Kommandanten des "Cormoran" strategisch verhältnismäßig günstig. Schiffe konnten sich ihm höchstens auf 9 km nähern. Tiefes, sicheres Fahrwasser für Kriegsschiffe fand sich erst auf 12 km Entfernung. Die Marine hatte infolgedessen keine Bedenken gegen den Platz.
2. Der Platz lag nicht mehr als 8 km Luftlinie von Apia entfernt. Daher empfahl auch das Gouvernement den Erwerb des Platzes.
3. Eine 2 km lange gute und eine 7 km lange sehr gute Straße führte von Apia direkt zum Bauplatz. Die Genehmigung zum Verlegen eines Feldbahngleises auf der Straße und zum Betrieb eines Motorzuges hatte das Gouvernement schon erteilt.

Der Platz war nur zu zwei Dritteln mit sekundärem Urwald bewachsen, ein Drittel bestand aus einer verwilderten Kakaopflanzung, die leicht und schnell entfernt werden konnte, so daß sehr bald mit dem Guß der Turm- und Ankerfundamente begonnen werden konnte. Wasser konnte aus dem Bach, der das Grundstück entlang floß und der selten versiegte, entnommen werden. Der Platz war nach allgemeinem Bekunden auch funktechnisch günstig gelegen. Es gab keinerlei Hügel in Telgraphierrichtung und in unmittelbarer Nähe. Der Nachteil des Platzes war der, daß zunächst in langwierigen Kaufverhandlungen mit dem Besitzer des Platzes namens Hagedorn verhandelt werden mußte. Unter Hinweis auf die Wertsteigerung des übrigen Grundstücks ließ sich Hagedorn überreden, den Platz (700 m Durchmesser) für 16000 Mark zu verkaufen, das waren 165 Mark pro Acre (von anderer Seite, so behauptete Hagedorn, seien ihm 200 geboten worden). Man schickte die Nachricht nach Berlin, wenige Tage darauf kam die Antwort, daß der Fiskus schon bereit sei, die Kosten zu tragen, aber nicht zu diesem Preis. Darauf setzte sich nochmals eine Abordnung in Marsch, welche Hagedorn auf 14000 Mark herunterhandeln konnte und ihm dafür die Zusicherung gab, daß er auf dem Stationsplatz seinen Ananas anbauen durfte[211].

Mitte 1913 konnte endlich mit dem Bau der Station begonnen werden. Die Arbeiten wurden ebenfalls unter großen Schwierigkeiten eingeleitet; die Entfernung des Stationsplatzes von der Hafenstelle und die damit verknüpften Transportschwierigkeiten einerseits und die ungelöste Arbeiterfrage andererseits waren schier unüberwindliche Probleme. Letzteres machte sich besonders beim Abholzen des Stationsplatzes bemerkbar. In den ersten Tagen konnte man direkt von Arbeitermangel sprechen, denn es waren nur 12 Chinesen zur Hand. Später konnte dann mit Hilfe der Regierung die Anzahl der Chinesen auf 28 erhöht werden, wozu noch ein Arbeitertrupp von 40 Mann kam, in dem das gesamte ethnische Spektrum der deutschen Südseeschutzgebiete repräsentiert war. Das Problem mit den von der Regierung beschafften Chinesen war, daß sie offensichtlich noch nie eine Schaufel in den Händen gehalten hatten. Die Deutschen mußten dazu sehr auf der Hut sein, daß es zwischen den Chinesen und Südseebewohnern nicht zu Spannungen und offenen Auseinandersetzungen kam. Es wurde stets darauf geachtet, daß die Gruppen voneinander getrennt blieben. Auch zwischen den Chinesen aus Shanghai und denen aus Hongkong war kein besonderes Einvernehmen vorhanden:

> *"Unsere Truppe besteht z. B. aus 40 farbigen Holzhackern und 28 chinesischen Kulis. Das Gouvernement kann uns keine Chinesen geben, nicht einmal Gefangene, da es selbst an Chinesenmangel leidet. Wir haben weisse, halbweisse, helle und dunkelbraune, gelbe und schwarze Hilfsarbeiter, die wegen Antipathie de peau scharf voneinander getrennt werden müssen; vertragen sich doch beispielsweise unsere Chinesen aus Shanghai schlecht mit denen aus Hongkong. Die Behandlung der ganzen farbigen Gesellschaft erfordert viel Geduld und Nachsicht (...) ernste Ausschreitungen, die die Hilfe der Regierung erforderten, sind aber dank der richtigen Behandlungsweise nicht vorgekommen."*[212].

Das Abholzen der Pflanzungen auf dem Stationsplatz wurde durch Samoaner vollzogen, von denen man deutscherseits annahm, daß sie zu anderen Arbeiten nicht zu verwenden waren. Die Samoaner, von denen vermutet werden darf, daß sie sich nicht unbedingt freiwillig zum Stationsbau gemeldet hatten, verrichteten auch diese für sie ungewohnte Arbeit nicht zur Zufriedenheit der Deutschen. Anfangs arbeiteten die Eingeborenen im Tagelohn, es mußte aber bald zur Akkordarbeit übergegangen werden, da man sonst überhaupt nicht auf die Kosten gekommen wäre. Die Bewertung der Samoaner durch die Deutschen war von der üblichen Feinfühligkeit:

> *"Der Samoaner repräsentiert den seltsamen Typ des Gentleman Wilden; gute Manieren, grossartige Grandezza und pyramidale Faulheit"*[213].

Kurz darauf schien Hilfe in Sicht: Zufällig traf ein Chinesentransportdampfer mit 1100 Chinesen an Bord auf der Reede von Apia ein. Leider mußte der Dampfer auf unabsehbare Zeit in Quarantäne liegen bleiben, da an Bord die schwarzen Pocken ausgebrochen waren. So mußte Ingenieur Hirsch zusehen, durch Spezialverträge mit den Pflanzern bis Ende der Quarantäne genügend Arbeiter zu entlehnen[214].
Die gefällten Bäume wurden, soweit sie nicht anders verwertet werden konnten, auf dem Stationsplatz verbrannt[215].

*Abb. 29: Die provisorische Lokomotive beim Bau der Telefunken-station Apia (Telefunken-Zeitung Nr. 1, Jan. 1914: 29, Abb. 12)*

Zur Bewältigung des schwierigen Transportes der Apparate, Maschinen und Turmteile von der Hafenstelle zum Stationsplatz mußte eine Feldbahn von ca. 10 km Länge gebaut werden, die, obwohl ihre Herstellung selbst erhebliche Schwierigkeiten bereitete, den Transport wesentlich erleichterte und abkürzte. Die Straße wurde an zwei Stellen von Wasserläufen gekreuzt, so daß Brücken gebaut werden mußten. Es war nicht möglich gewesen, mit dem ersten Materialschub auch die Feldbahnlokomotive mit hinaus zu senden; da kam der Bauleiter auf den Gedanken, an Ort und Stelle eine Lokomotive zu bauen, um während der Wartezeit nicht allein auf Pferde und Menschen als Zugkraft angewiesen zu sein. Mit der ersten Materiallieferung war eine Steinbrechmaschine hinausgegangen, die zur Herstellung des Betons für die Haus- und Turmfundamente Verwendung finden sollte. Da diese Maschine vorläufig während des Transportes der ersten Materialien und während der Vorbereitung des Stationsplatzes nicht in Funktion treten konnte, wurde der dazu gehörige Benzinmotor abgenommen und auf einen Feldbahnwagen gesetzt; ein Antrieb mittels Riemen vervollständigte die provisorische Lokomotive. "Die Lokomotive funktionierte auf Anhieb", berichtete Hirsch, "nur bei größeren Steigungen muß etwas nachgeholfen werden, da der Benzinmotor für diese Zwecke zu schwach ist".

Ende September 1913 widmete sich der Bautrupp hauptsächlich den Materialtransporten. Das Material wurde mit einer zweiten selbstgefertigten Lokomotive 4,5 km weit bis zum Beginn der großen Steigungen gefahren; von dort aus wurde gezogen und geschoben. Auf die leeren Wagen, die zu Tal fuhren, warf man zur Räumung des Platzes Holzscheite der auf dem Bauplatz gefällten Bäume. Auf dem Bauplatz war das Schlagen des Urwalds bis auf den gewünschten Radius von 350 m fast vollendet. Der Guß des Mittelfundaments des Turmes wurde abgeschlossen. Zur selben Zeit bekam die Baustelle einen Zuwachs an Arbeitern von der Insel Nino, die von Samoa etwa 500 km entfernt liegt. Der Septemberdampfer brachte zudem die lang ersehnte Lokomotive[216].

Es wurde mit der Montage des Turmes begonnen, die Fundamente für die Stationsgebäude wurden fertiggestellt und die Wasserversorgung vermittels eines hydraulischen Widders eingerichtet. Die Funkgeräte und Maschinen waren ebenfalls schon größtenteils an Ort und Stelle. Man war optimistisch, den Termin der Betriebsübergabe, März 1914, einhalten zu können[217].
Anfang Dezember 1913 war der Turm auf 40 m Höhe zusammengesetzt. Die drei Turmanker waren in Arbeit, einer davon war zu diesem Zeitpunkt schon in Beton eingelassen. Das Maschinenhaus stand im Rohbau fertig

und war halb unter Dach. Die Fundamente für die Rohölmotoren wurden in Angriff genommen. Es wurden täglich etwa 12 Tonnen Material von der Küste zur Arbeitsstelle befördert[218].
Anfang Januar 1914 waren schließlich das Maschinenhaus fast und zwei Turmanker ganz fertig, ein dritter Turmanker befand sich im Bau. Nach dessen Vollendung sollten die untersten Pardunen angebracht und der Turm höher gebaut werden[219].
Diese Schilderung drückt eine glatte Abwicklung der Arbeiten aus, die in Wirklichkeit nicht vorhanden war. Aus verschiedenen Telegrammen (z.B. 21.1.1914, 26.1.1914) kann man folgendes entnehmen: Das gesamte deutsche Personal erkrankte abwechselnd an Malaria und anderen Tropenkrankheiten, auch Teile des Hilfspersonals waren davon betroffen. Kleinschmidt berichtete am 19.11.1913:

> *"Da das ganze Land mit Framboesie und ähnlichen Krankheiten durchseucht ist, werden aus den kleinsten Hautrissen etc. fast stets große bösartige Geschwüre. Zurzeit sind etwa 1/10 aller Arbeiter mit derartigen Wunden behaftet. Die Behandlung geschieht durch uns, da bei einer Krankenhaus-Behandlung die Leute uns auf etwa 14 Tage bis 3 Wochen ganz entzogen würden und wegen der vorhandenen Abneigung gegen das Krankenhaus immer mit Bedeckung nach Herbertshöhe gebracht werden müssten, wodurch dann wieder die Aufsicht über die anderen Arbeiter leiden würde. Ausserdem war der Erfolg der Behandelung im Krankenhaus nur ein Augenblickserfolg. Soweit die Fusskranken überhaupt gehen können, werden sie mit leichteren Arbeiten, Grasschlagen etc. beschäftigt."*

In der letzten Novemberwoche war ein Sechstel der Leute (28 Mann) mit brandigen Geschwüren bedeckt, zwei an Lungenentzündung und vier an Ruhr erkrankt; zwei wurden nach Herbertshöhe geschafft, eine Anzahl Leute war stets fieberkrank. Unter diesen andauernden Erkrankungen litt das Telefunken-Personal bereits seit vier Monaten, die Bauarbeiten mußten, so folgerte Telefunken in Berlin in einem Schreiben an das Reichspostamt, sehr in Rückstand geraten sein. Naturgemäß sei die Arbeitsleistung des weißen und farbigen Personals nach Entlassung aus dem Hospital äußerst gering, denn es vergingen Wochen, bis die normale Arbeitskraft wiederkehre, ja es sei zu befürchten, daß speziell das weiße Personal ohne einen klimatischen Wechsel während des weiteren Dortseins nie wieder in den Vollbesitz seiner Gesundheit gelangen würde und daß fortlaufende Erkrankungen zu erwarten seien, da die durch Krankheit geschwächten Personen keine Widerstandskraft gegen neue Infektionen besäßen[220].

Dies war umso schwerwiegender, als das Unterholz auf dem mühsam gerodeten Bauplatz derart schnell nachwuchs, daß die geschwächten und unterbesetzten Mannschaften nicht mehr mit dem Roden nachkamen. Daher bat Telefunken das Reichskolonialamt, beim Gouvernement in Apia Sträflinge oder Fronarbeiter loszueisen[221].

Trotzdem waren am 11.3.1914 das Maschinenhaus und die Maschinenfundamente fertig, so daß die Maschinen installiert werden konnten, überdies konnten Akkumulatoren und Rohölmotoren montiert werden. Die Höhe des Antennenturms betrug inzwischen 72 m, er sollte vier Wochen später fertig werden, obwohl schwere Regengüsse und Stürme die Arbeit auf dem Turm lebensgefährlich machten.
Anfang April 1914 begann die Montage der HF-Geräte, die kleine Antenne war auf 104 m hochgezogen und verspannt; die Turmhöhe betrug insgesamt nun 106 m[222].
Anfang Mai war der Turm fertiggestellt, die Drähte zur großen Antenne zugeschnitten und diese am Turm auf 120 m hochgezogen; die kleine Antenne wurde in einer Höhe von 100 m angebracht. Dazu wurde der Rohölmotor 1 in Betrieb gesetzt, die Verbindung von Schalttafel zur Batterie hergestellt und die beiden Sender montiert[223].
Am 30.6.1914 lief aus Apia bei Telefunken ein Telegramm ein, daß der große Sender mit voller Leistung in Betrieb sei. Die Antennenenergie betrage 25 bis 30 kW, die Abnahmeversuche würden in der ersten Hälfte des Juli beginnen[224].
Mitte Juli begannen drei je achttägige Versuchsperioden, die ersten beiden mit Nauru, die dritte mit Yap[225]. Diese Versuchsperioden konnten jedoch nicht mehr annähernd zuende geführt werden. Schon am 1.8. mußte die Station wegen des Ausbruchs der Feindseligkeiten ihren Wert unter Beweis stellen[226].

Obwohl die Station von den Siedlern herbeigesehnt worden war, machten ihnen einige Begleitumstände zu schaffen, die teilweise als überflüssig angesehen wurden. Telefunken mußte für den Gütertransport Bahnschienen durch die Straßen Apias und deren Umgebung verlegen; schon zu Beginn dieser Aktion waren kritische Bemerkungen über das gefährliche Verkehrshindernis gemacht worden, das dadurch auf den nicht gerade breiten Straßen entstanden war. Besonders machte sich dies wohl bei Brükken und Straßenübergängen empfindlich bemerkbar. Man mußte daher Sand an die Schienen fahren, um die Übergänge etwas mit dem Fahrniveau auszugleichen. An einer besonders stark befahrenen Stelle wurde eine Zementauffahrt hergestellt. Als schön wurden diese Übergänge aber alle nicht empfunden, vielleicht mit Ausnahme der Zementstelle. Vonseiten

Telefunkens wurde den Einwohnern bedeutet, daß die Gleislegung nur provisorisch sei, bis alles Material zum Bau des Turmes und den sonstigen Anlagen nach der Baustelle in Tafaigata hinaufgeschafft sei. Man ließ sich also gefallen, daß die verkehrsreichsten Straßen durch Schienenstränge eingeengt wurden, da man sich auf die Versicherung Telefunkens verließ, alles sei nur provisorisch. Schließlich gab es aber nach erfolgtem Transport offensichtlich einige Schienenstränge, die nicht mehr benutzt wurden und nur noch störend auf den Verkehr wirkten. Proteste folgten:

> *"Hoffentlich werden diese Zeilen dazu mit beitragen, daß diese Räder und Achsen verderbenden Schienen so bald als möglich entfernt werden. Auch in Zukunft, wenn alles Material zur Baustelle der Telefunken-Gesellschaft hinaufgeschafft ist, hoffen wir auf eine schnelle Fortnahme der lästigen Gleisanlagen"*[227].

### 7.6.6 Der Bau der Funkstelle auf Neu-Guinea

Auf Neu-Guinea traten in der Planungsphase für die Station erhebliche Probleme auf, besonders was die Wahl des Stationsplatzes anbelangte. Schon die ersten Erkundungen durch Telefunken-Leute waren mit Hindernissen verbunden: Weder auf dem Gouvernement noch irgendwo sonst waren gute Karten aufzutreiben, anhand derer man sich ein gutes Programm aufstellen konnte. Die einzig existierenden Seekarten konnten getrost als Phantasiegebilde bezeichnet werden, was das Innere des Landes betraf und so blieb den Entdeckungsreisenden nichts anderes übrig, als zu Pferd Exkursionen ins Innere zu unternehmen. Soviel wurde schon zu Anfang deutlich: Die Kessellage des Gouvernementssitzes Simpsonhafen und die Karawiabucht machten ein gutes Senden unmöglich.

Als Gelände für den Bau der Großfunkstation in Deutsch-Neu-Guinea hatte das Gouvernement die Ebene von Bitapaka im Hinterland von Herbertshöhe vorgeschlagen. Dieser Platz bot, so glaubte man jedenfalls, einige Vorzüge:
1. Er lag in der Nähe des Regierungssitzes Rabaul und war dort auf verhältnismäßig guten Straßen zu erreichen. Bis zu der am Meer gelegenen Pflanzung Kabakaul war darüber hinaus schon eine Fernsprechlinie vorhanden, an der die in den Baubedingungen vorgeschriebene Telegraphenleitung bis zur Funkstation angebracht werden konnte;
2. war Bitapaka nur 9 km von der Küste entfernt. Bei der Pflanzung Kabakaul war bereits ein 120 m langer Damm angelegt, an dem bei Niedrigwasser 2,5 bis 3 m Wassertiefe gemessen worden waren. Die für den

Bau der Funkstation benötigten Stoffe, Lebensmittel für das Personal, Maschinen, Apparate usw. konnten also bequem an Land gebracht werden;

3. war bereits ein Weg von Kabakaul nach Bitapaka vorhanden, der für den Verkehr mit Lastwagen hergerichtet werden konnte;

4. lag Bitapaka auf einer 135 m über dem Meer gelegenen baumlosen Ebene, die als gesund galt;

5. war der Platz auch vom militärischen Standpunkt aus gut gewählt. Infolge der versteckten Lage waren die Fußpunkte der Antennentürme und die Stationshäuser von See aus nicht sichtbar; sie konnten daher durch Schiffsgeschütze nicht ohne weiteres erreicht werden.

Nach der genauen Untersuchung des angebotenen Geländes hatte aber die Baugesellschaft Bedenken gegen die Errichtung der Funkstation in Bitapaka. Sie hielt die Sende- und Empfangsverhältnisse wegen des vulkanischen Charakters der Gegend für sehr ungünstig, obwohl Ingenieur Reinhard von Telefunken den Untergrund für tragfähig hielt. Trotzdem veranlaßte er Bohrungen.
Auch schien der aus verwitterter vulkanischer Asche und Bimssteinen bestehende Boden nicht tragbar genug für die Fundamente des 120 m hohen Antennenturms. Nach Meldung von Reinhard bestand der Boden bei Bitapaka aus geschlemmter, toniger Bimssteinerde. Ein weiterer hinzugezogener Geologe meinte, diese Schicht sei keinesfalls tragfähig[228]. Der geologische Sachverständige Dr. Schucht hatte wegen der Erdbebengefahr ebenfalls dringend von der Stelle abgeraten[229], Telefunken nahm daraufhin von dem Bauplatz Abstand. Weite Teile der Gazellehalbinsel wurde schließlich zu Tabuzonen erklärt; daher wurde Ingenieur Reinhard beauftragt, bei Massawa (Gazellehalbinsel) einen neuen Platz zu suchen, obwohl Gouverneur Hahl den ursprünglichen Platz befürwortete. Im Falle, daß man sich auf Massawa festlegte, war geplant, diese Station mit Rabaul zu verbinden, und zwar nicht mit einem viel zu teuren Kabel (da das gesamte Gebiet zwischen den beiden Stationen noch unerforscht und unerschlossen war), sondern mit einer kleineren Funkstation. Falls Massawa nicht in Frage kam, dann sollte die Station nicht in der Nähe von Rabaul errichtet werden[230].
September 1912 stand fest (nachdem auch der Vorschlag Wunambere, an der Westküste der Halbinsel gelegen, gescheitert war), daß auf der gesamten Gazellehalbinsel kein geeigneter Platz vorhanden war. Gerade zu der Zeit, als sich die Telefunken-Mannschaft auf der Halbinsel aufhielt, traten Erdbeben im Wochenrhythmus auf.

Reinhard schrieb in einem Bericht:

> *"Am 26. Juli war während meines Aufenthaltes in Baining ein Erdbeben von solcher Heftigkeit, dass man Mühe hatte, sich auf den Beinen zu halten. Ebene Flächen sah man in Wellenbewegungen hin und her wogen. Das Erdbeben wurde ebenso heftig in Rabaul gefühlt".*

Darauf richtete Telefunken die Bitte an das Reichspostamt, zu erwägen, ob die Station nicht besser nach Kaiser-Wilhelm-Land verlegt werden sollte[231].

Der wenige Kilometer südlich von Rabaul gelegene Varzinberg (Vunakokor) erschien ebenfalls verdächtig. Dieser ist ein jüngerer Vulkan, der zwar als erloschen galt, aber unzweifelhaft mit den Vulkanen in der Blanchebucht im Zusammenhang stand. Auch ein Erdbebenforscher riet schließlich in einem eingeholten Gutachten von dem Bau der Station auf der Gazellehalbinsel ab. Er wies auf das "Weltbeben" in der Dampierstraße (zwischen den Inseln Neu-Guinea und Neu-Britannien) im Jahre 1905 hin und hielt Neu-Pommern für eines der gefährlichsten Erdbebengebiete auf der ganzen Erde. Er befürchtete, daß in Zwischenräumen von etwa 40 Jahren gewaltige Vulkanausbrüche und Erdbeben zu erwarten seien, die die Antennenträger mit Asche überschütten würden. Die Ereignisse haben ihm recht gegeben. Bei dem unterseeischen Vulkanausbruch in der Blanchebucht am 28.5.1937 entstand ein etwa 200 m hoher Berg. In einem Zeitraum von 1½ Tagen wurden schätzungsweise 90 Millionen Kubikmeter Asche ausgestoßen[232].
Auch ein Kenner von Neu-Guinea, Ingenieur Kohl, verwies auf die lauernden Gefahren. Er bezeichnete die Pläne für einen aus strategischen Gründen 100 bis 120 m hohen Antennenturm als "äußerst bedenklich". Er verwies dabei auf den Zusammenbruch des Turms von Nauen, der nicht einmal starken Wind hätte vertragen können. Und dann sollte er heftigsten Erdbeben widerstehen?

> *"Es steht so gut wie sicher zu erwarten, dass er nicht nur umhergeschleudert wird, wie ein Kartoffelsack, sondern auch zusammenbricht, wie sein grösserer Bruder."*[233].

Tatsächlich hatte der Bevollmächtigte der Telefunken-Gesellschaft einen anderen Platz in Neu-Pommern vorgeschlagen, der von dem Vulkangebiet in der Blanchebucht weiter entfernt lag. Schließlich wurde ernsthaft der Plan erwogen, die Großstation in Kaiser-Wilhelms-Land zu errichten und in Rabaul nur eine kleine Zusatzstation zu bauen.

In Ermangelung eines besseren Platzes wurde schließlich doch Bitapaka gewählt. Wegen der Erdbebengefahr sollte die von dem 120 m hohen Turm getragene langgestreckte Antenne durch eine Horizontalantenne mit vier 75 m hohen Türmen ersetzt werden. Ein weiterer 45 m hoher Mast sollte für den Schiffsverkehr errichtet werden[234].

Dieser Diskussion, so notwendig sie auch war, wurde vonseiten der Siedler nur wenig Verständnis entgegengebracht. Besonders in den Berichten und Protokollen der Gouvernementsratssitzungen kommt dieses zum Ausdruck. In der Sitzung vom 18.10.1912 konnte der Vorsitzende nur mitteilen, daß für die Anlage der Telefunkenstation zunächst Bitapaka und dann Massawa ausgewählt worden sei. Da man sich aber wegen der Erdbeben in der Heimat für keinen der beiden Plätze hätte entscheiden können, seien diese für die Schaffung einer solchen Anlage aufgegeben worden. Mit der letzten Post sei die Weisung ergangen, das in Sydney lagernde Material nach Nauru zu schaffen und dort vorerst anzufangen. Die augenblickliche Lage sei demnach für Rabaul eine sehr unbefriedigende. Er werde aber darauf dringen, daß man endlich auch auf Neu-Guinea mit dem Bau der Station beginne[235].
In derselben Sitzung fragte Pflanzer Dirks an, ob nicht die Marktpreise über Kopra in den Sammelkabeltelegrammen Aufnahme finden könnten. Der Vorsitzende erwiderte daraufhin, daß dies bereits früher seitens des Gouvernements angeregt worden sei, die Marktpreise aber in den Pressetelegrammen keine Aufnahme finden könnten. Dem Übel werde mit Errichtung der Telefunken-Station wohl abgeholfen werden[236].
Im April 1913 fragte Pflanzer Mirow nach den baulichen Fortschritten der Station. Der Vorsitzende mußte ihn wieder mit den alten Informationen vertrösten, daß man ursprünglich Bitapaka als Platz für die Station wegen der Erdbebengefahr fallen gelassen habe. Dann sei Baining für die Anlage in Betracht gezogen worden. Inzwischen habe man in der Heimat aber die Bedenken fallen lassen und sei dann auf Bitapaka zurückgekommen[237].

Daß zuerst mit dem Bau der Station auf Nauru begonnen werden sollte, stellte sich als richtig heraus, was auf Samoa erheblichen Ärger hervorrief. Der Gouverneur sah sich genötigt, dem für das Projekt federführenden Reichspostamt einen Protestbrief zukommen zu lassen:

> *"Euere Exzellenz haben durch Telegramm No 31 mitgeteilt, daß die Gesellschaft für drahtlose Telegraphie ermächtigt wurde, die Station Nauru zuerst zu bauen. Dies bedeutet, daß der Anschluß von Samoa sichergestellt wird. Eine Nachricht darüber dagegen, in welcher Weise für Neuguinea die Regelung des Nachrichten-*

*dienstes bewirkt werden soll, liegt nicht vor. Eine Beunruhigung der Gemüter fängt an bei dieser höchst unbefriedigenden und zweifelhaften Lage sich geltend zu machen. Man befürchtet eine Beiseiteschiebung. Eurere Exzellenz bitte ich durch eine entsprechende Mitteilung eine Aufklärung und Beruhigung herbeizuführen. Ich darf hier darauf hinweisen, daß Jap und Samoa in der Taifunzone liegen, letzte gleichfalls der Erdbebengefahr ausgesetzt ist. Ich sehe daher hinsichtlich der ungünstigen natürlichen Vorbedingungen für die Anlage von Großstationen wenige oder keine Unterschiede zwischen diesen Inseln und der Gazellehalbinsel"*[238].

Alles Protestieren half nichts, der bauleitende Ingenieur Kleinschmidt traf erst am 29.6.1913 in Rabaul ein, am 6.7. folgte der Fahrer mit seinem Lastauto von Nauru und am 31.7. Monteur Reiss. Monteur Ulrich wurde von Telefunken beauftragt, mit der nächsten Schiffsgelegenheit von Nauru nach Rabaul zu reisen.
Es begann ein Stationsbau, der eine Aneinanderreihung von Schwierigkeiten und Pannen bis hin zu Katastrophen darstellte. Selbst der nicht leichte Bau der anderen Südseestationen lief dagegen regelrecht reibungslos ab. Der Weg von Kabakaul nach Bitapaka, auf dem das Material transportiert werden sollte, machte anfangs einen brauchbaren Eindruck und mußte nur wenig geschottert werden. Die beiden in Dienst gestellten Ochsengespanne leisteten allerdings zu wenig, denn sie durften in der Hitze nur von 6.00 bis 10.00 Uhr und von 16.00 bis 18.00 Uhr beschäftigt werden, weil sonst die Gefahr eines Kollaps zu groß gewesen wäre. Der Stationsplatz war mit übermannshohem Gras bewachsen und behinderte die Aussicht und das Umhergehen[239].

Die Verschiffung der Materialien ging zunächst programmgemäß vor sich. Die nach Bitapaka führende Straße wurde von Kleinschmidt zunächst als recht gut bezeichnet und mußte anfangs tatsächlich nur an wenigen Stellen geschottert werden. Nach Eintreffen des Lastautos gingen die Arbeiten flotter vonstatten. Man konnte sogar schon mit den Ausschachtungsarbeiten für die Pardunen- und Turmfundamente beginnen.
Gleichzeitig versuchte man über die Straße, die sich schließlich als problematischer erwies als zu Anfang angenommen, mit beschlagenen Korallen eine Schotterschicht zu legen. Die Straße jedoch war vorher nichts anderes als ein ausgebauter Urwaldweg gewesen, so daß bald ein zweiter Mangel sichtbar wurde: Es war nicht möglich, sie zu verbreitern, so daß ein Ausweichen von zwei sich begegnenden Wagen ausgeschlossen war. Nach den ersten starken Regengüssen glich er an manchen Stellen einem

Sumpf, in dem die Wagen bis über die Achsen versanken. Kleinschmidt hatte den Zustand zuerst nur bei trockenem Wetter begutachtet. Erst Mitte 1913 war die Straße einigermaßen regelmäßig befahrbar[240].

Auf der Ebene von Bitapaka waren keine Steine zur Herstellung der Turmfundamente und der Stationshäuser vorhanden. Sie mußten auf dem Seeweg aus einem 40 km entfernten Basaltsteinbruch an der "Nordtochter", einer Landzunge bei Rabaul, durch Leichter herangeholt werden. Dort mußten aber zunächst Feldbahngleise bis zum Meeresufer gelegt und eine Ladebrücke gebaut werden. Auch Sand war in der Nähe von Bitapaka nicht zu finden, er wurde schließlich zum Teil über See von den Credner-Inseln geholt.
Kleinschmidt unternahm derweil mit einigen anderen eine dreitägige Fußtour, um weitere Kies- und Sandplätze ausfindig zu machen und die besten Transportwege dafür zu erkunden. Kies und Sand fand man in genügender Menge und Güte in Londip und in ausgezeichneter Beschaffenheit an der Mündung des Warangoi-Flusses. Zum Leidwesen Kleinschmidts waren die beiden Plätze über Land mit einem Lastfuhrwerk nicht zu erreichen, sodaß nur der Seetransport in Frage kam.
So kamen die eigentlichen Arbeiten in Bitapaka nur langsam in Gang. Schließlich konnte aber die Steinbruchmaschine, die das grobe Basaltgestein zu handlichen Brocken zerkleinern sollte, angeworfen werden; die Maschine soll eine Attraktion für die in der Nähe wohnenden Samoaner gewesen sein, die bald von allen Seiten herbeiströmten, um dieses Ungetüm zu bewundern, dessen Tätigkeit sie mit dem menschlichen Eß- und Verdauungsvorgang verglichen.
Nun aber häuften sich die Probleme und bewirkten ständig neue Verzögerungen: Da die Wetterverhältnisse durch häufige Stürme bedingt ungünstig und Lösch- sowie Ladeeinrichtungen primitiv waren und vor Kabakaul größere Schiffe nicht bis an die Landebrücke fahren konnten, andererseits aber auch wegen der Riffe und des oft starken Seegangs nicht alle Tage Leichter ausgeschleppt werden konnten, ergab sich fast jede Woche neuer Leerlauf. An einen Transport 50 km über Land war wegen der Wegebeschaffenheit nicht zu denken[241].
Das Wetter war nach dem Urteil von landeskundigen Leuten für einen Transport der Steine auf dem Seeweg vollkommen ungeeignet, da zur Zeit der ersten Bauphase der Südost wehte und ein Beladen der Leichter in der Bucht von Londip wegen der hohen Brandung nicht möglich war. Später sollte das Beladen möglich sein, aber das Löschen in der Kabakaulbucht war wegen des dann einsetzenden Nordost-Windes angeblich ausgeschlossen bzw. man würde dann niemanden finden, der einem die nötigen Schiffe zur Verfügung stellte.

Für den Transport der Bruchsteine von Rabaul nach Kabakaul charterte Kleinschmidt schließlich einen Leichter vom Norddeutschen Lloyd; zum Schleppen besorgte er sich einen Motorkutter von einem Herrn Limburg, der aber dummerweise bald darauf zu vier Monaten Gefängnis wegen Unregelmäßigkeiten beim Anwerben von sogenannten freien Eingeborenen verurteilt wurde, sodaß dessen Hilfe beim Manövrieren nun auch noch fehlte[242].
Nicht nur bei diesen Seetransporten hielt die Pechsträhne an. Anfang November wurden sämtliche Dispositionen Telefunkens über den Haufen geworfen. Diesen Dispositionen entsprechend sollten die Güter von Rabaul nach Kabakaul durch den Lloyddampfer "Roland" gebracht werden. Der Dampfer ging aber in heftiger See unter, wodurch die Bauleitung in arge Verlegenheit geriet, da für den Dampfer ein passendes Ersatzboot nicht zu haben war[243].
Trotz aller Probleme schritt der Bau, wenn auch langsamer als geplant, voran und am 3.11.1913 waren immerhin drei Turmfundamente fertig, die gesamten Eisenlieferungen für das Wohnhaus und den Reserveschuppen befanden sich am Bauplatz, bald danach auch Türme, Akkumulatoren und Dynamos, die in einer ruhigen Phase in Kabakaul gelöscht werden konnten. Am Wegebau arbeitete man inzwischen mit eigenen angeheuerten Leuten[244].
Am 26.11.1913 traf bei Telefunken aber ein Telegramm von Kleinschmidt ein, in dem dieser feststellte, daß die Wege infolge wochenlangen Regens vielfach unbefahrbar waren und das das Gouvernement Sträflinge zur Fronarbeit beim Stationsbau verdonnert hätte[245]. Dies hatte seinen Grund auch darin, daß der Gesundheitszustand der Weißen und der einheimischen Arbeiter infolge der mangelhaften Unterbringung und der schlechten Verpflegung zu wünschen übrig ließ. Malaria, Ruhr und Erkältungskrankheiten verursachten starke Ausfälle an Kräften. Sorgenvoll erklärte die Deutsche Südsee-Gesellschaft für drahtlose Telegraphie noch in einem Schreiben an das Reichspostamt vom 7.5.1914, "daß die Montage in Rabaul als die schwierigste anzusehen sei, die sie je gehabt hätte". Nach ihrer Ansicht konnte die Station kaum vor Oktober 1914 betriebsfähig sein[246].

Anfang März 1914 hatte die Südsee-Gesellschaft für drahtlose Telegraphie in Berlin folgendes Telegramm erhalten:

> *"Rabitz abgereist, Ulrich erkrankt. Materialtransporte fortschreiten langsamst. Fast täglich schwerer Regen. Bauarbeiter 35 % krank einer tot. Wege-Baukolonne einer tot zwei schwer krank vom Bezirksamt zurückbeordert. Steinbrecherkolonnen Rabaul*

*75 % krank. Maschinenhausdach auf fehlende Bretter eingeschalt. Wände angefangen. Grundmauer fast fertig Sendet 3 Meter Kühlschlauch Auto."*

Damit waren mit Ausnahme von Kleinschmidt alle Weißen erkrankt. Telefunken versuchte nun, durch Umgruppierungen innerhalb der verschiedenen Pazifikbaustellen und durch Ausleihe eines Telegraphisten der Deutsch-Niederländischen Telegraphen-Gesellschaft in Yap das Problem in den Griff zu bekommen[247].
Der Stand am Anfang Juli 1914 war der, daß endlich der Mast von 45 m für die Zusatzstation aufgerichtet werden konnte. Es folgten einige leichtere Erdstöße, trotzdem wurden in den nächsten Tagen zwei Großmastfundamente fertig[248]. Inzwischen hatte es seit drei Monaten nicht mehr geregnet. Der Weg war nun in einem extrem schlechten Zustand: Das Bimssteinmehl, das zur Auffüllung der Schlaglöcher verwendet worden war, war vom Wind fast weggeweht, der Weg war folglich voller Löcher und Risse und es war weder Bettungs- noch Stopfmaterial vorhanden, um an diesem Zustand etwas ändern zu können.
Obendrein gab es jetzt auch auf dem Bauplatz selbst die erste Katastrophe: Bei einem großen, sehr schnell um sich greifenden Grasbrand ließ sich trotz größter Anstrengungen und geradezu großartiger Haltung der Eingeborenen, wie Kleinschmidt berichtete, nicht verhindern, daß das Feuer auf den alten, aus Gras erbauten Lagerschuppen in Bitapaka übersprang und einige Kisten mit Baumaterialien, die nicht mehr gerettet werden konnten, verbrannten. Als der Schuppen in hellen Flammen stand und wegen der unbeschreiblichen Hitze und des Rauchs preisgegeben werden mußte, bemühte man sich um die Sicherung der Wohnhütten, die etwa 80 m vom Brandort entfernt auf einem kleinen Hügel standen. Es gelang, Dynamit, Geld und Akten sowie einige Instrumente und persönliche Habe zu retten, bis man auch hier, durch Hitze und Rauch vertrieben, alles preisgeben mußte. Knapp vier Meter vor dem Haus wurde das Feuer dann zum Stehen gebracht, nachdem es durch Flankenangriffe auf einen schmalen Streifen von etwa 10 m eingeengt war. Die in knapp zwanzig Minuten durchlaufene Strecke war ungefähr 350 m lang[249].
Anfang August 1914 war der 5-PS-Petroleummotor der Kleinstation für den Seefunkverkehr fertig, so daß die Station am 10.8. sendebereit sein konnte. Die Hauptstation hatte derweil allnächtlichen Empfang der schon fertigen Funkstellen Yap, Nauru und Samoa. Für eine Dauerbesetzung der Station fehlten allerdings die Hörer. Am 1.8. erst hatte Maschinenmonteur Horst mit der Motorenmontage begonnen[250], so daß die Station bei Kriegsbeginn nur sehr eingeschränkt einsatzbereit war.

## 7.6.7 Telefunken im britischen Pazifik

Im pazifischen Raum wurde von immer neuen Rekordentfernungen berichtet, die davon zeugten, daß unter anderem auch die englische Konkurrenz nicht schlief: Der Daily Telegraph aus Sydney meldete am 8.4.1913, daß der Dampfer "Australia" der Deutsch-Australischen Dampfschifffahrts-Gesellschaft mit der Station Pennant Hills bei Sydney noch in Verbindung stand, während er sich 1970 sm westlich von Fremantle befand. Die Entfernung hierbei betrug etwa 6000 km. Der Betrieb auf der Landstation erfolgte mit der Apparatur für Nahverkehr, die ungefähr 5 kW Primärenergie hatte und mit einer T-Antenne von 45 m Höhe arbeitete. Des weiteren berichtete die Zeitung von einem bemerkenswerten Rekord, den die Station Avanui an der Nordspitze Neuseelands im Verkehr mit Schiffen aufgestellt hatte, die zwischen Yokohama und Honolulu fuhren. In einem Fall betrug die Entfernung des empfangenen Schiffes 4850 sm (über 8000 km) von Avanui.
Mit der Telefunken-Station Fremantle standen nach einer Meldung des Stationstelegraphisten die beiden Dampfer "Australia" und "Mannheim" (Norddeutscher Lloyd) auf 2940 sm bzw. 2900 sm in guter Verbindung. Von der Poststation Wellington wurde mitgeteilt, daß sie mit der Telefunken-Station des Dampfers "Ulimaroa" der "Hudder Parker Co. Ltd." in Melbourne verkehrte, als sich der Dampfer in Bluff Harbour befand. Die Entfernung betrug 600 sm (1100 km) über gebirgiges Gelände hinweg[251].

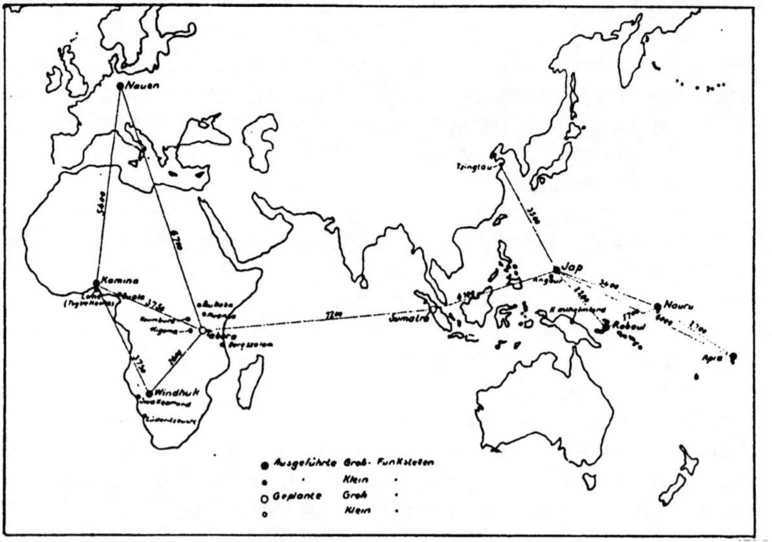


*Abb. 30: Funkstellen in den Deutschen Schutzgebieten*

[1] Schmidt/Werner 1939 :55f.
[2] Gesellschaft für drahtlose Telegraphie 22.4.1903 (15338).
[3] RPA an AA 10.4.1906 (15338).
[4] Kdo. der Schutztruppe Keetmanshoop an Kdo. der Schutztruppe Berlin 14.6.1906 (1933).
[5] I. Funkentelegraphenabteilung Karibib an Kdo. der Schutztruppe Windhuk 3.5.1906 (1933).
[6] Telegramm Flaskamp, Warmbad, an Kdo. Schutztruppe Karibib 3.5.1906 (1933).
[7] Kdo. der Schutztruppe Karibib an Kdo. der Schutztruppe Windhuk 18.8.1908 (1933).
[8] TF an RPA 27.2.1907 (15338).
[9] PA Windhuk an RPA 21.3.1911 (15338).
[10] EZ 23/8.6.1911 :570. (Wie das Problem schließlich gelöst wurde, ist aus keiner Quelle ersichtlich).
[11] Schmidt/Werner 1939 :61.
[12] PA Windhuk/Lüderitzbucht an RPA 15.8.1911 (15339).
[13] DSWAZ 2.1.1912 :3.
[14] PA Windhuk an RPA 28.8.1911 (15339).
[15] DSWAZ 20.2.1912 :3.
[16] PA Windhuk an RPA 19.4.1912 (15340).
[17] TZ 1/4 1912 :50.
[18] DSWAZ 13.2.1912 :3.
[19] TF an RPA 10.6.1912 (15340).
[20] PA Windhuk an RPA 13.1.1914 (15342).
[21] ABS 18.6.1912 :230.
[22] PA Windhuk an RPA 7.8.1912 (15340).
[23] PA Windhuk an RPA 2.4.1912 (15340).
[24] TF an RPA 24.3.1914 (15342).
[25] PA Windhuk an RPA 10.6.1914 (15342).
[26] DSWAZ 4.2.1914 :2.
[27] DSWAZ 21.2.1914 :2.
[28] PA Windhuk an RPA 25.6.1912 (15340).
[29] TF an RPA 21.8.1912 (15340).
[30] PA Windhuk an RPA 31.12.1912 (15340).
[31] PA Windhuk an RPA 10.9.1913 (15341).
[32] TF an RPA 2.11.1912 (15340).
[33] PA Windhuk an RPA 9.11.1912 (15340).
[34] TF an RPA 4.5.1912 (15340).
[35] Schmidt/Werner 1939 :62.
[36] DSWAZ 14.6.1912 :3.
[37] DSWAZ 27.6.1912 :3.
[38] DSWAZ 2.8.1912 :3.
[39] PA Windhuk an RPA 28.4.1912 (15340).
[40] PA Windhuk an Gouvernement 8.11.1912 (15341).
[41] DSWAZ 20.8.1912 :2.

[42] ABS 24.8.1912 :256.
[43] TF an RPA 23.9.1913 (15344).
[44] PA an RPA 27.9.1913 (15344).
[45] PA Windhuk an RPA 27.9.1913 (15344).
[46] PA Windhuk an RPA 23.11.1913 (15344).
[47] DSWAZ 10.12.1913 :2.
[48] PA Windhuk an RPA 13.3.1914 (15344).
[49] Vgl. 5.5 und 7.4.2.
[50] TF an RPA 10.7.1914 (15344).
[51] DSWAZ 22.7.1914 :2.
[52] DSWAZ 20.5.1914 :2.
[53] Vermerke der GR 28.12.1910 und 20.6.1911 (15347).
[54] RPA an PA Daresalaam 19.7.1911 (15347).
[55] Auskundung der geplanten Küsten-FT-Station von Telegraphensekretär Krüger, Daresalaam 4.10.1911, Gouverneur von Rechenberg an RKA 30.9.1911 (15347).
[56] PA Daresalaam an RPA 5.7.1912 (15348).
[57] RPA an Schatzamt 6.6.1912 (15347).
[58] Schatzamt an RKA und RPA 8.6.1912 (15347).
[59] TF an RPA 15.3.1912 und 17.5.1912 (15347).
[60] Stellungnahme Kais. Telegraphen-Versuchsamt 23.5.1912 (15347).
[61] DOZ 6.3.1912 :3.
[62] DOZ 3.7.1912 :3.
[63] Die Ereignisse der ersten Kriegstage im Jahre 1914 haben ihm nachträglich recht gegeben.
[64] Geheimrat Methner i.V. Gouverneur an RKA 11.7.1912 (15348).
[65] TF an RPA 31.12.1912, Bericht Nicolet, Daresalaam 28.11.1912 (15348).
[66] TF an RPA 14.1.1913, Bericht Nicolet, Daresalaam 19.12.1912 (15348).
[67] TF an RPA 5.2.1913, Bericht Nicolet, Daresalaam 12.1.1913 (15348).
[68] TF an RPA 13.3.1913 (15348).
[69] TF an RPA 14.3.1913 (15348).
[70] Telegramm Nicolet an TF 20.3.1913 (15348).
[71] TF an RPA 18.4.1913 (15348).
[72] PA Daresalaam an RPA 8.4.1913 (15348).
[73] Bericht Telegraphist Brinkmann, Auf See 13.5.1913 (15349).
[74] TF an RPA 12.6.1913 (15349).
[75] PA Daresalaam an RPA, nicht datiert (15349).
[76] DOZ 14.8.1912 :3.
[77] DOZ 28.12.1912 :3.
[78] DKB 9/1.5.1913 :423.
[79] DOZ 24/25 26.3.1913 :3.
[80] PA Daresalaam an RPA 28.3.1913 (15348).
[81] DKB 9/1.5.1914 :428.
[82] Schmidt/Werner 1939 :188f.

[83] Schmidt/Werner 1939 :194ff.
[84] Schmidt/Werner 1939 :202.
[85] EZ 46/13.11.1913 :1323.
[86] Kol. Abt. des AA an RPA 14.3.1907 (15358).
[87] Bericht Oberleutnant Plieninger, Soppo/Kamerun 20.5.1908 (15358).
[88] Schmidt/Werner 1939 :205ff.
[89] RKA an RPA 7.2.1910 (15358).
[90] 18. Ausschußsitzung 7.4.1911 (7190).
[91] Bericht Codelli, Douala 26.7.1911 an Gouvernement Buea (15359).
[92] Bericht Ingenieur Nicolet, Douala 21.10.1911 (15359).
[93] Bericht Ingenieur Nicolet, Douala 6.1.1912 (15359).
[94] Bericht Nicolet 4.3.1912 (15359).
[95] Bericht Nicolet 2.5.1912 (15359).
[96] DKB 7/1.4.1912 :321.
[97] Schmidt/Werner 1939 :206.
[98] Deutsche Betriebsgesellschaft für Drahtlose Telegraphie.
[99] PA Douala an RPA 21.8.1912 (15359).
[100] TF an RPA 5.9.1912 (15360).
[101] PA Douala an RPA 8.10.1912 (15360).
[102] TF an RPA 18.11.1912 (15360).
[103] Bericht Kommando "Eber", Douala 8.11.1912 (15360).
[104] Monteur Kaspar, Douala an TF Berlin 12.12.1912 (15360).
[105] RPA an TF nicht datiert (15360).
[106] Bericht Ingenieur Kunert, Emden 23.3.1913 (15361).
[107] PA Douala an RPA 8.3.1913 (15361).
[108] PA Douala an RPA 8.3.1913 (15361).
[109] TF an RPA 22.7.1913 (15361).
[110] TF an RPA 25.7.1913, 12.8.1913 (15362).
[111] DKB 14/15.7.1912 :670.
[112] Berichte PA Douala 6.10.1913, 3.12.1913 an RPA (15362).
[113] Schmidt/Werner 1939 :206.
[114] DKB 15/1.8.1913 :673f.
[115] DKB 16/15.8.1913 :711f.
[116] DKB 22/15.11.1913 :997f.
[117] Vgl. 5.4 und 5.5.
[118] Schmidt/Werner 1939 :135f.
[119] Schmidt/Werner 1939 :138.
[120] Vgl. 5.5.
[121] Schmidt/Werner 1939 :157.
[122] Sebald 1988 :344, Sebald 1991 :1118.
[123] Sebald 1988 :357, Sebald 1991 :1118.
[124] TZ 12/1913 :166-170.

[125] TZ 1/1914 :40f.
[126] Schmidt/Werner 1939 :158.
[127] TF an RKA 2.7.1914 (4068).
[128] Schmidt/Werner 1939 :156f.
[129] ABT 23.5.1914 :182.
[130] EZ 13.7.1911 :697.
[131] TNN 17.10.1911 :3.
[132] TNN 15.11.1911 :3.
[133] TNN 16.11.1911 :3.
[134] Gouvernement Kiautschou an Internat. Telegraphenbüro Bern 18.12.1912 (15377).
[135] TNN 20.10.1912 :2f.
[136] Blätter 101 und 102, nicht datiert, nicht unterschrieben (15337).
[137] TNN 7.2.1913 :9.
[138] TNN 9.2.1913 :3.
[139] TNN 13.2.1913 :9.
[140] TNN 25.1.1913 :9.
[141] TNN 8.5.1913 :9.
[142] TNN 15.3.1913 :3.
[143] TNN 12.11.1913 :3.
[144] TNN 19.12.1913 :9.
[145] EZ 11/12.3.1914 :303.
[146] TNN 11.12.1913 :3.
[147] TNN 22.1.1914 :9.
[148] Tagebuch Dampfer "Prinz Ludwig" (15337).
[149] RMA an RPA 12.2.1914 (15377).
[150] Geheimbericht Gouvernement Kiautschou an Staatssekretär RMA 4.12.1913 (15377).
[151] Bericht Gouvernement Kiautschou 28.10.1913 (15377).
[152] Gouvernement Kiautschou an Staatssekretär RMA 3.12.1913 (15377).
[153] RMA an RPA 31.1.1914 (15377).
[154] Kommandant SMS "Condor" bei Levuka an den Kaiser 24.8.1908 (2710).
[155] RMA an RPA 8.12.1908 (2710).
[156] RMA an RKA 26.2.1909 (2710).
[157] Dernburg an Lorenz AG 18.9.1909 (2710).
[158] Gouverneur Samoa an RKA 30.12.1908 (2710).
[159] Dt. Generalkonsulat Sydney an Reichskanzler von Bethmann-Hollweg 31.12.1909 (2710).
[160] Schmidt/Werner 1939 :317.
[161] ABN 11/1.6.1910 :158, Schmidt/Werner 1939 :318.
[162] Beamter des PA Rabaul an RPA 19.1.1911 (15372).
[163] Solff 1911 :40.
[164] EZ 19.10.1911 :1063f.
[165] Ausschußsitzung 6.9.1909 (15372).
[166] Auschußsitzung 31.5.1910 (15372).

[167] EZ 19.10.1911 :1063f.
[168] SZ 27.4.1913 :2.
[169] EZ 19.9.1912 :990.
[170] SZ 24.8.1913 :2.
[171] Schmidt/Werner 1939 :319.
[172] EZ 4.7.1912 :692.
[173] SZ 10.2.12 :1.
[174] Schmidt/Werner 1939 :318.
[175] SZ 27.4.1912 :2.
[176] Gutachten Dr. Schucht vom 12.7.1912 (2711).
[177] Gutachten Dr. Schucht vom 16.6.1912 (2711).
[178] Vgl. auch 7.6.6.
[179] von Krosigk, Admiral Kreuzergeschwader, Gensan 22.8.1911 (15373).
[180] "Die Post", Berlin 27/17.1.1913.
[181] SZ 6.4.1913 :2.
[182] ABN 15.7.1913 :174f.
[183] ABN 1.8.1913 :187f.
[184] SZ 4.5.1913 :11.
[185] Bezirksamt Yap an RKA 16.9.1912 (15374).
[186] Bericht Oberingenieur Reinhard, Yap (15373).
[187] TF an RPA 3.6.1913 (15374).
[188] TF an RPA 3.6.1913 (15374).
[189] TF an RPA 9.12.1912 (15374).
[190] TF an RPA 6.1.1913 (15374).
[191] TF an RPA 17.1.1913 (15374).
[192] Dt. Südsee Gesellschaft für Drahtlose Telegraphie/TF an RPA 18.8.1913 (15374).
[193] ABN 15.8.1913 :193.
[194] TF an RPA 6.1.1913 (15374).
[195] TF an RPA 12.3.1913 (15374).
[196] Bauleiter Nauru an TF Berlin 7.2.1913 (15375).
[197] Bauleiter Nauru an TF Berlin 31.3.1913 (15375).
[198] Bauleiter Nauru an TF Berlin 7.2.1913 (15375).
[199] Bauleiter Nauru an TF Berlin 31.3.1913 (15375).
[200] Bauleiter Nauru an TF Berlin 31.3.1913 (15375).
[201] Bauleiter Nauru an TF Berlin 30.5.1913 (15375).
[202] ABN 15.12.1913 :276.
[203] EZ 1/1.1.1914 :21.
[204] TF an RPA 13.11.1913, 20.11.1913 (15376).
[205] DKB 6/15.3.1914 :252.
[206] ABN 1.4.1914 :98.
[207] TZ 1/1914 :27f.
[208] ABN 1.4.1914 :98.

[209] DKZ 39/1913 :648.
[210] Kommando SMS "Condor", Südsee an den Kaiser 7.10.1913 (15376).
[211] TF an RPA 15.8.1913 (15376).
[212] Ingenieur Hirsch an TF Berlin 25.8.1913 (15376).
[213] Ingenieur Hirsch an TF Berlin 25.8.1913 (15376).
[214] TF an RPA 15.8.1913 (15376).
[215] TZ 1/1914 :28ff.
[216] Ingenieur Hirsch an TF Berlin 24.9.1913 (15376).
[217] TZ 1/1914 :28ff.
[218] PA Apia an RPA 15.12.1913 (15377).
[219] PA Apia an RPA 13.1.1914 (15377).
[220] TF Südsee an RPA 9.2.1914 (15377).
[221] TF an RPA 23.3.1914 (15377).
[222] TF an RPA 19.5.1914 (15377).
[223] PA Apia 4.5.1914 (15377).
[224] TF an RPA 30.6.1914 (15377).
[225] TF an RPA 27.7.1914 (15378).
[226] Vgl. 8.1.2.
[227] SZ 29.11.1913 :2.
[228] TF an RPA 6.5.1912 (15374).
[229] Vgl. auch 7.6.1.
[230] TF an RPA 13.7.1912 (15374).
[231] TF an RPA 25.9.1912 (15374).
[232] Schmidt/Werner 1939 :319, TF an RKA 2.5.1912 (15374).
[233] Ingenieur Kohl, München an TF 8.6.1912 (15374).
[234] Bericht SMS "Gneisenau" an RPA Juli 1913 (15376).
[235] ABN 1.11.1912 :234f.
[236] ABN 1.11.1912 :235.
[237] ABN 15.4.1913 :66f.
[238] Gouverneur Neu-Guinea an RPA 26.10.1912 (15374).
[239] Bericht Ingenieur Kleinschmidt 4.7.1913 (15376).
[240] Bericht der SMS "Gneisenau" an RPA Juli 1913 (15376).
[241] Bericht Kleinschmidt an TF Berlin 15.8.1913 (15376).
[242] Bericht Kleinschmidt an TF Berlin 26.8.1913 (15376).
[243] TF an RPA 4.11.1913 (15376).
[244] TF an RPA 4.11.1913 (15376).
[245] Telegramm Kleinschmidt an TF Berlin 26.9.1913 (15376).
[246] Schmidt/Werner 1939 :320f.
[247] TF an RPA 2.3.1914 (15377).
[248] TF an RPA 22.7.1914 (15378).
[249] TF an RPA 16.11.1914 (15378).
[250] TF an RPA 16.11.1914 (15378).
[251] TZ 12/1913 :175.

# 8. DIE DEUTSCHEN FUNKSTELLEN IM WELTKRIEG

## 8.1 Südsee

### 8.1.1 Neu-Guinea

In Rabaul, wie in allen anderen Hauptorten der deutschen Kolonien auch, wurde nach dem Mord am österreichischen Thronfolger in Sarajevo mit einem größeren bewaffneten Konflikt unter der Beteiligung Deutschlands gerechnet. Die behelfsmäßige Fertigstellung der Funkstation in Bitapaka wurde daher mit allen Mitteln betrieben, besonders von dem kurz darauf am 16.9.1914 an Nervenfieber und Gehirnmalaria gestorbenen Oberingenieur Kleinschmidt. An dem 45 m hohen Mast wurde eine Notantenne errichtet, so daß Ende Juli Funknachrichten von den schon fertiggestellten Stationen in Yap und Nauru empfangen werden konnten. Mithilfe von requirierten Schiffsmotoren und dem Motor des Steinbrechers konnte am 8.8.1914 auch ein Sendebetrieb eingerichtet werden. Die Nachricht vom Kriegsausbruch wurde am 5.8. um 10.15 Uhr abends in Bitapaka empfangen[1]. Das Telegramm rührte vom Auswärtigen Amt in Berlin her und lautete kurz und bündig: "Krieg mit England, Frankreich, Rußland, bestätigt Telegrammempfang".
Am 6.8. wurde der Kriegszustand für das Schutzgebiet erklärt. Die Großfunkstation sollte als Nachrichtenpunkt für das ostasiatische Kreuzergeschwader des Grafen von Spee bis aufs äußerste verteidigt werden.
Gleichzeitig mit diesen Maßnahmen schritt man zur Organisation des bewaffneten Widerstandes. Hierbei ging man von der Erwägung aus, daß unter allen Umständen den wertvollen Plätzen Rabaul und Herbertshöhe im Falle eines feindlichen Angriffs das Bombardement erspart werden müßte und daß sich Verteidigungsmaßnahmen auf die Funkstation in Bitapaka sowie auf den neuen Gouvernementssitz in Toma konzentrieren sollten. Es wurde daher aus der vorhandenen einheimischen Polizeitruppe mit den beiden vorhandenen aktiven Offizieren eine bewaffnete Macht gebildet und diese durch Heranziehung von Deutschen gemäß dem Wehrgesetz für die Schutzgebiete verstärkt. Die zur Truppe einberufenen Deutschen übten zunächst einige Tage in der Nähe von Rabaul und wurden dann als Chargen in die auf etwa 300 Mann verstärkte Polizeitruppe eingereiht. Sämtliche in Neu-Pommern und der Nähe wohnhaften wehrpflichtigen Leute stellten sich unmittelbar nach der Bekanntmachung der Kriegserklärung dem Gouvernement zur Verfügung. Bemerkenswert ist, daß auch die Italiener und ein dort ansässiger und angesehener Japaner mit etwa 100 seiner Landsleute dem Gouvernement ihre Dienste gegen

einen etwaigen Angriff der Engländer anboten. Letzteres Angebot wurde mit Rücksicht auf die heimischen Nachrichten jedoch nicht angenommen. Die Zahl der im ganzen eingezogenen Deutschen belief sich auf etwa fünfzig. Die Bewaffneten wurden vor allem in Herbertshöhe und Bitapaka untergebracht. Schwächere Posten standen in Toma, Neu-Barzin, Wunaditir, am Weberhafen, Tobera, Raloana und Kabakane.

Am 12.8.1914 morgens bei Tagesanbruch erschien vor der Blanchebucht ein englisch-australisches Geschwader, bestehend aus zwei Panzerkreuzern und drei Torpedoboot-Zerstörern. Die Engländer hatten es offenbar auf eine nach ihrer Ansicht in Neu-Pommern arbeitende drahtlose Station abgesehen, denn die "Warego" (einer der Zerstörer) lief zunächst im Hafen von Rabaul ein, worauf man vom Bezirksamtmann Auskunft über die Lage der Funkstation verlangte. Schießbaumwolle und Zündschnüre der aus drei Offizieren und 12 Mann bestehenden Landungstruppe deutete auf die Absicht sofortiger Zerstörung. Da sie die Auskunft nicht erhielten, drohten die Offiziere im Auftrag des Geschwaderchefs mit sofortiger Beschießung der Stadt Rabaul, falls weiter gefunkt würde. Von Rabaul aus wandte sich "Warego" nach Herbertshöhe mit der gleichen Frage und dem gleichen Begehren. Auch hier wurde Bombardement angedroht. Nach längerem vergeblichen Verhandeln wurden dann von zwei Schiffen Mannschaften in Herbertshöhe und Rabaul gelandet, die zu den Postämtern zogen und dort die Telefonanlagen zerstörten. Gegen 15.00 Uhr erfolgte die Wiedereinschiffung der Landungstruppen. Während der Nacht lag das Geschwader zeitweise im St.-Georgs-Kanal, bei Tagesanbruch war es außer Sicht[2].
Man hatte bei diesem Versuch des feindlichen Kommandos viel Glück gehabt. Als sich der Zerstörer näherte, war ein englischer Generalleutnant a.D., der zu Besuch bei seinem Schwiegersohn weilte, von seiner Wohnung auf dem Berge in Namanula aufgebrochen, um seine Landsleute zu begrüßen. Er hätte ihnen offenbar auch nähere Mitteilungen über die vielgesuchte Funkstation machen können. 500 m vor dem Ziel zwang ihn ein deutscher Beamter mit der Waffe in der Hand zur Umkehr. Es hatte schon genug Ärgernis erregt, daß der Generalleutnant am Morgen beim Erscheinen des australischen Geschwaders in seiner Wohnung mit seiner Tochter und seinen Enkelkindern einen Freudentanz aufgeführt hatte.
Am nächsten Morgen nahm Bitapaka seinen Dienst wieder auf.
Es war jedoch nicht möglich, die Station Yap zu erreichen. Man nahm daher an, daß auch Yap am 12.8. feindlichen Besuch gehabt hatte, der wohl erfolgreicher gewesen war und mit der Zerstörung der Funkstation geendet haben mußte.

Man gab sich in Rabaul nicht der Illusion hin, daß man von der australischen Flotte unbehelligt gelassen würde, nachdem der erste Versuch, die Funkstation durch Handstreich zu nehmen, mißglückt war. Die Fernsprechverbindungen der Posten an der Küste mit dem Gouvernement in Toma und der Funkstation wurden weiter ausgebaut. Selbstverständlich war die kleine Truppe in steter Alarmbereitschaft. Die Funkstation wurde mit allen zur Verfügung stehenden Mitteln in Verteidigungszustand versetzt. Schützengräben wurden angelegt, die Straße zur Küste an einigen Stellen vermint. Ein Problem war, daß die militärischen Befehlshaber nicht ihrer Vorbildung entsprechend verwendet werden konnten. Der Kommandant von Bitapaka, ein Hauptmann der Reserve der Artillerie, hatte keine Geschütze, der Kommandeur der Polizeitruppe, ein Rittmeister, keine Pferde. Die Regierungsdruckerei in Rabaul war in vollem Betrieb, da für längere Zeit Papier genug vorhanden war. Das Amtsblatt erschien weiter und nach Bedarf wurden Extrablätter über die neuesten Kriegsereignisse herausgegeben. Man erhielt zudem weiterhin Informationen aus den USA über die amerikanische Funkstation in Pago-Pago (Amerikanisch Samoa). Schließlich gingen aber die Nachrichten aus dem Äther spärlicher ein. Seit dem 29.8. schwieg Samoa. Das Schutzgebiet war an diesem Tage von neuseeländischen Truppen besetzt worden. Auch Nauru, die Neu-Guinea zunächst gelegene Funkstation des Südseenetzes, war nicht mehr zu erreichen. Dagegen waren in Bitapaka immer stärker werdende Funksignale zu hören, die darauf hindeuteten, daß sich große Dinge vorbereiteten. Am 10.9. morgens um 4.00 Uhr meldete die Brückenwache in Rabaul das Eintreffen feindlicher Torpedoboote. In den Morgenstunden nahm eine australische Flotteneinheit, bestehend aus dem Panzerkreuzer "Australia", den Kreuzern "Melbourne", "Sydney" und "Encounter", dem Kanonenboot "Protector", zwei U-Booten und drei Torpedobootzerstörern vor Rabaul und Herbertshöhe Aufstellung. Im Laufe des Tages kamen noch ein großes Truppentransportschiff, ein Lazarettschiff und mehrere Kohlendampfer dazu. Diesmal war der Flottenbefehlshaber besser unterrichtet. Es war gelungen, in Sydney einen norwegischen Kapitän namens Straßburg aufzutreiben, der die Lage der Funkstation kannte. Er hatte sich gegen gute Bezahlung zur Verfügung gestellt und hat zweifellos viel zum Gelingen der zweiten Unternehmung beigetragen[3].
Die Landungstruppen wurden am 11.9. ausgeschifft und konnten Herbertshöhe besetzen, ohne Widerstand zu finden. Um 7.30 Uhr wurde die britische Flagge gehißt. Der Hafen von Rabaul wurde durch Torpedoboote nach etwa von den Deutschen ausgelegten Minen abgesucht. Auch nach Rabaul konnte später ohne Widerstand eine Besatzungstruppe gelegt werden. Die in Herbertshöhe gelandeten Truppen stießen indessen bei dem Vordringen in Richtung der Funkstation Bitapaka dicht hinter Her-

bertshöhe auf heftigen Widerstand. Sie rückten bei Tagesanbruch vor und es entwickelte sich auf einem Gefechtsfeld mit einer Ausdehnung von ungefähr 7 km ein erbitterter Buschkrieg. Die Wege waren teilweise vermint und die Station durch Schanzgräben gesichert. Nach heftigem Widerstand ergab sich der befehlshabende deutsche Offizier dieser Verteidigungslinie einige hundert Meter von der Funkstation entfernt. Bei diesen Kämpfen betrugen die Verluste der Engländer und Australier sieben Tote und vier Verwundete. Die Verluste der Deutschen sollen an Toten 20 bis 30 Mann, an Gefangenen zwei Offiziere einschließlich des Befehlshabers, 15 Unteroffiziere und 26 eingeborene Soldaten betragen haben. Es geht aus den Unterlagen nicht hervor, wieviel Europäer sich unter der angegebenen Zahl der deutschen Verluste befanden.
Die Funkstation selbst wurde weiter verteidigt und erst als die Engländer Geschütze in Stellung brachten, um die Station zu beschießen, vermutlich am 12.9., wurde die Station übergeben und von den Engländern zerstört. Nach dem Fall der Funkstation gingen die Landungstruppen gegen Toma vor, wohin - wie erwähnt - die Deutschen den Sitz der Verwaltung verlegt hatten. Bei den von den Deutschen hier angelegten Verschanzungen fanden dann kleinere Gefechte statt, doch war die Überlegenheit der Angreifer so groß, daß sich die Verteidiger ergeben mußten.
Rabaul wurde am 12.9.1914 offiziell besetzt, nacheinander dann auch die anderen wichtigen Orte im Schutzgebiet durch englische, australische und japanische Marineeinheiten[4].

### 8.1.2 Samoa

Am 2.8.1914 fing die eben fertiggestellte Station in Tafaigata die ersten Nachrichten von der Mobilmachung gegen Rußland auf. Auf die gleiche Weise wurde die Nachricht von der französischen und englischen Kriegserklärung am 4. bzw. 5.8. bekannt. Der Gouverneur Dr. Schultz hielt sich Tag und Nacht in der Station Tafaigata auf; doch gingen keine direkten Nachrichten aus Berlin ein. Auf das Bekanntwerden der Mobilmachung hin ordnete der Gouverneur an, daß sich sämtliche dienstpflichtigen Europäer zur Verfügung halten und mit den vorhandenen Gewehren bewaffnet werden sollten. Die Station Tafaigata wurde militärisch besetzt und der Rest der Mannschaften sollte im Falle von Unruhen unter Samoanern und Chinesen Verwendung finden. Am 5.8. nachmittags fand dann ein Kriegsrat statt, zu dem der Gouverneur die Beamten und dienstpflichtigen Europäer hinzuzog. Es wurde beschlossen, die Kolonie im Falle eines feindlichen Angriffs ohne Widerstand zu übergeben, da ein solcher unter den gegebenen Verhältnissen aussichtslos erscheinen mußte. Die wenigen Europäer

sowie die geringe Anzahl der samoanischen Polizisten würden im Falle eines Angriffs nicht in der Lage gewesen sein, längeren Widerstand zu leisten, welcher also nur unnützes Blutvergießen und wahrscheinlich die Zerstörung der Stadt Apia durch britische Kriegsschiffe zur Folge gehabt hätte.
Am Sonntag, den 29.8. landeten britisch-australische Seestreitkräfte in Apia. Ein englisches Kriegsschiff, das die weiße Flagge führte, lief gleichzeitig mit einem Transportdampfer im Hafen von Apia ein. Der Gouverneur war nicht anwesend; sein Stellvertreter verweigerte trotz der numerischen Überlegenheit der Angreifer die Übergabe. Der Gouverneur befand sich während dieser Zeit immer noch im Gebäude der Funkstation in Tafaigata.[5]
Da trotz aller Widrigkeiten die im August 1914 empfangenen Nachrichten eine schnelle Beendigung des Krieges erhoffen ließen und der Stationsturm als "sichtbares Zeichen kaiserlicher Macht" Eindruck auf die Samoaner machen sollte, wurde der ursprüngliche Plan, die Station zu sprengen, fallengelassen. Sie wurde schließlich durch Wegnahme wichtiger Teile der Maschinen- und Sendeanlage unbrauchbar gemacht. Die Stadt wurde kurz danach besetzt.

*Abb. 31: Großfunkstelle Apia/Samoa (Geschichte der Deutschen Post in den Kolonien und im Ausland)*

Die beiden Türme waren also stehengeblieben, arbeiten konnten die Engländer aber nur mit dem kleineren. Ein Versuch mit Hilfe von Ingenieuren der neuseeländischen Dampfer, auch den großen Apparat wieder gebrauchsfähig zu machen, schlug fehl und endete damit, daß beim Einschalten des großen Dynamos das riesige Schwungrad zerplatzte und ein Teil durch die Decke des Maschinenhauses flog, so daß einem Samoaner das Bein abgerissen wurde und Stücke aus dem Funkturm gesprengt wurden, der jedoch wunderbarerweise stehenblieb. Später wurden die aus dem Turm gerissenen Stücke unter großen Schwierigkeiten durch importierte Teile ersetzt; schließlich mußte die Sendeanlage ganz neu aufgebaut werden. Für alle Fälle hatten die Engländer einen riesigen Holzmast und drahtlose Funkeinrichtungen mitgebracht. Sie arbeiteten mit Fiji und Neuseeland; von Suva war dann ein Kabelanschluß nach Neuseeland und Fanning Island vorhanden. Angeblich sollen sie auch mit Honolulu eine Funkverbindung unterhalten haben[6].

### 8.1.3 Yap und Nauru

In Yap und Nauru wurde die Nachricht vom Kriegsausbruch alsbald durch die dort befindlichen Funkstationen bekannt. Ponape und Jaluit erhielten sie durch einen zu diesem Zweck von der Kaiserlichen Station in Nauru dorthin entsandten Dampfer. Von den Engländern wurden nur die beiden Inseln Yap und Nauru behelligt. In Yap durchschnitten die beiden Kreuzer "Minotaur" und "Hampshire" am 12.8. das dort einmündende Kabel und zerstörten gleichzeitig die Funkstation. Man vermutete deutscherseits, daß Yap deshalb erstes englisches Ziel war, weil die Insel wegen des Vorhandenseins der Kabelstationen der Deutsch-Niederländischen Telegraphengesellschaft erhöhte Bedeutung besaß. Mithilfe der Ausrüstung von SMS "Planet" wurde dann an einer anderen, abgelegeneren Stelle der Insel eine Hilfsfunkstation errichtet. Diese wurde von den Deutschen beim Erscheinen japanischer Kriegsschiffe im Oktober 1914 zerstört.
Die Station Nauru wurde Anfang September 1914 in etwas demontiertem Zustand der Apparate, aber im übrigen vollkommen gebrauchsfähig dem vor Nauru erschienenen Kreuzer der australischen Flotte übergeben.

Welche Wichtigkeit die Südseeanlagen für die Kriegsführung hatten, beweist folgende Notiz in der "Wireless World" vom November 1915:

> *"Im Laufe des vorigen Jahres bemühte sich der tapfere Admiral Patty, mit der 'Scharnhorst' und 'Gneisenau' zusammenzutreffen, um natürlich diese beiden Schiffe zu vernichten. Er stellte einen*

*sorgfältig ausgearbeiteten Plan auf, um die Schiffe nach Simpsonshaven zu locken. Die deutsche drahtlose Station Rabaul übermittelte jedoch dem Feinde die Bewegungen der britischen Flotte und vereitelte daher die Manöver des Admirals Patty. Wenn wir uns erinnern, daß diese beiden Schiffe an der Küste von Chile einige Monate später das britische Geschwader im Stillen Ozean vernichteten, so muß man zugeben, daß eine drahtlose deutsche Station schon durch diese eine Tat die für ihre Einrichtung und Instandhaltung benötigten Ausgaben voll und ganz gerechtfertigt hat"*[7].

## 8.2 Kiautschou

In den ersten Tagen des Weltkriegs schnitt eine japanische Blockadeflotte das Schutzgebiet von sämtlichen Seewegen ab. Ein japanisches Ultimatum, Kiautschou binnen vier Wochen zu übergeben, blieb deutscherseits unbeantwortet. Ende September 1914 hatten die Japaner auch den Belagerungsring auf der Landseite geschlossen. Vom 29.10. ab wurde das Schutzgebiet neun Tage lang ununterbrochen beschossen, bis sich die zusammengewürfelte Truppe von 4000 Verteidigern am 7.11. ergeben mußte.

Die Funkstelle in Tsingtau-Signalberg vermittelte für den belagerten Ort die telegraphische Verbindung mit der Außenwelt, und zwar mithilfe der Bordfunkstelle eines Hapag-Dampfers in Shanghai[8].
Die Tsingtauer Station hatte im wesentlichen zwei Funktionen zu erfüllen: Zum einen wurden, gewissermaßen als moralische Unterstützung der Verteidiger, Privattelegramme aus Deutschland empfangen. Daneben ließ auch der Kaiser höchstpersönlich an die Tsingtauer Verteidiger Appelle richten wie zum Beispiel am 27.10.1914:

*"Mit mir blickt das gesamte deutsche Volk voll Stolz auf die Helden von Tsingtau, die getreu den Worten ihres Gouverneurs ihre Pflicht erfüllen. Seien Sie alle meines Dankes sich bewußt!"*[9].

Schon kurz nach der japanischen Kriegserklärung hatte der Gouverneur von Kiautschou, Kapitän z.S. Meyer-Waldeck eine Depesche in die Heimat gesendet, worin dem Kaiser "Pflichterfüllung bis aufs äußerste" versprochen wurde.
Nach den Aussagen verschiedener Beteiligter waren die meist abends eintreffenden Telegramme für die Eingeschlossenen wirklich trostreich.
Zum anderen sendete die Tsingtauer Station auch Nachrichten für andere

Schutzgebiete aus. Kiautschou hatte Funkverbindung mit den Karolinen und den Marianen, mit Deutsch-Neu-Guinea und sogar mit Samoa. So war es nur selbstverständlich, daß die in Kiautschou bekannt werdenden Nachrichten auch in den übrigen deutschen Kolonien im Stillen Ozean verbreitet wurden.

Bei der Einnahme Tsingtaus durch die Japaner wurde die Funkstelle von den Deutschen gesprengt.

## 8.3 Togo

Die Leitung des Post- und Telegraphenwesens des Schutzgebietes hatte gerade bei Kriegsausbruch am 1.8.1914 der kurz vorher aus der Heimat eingetroffene Postinspektor Dr. Roscher übernommen, doch blieb auch sein Vorgänger, der Postinspektor Laage, weiterhin zu seiner Unterstützung tätig, zumal ihm die Rückreise in die Heimat ohnehin nicht möglich war. Der Dienstumfang in Kamina und Togblekovhe nahm infolge der kriegerischen Ereignisse alsbald erheblich zu, namentlich wurde das Personal durch lange Regierungstelegramme außerordentlich belastet[10]. Dazu kamen noch Pressetelegramme, die dann in den deutschen Gazetten in den Kolonien verbreitet wurden. Dies funktionierte anscheinend ganz ausgezeichnet. So waren die Deutschen in Westafrika zumindest zu Beginn des Krieges mit ausführlichen Meldungen über die Kriegslage versorgt[11]. Trotz dieser Mehrfachbelastungen wickelte sich der Dienst offensichtlich glatt ab.
Am 5.8. ging aus Teneriffa die Nachricht ein, daß das Kabel Emden - Teneriffa von den Engländern zerschnitten sei. Telegramme nach Deutschland mußten daher fortan über Spanien geleitet werden. Schon vom 6.8. ab wurden aber mit Rücksicht auf die Unsicherheit der Kabelwege Telegramme nach Deutschland auch über Kamina geleitet. Im Dienst mit den Nachbarkolonien, der englischen Goldküste und dem französischen Dahomey, traten vom 4.8. ab Schwierigkeiten und Stockungen auf; am 6.8. wurde der Dienst ganz eingestellt.
Als von dem stellvertretenden Gouverneur die Räumung Lomés angeordnet worden war, wurden von den Beamten in der Nacht vom 6. zum 7.8. die Telegraphen- und Fernsprechleitungen und -apparate, einschließlich der Küstenfunkanlage zerstört und die Vorratsapparate unbrauchbar gemacht. Auf dem Rückmarsch von der Küste in den Norden des Schutzgebietes, dem sich auch die Beamten der Reichspostverwaltung anschlossen, wurde die Funkstation dann unter Mitnahme einzelner Teile nach Kamina völlig unbrauchbar gemacht. Alles Telegraphenmaterial, wichtige Schriftstücke, Akten usw. wurden dagegen vernichtet[12].

Das Ortsfernsprechnetz blieb auf Ersuchen des zur Übergabe der Stadt an die Engländer zurückgebliebenen Bezirksamtmannes dienstfähig. Die vorhandenen Streckenapparate, einige Elemente und sonstiges Hilfsmaterial wurden mitgenommen und haben später bei der Verteidigung von Kamina und der zweckmäßigen Ausgestaltung des militärischen Nachrichtendienstes wertvolle Dienste geleistet, wodurch es unter anderem gelang, die Station vor Überraschungen durch die gegnerische Armee zu schützen. Immerhin konnte es sich nach Lage der Verhältnisse nur um ein kurzes Aufhalten des gegnerischen Vormarsches handeln.
Die Kolonialadministration erhielt von der Reichsregierung die Anweisung, die Funkstation so lange wie möglich zu verteidigen. Nunmehr zeigte sich, daß die Funkstationen im Denken der deutschen Kolonialisten in Togo eine Enklave geblieben war. Die Funkstation war nicht im Etat der Kolonie enthalten und unterstand nicht der Administration in Togo. Von den 365 Deutschen in der Kolonie war nicht einmal ein Dutzend in Kamina beschäftigt; ihre dienstlichen und persönlichen Kontakte zu den drei großen sozialen Gruppen, der Kolonialbeamtenschaft, den Kaufleuten und den Missionaren, waren gering[13].
Die in Togo langjährig etablierten Kolonialdeutschen, geführt vom amtierenden Gouverneur Major von Doering, ließen sich in diesem Krieg von anderen, eigenen Interessen leiten. Die befohlene Verteidigung der Funkstation war ihnen ein Befehl, den die weitaus größte Mehrzahl ohne inneres Engagement ausführte. Man ging davon aus, daß das Schicksal der deutschen Kolonien, so auch Togos, auf den Schlachtfeldern Europas entschieden würde. Somit erschien es den Deutschen in Togo sinnvoller, nicht durch ausgedehnte Gefechte die Kolonie zu zerstören, sondern sie sich nach gewonnenem Krieg in Europa zurückgeben zu lassen. Statt im Vorfeld von Kamina an Zufahrtswegen, der Eisenbahnlinie, an Flußbrücken und Gebirgspässen eine wirksame Verteidigung um Kamina aufzubauen, die vom militärischen Gesichtspunkt durchaus möglich gewesen wäre, interpretierte Doering den erhaltenen Befehl so, daß er neun Zehntel der Kolonie kampflos aufgab und obendrein dem Angreifer intakte Aufmarschgebiete hinterließ[14].
Nachdem die Deutschen mit zwei bewaffneten Eisenbahnzügen bei Agbeluvhoe in eine britische Falle gefahren und ein Viertel ihrer Truppen verloren hatten (von Codelli geriet dort in Gefangenschaft), kam es am 21.8. zu dem einzigen Gefecht, das diesen Namen überhaupt verdient. Am Fluß Chra (40 km von Kamina) hatten 60 deutsche und etwa 400 afrikanische Soldaten eine Verteidigungsstellung ausgebaut. Britische und französische Truppen griffen mehrere Stunden lang die Stellung an, konnten sie aber nicht erobern und verloren 17% ihrer Soldaten. Dieses Gefecht zeigte, wie wirksam eine Verteidigung Kaminas bei entsprechender Pla-

nung hätte aufgebaut werden können. Doch die Deutschen verließen nach der erfolgreichen Abwehr des Angriffes in der darauffolgenden Nacht freiwillig die Stellung am Chra und zogen sich auf der Eisenbahn direkt nach Kamina zurück, obwohl sich noch an zwei Flußübergängen, dem Amu und Amuchu, gute Verteidigungsmöglichkeiten geboten hätten und noch 320000 Schuß Munition vorhanden waren[15].

Ohne ein größeres Gefecht geführt zu haben, hatten die Deutschen nun sechs der sieben Landbezirke Togos aufgegeben, nur der Bezirk Atakpame blieb ihnen vorerst. Während die Deutschen in Atakpame/Kamina warteten, mögen auch unter ihnen die Fragen laut geworden sein, weshalb man sofort die gesamte Bahnstrecke aufgegeben, nicht einmal den Schienenstrang blockiert oder Beobachtungsposten zurückgelassen hatte und wie die von der Reichsregierung befohlene Verteidigung von Kamina durchzuführen sei. In der Nacht vom 24. auf den 25.8., nach mehreren Niederlagen und aussichtsloser militärischer Lage, wurde die Sprengung Kaminas ausgeführt.

Über die Vorgänge in der Station besitzen wir einen genauen und anschaulichen Bericht von Ingenieur Esau, dem Stationsleiter Kamina, der bis zum Ende in der Station gearbeitet hat:

> *"Bei Kriegsausbruch befand ich mich auf der Funkenstation Kamina in Togo, um im Auftrage meiner Firma Telefunken mir die Abnahmeversuche dieser Station anzusehen, den Einfluß der tropischen klimatischen Verhältnisse auf den funkentelegraphischen Betrieb näher zu untersuchen und im Anschluß daran Verbesserungen auszuarbeiten, die eine noch erhöhte Verkehrssicherheit gewährleisten sollten.*
> *Obwohl die Station Ende Juli 1914 noch nicht alle die Einrichtungen besaß, die sie in endgültig fertigem Zustand besitzen sollte - die provisorisch eingebauten Apparate sollten später ersetzt werden durch bequemer zu bedienende, die aber ihren Bestimmungsort vor Kriegsausbruch nicht mehr erreichten - entsprachen ihre Leistungen während der seit Ende Juni 1914 in Gang befindlichen Abnahmeversuche doch den gestellten Anforderungen.*
> *In den letzten Julitagen erhielt die Station eines Morgens zwischen den üblichen für die Versuche vorgeschriebenen Telegramme plötzlich ein Chiffretelegramm, das an 'alle Stationen' (cq) gerichtet war.*

*Das Kennwort "havaube" wurde durch einen meiner Telegraphisten, der längere Zeit auf Schnelldampfern tätig gewesen war, erkannt als Bezeichnung für Warnungstelegramme an Handelsschiffe.*
*Daraufhin ließ ich obiges Telegramm an alle erreichbaren Land- und Schiffsstationen geben mit der Aufforderung, ihrerseits den Funkspruch mit öfterer Wiederholung an alle Stationen weiterzugeben, um so die Warnung möglichst weitgehend wirksam zu machen.*
*Mit meinen Höreinrichtungen konnte ich mich davon überzeugen, daß meiner Aufforderung von allen deutschen Funkenstationen der Westküste entsprochen wurde. Die Stationen der Ostküste konnte ich nicht hören, da ihre Reichweite einen Verkehr mit Kamina nicht zuließ. Wie später festgestellt werden konnte, haben aber alle Telegramme ihre Bestimmung erreicht.*
*Der Versuchsbetrieb wurde dann noch einige Tage fortgesetzt, bis ein erneutes Warnungstelegramm für Schiffe eintraf, das auf die gleiche Art wie vorhin weitergegeben wurde. Von diesem Augenblick an mußte damit gerechnet werden, daß es zum Krieg kommen würde und ich ließ daher die Stationseinrichtungen nochmals gründlich nachsehen und durchprüfen, um die Station für den bei Kriegsausbruch zu erwartenden Hochbetrieb auf der Höhe der Leistungsfähigkeit zu haben.*
*Beim Eintreffen des Mobilmachungsbefehls am 2.8.1914 übernahm ich die technische und militärische Leitung der Funkenstation, erklärte meinen Stationsangestellten die Sachlage und forderte sie auf mit allen Kräften jeder auf seinem Posten für die Station zu arbeiten. Gleichzeitig gab ich an die Station Windhuk in Südwest den Befehl dauernd betriebsbereit zu sein, um von Berlin eintreffende Telegramme schnell möglichst absetzen zu können.*
*Ferner regelte ich den Verkehr mit dieser Station, der Station Duala und mit Berlin durch Zuweisung geeigneter an den einzelnen Orten verschiedener günstigsten Empfangs- und Sendezeiten. Der Krieg stellte Kamina, die im Verkehr zwischen Berlin und Afrika die Zentralstelle war und infolgedessen den ausgedehntesten Verkehr hatte vor folgende Hauptaufgaben:*
*I. Die Warnung möglichst aller in dortigen Gewässern sich befindenden Handelsschiffe und Aufforderung an sie, neutrale Häfen anzulaufen.*
*Diese Aufgabe, die, wie erwähnt schon vor der Mobilmachung in Angriff genommen wurde kann als gelöst betrachtet werden. Nach unserer Gefangennahme erklärte mir der englische Postdi-*

*rektor der Goldküste, daß sie nur sehr wenige deutsche Schiffe bekommen hätten und daß hierfür der vorzügliche Betrieb der deutschen Funkenstationen verantwortlich gemacht werden mußte.*

*II. Die Übermittlung von Befehlen und Nachrichten von Berlin an sämtliche afrikanische Kolonien und in dortigen Gewässern befindliche Kriegsschiffe. Auch dieser Aufgabe hat sich Kamina bis zu ihrer Zerstörung vollauf gewachsen gezeigt.*

*Während Windhuk und Duala den Empfang der an sie gerichteten Telegramme durch Rückmeldung bestätigen konnten, war das bei Ostafrika nicht der Fall aus den schon eingangs angeführten Gründen. Ich traf deshalb für die Übermittlung besondere Bestimmungen.*

*Einmal gab ich die für Ostafrika und den Kreuzer 'Königsberg' bestimmten Telegramme mit der größten Energie, die meine Maschinen ohne Gefahr gerade noch liefern konnte zu wiederholten Malen.*

*Ferner versuchte ich diese Telegramme in den ersten Mobilmachungstagen über die Funkenstationen des belgischen Kongo weiterzuleiten, rief deshalb diese Stationen an, erhielt aber keine Antwort. Der Versuch war gescheitert. Deshalb gab ich an Windhuk den Befehl, auch von dort die Ostafrika angehenden Funkensprüche nochmals zu senden.*

*Auf diese Weise konnte Ost seine Befehle auf zwei Wegen erhalten und damit hatte ich eine doppelte Sicherheit, daß die Telegramme am Bestimmungsort auch wirklich aufgenommen wurden.*

*Wie ich nachträglich erfahren habe, hat sowohl Duala wie auch die 'Königsberg' alle nach Ost gerichteten Funksprüche (Befehle und Heeresberichte) einwandfrei aufgenommen.*

*Auf gleiche Weise wurden die für das Kanonenboot "Eber" bestimmten Funkensprüche übermittelt. Hierbei halfen die Küstenstationen Duala, Lüderitzbucht und Swakopmund bereitwillig nach Aufforderung mit.*

*Die Aufnahme der Telegramme von Berlin nach Kamina war schon vor Erklärung der Mobilmachung ernsten Störungsversuchen ausgesetzt, die vom Eiffelturm herrührten. Sobald die ersten Zeichen von Berlin gegeben wurden, setzte er ebenfalls mit maximaler Stärke ein, um den Verkehr zu unterbinden.*

*Einem glücklichen Zufall habe ich es zu verdanken, daß es mir in kürzester Zeit gelang, meine Aufnahmeeinrichtungen so umzugestalten, daß der Störer vollkommen wirkungslos wurde und die Aufnahme der Telegramme völlig unbehindert vor sich gehen konnte. Ich möchte mir an dieser Stelle den Hinweis erlauben, den ich bereits Anfang August 1914 drahtlos nach Berlin gegeben habe, daß die Störungsversuche seitens des Eiffelturms bereits in den letzten Julitagen eingesetzt haben.*

*III. Die Weitergabe aller aus den afrikanischen Kolonien in Kamina zusammenlaufenden Meldungen nach Berlin. Sowohl die Aufnahme der Meldungen in Kamina von den Stationen Windhuk und Duala wie auch die Weitergabe an Nauen sind bis zur Zerstörung der Station glatt von sich gegangen. Kleine unvermeidliche Störungen wurden dank der unermüdlichen Arbeit des Stationspersonals so schnell beseitigt, daß eine Verzögerung in der Übermittlung der Telegramme nur in einigen Ausnahmefällen erfolgte, die aber in diesen Fällen bedeutungslos war (Dauer der Verzögerung eine halbe bis max. eine Stunde).*

*IV. Nach der Zerstörung des Kabels von Monrovia nach Teneriffa wurde der südamerikanische Verkehr über Monrovia, Duala, Kamina geleitet. Bis Duala erfolgte die Beförderung mittels Kabel, von dort nach Kamina durch Funkenspruch und nach Berlin auf dem gleichen Wege. Auf diese Weise trafen auch die ersten Nachrichten von der glücklichen Ankunft einiger deutscher Dampfer in Südamerika ein.*

*Der Verkehr mit Duala, dessen Stationseinrichtungen diesem übermäßig stark angespannten Betrieb nicht gewachsen waren gestaltete sich infolgedessen etwas schleppend und zeitraubend. Indessen gelang es aber doch, alle dort eingehenden Telegramme nach Kamina herüber zu bekommen und sie dann von dort aus ihrem Bestimmungsort Berlin zuzuführen.*

*Auch diese Aufgabe, die der Station Kamina plötzlich und unerwartet zufiel und die von Apparaten und Bedienung bedeutende Mehrleistungen verlangte, wurde trotz der Überlastung der Station glatt gelöst. Weniger bedeutende Aufgaben:*

*V. Aufnahme der Verbindung mit Funkenstationen anderer Länder*

*Die freie Zeit, die der Station nach Erledigung ihrer Hauptaufgaben blieb, wurde, soweit es die zum Ausruhen von Maschinen und Betriebspersonal notwendige Zeit zuließ dazu verwand, Verbindung mit neutralen Ländern aufzunehmen. Von Anfang an war es meine Hauptsorge, die Station für ihre Hauptaufgaben ständig auf der Höhe zu haben und sie nicht durch übermäßige Beschäftigung mit Nebenaufgaben, deren Lösung zweifelhaft blieb, in ihrer Leistungsfähigkeit herabzudrücken.*

*Die täglich wiederholten Anrufversuche derartiger Stationen, die ich unter allen möglichen Bedingungen vornehmen ließ, waren erfolglos.*

*Es besteht Grund anzunehmen, daß jene Stationen mein Rufen wohl teilweise gehört haben, es ihnen aber in der ersten Kriegszeit von ihren Behörden verboten war zu antworten.*
*Hätte die Station länger ihren Betrieb fortsetzen können, so wäre die Herstellung derartiger Verbindungen unschwer zu bewerkstelligen gewesen, umsomehr als der Verkehr der Station Kamina dann ein wesentlich ruhigerer gewesen wäre wie in der Zeit unmittelbar nach Kriegsausbruch. Es wäre dann viel mehr Zeit für die Verkehrsaufnahme mit neutralen Stationen vorhanden gewesen.*
*VI. Beobachtung des feindlichen Funkenverkehrs*
*In erster Linie kam in Betracht etwaiger Verkehr zwischen englischen oder französischen Kriegsschiffen, in zweiter Linie der Verkehr der englischen und französischen großen Landstationen.*
*Aus dem aufgenommenen Funkenverkehr feindlicher Schiffe konnte die Anzahl der vor Lome später erschienenen Kriegsschiffe und ihre allmähliche Annäherung festgestellt und dem Kommandeur gemeldet werden.*
*Von englischen und französischen Großstationen wurden die an ihre Schiffe erlassenen Warnungstelegramme aufgenommen. Desgleichen konnte häufig der Funkenverkehr des Eiffelturms mit französischen Festungsstationen verfolgt werden.*
*VII. Störung des feindlichen Funkenverkehrs*
*Störung des feindlichen Verkehrs konnte nur dann versucht werden, wenn die Station ihre Hauptaufgabe erledigt hatte. Diese Ruhezeiten waren sehr knapp bemessen und so hatte ich mich entschlossen, nur dann zu stören, wenn ich Erfolg zu haben glaubte. So habe ich den Eiffelturm und die englischen Kriegsschiffe an der Westküste, wie auch die Küstenstationen der Feinde so oft wie irgend möglich zu stören versucht"*[16].

Nachdem feststand, daß die Lage unhaltbar geworden war, erteilte der stellvertretende Gouverneur nach eingehender Beratung mit den ältesten Offizieren und Vertretern der Gesellschaft am 20.8.1914 Postinspektor Dr. Roscher in seiner Eigenschaft als Oberleutnant der Reserve und Leiter des militärischen Nachrichtenwesens den Befehl zur Zerstörung der Station, die dieser in der Nacht zum 25.8.1914 durch Niederlegung der Türme sowie Zerstörung des Empfänger- und Maschinenhauses, Zerschlagen sämtlicher Apparate, Maschinen, Hilfseinrichtungen und Vernichtung allen schriftlichen Materials usw. und Zerschneiden der Antennen ausführte. Das Zerstörungswerk nahm 4½ Stunden in Anspruch und verlief ohne Zwischenfälle. Roscher wurde später seitens der Engländer heftige Vorwürfe wegen angeblicher Verletzung der Übergabebedingungen gemacht. Diese Vorwürfe entbehrten jeglicher Grundlage; Roscher hatte lediglich befehlsgemäß und in Übereinstimmung mit den Anordnungen der heimischen Behörden gehandelt.

*Abb. 32: Die zerstörte Schalttafelanlage in Kamina (Telefunken-Zeitung, Nr. 19, Febr. 1920: 29, Abb. 28)*

Engländer und Franzosen waren nach den offiziellen Übergabeverhandlungen auf der noch rechtzeitig zerstörten Großstation Kamina von drei Seiten eingezogen. Über das Ausmaß der Zerstörung sind wir durch den anschaulichen Augenzeugenbericht des Telefunken-Ingenieurs Carl Doetsch unterrichtet, der die Engländer in das Gelände der Station einweisen sollte:

> *"Die Sieger schauen sich ihre Beute an. Mit dem Sachverständigen für das englische koloniale Funkspruchwesen der Goldküste, Major Gosling, gehe ich das Gelände der Station ab. Die schlanken Türme liegen wie verbogene Regenschirmgestelle am Boden. Ueberall stolpert man über Drahtseile und die Bronzedrähte der*

*Antenne, zu der wir vor einigen Tagen noch selbstbewußt und befriedigt hinaufgeschaut hatten. Im Kesselhaus gähnen uns drei verbogene Feuerlöcher entgegen - die Wirkung von drei Sprengpatronen. Die Armaturen der Kessel hängen wie überflüssig in der Luft. Die Steuersäulen der Turbinen im Maschinenhaus gleichen den ausgestreckten Armen von zwei Schwerverletzten, die am Boden liegen und um Gnade flehen. Der Anblick der Schalttafeln und der zertrümmerten verbrauchten Meßinstrumente beleidigt direkt. Dort liegen verbrannte funkentelegraphische Apparate, Schalter, verbogene Lampen, zerrissene Drähte, und hier grinsen traurig zwei leer gebrannte Transformatoren auf uns ein. Unser Stolz, das Schaltpult, das Gehirn der Station, die 'Sabbibox', wie die Schwarzen sie nannten, ringt auch meinem Begleiter ein Kopfschütteln ab und einen Seufzer: 'That's pity, pity'. Sein technisches Herz weint... meine Tränen sind längst getrocknet.-*
*Draußen überall das gleiche jammervolle Bild der Zerstörung. Wir schrecken einen Schwarzen auf, der Kupfer stiehlt; schnell verschwindet er hinter dem großen Kaminkühlwerk, das nun kalt und tatenlos daliegt, und wie ein mächtiges dickes Ausrufungszeichen hinter dem ganzen Zerstörungswerk in die Luft ragt.*
*An einen Aufbau ist hier nicht mehr zu denken! Und über diesem ganzen Bilde flimmert ironisch der Glast der afrikanischen Mittagssonne, die bald dafür sorgen wird, daß die traurigen Ueberreste unserer Station unter dem tropischen Pflanzenwuchs begraben liegen"*[17].

Die Großfunkstelle Kamina hat tatsächlich, wie von Ingenieur Esau behauptet, außerordentlich wertvolle Dienste geleistet, übte einen ausgedehnten und erfolgreichen Warnungsdienst für die Schiffahrt aus und war nach Unterbrechung des deutschen Kabels für den wichtigen Verkehr der westafrikanischen Kolonien mit der Heimat ein wertvoller unabhängiger Vermittler. Auch ein Teil des Südamerikaverkehrs nach Deutschland, der über das Kabel Pernambuco - Monrovia - Lomé nach Togo geleitet wurde, konnte so noch seine Bestimmungsorte erreichen. Nachrichten aus Deutschland konnten über Nauen - Kamina nach Kamerun, Deutsch-Südwestafrika und auch nach Deutsch-Ostafrika und von den ersten beiden Schutzgebieten auch Nachrichten nach Deutschland geleitet werden, was vom militärischen und politischen Standpunkt aus gesehen außerordentlich vorteilhaft war. Der erhebliche Verkehr, den die Großfunkstelle Kamina zu bewältigen hatte, zeigt, daß die Station auch den erhöhten Anforderungen, die die besonderen Verhältnisse des Krieges von ihr verlangten, entsprochen hat[18].

Zu dieser Bewertung kamen auch andere Chronisten:

*"(...) Die Gegenstation Nauen war bei Kriegsausbruch planmäßig militärisch besetzt und dem Admiralstab der Marine unterstellt worden. Kamina diente nunmehr - erforderlichenfalls über Relaisstationen - unter anderem besonders als wichtige, unentbehrliche Vermittlungsstelle für die im Südatlantik und Deutsch-Südwestafrika, aber auch im Stillen und im Indischen Ozean befindlichen Kriegs- und Handelsschiffe und hat wesentlich dazu beigetragen, daß viele Handelsschiffe rechtzeitig einen neutralen Hafen aufsuchen konnten und nicht in die Hände des Feindes fielen. Auch die Funkstation in Tabora*[19] *nahm die Nachrichten aus Kamina auf und konnte sie der 'Königsberg' übergeben, vermochte den Empfang allerdings nicht zu melden. Der spätere Ausfall der Station Kamina machte sich empfindlich bemerkbar. Kamina war während der für den Dienst günstigen Zeit (7.00 bis 13.30 Uhr und ab 20.00 Uhr) dauernd empfangs- und sendebereit und unterhielt vor allem nach der Zerstörung der Küstenstation den wichtigen Dienst mit Douala. Sehr vorteilhaft wirkte sich aus, daß nach Unterbrechung des deutschen Kabels der drahtlose Weg (auf Gefahr des Absenders) für Privattelegramme freigegeben wurde. Auch ein nicht unbeträchtlicher Teil des bei der Kabelstation in Pernambuco aufkommenden Telegrammverkehrs von Südamerika nach Deutschland wurde durch die Station vermittelt. Insgesamt sind in der Zeit vom 1. bis 22.8.1914 in beiden Richtungen 229 Telegramme mit 2876 Taxwörtern zu 10 Buchstaben befördert worden. Im ganzen kann gesagt werden, daß die Großfunkstation Kamina noch vor ihrer Abnahme und obgleich sie noch nicht einmal alle endgültigen Apparate besaß, den durch die Kriegsereignisse an sie gestellten erhöhten Anforderungen voll entsprochen hat. So war es ein besonders glücklicher Umstand, daß dies wertvolle Nachrichtenmittel gerade noch vor Kriegsausbruch fertiggestellt war (...).*
*Das Personal der Telefunkengesellschaft hat sowohl bei Abwicklung des starken Verkehrs als auch während des Kriegszustandes unter Leitung des Oberingenieurs Dr. Esau und des Ingenieurs Doetsch in vorbildlicher Weise seine Pflicht erfüllt. Auch diese Männer wurden kriegsgefangen nach Dahomey abgeführt und sahen ihre Heimat erst nach langer Zeit wieder"*[20].

Der Gouverneur der britischen Goldküste schätzte, daß die Anlage zwar insgesamt 4 bis 5 Millionen Mark gekostet hatte, innerhalb weniger Tage nach Kriegsausbruch Deutschland jedoch eine Summe von etwa 80 Millionen Mark retten konnte, da es aufgrund telegraphischer Warnungen vielen deutschen Schiffen im Atlantik möglich war, neutrale Häfen aufzusuchen. In diesem Funksystem hatte auch die Küstenfunkstelle Togblekovhe eine besondere Funktion, die nicht unterschätzt werden darf. Für diese Station wurde wie für die anderen Telegraphendienststellen ununterbrochener Dienst angeordnet. Togblekovhe war mit ihrer Reichweite von etwa 1500 km vor allem auf den Atlantik ausgerichtet. Bei ihrer Warntätigkeit hat die Station sogar mit dem 4000 km entfernten Lüderitzbucht, also in einer die normale Reichweite weit überschreitenden Entfernung, einen zuverlässigen Dienst unterhalten[21].

Eine wissenschaftliche Kommission hat schließlich nach dem Krieg durch Umfragen festgestellt, daß auf die Warnungsrufe der deutschen Funkstellen (Kamerun, Togo, Deutsch-Südwestafrika und Deutsch-Ostafrika) hin deutsche Seefahrzeuge von insgesamt 800000 BRT Frachtraum neutrale Häfen aufgesucht haben und so für die ersten Kriegsjahre gerettet wurden. Allein die Hapag war daran mit 47 Dampfern von 287000 BRT und einem Wert von 93,3 Millionen Mark beteiligt.[22]

## 8.4 Kamerun

Auf den Ausbruch des Weltkrieges war Kamerun in keiner Weise vorbereitet. Es gab dort keinerlei Befestigungen, keine schwere Artillerie, keine Flugzeuge. Die Schutztruppe in Sollstärke von 205 Europäern und 1650 Afrikanern war schlecht ausgerüstet und über das gesamte Land verstreut. Eine Nachrichtentruppe war überhaupt nicht vorhanden, auch gab es weder bei der Truppe noch bei der Reichspost nennenswerte Vorräte für den Telegraphen- und Fernsprechbau. Trotzdem wurden unter widrigsten Bedingungen bis Ende Januar 1916 zur Verbindung zwischen den einzelnen Teilen der fechtenden Truppe nicht weniger als 154 neue Telegraphendienststellen eingerichtet und 2425 km Linie mit 2435 km Leitung neu gebaut. Die Baustoffe für die neuen Linien wurden durch Abbruch aufgegebener Ortsnetze und Fernlinien gewonnen[23].

Die Küstenfunkanlage Douala leistete ausgezeichnete Arbeit durch Horchdienst und Stördienst. Vor der Übergabe Doualas wurde die Funkstelle deutscherseits gesprengt und dafür im Innern des Schutzgebietes eine Funkempfangsstelle eingerichtet, die die Nachrichten zwischen feindlichen Kriegsschiffen und englischen und französischen Küstenfunkstationen auffing[24].

*Abb. 33: Stationsgebäude der Kriegsempfangs-Funkstelle Kamerun (Telefunken-Zeitung, Nr. 21, Juli 1920: 52, Abb. 54)*

Douala ergab sich am 27.9.1914 vormittags um 11.00 Uhr nach einer Seeblockade und einer Beschießung durch englische Kriegsschiffe bedingungslos. Eine englisch-französische Truppenmacht unter Brigadegeneral Dobell wurde gelandet. Es wurde festgestellt, daß das Bombardement fast keinen Schaden angerichtet hatte und daß die Telefunken-Station in der Nähe von Douala von den Deutschen vor ihrem Abzug zerstört worden war[25].

## 8.5 Deutsch-Südwestafrika

### 8.5.1 Einführung

Neben den drei Funkstellen Swakopmund, Lüderitzbucht und Windhuk waren noch andere, provisorisch errichtete Stationen am Krieg beteiligt. Teilweise wurden diese mit Apparaten betrieben, die von den vorher aufgegebenen drei Anlagen stammten.

Als sich im Juli 1914 die politischen Beziehungen zwischen Österreich und Serbien zuspitzten, sah der Leiter des Post- und Telegraphenwesens im Schutzgebiet die allgemeine Lage in Europa als so ernst an, daß er auf ei-

gene Verantwortung am 27.7. in aller Stille dauernde Dienstbereitschaft im Telegraphendienst bei den wichtigen Postämtern Swakopmund, Windhuk, Keetmanshoop und Lüderitzbucht anordnete. Am 30.7. ging das Telegramm des Reichspostamts mit dem verabredeten Textwort "Nachtdienst" ein, worauf bestimmungsgemäß zunächst bei allen Post- und Telegraphendienststellen dauernde Telegraphendienstbereitschaft eingeführt wurde. Die am meisten gefährdeten Küstenpostämter Swakopmund und Lüderitzbucht wurden angewiesen, das Funkpersonal mit den besonderen Vorschriften über den Verkehr mit deutschen Kriegs- und Handelsschiffen bekanntzumachen, den Nachrichtenaustausch zwischen den übrigen Schiffen scharf zu beobachten und Auffälliges sofort dem Postdirektor zu melden.
Das in Swakopmund eingeführte englische Kabel blieb bis zum 6.8.1914 3.00 Uhr nachmittags in Betrieb. Bis zum 2.8. einschließlich konnte über dieses Kabel noch der Geheimverkehr der heimischen und der Landesbehörden von Deutsch-Südwestafrika abgewickelt werden. Es ist aber anzunehmen, daß kaum alle Codetelegramme durchgelassen worden sind. Am 5.8. verfügte die Unionsregierung, daß nur noch Telegramme in offener französischer, englischer und holländischer Sprache zur Beförderung auf dem Kabel zugelassen werden sollten. Nachdem am 6.8. mittags vom Gouvernement die Nachricht vom Krieg Deutschlands gegen England, Frankreich und Rußland bekanntgegeben war, wurde der Betrieb der Kabelstation Swakopmund auf Anordnung des Kommandos der Schutztruppe eingestellt.
Das Kabel wurde am 7.8. in Swakopmund an vielen Stellen zerschnitten und auch durch Erdung unbrauchbar gemacht. Die Einrichtung in der Kabelstation wurde später auf militärische Anordnung durch Beamte des Postamts Swakopmund vernichtet. Nach der Besetzung des Ortes Walvisbay durch Mannschaften des englischen Hilfskreuzers "Kinfaunscastle" wurde auch das Kabel in Walvisbay bei einem nächtlichen Überfall der deutschen Küstenschutzabteilung an mehreren Stellen durch Feldpostbeamte unbrauchbar gemacht. Am nächsten Morgen wurden die Abteilungen und die mit ihr nach Swakopmund zurückkehrenden Feldpostbeamten von einem englischen Hilfskreuzer unter Granatfeuer genommen.
Die Überlandlinie Keetmanshoop - Ramansdrift - Steinkopf - Kapstadt war seit dem 5.8. früh auf Unionsgebiet gestört. Die Vermutung scheint begründet, daß die Unionstelegraphenverwaltung sofort bei Eintritt der Kriegsgefahr zwischen Deutschland und Großbritannien Maßnahmen getroffen hatte, um den gesamten Telegrammdienst zwischen Südwestafrika und der Außenwelt zu überwachen und zu hemmen, und daß sie auch die Kabelverbindung Swakopmund - Kapstadt für politische Zwecke der Union benutzt hat[26].

### 8.5.2 Swakopmund und Lüderitzbucht

Die Küstenfunkstationen Lüderitzbucht und Swakopmund taten bis zu ihrem Abbruch am 8. und 15.8.1914 Dienst mit den in ihrer Reichweite befindlichen deutschen Schiffen. Auch die Funkverbindung Lüderitzbucht - Swakopmund mit der Küstenstation Lomé/Togblekovhe war sehr wertvoll. Am 27.6.1914 nachts gelang es, jene Funkverbindung herzustellen. Trotz der Entfernung von etwa 3500 km zwischen den beiden Küstenfunkstationen und Lomé wurde in den Nachtstunden klare und gute Verständigung erzielt. Die Station Swakopmund wurde in Lomé merkwürdigerweise seltener und schwächer gehört als die Station Lüderitzbucht. Die Ursache dieser Erscheinung ließ sich nicht mehr feststellen. Da die Großstation Windhuk Ende Juli und Anfang August wegen baulicher Änderungen nicht dienstfähig war, wurde der neue Weg (Lüderitzbucht - Swakopmund - Lomé - deutsches Kabel) zum Telegrammdienst mit der Heimat benutzt. Die für das Schutzgebiet und die in der Nähe liegenden deutschen Schiffe so bedeutungsvollen Telegramme des Reichs-Marine-Amtes, die an der politischen Lage keinen Zweifel ließen, gingen in der Nacht vom 1. zum 2.8.1914 aus Lomé ein, unter anderem das Telegramm: "Drohende Kriegsgefahr Rußland, Frankreich, England; keinen Hafen anlaufen." In der Nacht vom 4. zum 5.8. wurde in Lüderitzbucht aus Lomé das Funktelegramm aufgenommen: "England has declared war to Germany on fourth of August." Die in Reichweite der Küstenfunkstation befindlichen deutschen Handels- und Kriegsschiffe wurden bestimmungsgemäß sofort über die politische Lage verständigt. Das deutsche Kanonenboot "Eber" lag Ende Juli 1914 in Kapstadt und sollte gedockt werden. Infolge der Warnhinweise verließ es schleunigst Kapstadt, hatte seit dem 30.7. Funkverbindung mit Lüderitzbucht und traf am 1.8. abends im Hafen Lüderitzbucht ein. Nach Kohlenübernahme dampfte "Eber" am 3.8. früh mit den nach und nach in Lüderitzbucht eingetroffenen deutschen Handelsdampfern "Alarich", "Adelaide", "Steiermark" und "Gertrud Woermann" weit in See, abseits der großen Fahrstraßen, wo sich die Schiffe in größerer Sicherheit als in der Nähe der Küste befanden. Waren bisher den Schiffen die eingegangenen Pressetelegramme in offener Sprache zugefunkt worden, so erhielten die Schiffe von nun an auf Ersuchen des "Eber" alle Nachrichten im Marinecode. Später ging die "Steiermark", die die beste Schiffsfunkanlage besaß, bis auf die äußerste Funkhörweite von Lüderitzbucht in See; dahinter stellte sich mit den übrigen Schiffen "Eber" in Reichweite von "Steiermark" auf, bis schließlich sämtliche Schiffe abfuhren und zunächst in den neutralen brasilianischen Häfen Schutz suchten.

Die beiden Funkstationen Swakopmund und Lüderitzbucht beobachteten eingehend den Schiffsverkehr an der West- und Südküste Afrikas. Ende August wurde festgestellt, daß sich die englischen Riesendampfer "Mauretania" und "Olympic" der Schutzgebietsküste näherten; möglicherweise konnten hier feindliche Truppen landen oder aus Südafrika, Indien oder Australien Hilfstruppen holen. Ferner wurden die Schutzgebietsbehörden durch die funktelegraphische Feststellung zur Vorsicht gemahnt, als englische Kriegsschiffe und Hilfskreuzer an der Küste kreuzten und mit der englischen Marinebehörde in Simonstown bei Kapstadt Codetelegramme wechselten.
Die englische Küstenfunkstation Slangkop (nordwestlich von Kapstadt) funkte jede Nacht den englischen Schiffen die Reutertelegramme zu, die über den Fortgang des Krieges berichteten. Auch die etwa 4000 km entfernte französische Küstenstation Tabou (Elfenbeinküste) wurde allnächtlich gehört, wie sie Kriegsnachrichten über See oder an die französische Funkstation Conakry (Guinea) (4500 km) weitergab. Ferner teilten sich die Schiffe auf See oft Kriegsneuigkeiten mit. Wenn auch solche aufgesammelten Nachrichten für die Ententemächte Ungünstiges möglichst unterdrückten, günstige Nachrichten über die Zentralmächte wegließen oder verschleierten, so waren doch Gouverneur und Kommandeur der Schutztruppe in der Lage, sich aus jenen Mitteilungen (insbesondere aus den Ortsangaben) zusammen mit den leider meistens entstellten Funknachrichten aus Nauen ein, wenn auch nur unvollkommenes, Bild über den Verlauf des Krieges zu machen.
Aus militärischen Gründen wurde die Station Swakopmund mit Ausnahme des Turmes am 13.8. abgebrochen, da eine Beschießung von Swakopmund erwartet wurde. Bereits am 8.8. wurde auf militärischen Befehl in Lüderitzbucht die Sende- und Empfangseinrichtung abgebrochen und nach Aus befördert. Der Turm in Lüderitzbucht blieb einstweilen stehen. Als die Engländer aber in Lüderitzbucht nicht landeten, wurde am 18.8. Lüderitzbucht wieder auf Empfang eingerichtet und in Dienst gestellt. Als am 14.9.1914 der Turm der Station Swakopmund durch den englischen Hilfskreuzer "Kinfaunscastle" beschossen wurde, ordnete das Kommando der Schutztruppe am selben Tag die Einstellung des Funkdienstes und die Sprengung des Turmes in Lüderitzbucht an.

Nach der deutscherseits vorgenommenen Zerstörung der beiden Küstenfunkstellen Swakopmund und Lüderitzbucht wurde mit Hilfe ihrer Einrichtungen im Innern Deutsch-Südwestafrikas in Aus[27] eine Ersatzfunkstelle hergestellt, die, wie auch vonseiten der Engländer anerkannt wurde, durch Störungs- und Täuschungsversuche gegenüber englischen Funkanlagen eine für die deutsche Kriegsführung wertvolle Tätigkeit entfaltete[28].

### 8.5.3 Windhuk

Der Großfunkstelle Windhuk, die wichtigen Warnungsdienst für die Schiffe sowie einen Horchdienst ausübte, gelang es, Nachrichten aus Nauen unmittelbar und auch aus Eilvese und Tuckerton aufzunehmen. Zuweilen vermochte die Großfunkstelle Nauen ihrerseits die Zeichen von Windhuk aufzunehmen[29].

Über die Vorgänge um die Windhuker Station gibt es mehrere Augenzeugenberichte. Diese sind, auch wenn der altväterlich-chauvinistische Ton manchmal stört, doch von einiger Lebendigkeit. Deshalb sollen zwei davon hier in ihrem Wortlaut zitiert werden.

> *"Mit großer Mühe und in angestrengtester Tätigkeit war der 'Funkturm' (so hieß unsere Windhuker Großfunkstation allgemein bei der Bevölkerung) Frühjahr 1914 so weit gediehen, daß die Abnahmeversuche zwecks Übergabe an die Reichsbehörde stattfinden konnten"*[30].

Nach dem Konzessionsvertrag sollte die endgültige Inbetriebnahme für den öffentlichen Dienst spätestens am 15.8.1914 erfolgen. Die Aufnahme des Dienstes und die Zahlung einer Reichsbeihilfe waren in dem Vertrag von einem vorher zu erbringenden Leistungsnachweis abhängig gemacht worden. Durch den Ausbruch des Krieges konnte jener Nachweis nicht mehr vollständig geführt werden[31].

> *"Vom leitenden Ingenieur bis zum Capeboy herab, der die mächtigen Dieselmotoren von Öl und Staub reinigte, war alles in fieberhafter Tätigkeit. Sollte doch in wenigen Tagen eine der damals größten Stationen der Welt dem öffentlichen Verkehr mit der Heimat übergeben und so die zweitgrößte der deutschen Kolonien unabhängig vom englischen Kabel werden.*
> *Der Probebetrieb war Tag und Nacht in vollem Gange; da kamen durch Zeitungen die ersten Nachrichten von dem Mord in Serajewo und dem Ultimatum an Serbien. Niemand achtete sonderlich darauf. Die Station mußte bis zum 1. August fertig und der Probebetrieb beendet sein. Es war keine Zeit, Zeitungen zu lesen und zu politisieren. In den wenigen Stunden mußte schnell geschlafen werden, um für den Dienst wieder frisch zu sein. Galt es doch, möglichst viele Worte von der Gegenstation Kamina in Togo fehlerfrei aufzunehmen, um die vorgeschriebene Anzahl, wenn möglichst in einer kürzeren Frist als vertraglich festgelegt, zu erreichen"*[32].

In der kritischen Zeit Ende Juli und Anfang August 1914 war die Großstation Windhuk wegen baulicher Änderungen nicht immer dienstfähig. Erst nach der Kriegserklärung Englands an Deutschland, die in der Nacht vom 4. zum 5.8. auf dem Funkweg Lomé - Lüderitzbucht (Swakopmund) bekannt wurde, konnte die Großstation Windhuk mit Kamina (Togo) in Verkehr treten[33].

Das Eintreffen der Kriegserklärung liest sich mit den Worten von Thiess folgendermaßen:

> *"Wieder eine Nachtwache. Kamina sendet wenig abwechselungsreichen Text: Leitartikel aus einer uralten Berliner Zeitung oder was sonst gerade zur Hand ist. Es kommt ja nur darauf an, Worte zu empfangen. Mechanisch schreibt der Funkbeamte den Text nieder. Plötzlich mitten im Satz eine Pause und das Zeichen 'Warten' -. Darauf 'an alle Schiffs- und Landstationen' und dahinter einige unverständliche Worte - Codeworte - mit dem Zusatz, dies Telegramm so oft wie möglich und mit größter Energie in den Äther zu senden.*
> *Diesmal war es ernst; der Beamte weiß es, denn er kennt das charakteristische erste Wort im Text. Und nun kommt es Schlag auf Schlag. Deutschland hat an Rußland den Krieg erklärt - zweiter August erster Mobilmachungstag - Krieg mit Frankreich, Rußland, England. Der Weltkrieg war da! - Plötzlich hineingebrochen in die Arbeit und den Frieden einer aufstrebenden Kolonie, die sich gerade von den Eingeborenen-Aufständen zu erholen anfing"*[34].

In derselben Nacht ließ der Gouverneur in Windhuk folgendes Funktelegramm absenden: "An Gouverneur Daressalam. England hat am 4. August an Deutschland den Krieg erklärt." Der Beamte der Küstenfunkstation Daressalam, ein junger, eben aus Deutschland gekommener Telegraphenassistent, hörte mehrmals in der Nacht den Ruf "Daressalam von Windhuk dringend". Erst im Morgengrauen des 5. August gelang es ihm, das Telegramm aufzunehmen. Bereits eine Stunde später lief die Nachricht in Deutsch-Ostafrika durch alle Telegraphenleitungen. Auch der in See befindliche Kreuzer "Königsberg" wurde benachrichtigt[35].

Vorschriften über den Funkdienst mit der Heimat für den Fall eines Krieges waren nicht vorhanden. Auf Anordnung des Gouverneurs trat die Großstation unter seine unmittelbare Aufsicht. Eine direkte Einwirkung des leitenden Postamts Windhuk auf die Wahrnehmung des Dienstes bei der

Großstation hat während des Krieges nicht stattgefunden. Der Gouverneur hat aber den Postdirektor häufig um gutachterlichen Rat in Angelegenheiten der Station gebeten. Auch wurde der Ingenieur der Großstation durch die Postverwaltung auf jede mögliche Weise unterstützt. So wurde sofort bei Kriegsbeginn der beste Funker, Telegraphenassistent Schönwandt, an die Großstation abgegeben[36].

*"Unsere friedliche Funkstation, die eine gute Stunde Weges von der Stadt Windhuk entfernt lag, verwandelte sich in ein Heerlager, eine Kompagnie der Schutztruppe kam herauf, baute ihre Zelte, kochte im freien ab und machte sich sofort daran, das ganze ausgedehnte Gelände mit einem Dornenverhau zu umgeben. Der Funkturm, der Stolz jedes Windhukers, mußte erhalten bleiben und vor Unionstruppen geschützt werden, die bereits gegen die Kolonie im Anmarsch sein sollten.*
*Die Kriegsbegeisterung war groß, Jung und Alt meldete sich zur Fahne, ohne die Aufforderung des Kommandos abzuwarten. Begeisterte Massen zogen im Fackelzug vor das Gebäude des Gouverneurs und des militärischen Kommandanten; auch Frauen fehlten nicht, die sich meldeten, um sich als Krankenpflegerinnen in den Dienst der guten Sache zu stellen. Alles wollte helfen. Jeder beneidete die aktive Truppe, die gen Süden dem Feind entgegenzog. Doch auch die Besatzung des Funkturms wußte sich zu trösten. Jeder Mann war stolz darauf, die Station beschützen zu dürfen; sie alle wußten, daß, wenn der Funkturm nicht mehr steht, die Kolonie von der Heimat abgeschnitten ist. Und dieser Stolz und diese Begeisterung veranlaßte manchen braven Schutztruppenreiter zu poetischen Ergüssen. So erschien eines Tages im Windhuker Lokalblättchen ein Lied, zu singen nach der Melodie: 'Es braust ein Ruf wie Donnerhall' mit den gut gemeinten Zeilen: 'So lang ein Arm die Büchse ladt, betritt kein Feind hier unsern Draht' und 'Antennen flattern hoch im Wind'. Ein Zeichen, welche Blüten die kriegerische Stimmung trieb.*
*Von all dem Soldatengetriebe merkten die Beamten, die den Empfangsdienst inne hatten, wenig. Ihre Aufmerksamkeit galt einzig und allein der Station Kamina; diese verband uns ja mit der schwer bedrängten Heimat. Wie lange noch? - Hatten uns doch unsere Kollegen in Togo schon gemeldet, daß Franzosen und Engländer im Anmarsch wären. Die Feinde kannten die Wichtigkeit dieser Station, sie wußten: ist Kamina in ihren Händen, dann ist jede Verbindung zwischen den Kolonien und dem Mutterland abgeschnitten. Leider gelang es ihrer Übermacht allzuschnell,*

*diese kleine deutsche Kolonie zu 'erobern'. In der Nacht vom 24. zum 25. August wartete der Beamte in Windhuk vergeblich auf seinen deutschen Bruder in Togo. Mochte er noch so angestrengt lauschen, die ihm wohlbekannten und heiß ersehnten Zeichen Kaminas blieben aus. Die Großfunkstation Kamina war nicht mehr. Jetzt galt es, Nauen direkt zu empfangen, die 8500 km, die uns von der Heimat trennten, ohne die Hilfe von Kamina zu überbrücken. Und es gelang. Allerdings mit größter Anstrengung und nur bruchstückweise. Wir waren aber doch nicht ganz von der Heimat abgeschnitten und konnten uns der herrlichen Siege unserer Kameraden in Deutschland freuen. Südwest blieb auf dem Laufenden. Kaum ein Tag ging vorüber, an dem der Funkturm nicht etwas Neues zu berichten hatte, und nur selten mußten die Aushänge der Zeitungen melden: Wegen atmosphärischer Störungen konnte nicht empfangen werden"*[37].

Während des Verkehrs der Station Nauen mit Kamina bis zu ihrer Zerstörung war es in Windhuk tatsächlich hin und wieder gelungen, Text von Nauen unmittelbar aufzunehmen. Nach dem Fall von Kamina wurde der Versuch gemacht, einen regelmäßigen, wechselseitigen Dienst mit Nauen zustandezubringen. Die einwandfreie Übermittlung von Nachrichten nach Nauen ist zuweilen möglich gewesen.
Der Empfang von Nauen durch die Station Windhuk war niemals völlig unterbrochen, wurde aber sehr häufig durch heftige atmosphärische Störungen unmöglich gemacht. Diese spärlichen und zum Teil verstümmelten Aufnahmen waren immerhin wertvoll, weil sie dem sonst nur auf Reuternachrichten angewiesenen Schutzgebiet einen Überblick über die wirkliche Lage in Europa gestatteten.
Zur Verbesserung der Lautstärke der von Nauen ankommenden Zeichen wurden während des Krieges zwei weitere 70 m hohe Türme, die in der Werkstätte Usakos der "Otawi-Minen- und Eisenbahngesellschaft" angefertigt worden waren, auf dem Gelände der Großstation aufgestellt, wodurch eine Verlängerung der Empfangsantenne um etwa 1000 m erreicht wurde. Anstelle der Erdungsanlage wurde versuchsweise ein oberirdisches, isoliertes Gegengewicht errichtet und in Betrieb genommen. Beide Maßnahmen haben eine Verbesserung der Aufnahme nicht herbeigeführt. Als Ersatz für die zum Empfang der ungedämpften Wellen der Station Nauen benutzten Liebenröhren, die im Laufe der Zeit aufgebraucht wurden, fertigte man Poulsenlampen an. Hiermit wurden Nachrichten aus Nauen nicht aufgenommen; es sollen jedoch Zeichen der amerikanischen Großstation Tuckerton festgestellt worden sein. Tuckerton wurde auch auf Liebenröhre gehört. Bei der

Notwendigkeit der Schonung der letzten Liebenröhre mußte indessen die Beobachtung des meistens aus Privatmitteilungen bestehenden deutsch-amerikanischen Handels- und Bankverkehrs eingeschränkt werden[38].

*"Ende August aber blieben eines Tages die Berichte aus Deutschland, die bisher so flott und regelmäßig aufgenommen worden waren, plötzlich aus. Togo war genommen worden, die dortige Funkenstation zerstört. Nun waren wir also darauf angewiesen, die Funkensprüche von Deutschland direkt aufzunehmen. Von da ab begann die traurige Zeit, wo die weite Entfernung vom Vaterlande erst ganz fühlbar wurde. Seltener und immer seltener wurden die Nachrichten. Zuerst war man schon ungeduldig gewesen, wenn zwei bis drei Tage kein neuer Funkspruch kam. Später lernten wir uns bescheiden und waren dankbar, wenn alle Monate nur einmal gut verstanden wurde. Im September wurde der Funkenturm Lüderitzbucht beim Kommen der Engländer außer Betrieb gesetzt, gleich darauf machte man auch den Swakopmunder Turm unbrauchbar, damit er den Engländern nicht in die Hände fiel, baute den Turm zum Teil ab und schaffte die gut erhaltenen Teile nach Windhuk, um dort zu den vier schon bestehenden Türmen einen fünften aufzubauen, wodurch man die Station wesentlich zu verbessern hoffte. Von nun an war also Windhuk der Mittelpunkt allen Nachrichtendienstes.*
*Mit unerschöpflichem Eifer ist unsere Funkenstation bemüht gewesen, sich Tag und Nacht kein Wort von dem entgehen zu lassen, was von Deutschland gemeldet wurde. Wie verzweifelt waren die Beamten, die Tag für Tag hörten, daß gesprochen wurde, aber trotz aller Anstrengungen den Sinn der Worte nicht erfassen konnten.*
*Im Oktober 1914 kam trotz vielen Mißverstehens doch noch manche neue Kunde zu uns. Am 13. Oktober erregte ein verstümmeltes Telegramm großes Aufsehen, dessen Schluß einigermaßen zusammenhängend aufgenommen war:---'belgische internierte Offiziere schätzen, daß sich 20000 belgische Truppen in Antwerpen befanden.' Vor längerer Zeit hatten wir wohl von einem Anmarsch auf Antwerpen gehört. Nach dem Worte 'befanden' setzte das Gouvernement hinzu, scheint Antwerpen gefallen zu sein!...*
*In den nächsten Tagen, nachdem man sich vergebens bemüht hatte, etwas zu verstehen, nahm unsere Station nur zwei inhaltsschwere Sätze auf. 'Lille besetzt'.... Ende Oktober setzte die erste Gewitterzeit ein, und die Nachrichten wurden immer spärlicher*

*und unverständlicher. Aus den vereinzelten Bruchstücken konnte man entnehmen, daß Österreich mit Rußland furchtbar zu kämpfen gehabt hatte, allmählich aber im Vordringen begriffen war. Und mitten drin plötzlich der Satz: 'Die Kämpfe um Warschau dauern fort.' Also wir waren mit den Osttruppen, nachdem die englischen Zeitungen nichts als Riesenerfolge der Russen zu verzeichnen hatte, bereits im Herzen Polens!...*
*Nach tagelangem Schweigen des Funkspruchs verirrte sich plötzlich Ende Oktober das Wort 'Ostende' zu uns. Und nun wurde gegrübelt: Was heißt das? Haben wir's? Kämpfen wir drum? Ist's ein neuer Sieg?*
*Mit dem November begann dann das Monate hindurch sich wiederholende: 'Aus Deutschland konnten keine Nachrichten aufgenommen werden.' Alle Südwester werden den Klang dieser Worte, mit dem Tag für Tag das Extrablatt begann, im Ohr behalten! Die unerträgliche Stille, das dauernde Warten machte uns allmählich so stumpf, so traurig. Keiner wagte mehr nach neuen Nachrichten zu fragen.*
*In der Zeit vom Januar bis März kamen vielleicht drei- bis viermal noch ganz vollständige Telegramme, die jedesmal einen guten Fingerzeig für die damalige Lage gaben, zugleich aber endlich die immer noch bestehenden, optimistischen Hoffnungen auf baldigen Frieden gänzlich zerstörten. Ende April wurde der Funkenturm in Windhuk außer Betrieb gesetzt, und bis zur Einschließung durch die Unionstruppen hatte nun nur noch der äußerste Norden, in den sich die Schutztruppe zurückzog, durch eine kleine Funkenstation in Tsumeb Verbindung mit der Heimat (...)"*[39].

Beim Anmarsch der Unionstruppen auf Windhuk erhob sich die Frage, ob die Station durch völlige Zerstörung dem Feind zu entziehen oder ob sie lediglich durch Wegnahme wesentlicher Teile für längere Zeit unbrauchbar zu machen sei. Nach Anhörung des Postdirektors entschieden sich der Gouverneur und der Kommandeur für die letztere Maßnahme. Für diese Entscheidung war insbesondere die Ansicht des Postdirektors maßgebend, daß die Engländer wegen ihres weltumfassenden und deutschen Angriffen kaum ausgesetzten Kabelnetzes auf eine Funkverbindung zwischen Europa und Afrika verzichten könnten, weil eine Zwischenstation für die Verbindung Windhuk - England auf dem afrikanischen Kontinent nicht vorhanden sei, und weil nach den Erfahrungen des direkten Verkehrs zwischen Windhuk und Nauen die Herstellung einer drahtlosen Verbindung zwischen Windhuk und einer englischen oder französischen Großstation in Europa während dieses Krieges kaum im Bereich der Möglichkeit liege. Auf der anderen Seite würde die Erhaltung der Großstation Windhuk nach der Rückgabe des Schutzgebietes an Deutschland wertvoll sein. Als die Stadt Windhuk Ende April 1915 militärisch aufgegeben wurde, wurde die Station durch die Entfernung wichtiger Teile unbrauchbar gemacht; unter anderem wurden die Antriebsmotoren betriebsunfähig gemacht und die Antennen heruntergelassen. Die mitgenommenen Teile wurden für die neue Landesfunkstation Tsumeb verwendet[40].

### 8.5.4 Aus

Eine Verteidigung der offenen Küstenstadt Lüderitzbucht war von der Regierung nicht beabsichtigt. Da die Funkstation nach ihrer Lage unter Umständen durch die Engländer überrumpelt oder zerstört werden konnte, wurde bald nach Kriegsausbruch ihre Verlegung in das Landesinnere erwogen. Als neuer Standort wurde vom Gouverneur und Kommandeur nach Anhörung des Postdirektors der in Luftlinie etwa 100 km von der Küste entfernt gelegene Ort Aus (2000 m ü.M.) gewählt, der stark befestigt und möglichst lange gehalten werden sollte. Als im September 1914 bei der Funkstation Lüderitzbucht der Empfang aufhörte, gingen die Funkbeamten sofort nach Aus, wo der volle Funkdienst am 15.9. aufgenommen wurde.
In die neue Station waren die Apparate der früheren Station Lüderitzbucht eingebaut worden. Noch nötige kleinere Apparate und Baustoffe wurden aus dem Lüderitzbuchter E-Werk bezogen. Zum Antrieb der Dynamomaschine des Umformeraggregats wurden ein 16- und ein 4-PS-Motor verwendet, die von der "Kolonialen Bergbaugesellschaft" in Kolmannskuppe geliefert worden waren und mit Petroleum oder Benzol gespeist wurden. Diese Betriebsstoffe wurden in Lüderitzbucht requiriert. Um möglichst die gleichen elektrischen Verhältnisse wie in Lüderitzbucht zu erzielen, das heißt die vorhandene Einrichtung am zweckmäßigsten ausnutzen zu können, wurden anstelle eines nicht beschaffbaren 70 m hohen Turmes zwei Türme von 50 m Höhe gebaut und zwischen diesen eine aus drei Drähten bestehende T-Antenne aufgehängt. Die Türme wurden von der Kolonialen Bergbaugesellschaft gebaut und unter Aufsicht eines Regierungsbaumeisters aufgestellt. Sie ruhten 4 m tief in einem Betonsockel und standen 40 m über dem Boden. Die Einrichtung der inneren Station war ein Verdienst des Telegraphenassistenten Wittke, der dabei von zwei militärisch eingezogenen Monteuren der Lüderitzbuchter E-Werke unterstützt wurde. Postinspektor Ventzke, vorher Postamtsvorsteher in Lüderitzbucht, überwachte den Bau der Anlage und leitete die Funkstation bis zu ihrer Zerstörung.

Der mit dem Bau der Funkstation erstrebte Zweck wurde erreicht. Es ergaben sich dieselbe Antennenenergie und fast die gleiche Hörreichweite wie bei der Funkstation Lüderitzbucht. Die Verständigung mit der englischen Funkstation Slangkop und mit der neu eingerichteten Funkstation in Lüderitzbucht war einwandfrei. Die französische Station Tabou war weniger deutlich hörbar als von der früheren Funkstation Lüderitzbucht aus. Gut verständlich waren die Schiffsfunkstationen an der Küste Angolas, an der Küste des Schutzgebietes und an der Ostküste (im Indischen Ozean) bis in Höhe von Durban.
Die neue Station Aus fing wie die früheren Küstenfunkstationen Swakopmund und Lüderitzbucht englische Pressenachrichten auf, konnte durch Aufnahme unchiffrierter englischer Funknachrichten dem Gouverneur und dem Kommandeur sehr wichtige Mitteilungen über gelandete oder noch unterwegs befindliche feindliche Truppenformationen usw. liefern. Ganz besonders wertvolle Dienste aber leistete die Funkstation dadurch, daß sie auf bequeme und schnelle Weise jederzeit einen Nachrichtenaustausch mit der Unionsregierung in Pretoria und den britisch-südafrikanischen Kommandostellen ermöglichte. So wurden Auskünfte über die militärischen und politischen Gefangenen, über Tote und Verwundete und über den Verbleib und das Befinden der aus Lüderitzbucht in die Südafrikanische Union abtransportierten deutschen Frauen und Kinder gewechselt. Durch den Funkdienst wurden Vereinbarungen über die Zahlung von Gehältern an die Kriegsgefangenen getroffen, Unterstützungsgelder an die gefangenen Frauen und Kinder aus Lüderitzbucht überwiesen usw. Ferner wurden erfolgreiche Störungs- und Täuschungsversuche gegenüber englischen Funkstationen unternommen. Endlich diente die Funkstation dazu und wurde in dieser Beziehung auch mehrfach in Anspruch genommen, bei Unterbrechung der Reichstelegraphenleitungen zwischen Norden und Süden des Schutzgebiets und zwischen den einzelnen Fronten über die Funkstationen Windhuk und Tsumeb die Nachrichtenübermittlung aufrechtzuerhalten.
Als am 27.3.1915 die große Feldstellung Aus geräumt werden mußte, wurde auch die Funkstation abgebrochen. Die Türme und Gasmotoren, die zum Teil nicht weggeschafft werden konnten, wurden gesprengt. Alles übrige wurde nach Tsumeb geschafft.

Als Ersatz für die gesprengte Funkstation Aus dienten während der Räumung des Südens des Schutzgebietes fahrbare Militärfunkstationen, die von Postbeamten, die nunmehr ganz zum Militärdienst übertraten, bedient wurden. Die Oberleitung sämtlicher Militärfunkstationen und Signalstationen wurde dem Postinspektor Ventzke übertragen, der als Oberleutnant der Landwehr eingezogen und zur Post abkommandiert war. Er wurde nach Ankunft des Postdirektors im Norden, Mitte Mai 1915, im Postdienst entbehrlich und trat ganz zur Truppe über. Postinspektor Hackenberg, der April 1915 als Leutnant der Reserve eingezogen und zur Post abkommandiert war, wurde ebenfalls der Truppe zur Verfügung gestellt. Er ging am 9.6.1915 als Führer einer Militärfunkstation nach Zesfontein (Kaokofeld), um von dort aus, näher an der See, den Funkdienst auf dem Atlantischen Ozean und bei den französischen Küstenstationen Tabou und Conakry besser beobachten zu können[41].

*Abb. 34: Kriegsfunkstelle Aus in Deutsch-Südwestafrika (Telefunken-Zeitung, Nr. 21, Juli 1920: 53, Abb. 56)*

### 8.5.5 Tsumeb

Nach Abbruch der Funkstation in Swakopmund wurde die Frage ihres Wiederaufbaus an anderer Stelle erörtert. Der Kommandeur der Schutztruppe betonte, daß man das Material der Funkstation dazu benutzen müsse, eine feste Funkstation im Norden zu errichten und dadurch eine unbedingt sichere Nachrichtenverbindung zwischen dem Norden und dem Süden des Landes zu schaffen. Es wurde damals mit Eingeborenenauf-

ständen gerechnet, bei denen die Eingeborenen die Telegraphenleitungen zerstören könnten. Auch lag es im Bereich der Möglichkeit, daß die Engländer von Swakopmund aus frühzeitig und schnell auf Karibib-Usakos vorstoßen und die dortigen Telegraphenleitungen und damit die Verbindung zwischen dem Norden und Süden des Schutzgebietes unterbrechen könnten. Ferner waren dem Kommandeur Truppenbewegungen der englandfreundlichen Portugiesen in Angola gemeldet worden. Er rechnete beizeiten mit deutschen Expeditionen in Richtung auf Angola und wünschte auch für diesen Fall eine feste Funkstation im Norden. Nach dem Vorschlag des Postdirektors entschieden sich Gouverneur und Kommandeur schließlich für Tsumeb als Aufstellungsort der Funkstation. Der Bau der Station wurde am 4.9.1914 begonnen und am 24.11.1914 beendet. Der 85 m hohe Funkturm wurde von der Otawi-Minen- und -Eisenbahngesellschaft angefertigt und durch die Otawi-Mine in Tsumeb aufgestellt. Die Hochbauten (Maschinenhaus, Nebengebäude usw.) wurden nach den vom Postamt Windhuk entworfenen und vom Hochbaureferat des Gouvernements ausgearbeiteten Bauzeichnungen im Auftrag des Gouvernements ebenfalls von der Otawi-Minen-Gesellschaft errichtet. Die funktelegraphische Einrichtung wurde nach Angabe, unter Aufsicht und Mitarbeit von Beamten der Postverwaltung fertiggestellt. Postinspektor Hackenberg leitete den Stationsbau und wurde dabei durch den Telegraphenassistenten Mummert unterstützt.
Bei der Funkstation wurde der aus der Otawi-Mine zur Verfügung stehende Drehstrom von 500 V unter Transformierung auf 3000 V zur Funkstation geleitet und dort nach Rücktransformierung auf 500 V einem von der Mine hergegebenen Maschinenaggregat zugeführt. Von der Gleichstromdynamomaschine wurde der Strom zu den Maschinenaggregaten der früheren Funkstation Swakopmund weitergeleitet.
Die Funkstation Tsumeb erfüllte die ihr zugedachte Aufgabe. Die Station hatte mit der Station in Aus (850 km) zur Nachtzeit eine gute Verständigung. Der Empfang wurde in der auf die Fertigstellung unmittelbar folgenden Regenzeit mit ihren im Norden des Schutzgebiets besonders häufigen und heftigen Gewittererscheinungen stark beeinträchtigt. Von der Station Tsumeb wurde die in Ukamas (1100 km) aufgestellte Militärfunkstation gut gehört. Auch Zeichen der französischen Funkstationen Tabou und Conakry wurden aufgefangen. Anläßlich der Expedition der Schutztruppe gegen Angola (November 1914 bis Januar 1915) wurde mit der im Amboland (im nördlichen Teil des Schutzgebiets) befindlichen Militärfunkstation gute Verbindung bei Tag und Nacht hergestellt. Nach Wegfall der zweiten Zwischen-Militärfunkstation in Okaukwejo infolge Mastbruchs hat die Funkstation Tsumeb den Dienst mit der ersten Militärfunkstation bis zur Rückkehr der Expedition aufrechterhalten.

Die Hoffnung, daß die Funkstation Tsumeb mit einer deutschen Funkstation in Deutsch-Ostafrika in Verbindung treten könnte, erfüllte sich nicht. Als mögliche Gegenstationen in Deutsch-Ostafrika kamen Mwanza und Bukoba (beide etwa 2400 km von Tsumeb entfernt), unter Umständen die nach etwaigem rechtzeitigen Abbruch weit im Innern vielleicht aufgestellte 7,5-kW-Station Daresalaam oder auch eine ins britische Rhodesien vorgeschobene deutsche Militärfunkstation (Entfernung 1200 bis 2000 km) in Betracht.
Am 22.5.1915 wurde die Leitung der Station Tsumeb vom Gouverneur dem mit der Empfangseinrichtung der Großstation Windhuk Anfang Mai nach Tsumeb übergesiedelten Ingenieur von Telefunken übertragen[42].

> *"Zu diesem Zwecke siedelten nun die Beamten der Station nach Tsumeb im Norden der Kolonie über, wo sich bereits eine Militärfunkenstation befand. Die Empfangsapparatur nahmen wir mit, und brachten sie in dem Gebäude der Kupfermine Tsumeb unter. Die Empfangsantenne zogen wir von dem 80 m hohen Turm der Militärfunkenstation nach dem Schornstein der Kupfermine. Kaum war sie hochgebracht, mußten wir leider die betrübende Wahrnehmung machen, daß Nauen für Windhuk nicht mehr den bisherigen Spezialdienst sandte. Die deutsche Regierung hatte inzwischen von dem Fall Windhuks Nachricht erhalten und war nun offenbar der Meinung, daß damit die direkte funkentelegraphische Verbindung mit der Kolonie aufgehoben sei. Sie konnte ja auch nicht ahnen, daß unsere Bemühungen in Tsumeb, wie die ersten Aufnahmeversuche zeigten, von Erfolg waren; denn trotz der niedrigen Antenne waren die Zeichen von Nauen gut wahrnehmbar. Durch einen Turm auf halbem Wege zwischen Minenschornstein und dem Turm der Militärfunkenstation, dessen Bau sofort in Angriff genommen war, hofften wir außerdem nicht nur die Antenne zu stützen und ihr Herunterhängen zu vermeiden, sondern auch einen besseren Empfang zu erhalten. Wenn nun auch Nauen uns nicht mehr anrief, scheuten wir dennoch keine Mühe, die Abgeschlossenheit unserer Kolonie wenigstens einseitig zu durchbrechen. Nacht für Nacht machten wir unseren Dienst und horchten in den Äther nach einem Lebenszeichen aus der Heimat. Und aus all den vielen Telegrammen, die wir von den verschiedensten Stationen, darunter auch amerikanischen Landstationen, aufnahmen, konnte man wenigstens soviel ersehen, daß es unserem Vaterlande noch gut ging und daß man auf ein baldiges Ende des Krieges hoffte. Das war im Juli 1915.*

*Inzwischen waren aber die Unionstruppen vermöge ihrer Übermacht auch nach dem nördlichen Tsumeb gedrungen. Als Vorläufer kam eines Sonntags ein Flieger und warf ein paar Bomben in den Ort, d.h. richtiger gesagt, neben den Ort in das freie Gelände. Am nächsten Morgen waren die Buren da. Der Waffenstillstand und die Übergabe der gesamten Truppen und des Schutzgebietes war bereits in dem Vertrage von Khorab am 9.Juli 1915 festgelegt worden.*

*Die Besetzung von Tsumeb ging friedlich vonstatten. Die Militärfunkenstation, die bereits vorher nicht mehr der Militärbehörde unterstand, sondern von dem Personal Telefunkens bedient wurde, mußte als eines der ersten Gebäude den fremden Besuch empfangen. Sofort machte sich der englische Offizier daran, seine Telegramme nach Kapstadt zu funken. Doch vergebens. Die Station, die noch nachts vorher mit Kapstadt verkehrt hatte, konnte nun keinen Anschluß bekommen. Wie war das möglich? Die Maschinen und Apparate waren in bester Ordnung übergeben; auf dem Turm wehte die schwarz-weiß-rote Flagge, und nun mit einmal keine Verbindung mit 'Capetown'? Der englische Herr hatte unsere Empfangsstation für 'long distance' Empfang noch nicht entdeckt und ebensowenig die dazu gehörige Antenne, welche vom Turm seiner 'eroberten' Station nach dem Schornstein der Mine gezogen war. In einem Laboratoriumsraum der Mine befand sich unsere Empfangsstation und die dahinführende Antenne hatten wir vorher so gut wie möglich geerdet.*

*Mit vieler Mühe und Not entdeckten die Engländer am nächsten Nachmittag unsere provisorische Empfangsstation, versiegelten den Raum und isolierten die Antenne.*

*Nun durften wir die Station nicht mehr betreten, trotzdem auf dem Turm noch die schwarz-weiß-rote Flagge wehte; zum großen Ärger der neuen Besitzer. Doch der Turm war hoch; ein Fahrstuhl war nicht da, nicht einmal eine Leiter. Da erlebten wir das lustige Schauspiel, daß tagelang 3 bis 4 Mann an dem Turm herumkletterten, der eine höher, der andere etwas tiefer; doch bis zur Spitze kam keiner. Als 'ultima ratio' wurde 'lebhaftes Schützenfeuer' auf die Flagge eröffnet. Sie schüttelte sich aber nur ein wenig, gleich wie man Fliegen abwehrt, die einen belästigen. Endlich wurde die 'schwarze' Truppe in die erste Linie geschickt. Mit Geld und guten Worten gelang es den 'Tommies', ein paar Eingeborene zu gewinnen, welche die Kletterpartie wagten und die Flagge den triumphierenden Siegern überreichten.*

*Dies war auch das Ende der deutschen Funkerei in Südwest. Mit schwerem Herzen sahen wir zu, wie die Eroberer sich in der Station Tsumeb breit machten. Doch bereitete es uns große Genugtuung, daß es trotz aller Bemühungen den Engländern nicht gelang, unseren Funkenturm 'Windhuk' in Betrieb zu setzen. Wie schon eingangs erwähnt, hatten wir uns vor unserem Rückzug darauf beschränkt, die Antennen herunterzulassen und die Antriebsmotoren der Sendestation durch Entfernung der wichtigsten Teile unbrauchbar zu machen. Diese Maschinenteile hatten wir wohlverpackt und gut bewahrt nach Tsumeb mitgenommen. Die Freude der Engländer war groß, als sie bei der Übergabe von Tsumeb die Kisten vorfanden. Anfang August wurde die FT-Besatzung und das gesamte Windhuker Stationsmaterial verladen und nach Windhuk transportiert.*
*Trotzdem gelang es den Engländern nicht, Windhuk wieder in Betrieb zu setzen, da die Maschinenteile, die wir nach Tsumeb geschickt hatten, immer noch fehlten. Man versuchte mit allen Mitteln aus uns herauszubekommen, wo sie wären; doch vergebens, und schlafend steht noch heute das stolze Bauwerk als Wahrzeichen deutschen Könnens untätig am Kaiser-Wilhelm-Berge im Dornbusch und der Sonnenglut Deutsch-Südwestafrikas.*
*Als Strafe dafür wurden den Angehörigen der Funkstation keine Briefe aus der Heimat ausgehändigt. Im übrigen war die Behandlung der Deutschen in Südwest von Seiten der englischen Behörden nicht schlecht. Jeder konnte seinem Beruf nachgehen. Die kaltgestellten früheren Gouvernementsbeamten und Offiziere wählten sich zum Teil einen neuen Beruf. Auch ich mußte es tun und wurde Bankbeamter und zum Schluß noch Hauslehrer. Als solcher erreichte mich auf der einsamen Farm im Sandfeld (300 km von der nächsten Bahnstation entfernt) die Weisung unseres Vertreters in Swakopmund, sofort meine Rückkehr nach Deutschland anzutreten. Meine Freude war groß und voller Hoffnung betrat ich nach langer mühseliger Überfahrt Ende Oktober 1919 deutschen Boden im Übergangslager Wesel"*[43].

## 8.6 Deutsch-Ostafrika

### 8.6.1 Die Rolle der Funkstellen Daresalaam, Bukoba und Mwanza

Ende Juli war man in Daresalaam gerade dabei, Vorbereitungen für eine geplante Landesausstellung, die den Stand der wirtschaftlichen Entwicklung der Kolonie zeigen sollte, zu treffen; die Schutztruppe rüstete sich, die Feier ihres 25jährigen Bestehens zu begehen, der Kommandeur der Schutztruppe war auf dem Rückweg von einer Besichtigungsreise im Innern, als am 30.7.1914 der Gouverneur folgendes chiffrierte Kabeltelegramm des Staatssekretärs Solf aus Berlin erhielt:

> *"Großmächte sind bemüht zur Erhaltung europäischen Friedens österreichisch-serbischen Krieg zu lokalisieren. Beruhigt Ansiedler, da unsere Schutzgebiete außer Kriegsgefahr. Weitere Drahtnachrichten folgen"*[44].

Der unter britischer Kontrolle stehende Kabelverkehr über Zanzibar hatte bereits seit dem 27.7. unregelmäßig gearbeitet, die Funkstelle Daressalaam hatte noch nie Windhuk oder Kamina, geschweige denn Nauen hören können.
Die Funkstation in Daresalaam hatte somit bis kurz nach Kriegsausbruch große Schwierigkeiten, eine Klärung der Sachlage herbeizuführen. Zwar hatte sie in der letzten Zeit immer wieder Versuche gemacht, sich selbst mit der kurz zuvor eröffneten Station Kamina zu verständigen, aber es hatte sich dabei herausgestellt, daß sich hier und da bei günstiger atmosphärischer Lage, insbesondere in der Nacht, ein Empfang von Kamina oder sogar von Nauen ermöglichen ließ und Bruchstücke empfangen werden konnten, daß aber der lediglich für den Nahverkehr bestimmte Daresalaamer Empfänger zu schwach war und Kamina nicht zu erreichen und Anrufe nicht zu beantworten vermochte.

> *"Aber in diesen Tagen der Höchstspannung galt es, alles daranzusetzen, um auch das Unwahrscheinliche zu ermöglichen und sich auch den Zufall in die Hand zu zwingen. Tag und Nacht ist Dienst und mit äußerster Anstrengung lauscht das Ohr des Funkers auf die Schwingungen des Äthers, immer wieder hoffend, von dem Pulsschlag der Heimat Kunde zu erlangen"*[45].

*Abb. 35: Kriegsempfangsfunkstelle Kamashumu bei Bukoba (Telefunken-Zeitung, Nr. 21, Juli 1920: 56, Abb. 60)*

In den Morgenstunden des 1.8. gelang es der Funkstelle Daresalaam, direkt von Nauen das Telegramm "an alle Schiffe" aufzufangen, das die drohende Kriegsgefahr ankündigte und vor dem Anlaufen französischer, russischer sowie englischer Häfen warnte. Zu diesem Zeitpunkt wurden im Schutzgebiet erste Mobilmachungsmaßnahmen getroffen.
Am 2.8. früh wurde, wieder direkt von Nauen, das Telegramm "2. August erster Mobilmachungstag" aufgenommen. Der Gegner war nicht genannt, so daß die Teilnahme Englands immer noch zweifelhaft sein konnte. Trotzdem wurde die planmäßige Mobilmachung in vollem Umfang eingeleitet. Von diesen Maßnahmen waren sowohl die deutschen Soldaten als auch die Askari, die afrikanischen Angehörigen der Schutztruppe, betroffen.
Die englische Regierung verhinderte mit Ablauf des 2.8. die Übermittlung chiffrierter Telegramme, mit Ablauf des 3.8. jeglichen Telegrammverkehr zwischen dem Schutzgebiet und der Außenwelt. Jedoch waren am 3.8. früh die Großfunkstellen Windhuk und Kamina gehört worden, so daß wenigstens auf diesem Weg Nachrichten empfangen werden konnten. Nachrichten aber an diese Großfunkstellen zu geben, dazu war die Reichweite von Daresalaam zu gering.
Da am Abend des 3. mit einer Dhau[46] von Zanzibar nach Bagamoyo gekommene Reuter-Nachrichten den Ausbruch des Krieges mit Frankreich und Rußland meldeten und auch den baldigen Eintritt Englands erkennen ließen, ordnete der Gouverneur am 4.8. mittags an, daß gemäß dem in den Mobilmachungsakten enthaltenen Gutachten die offene Stadt Daresalaam im Falle des Krieges mit England gegen die feindlichen Seestreitkräfte nicht zu verteidigen sei und gab der Schutztruppe Befehl, die Stadt zu verlassen.

> *"Und dramatisch ist das Erleben des jungen Funkers des Postamts, der in der Nacht vom 4. zum 5.8. den Funkdienst versieht. Der Empfangsapparat ist ein Detektor, eine Verstärkerröhre[47] - damals noch in der Entwicklung begriffen - ist nicht vorhanden. Nauen, Kamina und Windhuk werden gesucht. Da! Um 23 Uhr ertönt von einem starken Sender klar der dreimal wiederholte Ruf: 'Daressalam von Windhuk! Dringend!' Aber die Antwort von Daressalam zerflattert im Äther, kommt nicht ans Ziel, und Windhuk verstummt nach mehreren vergeblichen Rufen und vergeblichen Antworten. Um Mitternacht werden Kamina und Nauen gehört, jedoch sind Worte und Sinn nicht zu erfassen. Um 2 Uhr ertönt von neuem der suchende Ruf von Windhuk, und mit höchster Kraft des Senders wird die Bereitschaftsmeldung von Daressalam gegeben. Sie wird nicht gehört, wieder erstirbt das Rufen. Auch von Kamina und Nauen wird es von 3 Uhr ab still. Die*

*Luftstörungen werden geringer. Aber der Funker weiß: bald nach 5 Uhr, wenn erstes Morgengrauen zu ahnen ist, werden sie jeden Empfang aus der Ferne unmöglich machen. Wieder, um 4 Uhr, ganz klar und deutlich, dreimal dasselbe Rufen - und dann Stille. Es war die letzte Hoffnung. Und dennoch: Um 4.45 nochmals das aufpeitschende: 'Dringend! Dringend! Dringend!' und nun in unmittelbarer Folge das Ankündigungszeichen und der Funkspruch - jedes Wort fünfmal wiederholt: 'An Gouverneur Daressalam. England hat an Deutschland den Krieg erklärt.' - Eine Stunde später durchpulst die Kunde das Drahtnetz des Schutzgebiets"*[48].

Alle von Kamina nach Daresalaam kommenden Meldungen wurden von hier aus den deutschen Schiffen, besonders dem im Indischen Ozean befindlichen Kreuzer "Königsberg" übermittelt. Nach der Zerstörung der kurz darauf wieder für den Empfang eingerichteten Küstenfunkstelle Daresalaam durch die Deutschen wurden eine Reihe von Funkstellen im Innern Deutsch-Ostafrikas, so in Umbula, Kigoma, Tabora und nach der Zerstörung Bukobas durch die Engländer in Kamashumu hergestellt, von denen Tabora und Kigoma auch zum Senden eingerichtet waren. Daneben gab es, wie im folgenden ausgeführt wird, noch eine Reihe von Karrenstationen, die zumeist jedoch nur für Hörempfang eingerichtet waren. Mit ihnen wurde der Verkehr der Kongoanlagen und sonstiger feindlicher Funkstellen, ferner auch die Funkstelle Mogadishu in Italienisch-Somaliland beobachtet. Das Funknetz arbeitete Hand in Hand mit den bestehenden Reichstelegraphenanlagen und einem sich schnell ausdehnenden Feldtelegraphennetz, das im November 1914 bereits 600 km, Ende 1915 3000 km lang war. Die funktelegraphisch aufgenommenen Nachrichten über die Ereignisse auf den heimischen Kriegsschauplätzen wurden telegraphisch an den Gouverneur vermittelt, der sie veröffentlichen ließ. Nach dem Fall Kaminas und Windhuks war Deutsch-Ostafrika ausschließlich auf die Aufnahme von Nachrichten aus Nauen angewiesen. Nicht selten wurden Heeresberichte und Pressenachrichten vollständig aufgenommen.

Die Ereignisse der ersten Kriegstage in Daresalaam lassen sich wie folgt zusammenfassen: Nach den Richtlinien des am 5.8.1914 in London zusammengetretenen "Offensive Sub Committee of the Imperial Defence" war das vordringlichste Ziel aller Überseeoperationen die Sicherung der Seewege. Als sicherstes und am raschesten zum Ziele führendes Mittel, das Meer von feindlichen Seestreitkräften zu säubern wurde angesehen, sie vorher ihrer Nachrichtenzentralen und Stützpunkte zu berauben. Als wichtigster Versorgungspunkt für Nachrichten, Kohlen und Betriebsstoff deutscher Schiffe kam an der Ostküste Afrikas Daresalaam mit seiner

Funkstelle und seinem Hafen in Betracht. Englischerseits war bekannt, daß dort auch die "Tabora" eingelaufen war, die nach englischer Auffassung als Hilfskreuzer in Frage kam. Aber auch alle anderen Häfen Deutsch-Ostafrikas konnten der deutschen Seekriegsführung dienen, sei es, daß deutsche Seestreitkräfte vorübergehend anliefen und sich neu versorgten, sei es, daß die zahlreich dort vor Anker liegenden Schiffe als Versorgungsschiffe ausliefen oder auch nur ihre Funkanlagen dazu benutzten, Nachrichten an auf See befindliche Schiffe zu geben. Es kam den Engländern daher darauf an, sämtliche Funkanlagen an der Küste unbrauchbar zu machen, ein Ein- und Auslaufen deutscher Schiffe zu verhindern und, wenn möglich, deutschen Schiffsraum selber nutzbar zu machen. Diesen Zwecken dienten mehr oder weniger alle Operationen der ersten fünf Wochen an der Küste von Deutsch-Ostafrika[49].

Die englischen Operationen begannen damit, daß der Befehlshaber der beiden vor Daresalaam zurückgelassenen Kreuzer des britischen Kap-Geschwaders, "Astraea" und "Pegasus", am 7.8. Befehl erhielt, die Funkstelle Daresalaam durch Geschützfeuer zu zerstören und die Hafeneinfahrt zu sperren.
Als am 8.8. morgens Schiffsgeschütze von der Außenreede aus das Feuer eröffneten, ließ Gouverneur Schnee sofort die weiße Flagge hissen, so daß nach dem siebten Schuß das Feuer eingestellt wurde. Schaden war nicht entstanden, der Funkturm nicht getroffen worden. Auf das Signal des englischen Kreuzers, es solle mit größter Beschleunigung ein Boot an Bord geschickt werden, gab der Gouverneur dem Hafenmeister, Kapitän Berndt, den Auftrag, hinauszufahren und mitzuteilen, daß eine Verteidigung Daresalaams nicht beabsichtigt und er zu weiteren Verhandlungen nicht legitimiert sei, die Sendung eines Parlamentärs würde anheimgestellt. Den Ersten Referenten, Geheimrat Methner, beauftragte er schriftlich,

> *"die etwaigen Verhandlungen mit dem Feinde wegen Übergabe Daressalams zu führen, und zwar in solcher Weise, daß ein Bombardement Daressalams unter allen Umständen vermieden wird".*

Die Polizeiabteilung erhielt Befehl, nach Pugu abzumarschieren. Die noch nicht eingezogenen Angehörigen des Beurlaubtenstandes sammelten sich befehlsgemäß bis auf die für unabkömmlich Erklärten auf dem Bahnhof und wurden nach Pugu abtransportiert. Der Gouverneur begab sich ebenfalls zum Bahnhof, um abzufahren und seinen Sitz nach Morogoro zu verlegen, sobald der englische Parlamentär den Boden Daresalaams beträte.

Abb. 36: Der von den Deutschen am 8. Aug. 1914 gesprengte Antennenturm der Küstenfunkstelle Daresalaam/Deutsch-Ostafrika (Telefunken-Zeitung, Nr. 21, Juli 1920: 54, Abb. 57)

Abb. 37: Der gesprengte Funkturm in Daresalaam, - Aug. 1914 (Der Unterbrochene Draht: 159, Abb. 82)

Als um 10.30 Uhr ein Parlamentärboot von der "Astraea" abstieß, wurde der Befehl zur Sprengung des Funkturms gegeben. Gleichzeitig wurde durch ein Wachkommando die "Möwe"[50] versenkt. Der Parlamentär, der inzwischen die Versenkung des Schwimmdocks festgestellt hatte, kehrte um, als um 11.00 die Sprengung des Funkturms erfolgte. Kapitän Sykes, der Kommandant der "Astraea" und zugleich Ältester Seeoffizier an der Ostküste Afrikas, der morgens noch dem Hafenmeister gesagt hatte, es käme ihm nur darauf an, den Funkenturm unbrauchbar zu machen, weiter wolle er nichts, setzte nun in einem an den Gouverneur oder dessen Bevollmächtigten gerichteten Schreiben die Bedingungen fest, unter denen er die weiße Flagge respektieren wolle. Sie lauteten unter anderem:

> *"1. Es soll mir erlaubt sein, die Instrumente ihrer Funkstelle zu entfernen und sie unbrauchbar zu machen. 2. Das Gleiche bezüglich der Funkanlagen sämtlicher im Hafen liegender Schiffe (...)"*[51].

Über die Verhandlung wurde ein Protokoll in zwei Originalen angefertigt, die Geheimrat Methner als stellvertretender Gouverneur und Lt.-Cdr. Turner unterschrieben, dieser erst, nachdem er die Funkanlagen an Land und auf einigen Schiffen sowie das Kohlenlager besichtigt und die Funkanlagen der "Tabora" noch weiter hatte zerstören lassen.
Die Annahme dieser Bedingungen sollte die bestehenden gegensätzlichen Anschauungen des Gouverneurs Schnee, der einen militärischen Widerstand nicht befürwortete und des Kommandeurs der Schutztruppe, Oberst (später General) von Lettow-Vorbeck, der den entgegengesetzten Standpunkt vertrat, zum offenen Konflikt ausbrechen lassen[52].

Nachdem sich von Lettow-Vorbecks Meinung durchgesetzt hatte, mußte befürchtet werden, daß die verbündeten Briten, Belgier, Franzosen und Portugiesen mehrere Fronten von ihren umliegenden Territorien aus gegen die Schutztruppe eröffnen würden. Als ein Brennpunkt wurde hier die wirtschaftlich wichtige Region am Viktoria-See angesehen. Bukoba sollte, so die deutschen Pläne, aufgegeben und die Garnison nach Mwanza beordert werden, um Mwanza auf alle Fälle zu halten. Man ging hierbei von der Erwägung aus, daß die Besatzungen Mwanzas und Bukobas zu schwach wären, um einen energischen Landungsversuch der Engländer vom See aus an beiden Plätzen gleichzeitig abzuwehren. Daher wurde die gesamte Residentur Bukoba am 10.8. und 14.8. bis auf ein kleines Truppenkontingent geräumt.
Das Kommando, das von der Küste aus die Lage schlecht übersehen konnte, hatte sich bisher darauf beschränkt, am 12.8. darauf aufmerksam zu machen, daß das Halten der Funktürme Mwanza und Bukoba von größter Wichtigkeit sei[53].

Über die Vorgänge um die Funkstelle Daresalaam sind wir durch mehrere Augenzeugenberichte des Postbeamten Rothe informiert, der mehrere diesbezügliche Telegramme an seine Vorgesetzten in Berlin geschickt hat:

*"30. 8.1914*
*Dar am 8.8 von uns unbrauchbar gemacht, nachdem englischer Kreuzer gefeuert. Unsere Empfangsstation in Tabora wieder aufgebaut. Tabora hören zwei bis sechs Uhr früh bisweilen Windhuk und Nauen. Seit vier Tagen schweigt Kamina. Turm gesprengt, weil Einblick in Stellungen der Schutztruppe bei Pugu.*

*17. 9.1914*
*Reserveempfänger aus Dar in Kigoma aufgebaut. Hört gut Kongostationen Kindu und Stanleyville. Empfangsstation aus Dampfer Tabora 4.9. in Umbulu aufgebaut. Empfängt gut Mwanza und Bukoba.*

*21.11.1914*
*Empfangsstation in Dar im September wieder hergestellt. Bukoba noch betriebsfähig.*

*15. 3.1915*
*Seit Einbau Liebenröhre von Königsberg in FT-Station Dar hören wir Cap gut, POZ oft[54]. POZ soll wichtige Nachrichten drei Tage wiederholen. Kaisers Telegramm 26.1. von CAP lückenlos erhalten. Hören mit Liebenröhre Mogadishu 6.00 morgens MEZ. Wechselverkehr bisher mißglückt.*
*Verständigt Mogadiscio, daß Muansa Rufzeichen bfn ab ersten Juni um zehn dreißig bis elf dreißig nachmit. MEZ Welle sechzehnhundert geben wird. Wir versuchen Mogadiscio auch durch Konsul Lorenco Marques zu benachrichtigen. neutralität wird nicht verletzt, denn Mogadiscio vermittelt auch nach und von Britisch-Ost und Aden Telegramme, die wir auffingen. Anweiset CAP durch POZ : CAP soll von Muansa mit Welle sechzehnhundert empfangen, nachdem es Muansa mit Rufzeichen bfn aufgefordert hat zu geben. Daressalam wird empfangen, Muansa senden.*

*17. 5.1915*
*CAP hat durch Chiffretelegramm Ende April angekündigte Absicht in Tsumeb zu empfangen anscheinend ausgeführt, seit ersten Mai hören wir CAP nicht mehr, sind allein auf POZ angewiesen. POZ soll uns schon ab zwölf nachts und halb vier MEZ senden, halbzwei bis*

*halbvier stört Massaua, POZ soll wichtige Nachrichten in gedrängter Wochenübersicht drei Tage wiederholen. Nur dank von Königsberg entliehener letztverfügbarer Liebenröhre empfangen wir POZ manchmal gut, ohne Röhre meist nichts. Sendet Liebenröhrenanlage mit Vorratsröhren.*

*18. 7.1915*
*POZ Lautstärke gut Aufnahme durch Luftstoerungen zuzeit meist verhindert. Damaskus nicht gehört Massaua Welle jetzt 4700 m. Empfangsstation Bukoba einen Tagesmarsch landwärts aufgebaut. Reservestation Muansa landwärts gebracht, da Angriff erwartet.*

*17. 8.1915*
*POZ mit Roere seit Mitte Juli sechsmal lueckenlos auch Chiffretel fuer Gouv dritten sonst Bruchstuecke oder nichts erhalten. Verlaengerung Antennen keine Besserung. Sendet siebzehnten Mai bestellte Libenroeren unter falscher Deklaration Stuhldreier Portamelia.*

*18.12.1915*
*POZ sibten bis neunzehn Dez fast alles sonst seit dreizehn Nov Teile oder nichts neunzehn Dez Chriffretel an Gouv tadelos erhalten. POZ gibt zweiten Teil zu schnell. Letzte Libenroere bald verbraucht bitte dringend Ersatz ohne Zubehör auf verschiedenen Wegen durch Mittelleute, auch etwa erfundene Mittel gegen Luftstörungen*
*Portug Postsperre scharf durchgeführt soll südafrik gegen Deutschost gerichtete Truppbewegungen verschleiern. Brife direkt aus Deutschld komen nicht mehr an. Weitere Deckadresse Ostlinie Lorencomarques durch Agentur Lissabon (...). Militärisch eingezogen ganz fünf Beamte ein Unterbea, neben Postdienst vier Bea fünf Ubea, bei Feldtelegrafie zwanzig Bea neun Ubea zwei Hilfsbea drei Bordtelegrafisten. Etatmäsige Anstellg aller fälligen Beamten Kegenbein OPAss Schmidt OTS befürwortet. Scharf Typhusverdacht (...).*

*25. 2.1916*
*Abnahme Lautstärke dauert fort. Seit Ende Jan Heeresbericht siben Presse dreimal teilweise sonst nichts aufgenommen (...) Dratet bei Friden neue Einzalungskurse nach fremden Ländern. Peperkorn langsam genesend, Scharf Ruhr, Kiel Rückfallfiber, Orth Blutarmut Unterernärung, alle vier Hospital. Übrige gesund".*[55]

Im Verlauf des deutschen Widerstands erhielten die Stationen in Mwanza und Bukoba immer größere militärische Bedeutung, zum einen als Kommunikationsmittel, zum anderen aber auch als Horchposten hinsichtlich des gegnerischen Funkverkehrs.

Die Briten wurden im Verlauf des Jahres 1914 immer besorgter über die deutschen Funkstellen in Mwanza und Bukoba. Die Briten hatten schon vor dem Krieg begonnen, in Mombasa (Kenia) eine Funk- und Abhörstation zu errichten, der Bau dieser Station hatte sich jedoch immer länger hinausgezögert. Rice, der verantwortliche Ingenieur, verfertigte eine mobile Abhörstation, mit der er eine Reihe von Botschaften abfing, die sich auf feindliche Bewegungen an der Ostfront und am Bosporus bezogen. Dieser Erfolg führte zu einer Diskussion über die Möglichkeit, Botschaften, die zwischen Mwanza und Bukoba ausgetauscht wurden, abzuhören. Es waren vorher schon Versuche gemacht worden, deutsche Funkmeldungen am Viktoria-See abzufangen, sie waren jedoch sämtlich gescheitert, möglicherweise deshalb, weil die Experimente von einem Amateur-Enthusiasten geleitet worden waren, der eine nur unzureichende Ausrüstung zur Verfügung hatte. Obwohl die kurzfristigen Experimente von Rice darauf hindeuteten, daß die Empfangsbedingungen sehr stark durch einen Gürtel von elektrischen "Stürmen" um den See herum beeinträchtigt werden würden, glaubte er nicht, daß die dadurch entstehenden Probleme unlösbar seien und hielt einen größer angelegten Versuch vor Ort für lohnend. Das bedeutete, daß er zeitweise aus dem Marconi-Kontrakt in Mombasa aussteigen mußte, aber seine Anwesenheit wurde nicht als notwendig erachtet, solange es im Hafen von Mombasa Kriegsschiffe gab, die eine Funkwache durchführen konnten.

Rice ging in Entebbe an Bord der SS Clement Hill und befand sich bald darauf auf dem Weg nach Kisumu. Seine Empfangsausrüstung aus Mombasa hatte er mitgenommen und das Schiff hatte er sich als Basis für die Experimente erwählt. Für die nächsten Wochen hielt Rice auf dem Schiff Funkwache, während der unbewaffnete Dampfer zwischen Entebbe und Kisumu sowie den dazwischenliegenden Häfen pendelte. Zuerst wurde eine Antenne an einem Drachen befestigt, aber dieser wurde später durch einen einzelnen Draht ersetzt, der am Schiffsmast befestigt wurde. Kristallempfänger, Kopfhörer und Batterien wurden in einer Kabine installiert, in der Rice, eingewickelt in ein Moskitonetz, Wache hielt. Lange Wachen mußten bei diesen hohen Temperaturen durchgestanden werden, bis die Wellenlängen der deutschen Stationen und ihre Sendepläne ermittelt waren. Die meisten technischen Probleme konnten überwunden werden, obwohl der Empfang oft durch atmosphärische Störungen stark beeinträchtigt war. Eine Anzahl von Meldungen wurde abgefangen und kodiert nach Nairobi telegraphiert; diejenigen davon, die von lokalem Interesse waren,

wurden an die Abschnittskommandeure und Zivilbeamten weitergeleitet. Sir Frederick Jackson, Gouverneur von Uganda, bekam zum Beispiel eine Meldung über deutsche Aktivitäten an der Kagerafront auf den Tisch und der Provinzgouverneur in Kisumu wurde mit Informationen über deutsche Bewegungen in den Mara- und Südnyanzadistrikten, die die Eisenbahnviadukte und Endpunkte bedrohten, versorgt.
Das Experiment auf der "Clement Hill" wurde schließlich als lohnend angesehen; seine Fortsetzung wurde daher zwischen Rice und J.J. Killingbeck, dem stellvertretenden Generalpostmeister in Entebbe, diskutiert. Man wollte die Empfangsqualität verbessern und auch die dauernde Besetzung der Abhörstation gewährleisten. Killingbecks Vorschlag, die Station bei Kisumu aufzubauen, wurde von Rice aus technischen Gründen abgelehnt und man zog daher nach Entebbe. Eine Luftantenne wurde von einem etwa 10 m hohen Flaggenmast am Postamt aufgehängt und der Empfänger parallel mit einem Morsegeber betrieben, so daß keine Verzögerung bei der Übermittlung der Ergebnisse nach Nairobi eintreten konnte. Diese Arrangements wurden ohne das Wissen des Generalpostmeisters oder der Armeebehörden durchgeführt. Es wurde zunächst befürchtet, daß die Antenne den Deutschen die Absichten verraten könnte, aber diese Befürchtungen wurden durch die Überlegung zerstreut, daß die Station ja nicht sendete. Schließlich gaben alle Behörden ihre Zusage und Rice durfte sogar Leute ausbilden, die ihn vertreten konnten.
Obwohl die Deutschen zweifellos wußten, was für eine Ausrüstung in Mombasa verwendet wurde, wußten sie doch nicht, daß ein Empfänger in die Nähe ihrer Stationen am Viktoria-See gebracht worden war. Dies läßt sich an der Häufigkeit ablesen, mit der Botschaften zwischen den Kommandanten von Bukoba und Mwanza augetauscht wurden, besonders nachdem die Dampferflottille der britischen Ugandabahn die Kontrolle des Sees übernommen hatte. Die deutschen Funker sendeten ihre Nachrichten generell unverschlüsselt und im Diktattempo mit häufigen Wiederholungen, wenn die atmosphärischen Störungen zu stark waren; oft kündigten sie sogar die Uhrzeit für die nächste Sendung an. General von Lettow-Vorbeck schreibt in einer der seltenen Erwähnungen des Abfangprojekts in seinen Memoiren, daß sich bei ihm Ende 1914 der Verdacht regte, als sein Versuch, Bukoba mit Booten von Mwanza aus zu entsetzen von der prompten Ankunft britischer Dampfer unterlaufen wurde. Der Verdacht des Generals wurde von den Kommandanten Bukobas und Mwanzas wohl nicht mit Vorrang behandelt, da erst längere Zeit nach diesem Vorfall die Funkmeldungen mit Buchstabencodes verschlüsselt wurden. Die Decodierung konnte von Nairobi nicht durchgeführt werden; so wurden die Meldungen nach Mombasa telegraphiert, von dort wurden sie über Zanzibar und Aden nach Bombay und weiter nach Simla (Indien) ge-

kabelt. Nachdem der Code von Experten der anglo-indischen Armee entschlüsselt worden war, wurden die Übersetzungen nach Nairobi zurückgekabelt.
Ende Januar 1915 erfuhr die Abhöraktion einen Höhepunkt, als der Empfänger in Entebbe um 23.00 Uhr eine Anzahl von Lageberichten abfing. Diese Berichte, die von Gouverneur Schnee in Morogoro stammten, wurden von Mwanza als Relaisstation aufgenommen, um anscheinend weiter nach Berlin gesendet zu werden. Um der unbekannten Zwischenstation einen fehlerfreien Empfang zu ermöglichen, erhöhte der Funker in Mwanza die Sendeleistung bis auf das Maximum. Diese außergewöhnliche Vorgehensweise zusammen mit der sorgfältigen Wiederholung jedes einzelnen Wortes ließ den Horchposten in Entebbe darauf schließen, daß die Zwischenstation weit entfernt sein mußte. Obwohl der deutsche Funker diese Station zehn Minuten lang rief, bevor er die Meldungen anscheinend "blind" absetzte, wurden in Entebbe keine Signale dieser Station gehört; somit schien es, daß Schnees Bemühungen, mithilfe seines Hochleistungssenders mit der Außenwelt in Kontakt zu treten, fehlgeschlagen waren.

Da sich die deutschen Hauptstreitkräfte gen Süden zurückzuziehen begannen, waren die Meldungen, die nach Entebbe durchkamen, wohl eher lokalen Charakters und bezogen sich auf Mwanza und Bukoba. Die Entebbe-Station wurde offensichtlich, kurz nachdem die Bukobastation am 23.6.1915 stillgelegt worden war, abgebaut, andere Quellen legen den Schluß nahe, daß sie bis zur britischen Einnahme von Mwanza am 14.7.1916 bestanden hat.
Ein Teil der Funkmeldungen, die von Entebbe abgefangen wurden, haben in schriftlicher Form überlebt. Obwohl viele verstümmelt oder undatiert sind, gibt es doch viele in so guter Qualität, daß sie einen Eindruck von der Wichtigkeit der britischen Funkaufklärungstätigkeit vermitteln. Einige der Meldungen, die Berichte über den ostafrikanischen Feldzug enthalten, zum Beispiel die Invasion von Tanga und den deutschen Sieg am Kagera-Fluß im November 1914, waren offensichtlich für Berlin bestimmt. Die meisten der Einzelheiten waren jedoch von unmittelbarem lokalem Interesse für die Kommandanten in Mwanza und Bukoba. Diese umfaßten Einzelheiten über Truppenverstärkungen, Lieferungen von Booten, Getreide und Telegraphenmaterial, Taktik, Aufklärungsoperationen und Verschiffung von Gütern. Dazu kamen Meldungen wie die über die Schadenersatzforderungen eines Veterinärs für sein gestohlenes Maultier oder über das abhanden gekommene Fahrrad eines Offiziers oder über die Ausgleichszahlungen für die entwendeten Besitztümer. Aber es lassen sich auch wichtige militärische Botschaften finden. Eine Meldung vom

10.12.1914 enthüllte, daß die Deutschen sich mit dem Gedanken trugen, an günstigen Stellen (Ukerewe und Majita) verlockend aussehende Haufen von Feuerholzscheiten zu deponieren, unter denen ein oder zwei sein sollten, die Dynamit enthielten; man verband deutscherseits damit die Hoffnung, daß diese Scheite ihren Weg in die Kessel englischer Dampfer finden und entsprechendes Unheil anrichten würden. Abgesehen von der Notiz über Lettows Verdacht im Oktober 1914 gibt es keinen Hinweis darauf, daß das Geheimnis der Abhöraktion irgendwo durchsickerte; dies war in einem Umfeld, das notorisch klatschsüchtig und voller Sicherheitslücken war, erstaunlich genug[56].

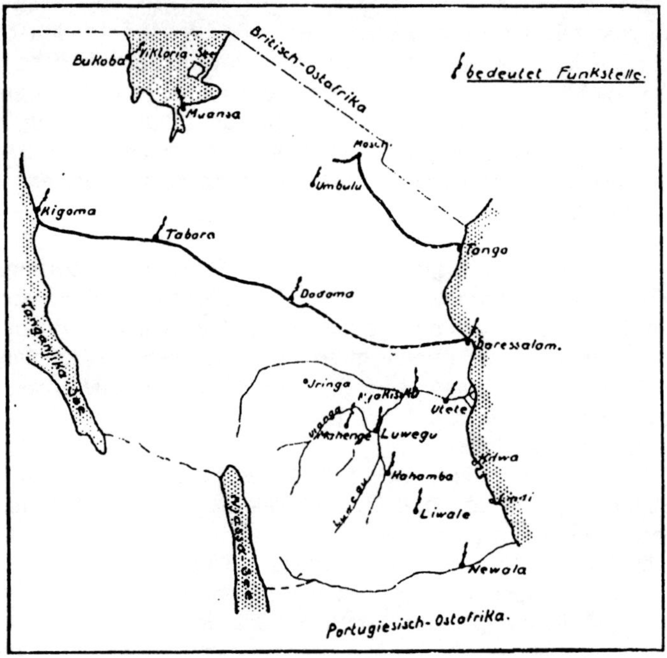


*Abb. 38: Funkstellen in Deutsch-Ostafrika während des Krieges*

Daß die Engländer sich im Besitz des deutschen Chiffriercodes befanden, machte sich auch im April 1915 an der Küste Tanganyikas schwerwiegend bemerkbar. Anfang April nahm die "Königsberg" Funkverbindung mit der "Rubens" auf, einem am 18.2. von Wilhelmshaven abgegangenen Hilfsschiff, das in erster Linie für die "Königsberg" bestimmt war, aber auch einen Beipack für die Schutztruppe, hauptsächlich 1500 Gewehre "98" und 4000000 Patronen an Bord hatte. Zwecks Löschens dieses Beipacks gab die "Königsberg" der "Rubens" Befehl, Tanga anzulaufen und zwar am 14.4. bei Tagesanbruch von Norden, und umgehend wieder in See zu gehen, worauf sie aus dem Delta ausbrechen und sich auf hoher See mit der "Rubens" treffen wollte. Aber die Engländer konnten den deutschen Funkverkehr entziffern. Als sich die "Rubens" zur festgesetzten Zeit Tanga näherte, sah sie sich von "Hyacinth" verfolgt, die vor Moa auf der Lauer gelegen hatte und nun, sich rasch nähernd, das Feuer eröffnete. Schnell entschlossen steuerte Oberleutnant z.S. d.R. Christiansen sein Schiff in scharfer Wendung in die Mansa-Bucht, um mit Nordkurs im Schutz der langgestreckten Landzunge Boma die nördliche Ecke der Bucht zu erreichen. Dort ließ er die Bodenventile öffnen und das Oberschiff anzünden, während gleichzeitig das Schiff über die Landzunge hinweg einige Volltreffer erhielt. "Hyacinth" lief hierauf in die Bucht ein und beschoß auf nahe Entfernung das sinkende Schiff und die in zwei Booten an Land gehende Besatzung, ohne dieser nennenswerte Verluste beizubringen. Ein Versuch, mit Booten an das brennende Schiff heranzukommen, wurde durch Maschinengewehrfeuer eines Zuges der 17. Feldkompanie verhindert, worauf der Kreuzer in der Annahme, daß "Rubens" gänzlich zerstört sei, abfuhr und in den nächsten Wochen auch nicht mehr wiederkehrte. Der Schiffsbesatzung glückte es jedoch sehr bald, den Brand zu löschen, und in bis zum 29.6. dauernden Arbeiten konnten mithilfe von Tauchern beide 6-cm-Bootskanonen, alle vier Maschinengewehre, sämtliche 1800 Gewehre, von 4,5 Millionen Patronen 3 Millionen, von 7500 Schuß der Kaliber 10,5, 8,8, 6 und 3,7 cm 5500 Schuß nebst zahlreichem Ausrüstungs- und Sanitätsmaterial sowie Lebensmittel geborgen werden. Gewehre und Patronen mußten allerdings auseinandergenommen werden, und von letzteren waren nach Behandlung nur 100000 einwandfrei, 100000 wiesen 10% Versager auf, und 1800000, die 60% Versager hatten, konnten nur als Übungsmunition verwandt werden[57].

Während der größte Teil der aus Kriegsbedarf bestehenden Ladung also erhalten geblieben war, hatte der Brand die meisten Medikamente und das gesamte Draht- und Funktelegraphenmaterial zerstört. Die Versuche zur Erhaltung, Ergänzung und Vervollkommnung der vorhandenen Apparate usw. gewannen damit eine noch größerer Bedeutung, und sie führten zu manchen Erfolgen. Es gelang der Werkstatt im immer noch nicht besetzten Daresalaam, beschädigte Mikrofonplatten behelfsmäßig mit dünnen Holzplatten und mit Blech von Konservenbüchsen wiederherzustellen und später Kohlenbeutelmikrophone anzufertigen; die Lebensdauer der Trockenelemente wurde durch Chemikalien und Seewasser verlängert. Soweit Fernsprechanschlüsse irgendwie entbehrlich erschienen, wurden die Kündigungsbedingungen erleichtert, um die Apparate möglichst bald

für die Feldleitungen zu gewinnen. Als im Mai feststand, daß der Kreuzer "Königsberg" seinen Liegeort im Rufiji-Delta nicht mehr würde verlassen können, überließ der Kommandant dem Postamt Daresalaam die Verstärkereinrichtung des Kreuzers. Das befähigte die Funkstation Daresalaam zu einem erheblich verbesserten Empfang von Nauen und afrikanischen Stationen.
Die Empfangsmöglichkeit hing einzig von den Luftstörungen ab, die nach den gemachten Beobachtungen am schwächsten in der Nähe der Küste, am stärksten im Innern des Landes auftraten. Die guten Erfolge der Empfangsanlagen wurden von den Beteiligten auf die fast ausschließlich verwandte Erdantenne (gerichtete Niedrigantenne) zurückgeführt, die sich bei den schwierigen und ungünstigen Verhältnissen in diesen Gebieten als brauchbare, ja zuweilen sogar der hohen Turmantenne gegenüber als überlegene Empfangsantenne erwiesen hatte[58].

Der militärische Druck auf die Region Mwanza/Bukoba nahm Ende 1914 bzw. Anfang 1915 immer mehr zu. Um die Einheitlichkeit des Handelns sicherzustellen, hatte das deutsche Kommando am 1.11.1914 auf die alarmierenden Nachrichten hin den Militärbefehl im Bezirk Mwanza Major von Stuemer übertragen. Dieser befahl am 4.11. die Absendung einer Expedition in Stärke von 7 Offizieren, 18 Europäern, 400 Askari, 2 M.G. und einem Geschütz. Die Stadt Bukoba, hauptsächlich Funkturm, Zollgebäude und Boma, war am 29.10. von dem Dampfer "Winifred" bombardiert worden, und am 2.11. war die bei Bugombe stehende Feldwache etwas nach Süden zurückgedrückt worden[59].

Mwanza und Bukoba waren aber auch Ausgangspunkt für erfolgreiche deutsche Operationen gegen die englischen Grenzgebiete, wodurch ein starker militärischer Druck ausgeübt werden konnte. Um diesen allgemeinen Druck auf die englische Grenze wenigstens an einer Stelle zu lindern, gab General Tighe, zugleich als Repressalie für die vorherigen deutschen Zerstörungsaktionen gegen Bauabschnitte der Uganda-Bahn General Stewart (dem Kommandierenden der 1. Britischen Division) Anweisung, Bukoba als Basis der deutschen Unternehmungen gegen Uganda zu zerstören. Während am 21. und 22.6.1915 der Hauptteil des Uganda-Polizeibataillons gegen die deutschen Stellungen im Kagera-Bogen operierte, landete General Stewart am 22. früh nördlich Bukoba mit einem starken Expeditionskorps und drängte die ihm entgegengeworfene Abteilung von Kleist auf die Stadt zurück. Mit Unterstützung von 14 Schiffsgeschützen griff General Stewart, der deutschen Besatzung sechs- bis siebenfach überlegen, am 23. die Stadt selbst an, die Major von Stuemer infolge westlicher Umfassung mittags nach Süden räumte, wobei der den Rückzug deckende Teil erhebliche Verluste erlitt. Nach vollständiger Plünderung und Zerstörung der Stadt sowie der Funkstelle schiffte sich das Expeditionskorps wieder ein und am 24. fuhren sämtliche sieben Schiffe wieder nach Kisumu. Die Stadt wurde am gleichen Tage deutscherseits wieder besetzt[60].

Über die Zerstörung der Funkstation Bukoba am 22. und 23.6.1915 besitzen wir einen Augenzeugenbericht des Telegraphensekretärs Kegenbein, der als letzter Leiter der Postagentur in Bukoba bei der Verteidigung der Stadt gegen die anrückenden englischen Truppen mitwirkte. Der Bericht wurde in Kamashumu bei Bukoba, nur wenige Tage nach Räumung der Funkstation verfaßt:

> *"Die Wache auf der sogenannten Toteninsel, welche Bukoba vorgelagert ist, alarmierte in der Nacht vom 21/6. zum 22/6. die Garnison Bukoba, da zwei englische Dampfer in Sicht gekommen waren. Von dem Wall, der die Funkenstation gegen Beschiessung von der Seeseite schützt, waren die Schiffe nicht erkennbar. Ein dichter Nebel lag auf dem See.*
> *Der Postagentur standen 36 Träger, 3 Ruga-Ruga (Hilfskrieger) zur Verfügung, die an den Schanzarbeiten bei der Funkenstation tätig waren. Diese Träger wurden herangezogen und verblieben den Rest der Nacht in Bereitschaft bei der Post.*
> *Bei Tagesanbruch wurde der Dampfer 'Nyanza' mit einem grossen Leichter längsseit in der Nähe der Toteninsel sichtbar. Zwei lange Schiffsgeschütze ragten aus dem Bug. Auf Heck war ein kleineres hinter Schutzschilden aufgestellt. Es war vollständig windstill, die Luft verschleiert. Als die 'Nyanza' mit Kurs auf Bukoba die Toteninsel passierte, ging die Sonne auf. Auf dem Deck des grossen Frachtdampfers waren zahlreiche Leute zu erkennen. Etwas später, im Licht der aufgehenden Sonne, kamen weitere Dampfer mit Leichtern im Schlepp in Sicht, die der Makongobucht zustrebten, welche einige tausend Meter nördlich von Bukoba liegt.*
> *Seit Kriegsausbruch gehören Kreuzfahrten englischer Dampfer an den deutschen Küsten des Sees mit gelegentlichen Bombardements zur Tagesordnung. Das plötzliche Erscheinen der gesamten Flotte, welche die Engländer auf dem See unterhalten, liess ihre Absicht, Bukoba von der Land- und Seeseite anzugreifen, sofort erkennen.*
> *Dem Befehlshaber von Bukoba, Hauptmann v. Brandis, standen am 22/6. etwa 180 Gewehre zur Verfügung. Hiervon wurde der*

grössere Teil sofort dem in Makongo sich ausschiffenden Gegner entgegengeworfen, der Rest verblieb in Bukoba und setzte sich in den Schanzen bei der Funkenstation fest.
Inzwischen hatte sich langsam die 'Nyanza' mit ihrem Leichter auf etwa 2500-3000 Meter genähert und nahm aus ihren Buggeschützen den Artilleriekampf mit unserem Geschütz auf. Unser Geschütz stellte das Feuer bald nach Eröffnung ein. Es bestand nunmehr die Gefahr einer Truppenlandung direkt in Bukoba. Falls diese gelang, wäre der Abtransport der Postlasten nicht mehr möglich gewesen. Ich begann deshalb mit dem Verpacken der Bücher und Belege, mit dem Ablösen des Empfängers der Funkenstation und mit dem Abtransport des für eine Empfangsstation erforderlichen Draht- und Isolationsmaterials.
Inzwischen hatte ein schweres Bombardement durch die Schiffsgeschütze eingesetzt. Die eingeborene Bevölkerung, durch das Donnern der Kanonen und Krachen explodierender Granaten kopflos gemacht, räumte in schnellster Flucht den Ort. Eine halbe Stunde nach Einsetzen der Beschiessung war im Orte kein Farbiger mehr aufzutreiben. Jede Karawane, die sich auf der Strasse zeigte, erhielt von den Dampfern Geschützfeuer. Die Träger warfen dann die Lasten nieder und liefen davon. Da meine Träger zum Wegschaffen der schweren Lasten nicht ausreichten, lasse ich sofort noch einige 20 beschäftigungslose Leute aufgreifen. Jede günstige Gelegenheit benutzen diese, um sich der Lasten zu entledigen und auszureissen. Bis ich einige fünfzig Lasten der Postagentur ausserhalb des Ortes in Sicherheit gebracht habe, sind Stunden vergangen.
Die in der Makongobucht gelandeten Engländer hatten gegen acht Uhr vormittags die Höhen (Entfernung 3 km Luftlinie) nördlich von Bukoba erreicht. Zahlreiche in Brand gesteckte Eingeborenenhütten zeigten den Schiffsgeschützen die englischen Stellungen. In langen Reihen, weit über tausend Mann, breiteten sie sich auf dem Höhenrücken aus. Gegen neun Uhr meldet Oberleutnant v. Kleist, der die Abteilung befehligt, dass er sich vor zehnfach überlegenen Streitkräften auf Bukoba zurückziehen muss und eine neue Stellung auf dem 'heiligen Hain' bezieht, der etwa 1500 Meter Luftlinie von der Funkenstation nordwestlich entfernt liegt.
Indessen währt das Feuer der Schiffsgeschütze ohne Unterbrechung an, von unserer Schwarzpulverkanone wieder kräftig erwidert. Auf dem Kahororeberg ist eine englische Feldbatterie und eine Anzahl Maschinengewehre in Stellung gebracht, die mit un-

geheurem Munitionsaufwand, aber geringem Erfolg feuern. Von der Post deutlich sichtbar steigen lange Schützenketten von den Hügeln nördlich Bukoba herunter. Andauernd verstärkt der Feind, der in starker Uebermacht angreift, seine Flügel und verlängert die Front. Mir geht gegen 10 Uhr vom Befehlshaber, Hauptmann v. Brandis, ein Befehl zu, alles Erforderliche betreffs der Funkenstation zu veranlassen, da Bukoba wahrscheinlich nicht mehr lange zu halten ist. Wie oben erwähnt, hatte ich in der Frühe in der Besorgnis, dass die Schiffsgeschütze ihr Feuer sofort auf die Funkenstation konzentrierten, den Empfangsapparat für Funkentelegramme, Bücher und Belege der Post, unter Führung des Postboten Malidi vorausgesandt. In den folgenden Stunden machte ich weitere Lasten mit Stationsmaterial fertig. Jede kleine Karawane musste ich bis auf die Berge begleiten, da die von Panik ergriffenen Träger, jede Gelegenheit suchten, um aus Bukoba zu verschwinden.
Nach elf Uhr Vormittag kommt der feindliche Angriff, unterstützt durch heftiges Schrapnellfeuer, auf der ganzen Front in Fluss. Auf der ganzen englischen Linie tauchen in kurzen Zwischenräumen weisse Winkerflaggen auf, die sich immer näher an Bukoba heranschieben. Um dem Feind die Funkenstation nicht im betriebsfähigen Zustand zu hinterlassen, löse ich jetzt sämtliche Kabel im Maschinenhaus und im Telegraphierrraum. Soweit es möglich ist, lasse ich die Panzerkabel aus den Kanälen, in denen sie verlegt waren, herausziehen. An der Schalttafel werden die Verbindungsdrähte gelöst oder zerschnitten, aus den Maschinen wichtige Teile herausgenommen. Alle diese Beschädigungen wären durch mich in einigen Tagen wieder zu beheben gewesen.
Gegen 12 Uhr 30 Min. nachmittags flaut das Feuer des Gegners ab. Die Sonne scheint drückend heiss. Der See, sonst fast ständig durch Wind bewegt, liegt bewegungslos. In unregelmässigen Pausen schiessen die Schiffsgeschütze weiter. Hier und da fängt ein Haus oder eine Hütte Feuer. Eine Stunde später setzt das Feuer wieder in heftigster Weise ein. Auf englischer Seite sind wenigstens ein Dutzend Geschütze in Tätigkeit. Nach drei Uhr bezieht Oberleutnant v. Kleist eine neue Verteidigungstellung: rechter Flügel Funkenstation, linker Flügel Schiessstand. Der Feind besetzt den "heiligen Hain" und bringt dort Geschütze und Maschinengewehre in Stellung. Wir verbringen die Nacht in der neuen Stellung und begrüssen freudig die Nachricht, dass der Militärbefehlshaber, Major v. Stuemer, mit einigen Europäern, 40 Askari und einem Maschinengewehr aus Kifumbiro in Bukoba eingetroffen ist.

*In der Nacht zum 23/6. versuche ich die Funkenstation provisorisch betriebsfähig zu machen, um Muansa von den Ereignissen in Bukoba Mitteilung zu geben. Da mir dieses bis zu den Morgenstunden nicht gelingt, nehme ich von weiteren Instandsetzungen Abstand und beginne mit dem Ausräumen der Postagentur. Die Träger, die ich vormittags in Marsch gesetzt hatte, waren in der Nacht herangezogen worden. Ihre Lasten lagen unter Bewachung auf dem Hügel hinter der evangelischen Mission. Ich liess alle Gegenstände von Wert: Petroleum, Oel, Benzin, Werkzeug usw. aus der Post auf den Berg bringen und in einem Schuppen, der der evangel. Mission gehört, niederlegen. Meine Träger wies ich an, bei Tagesanbruch Leute in ausreichender Zahl aus den Pflanzungen, welche Bukoba umgeben, herauszuholen und zum Fortschaffen dieser Lasten zu verwenden.*
*23/6. 5 Uhr früh. Major v. Stuemer besichtigte die Stellung bei der Funkenstation und begibt sich dann auf unseren linken Flügel, den der Feind auf dem "heiligen Hain" bereits durch Maschinengewehrfeuer aus dem Morgenschlummer geweckt hat. In der Post befehligt Feldwebel Thiem etwa 30 Askari. Schnell entwickelt sich das Gefecht auf der ganzen Front. Die Schiffsgeschütze richten jetzt ihr Feuer vorwiegend gegen die der Funkenstation unmittelbar benachbarten Häuser, um sie zum Strassenkampf unbrauchbar zu machen. Der grösste Teil geht in Flammen auf.*
*23/6. 8 vorm. Das Gefecht ist im vollen Gang. Wir feuern auf dichte Schützenketten Europäer, die im hohen Grase gegen die Post anschleichen. Die auf den "heiligen Hain" gebrachte englische Feldbatterie kann in die Funkenstation hineinsehen und richtet zeitweise heftiges Schrapnellfeuer auf uns; mit lautem Klappern fallen die Bleikugeln auf das Wellblechdach des Postgebäudes.*
*9 vorm. Das Feuer auf unserem linken Flügel wird schwächer. Der Feind entwickelt sich in langen Linien und greift mit seinem rechten Flügel um unseren linken herum. Von den Sandwällen der Funkenstation bietet der tiefer liegende Feind uns ein besseres Ziel als wir ihm. Er liegt deshalb regungslos in hohem Grase versteckt.*
*10 vorm. Unser linker Flügel muss zurückgehen. Der Post gegenüber, etwa 800 m entfernt, bootet die 'Kavirondo' ein Maschinengewehr aus, das sein Feuer erfolglos gegen unsere Sandwälle richtet. Die englische Feldbatterie vom 'heiligen Hain' feuert unterdessen unverdrossen Schrapnells in unsere Stellungen, die meist zu hoch krepieren. Der Abtransport unserer Kanone, der über die kahlen Berge hinter der evangelischen Mission erfolgen muss, wird von den Schiffen aus beobachtet und durch heftiges Granaten- und Schrapnellfeuer verhindert.*

*11 vorm. Unser linker Flügel ist weiter umgangen, der Feind ist am Schiessstand und versucht die Strasse, die durch das Eingeborenendorf Bilele führt, zu gewinnen, um uns den Rückzug aus Bukoba abzuschneiden. Die englischen Europäerkompagnien vor der Post rücken langsam näher im Schutze der Karantänestation, die unmittelbar vor den Antennenabspannungen am Strande liegt.*
*12 mittags. Langsam dampft die aus sieben Schiffen bestehende feindliche Flotte an Bukoba heran. Als erstes Schiff die "Kawirondo", auf der sich, wie später bekannt wurde, der englische Befehlshaber, General Stuart*[61]*, befindet. Die Schiffe verteilen sich am Strande und unterstützen durch ihr Feuer den Feind.*
*1,15 nachm. Oberleutnant v. Kleist kommt zur Funkenstation und befiehlt den allmählichen Rückzug. Der Feind steht bereits in Bilele in unserem Rücken. Feldwebel Thiem erhält den Befehl zur Boma zu gehen und die Kompagniekasse an sich zu nehmen, ich, den Rückzug der Askari zu leiten. Während die Askari einzeln den Rückzug antreten, lasse ich lebhafter feuern. Auf den Schiffen ist der Rückzug aus der Post bemerkt worden. Der Weg, der von der Post zur Boma über freies Feld führt, wird von Maschinengewehr- und Schrapnellfeuer überschüttet. Ich verlasse die Post als letzter. Die Postuhr zeigte 1 Uhr 50 Min. nachm.*
*Unser Rückzug ging durch die Boma nach der evangelischen Mission. Die kahlen Berge hinter der Mission, über die wir hinüber mussten, boten uns gegen die Schiffsgeschütze und Maschinengewehre wenig Deckung. An der Mission stand unser Geschütz; es war im Stich gelassen worden, da die Schiffskanonen beim Versuche, es über den Berg zu bringen, eine förmliche Feuerzone darum gebildet hatten.*
*Der Rückzug war für uns verlustreich. Mehr als ein Dutzend Schiffsgeschütze waren in Tätigkeit getreten. Dazu eine Anzahl Maschinengewehre, die von Bukoba aus die Höhen abfegten. Vom Berge aus erschien Bukoba voll gepropft mit englischen Soldaten. Unser Rückzug wandte sich über Minazi nach Kishogo in westsüdwestlicher Richtung; ich ging gemäss einer früheren Vereinbarung mit dem Militärbefehlshaber nach Kanazi (4 Marschstunden südwestlich von Bukoba), wohin meine Karawane vorangegangen war. Von Kanazi marschierte ich nach Kagondo, wo ich Anweisungen des Majors v. Stuemer, welche mir in Aussicht gestellt waren, abwartete. Am 25/6. ging mir dieses Schreiben zu. Es enthielt u.a. kurze Mitteilungen über die Vorgänge, die sich nach unserem Rückzug in Bukoba abgespielt hatten.*
*Bukoba war von den Engländern am 24/6. mittags geräumt worden. Ich traf am 27/6. in Bukoba wieder ein und begann alsbald*

*mit den Aufräumungsarbeiten der durch Feuer und Dynamit zerstörten Postagentur. Im Maschinenhaus hatten die dicken steinernen Mauern der Hitze standgehalten. Während die Motore und Gleichstrommaschinen durch Sprengpatronen zerstört waren, sind die Wechselstromgeneratoren, abgesehen von kleinen Beschädigungen, gebrauchsfähig geblieben. Von der Einrichtung der Wohnräume, des Postdienst- und des Telegraphierraums war nichts übrig geblieben. Die Engländer hatten sämtliche Möbel zerschlagen, zu Scheiterhaufen zusammengehäuft und angezündet. Genauso so sind die Gebäude der Residentur und das Wohnhaus des Residenten zugerichtet worden. Den Befehl ihres Führers, zu brennen und zu plündern, haben sie in der barbarischsten Weise befolgt. Kein Haus ist verschont geblieben. Was nicht mitgeschleppt werden konnte, wurde in gemeinster Weise vernichtet oder unbrauchbar gemacht. Viele Häuser sind eingeäschert.*
*Um die Verwaltung für den Bezirk sicherzustellen, verlegte der Militärbefehlshaber den Sitz der Regierung nach Kamaschumu, das acht bis neun Marschstunden südwestlich von Bukoba liegt. Die Ortsbezeichnung 'Bukoba' für die Postagentur ist beibehalten. Bukoba war laut Befehl des Militärbefehlshabers bis zum 30/6. zu räumen. Ich verwandte die Tage bis zum Abmarsch nach Kamaschumu zur Aufwickelung der Antennendrähte und zum Abtransport der Wechselstrommaschinen.*
*In Kamaschumu begann ich sofort mit dem Bau eines Posthauses und der Errichtung einer Empfangsstation für Funkentelegramme".*[62]

Der Postdienst wurde dann sogleich wieder aufgenommen. Der Telegraphendienst wurde, unter Einschaltung von Botenbeförderung, auf der im Bau befindlichen Feldtelegraphenlinie Bukoba - Usuwi - Kahama in Verbindung mit der Linie Mwanza - Tabora wahrgenommen. Die Funkstation ließ sich kurz darauf einen Tagesmarsch von Bukoba landeinwärts, wenn auch nur als Empfangsstation, wieder aufbauen, so daß auch bei Störungen der Feldleitung wenigstens die unverzögerte Ankunft von Telegrammen für Bukoba gesichert war[63].

Die neue Empfangsstation Bukoba lag etwa 3 km nördlich vom Markt Kamashumu, das neuer Regierungssitz wurde, auf einem von Bananen und Kaffeebäumen bewachsenen Hügel. Als Antennenträger diente ein nach dem Ausästen noch 27 m hoher Baum (von den Haya "Njugu" genannt).
Oben am Baum wurden drei Haltekauschen mittels Drahtseil befestigt. Durch diese Kauschen lief je ein Drahtseil. Oben trugen die drei Seile eine

Kausche mit je zwei isoliert aufgehängten Antennendrähten; unten waren sie am Baum befestigt. Durch diese Anordnung wurde beim Reißen von Drähten das zeitraubende Erklettern des Baumes vermieden. Die sechs Drähte wurden auf etwa 200 m an Pfosten isoliert abgespannt. Hiermit wurde kein Ergebnis erzielt. Daher wurde die Antenne höher geliftet und jeder Draht nochmals mit drei Eiern unterteilt, sodaß die Auffangdrähte nun nur noch je 80 m lang waren.
Die Antennendrähte wurden 6 m vom Baum entfernt herabgeführt und unten isoliert abgespannt. Die Drähte waren unter sich und mit dem Einführungsdraht verbunden. Der Empfänger wurde in einer mit Gras gedeckten Hütte untergebracht. Als Gegengewicht wurde Eisendraht dem Auffangdraht entsprechend eingegraben. In westlicher Richtung wurde es bis ins Tal in ein Bachbett verlegt. Der schwache Punkt der Behelfsantenne bestand darin, daß die Bananen und Kaffeebäume nicht ganz entfernt werden konnten. Um den Baum wurde ein Umkreis von 20 m Halbmesser, der nur mit Gestrüpp bedeckt war, gerodet; außerdem wurden unter den Antennendrähten Wege von 2 m Breite ausgeschlagen, mehr zu schlagen verbot der Wert der Kaffeebäume.
Der Empfang von Mwanza war offensichtlich trotzdem sehr gut[64].

Diese Antenne ließ sich allerdings nicht lange betriebsfähig erhalten. Bei dem zwischen zwei Bäumen gespannten Draht trat wohl infolge zu großen Zuges bei dem in Form einer viersaitigen Lyra angeordneten Luftleitergebilde ständig Drahtbrüche auf. Am 18.7. wurde ein 300-m-Draht Richtung Mwanza gespannt, außer Luftstörungen war aber zunächst nichts zu hören. Später jedoch soll Mwanza mit der neuen Antenne regelmäßig auf Welle 625 bis 680 gehört worden sein.[65]

Auch auf dem Tanganyika-See im Westen des Schutzgebiets an der Grenze zum damaligen Belgischen Kongo waren militärische Aktivitäten in der zweiten Hälfte des Jahres 1915 voll im Gange. Zunächst operierten deutsche Einheiten mit großem Erfolg, indem sie aufgelegte belgische und britische Dampfer zerstörten und so die Herrschaft auf dem See an die Deutschen überging. Bald darauf ging aus aufgefangenen Funktelegrammen und Spionennachrichten hervor, daß die Belgier mit allen Mitteln und großer Energie versuchten, die Herrschaft auf dem See wiederzugewinnen. Außer einer Anzahl Motorboote waren die Materialien zum Bau des 750 t großen Dampfers "Baron Dhanis" bei Lukuga gebracht worden und aus den Resten des zerstörten "Delcommune" war ein neuer Dampfer im Entstehen, wahrscheinlich auch bei Lukuga, da sein Wrack vom Hafen Albertville verschwunden war. Auch hatten die Belgier an den Grenzen von Rwanda und Urundi ihre abwartende und defensive Haltung aufgegeben

und eine lebhaftere Tätigkeit entfaltet. Am 28.5. hatten sie Kisenji, am 8.6. Kajaga angegriffen und bei Mruhengeri öfter Einfälle in Rwanda gemacht. Ein am 10.6. aufgefangenes Funktelegramm hatte anscheindend mit dem Heranschaffen von Geschützen zum Kiwu-See oder nach Uvira zu tun. In einem am 15.6. aufgefangenen Telegramm an den Generalgouverneur in Boma (Belgisch-Kongo) teilte der belgische Oberbefehlshaber Tombeur mit, daß er am 2.6. in Pweto angekommen sei und unverzüglich zum Kiwu gehen werde, am 25.6. würde er in Lukuga sein. Das alles ließ auf Angriffsabsichten der Belgier schließen. Nur an der rhodesischen Grenze verhielt sich der Gegner verhältnismäßig ruhig.
Das Kommando legte auf Aufrechterhaltung der Herrschaft auf dem Tanganyika-See den größten Wert, weil sie nicht nur das verhältnismäßig rasche Hinundherwerfen von Truppen gestattete und für die Verbindung und den Nachschub in den Nordwesten und Südwesten der Kolonie wichtig war, sondern auch Rückendeckung bot im Falle von überlegenen feindlichen Landungen an der Küste des Indischen Ozeans und eines etwa notwendig werdenden Rückzugs ins Innere[66].

Die Telefonverbindungen waren inzwischen im ganzen Schutzgebiet wesentlich erweitert, zum Teil aber auch noch nicht fertig geworden. Insgesamt waren mehr als 3000 km Feldleitungen gebaut worden, hauptsächlich mit Behelfs- und Beutematerial. Besonders wichtig waren die Linien Morogoro - Handeni - Korogwe, Dodoma - Kondoa/Irangi - Ufiomi, Korogwe - Ushirombo - Biaramulo - Bukoba, diese war infolge Ausfalls der Funkstation Bukoba erforderlich geworden, Kigoma - Usumbura - Rusizi-Tal zum Kiwu-See und Iringa - Ubena - Mwakete - Neu-Langenfeld - Masokolpiana. Bei Beginn der Offensive konnten Telegramme auch von dem entferntesten Fronten, fernmündlich etappenweise durchgegeben, innerhalb ein bis zwei Tagen zum Kommando gelangen[67].

Aufseiten der Südafrikaner und Engländer wurden nun immer häufiger fahrbare Funkstationen eingesetzt, die bevorzugtes deutsches Angriffsziel waren[68].

Nachdem die Engländer Mitte 1916 die Herrschaft auf dem Viktoria-See endgültig gewonnen hatten, begann die Eroberung von Mwanza.
Sobald die Absichten der Engländer offenbar wurden, rückte Oberleutnant von Oppen am 11./12.7.1916 mit den in Mwanza liegenden beiden Kompanien und den drei fahrbaren Geschützen über Mahango nach Kisawo ab; auf die Feststellung aber, daß der Gegner Kisawo nördlich und südlich liegen ließ, ging er nach Mahango zurück und fragte zwischen 23.00 und 00.00 Uhr telegrafisch beim Befehlshaber der westlichen Ab-

teilung der Schutztruppe an, ob er dem Feind im Verein mit der Abteilung von Rekowski entgegentreten oder sich in Mwanza verteidigen solle, worauf um 3.00 Uhr morgens die Antwort kam:

> *"Von diesen beiden Möglichkeiten ist erstere zu wählen, dem Gegner mit Abteilung Rekowski entgegenzutreten. Ist Rückzug notwendig, soll er nach Südosten angetreten werden, später abbiegen nach Südwesten, Richtung Schinjanga. Das 10,5[69] möglichst mit Dampfer nach Nyantelessa bringen, wenn das nicht möglich, damit schießen und dann sprengen, Funkenturm, wenn notwendig."*

Infolge schlechter telefonischer Verständigung mit Mwanza glaubte Oberleutnant von Oppen jedoch verstanden zu haben, daß die Abteilung Rekowski sich nach Südosten und dann nach Südwesten in Richtung Shinyanga zurückziehen sollte, während er selbst Mwanza halten und nötigenfalls die 10,5-cm-Kanone und den Funkturm sprengen sollte. Er rückte deshalb nach Mwanza zurück (die Truppe kam um 5.10 Uhr dort an; aus dem Telefonhandbuch ersah von Oppen sofort, daß er die Antwort des Westbefehlshabers falsch aufgefaßt hatte, seiner Ansicht nach war aber nun nichts mehr zu ändern), während Leutnant von Rekowski in die Landschaft Usmao abrückte, in der er die Vereinigung mit versprengten Teilen der Truppe suchte, von denen jedoch später nur noch Reste wieder Anschluß fanden.
Am 13. drängten die drei gegnerischen Kolonnen deutsche Patrouillen und Posten auf Mwanza zurück. Deutscherseits beschoß die 10,5-cm-Kanone nachts ein feindliches Lager südwestlich Hale und am 14. vormittags von Norden den gegen die Stadt vorgehenden Gegner. Bereits morgens hatte Oberleutnant von Oppen auf die Meldung der bei Luchiri stehenden Abteilung Held vom Anmarsch einer belgischen Kolonne auf Njaruwanga beim Westbefehlshaber telefonisch die Genehmigung zur Räumung Mwanzas und zum Abtransport der Truppen nach Misungwi erbeten, die dieser schließlich auch gab. Die Räumung erfolgte mittags teils auf den Schiffen und Leichtern, teils zu Fuß. Die 10,5-cm-Kanone und der Funkturm wurden gesprengt. Um 15.00 Uhr wurde die Stadt von einem Teil der britischen Hauptkolonne besetzt, während der andere Teil bereits von Mahano aus auf die deutsche Rückzugsstraße angesetzt war. Mit Mwanza fiel schließlich die gesamte Seenregion in die Hände der Briten[70].

Ende Juli nahmen die Engländer Dodoma in Zentral-Tanganyika und zerschnitten damit die Tanganyika-Bahn, Ost-West-Verbindung und Hauptschlagader des Landes. Tanga, Pangani und Sadani waren oder gerieten nach erneuten Angriffen von der See und von Land her in die Hand der

Engländer. Anfang September 1916 folgte die Hauptstadt Daresalaam nach starker Beschießung; sie fiel gründlicher Plünderung anheim. Nicht lange danach wurde auch Kilwa genommen. Zwischen die im Westen kämpfenden Abteilungen der Schutztruppe und die Hauptmacht schob sich ein tief nach Süden greifender feindlicher Keil, so daß die Westtruppen ganz vom Gegner umgeben und schließlich in Tabora eingeschlossen waren. Infolge des Vormarsches der Belgier und mit dem Aufgeben von Kigoma war auch die dort eilig errichtete Funkstation von da nach Tabora verlegt worden. Wie Kigoma war nun Tabora mit dem vom Blockadebrecher "Rubens" erhaltenen Verstärker für belgische Funksprüche empfangsfähig und konnte den Westbefehlshaber über Absichten und Handlungen der Belgier dauernd und oft früher unterrichtet halten, als es den ohne Verstärker arbeitenden und auf das Telegraphieren von Sender zu Sender angewiesenen belgischen Stationen unter sich möglich war. Vor allem war es den Bemühungen der Funkstation Tabora zu danken, daß von englischen Feldstationen genaue Berichte über die Lage im Osten und den Aufenthalt des Kommandos der deutschen Schutztruppe erlangt werden konnten. Aufgrund dieser Meldungen entschloß sich die Westabteilung zum Durchbruch, er gelang ihr in der zweiten Septemberhälfte unter Täuschung des Gegners und später nach entsagungsvollen Märschen und Kämpfen, als schon Monate keine Nachricht von ihr eingegangen und sie schon aufgegeben war, auch die Vereinigung mit der von ihr so lange gesuchten Hauptmacht. Die Tanganyikabahn war nun ganz an den Gegner verloren. Die Deutschen waren im wesentlichen auf das Hinterland von Kilwa und Lindi im Süden des Schutzgebiets zurückgedrängt. Aber auch die Belgier und Engländer hatten schwere Einbußen an Menschen und Material erlitten und waren nicht in der Lage, die Offensive fortzusetzen. Die weißen Truppen, an das Tropenklima nicht gewöhnt, waren durch die Anstrengungen der Märsche und Kämpfe und durch Krankheiten stark geschwächt und erschöpft und mußten durch neu heranzuführende Afrikaner und Inder ersetzt werden.
Die Postverwaltung hatte naturgemäß mit der Vernichtung ihrer Einrichtungen für den Versendungsverkehr ihre Bedeutung verloren; war doch auch jede Verbindung mit der Außenwelt und den aufgegebenen Gebieten abgeschnitten und die Angehörigen der Kämpfenden sowie die nicht kriegsfähigen Weißen zum größten Teil in Gefangenschaft geraten. Der Funk- und Telegraphenverkehr der in der Truppe Befindlichen konnte bei der ohnehin schnell wechselnden Kriegslage auf Regelmäßigkeit nicht mehr rechnen und war auf die Feldanlagen angewiesen.
Dagegen blieben die Herstellung von Feldtelegraphenlinien und die funktelegraphische Betreuung der Truppe, beides Aufgaben der Feldtelegraphenbeamten, mit dem Gang der kriegerischen Ereignisse und der Vor-

sorge für die Zukunft im Gleichschritt. In den über ein Jahr dauernden Kämpfen nach dem Verlust der Tanganyikabahn wurden allein zwischen Rufiji und Rovuma unter größten Schwierigkeiten wiederum wie in den ersten Kriegsjahren fast 3000 km Feldlinien gebaut. In Mahenge, Liwale und Newala wurden Feldfunkstationen errichtet, sie hatten alle drei Verstärker und empfingen wertvolle Nachrichten. Aber die Einrichtungen hatten schon stark durch die Tropenfeuchtigkeit und die Märsche gelitten. Behelfsmäßig, mit dem Schwungrad eines erbeuteten Lastkraftwagens, später mit einem aus dem Räderwerk eines Ochsenwagens konstruierten Göpelwerk gelang es, die Heizbatterien für die Verstärker wieder aufzuladen[71].

Inzwischen hatte General von Lettow-Vorbeck einen entscheidenden Entschluß gefaßt. Nicht nur die Munition und Lebensmittel wurden immer knapper, sondern auch das Sanitätsmaterial, Bekleidung sowie Ausrüstung. Auch war der größte Teil der Truppe am Ende seiner körperlichen, und was noch viel schlimmer war, seiner seelischen Kraft. Das Schutzgebiet war in vieltägigen Dauermärschen bis zum äußersten verteidigt worden, seine Hilfsmittel waren erschöpft. Der einzige Weg, auch weiterhin feindliche Kräfte zu binden, war der, nach Portugiesisch-Ostafrika (Mozambique) abzumarschieren und sich dort eine neue Basis zu schaffen. Er war aber nur gangbar mit voll leistungsfähigen Kämpfern, also wurden Kranke und Verletzte in Kitangari zurückgelassen. Die Westtruppen operierten weiterhin unabhängig von der Hauptmacht.
Mit einer kleinen, aber auserlesenen und verhältnismäßig gut ausgerüsteten Truppe von 14 Kompanien, zwei Gebirgsgeschützen, drei Feldlazaretten, zwei Sanitätskolonnen und sechs Trägerkolonnen, die teils Munition, teils Verpflegung trugen, marschierte das Kommando am 19.11.1917 von Kitangari ab. In Newala schlossen sich außer einer Funkstation noch andere deutsche Abteilungen an, die als Nachhut folgten. Der Gouverneur, dessen Tätigkeit mit Räumung des Schutzgebietes ihr Ende gefunden hatte, begleitete die Truppe mit seinem Adjudanten, Kriegsgerichtsrat Dr. Dietrich[72].
Nachdem am 22.11.1917 die Westtruppen nördlich Chimbo (etwa 10 km nördlich Mkoma am Bangala) festgestellt worden waren, setzte General van Deventer, Befehlshaber der 2. Südafrikanischen Division, abends seine Kolonne Nr. 2 von Nairombo über Masasi auf Bangala (Mkoma) in Marsch und befahl die Zusammenziehung der Nigeria-Brigade bei Masasi und der Kolonne Nr. 3 bei Mwiti. General Cunliffe, der mit diesen drei Brigaden gegen die Westtruppen operieren sollte, schickte die Hälfte der Nigeria-Brigade der Kolonne Nr. 2 nach und setzte die andere Hälfte auf Mswawala (Matia) an. Nachdem festgestellt war, daß die Westtruppen bereits nach Osten weitermarschiert waren, wurde die Kolonne Nr. 2 über

Nauru's (zwischen Matia und Makanja) auf Marumba angesetzt. Sie erreichte diesen am Rovuma gelegenen Ort jedoch erst am 27., nachdem ihn die deutsche Nachhut einen halben Tag vorher durchschritten hatte. Die deutschen Hauptkräfte und die Westtruppen waren aneinander vorbeimarschiert, ohne es auch nur zu ahnen. Sie hatten zwar je eine Funkstation, diese konnten aber nur empfangen, nicht senden[73].

### 8.6.2 Die Episode Sana'a

Ende 1915 bzw. Anfang 1916 waren Pläne im Gespräch, wieder mit Deutsch-Ostafrika Kontakt aufnehmen zu können. Der Chef des Admiralstabs der Marine regte den Bau einer Funkanlage im jemenitischen Sana'a an, das damals zur türkischen Einflußsphäre gehörte. Es sollte dadurch eine wechselseitige Verbindung mit Mwanza geschaffen werden, was vom Kolonialamt herzlich begrüßt wurde. Deutsch-Ostafrika war zu diesem Zeitpunkt die letzte Kolonie in deutscher Hand. "Und bei den grossen Werten, die mit der Erhaltung der Kolonie in deutschem Besitz auf dem Spiele stehen" hielt man es für vertretbar, eine solche Station aus dem Kriegsfonds zu erstellen. Das Kolonialamt richtete daher die Bitte an den stellvertretenden Reichskriegsminister, den Plan zu befürworten. Sollte der Bau aus verkehrstechnischen Gründen nicht möglich sein, sollte in Erwägung gezogen werden, statt der geplanten kleinen Station in Mekka eine stärkere Anlage zu errichten, um mit Mwanza Kontakt aufnehmen zu können. Da schon Erfahrungen darüber vorlägen, daß Ostafrika gut bis ins Rote Meer hineinhören könne und Sana'a unmittelbar in der Linie Mwanza - Hanish-Insel liege, dürfte es auch technisch keine Probleme geben[74]. Hier berief man sich auf die Berichte eines Dr. Zintgraff, der im Roten Meer zwischen Großer Hanish-Insel und Djebel Teir Daresalaam im Funkraum des Schiffes RPD "Windhuk" hatte mithören können[75].
In der am 14.4.1916 im Reichspostamt erfolgten Besprechung betreffend Sana'a mußte jedoch klar festgestellt werden, daß für die Kriegsdauer mit einer Errichtung dieser Station nicht mehr gerechnet werden konnte. Folgende Gegenargumente wurden ins Feld geführt: Zunächst würde schon der Transport der einzelnen Teile für die Station, der auf mehrere 100 km auf die Karawanenstraßen angewiesen wäre, auf kaum zu überwindende topographische Schwierigkeiten stoßen. Dazu käme, daß auch nicht die geringste Gewähr für die Sicherheit der Station übernommen werden könnte. Sana'a liege bereits außerhalb der unmittelbaren Machtsphäre der verbündeten Türkei. Es müßte mit Bestimmtheit damit gerechnet werden, daß die Engländer den einen oder anderen Arabersheikh durch Geldgeschenke bestechen würden, die Station zu zerstören. Aber selbst wenn

die wirklichen Transportschwierigkeiten behoben wären, könnte mit einer Fertigstellung kaum vor Jahresfrist gerechnet werden. Der Hauptzweck, noch während des Krieges mit Ostafrika eine drahtlose Verbindung zu erhalten, würde aller Voraussicht nach nicht erreicht werden. Stattdessen sollte besser bei Akshehir oder Konya in der Türkei eine neue Großstation errichtet werden, die dann Mwanza hätte mitbedienen können[76].

### 8.6.3 Die Afrikafahrt des Luftschiffs L59

Man war in Deutschland gut über Lettow-Vorbecks Feldzug informiert. Da es jedoch ein Nebenkriegsschauplatz war und die Militärs zunächst andere Sorgen hatten und auch nicht die Möglichkeit sahen, der Schutztruppe zu helfen, blieb es letztendlich einer Privatiniative überlassen, für einen Anstoß zu sorgen; bei der daraus folgenden Aktion sollte die Funktechnik eine entscheidende Rolle spielen[77].

Der Gedanke, der von der Küste abgedrängten und von der Außenwelt abgeschnittenen Schutztruppe in Deutsch-Ostafrika Ersatz an Munition und Sanitätsmaterial per Luftschiff zuzuführen, war schon verschiedentlich angeregt worden; doch scheiterte die Ausführung desselben an technischen Bedenken. Auch meteorologische Einwände wurden vonseiten der Wissenschaft erhoben: man hielt eine Luftschiffahrt in den Tropen wegen der unausbleiblichen Gasverluste, herbeigeführt durch hohe Temperaturen, Inversionsschichten usw. einfach für unmöglich.

Inmitten dieser negativen Erwägungen meldete sich mit einem Mal ein ehemaliger Oberstabsarzt der Schutztruppe in Westafrika mit Namen Zupitza zu Wort. Professor Dr. Zupitza, der gleich zu Anfang des Krieges in Togo gefangengenommen worden war, war als Arzt 1916 ausgetauscht worden. Als ehemaliger Angehöriger der Schutztruppe kam er auf den Gedanken, in Ostafrika helfen zu können und wurde zum Hauptanwalt der Luftschiffidee.

Ende Mai 1917 fand Zupitza in der Tagespresse einen offenbar aus der Feder eines Experten stammenden Aufsatz, der im wesentlichen den Nachweis zu erbringen versuchte, daß nach dem derzeitigen Stand der deutschen Luftfahrttechnik Nordamerika von Deutschland aus im Luftschiff mit Sicherheit zu erreichen sein müsse. Daraus folgerte nun Zupitza, daß der Bau eines Luftschiffes, das als Blockadebrecher zum Kampfgebiet im südlichen Teil von Deutsch-Ostafrika zu fliegen imstande wäre, nur einen weiteren, im Bereich des technisch absolut Möglichen liegenden Schritt auf dem Gebiet der Luftfahrttechnik bedeuten würde.

Seinen entsprechenden Vorschlag griff das Kommando der Kaiserlichen Schutztruppen im Reichskolonialamt sofort auf. Doch erhoben sich gegen die Durchführbarkeit des Projekts immer noch Einwände. Man wollte noch

Versuchsfahrten durchführen, bevor die Expedition spruchreif werden sollte. Glücklicherweise ließen diese nicht lange auf sich warten: Als im strengen Winter 1916/17 jede Verbindung mit der Nordseeinsel Juist gänzlich unterbrochen war, brachte das Luftschiff L16 der dortigen, von der Außenwelt vollkommen abgeschnittenen Bevölkerung die notwendigen Lebensmittel. Und im Juli 1917 erbrachte die Besatzung des, bereits veralteten, LZ120 durch eine aus fast rein sportlichem Ehrgeiz motivierte Übungsfahrt über der Ostsee, die 101 Stunden dauerte, den Beweis, daß das Starrluftschiff tatsächlich die für Fernfahrten erforderliche Betriebssicherheit besaß.
Unmittelbar nach diesem Rekordflug hielt das Reichskolonialamt den Zeitpunkt für gekommen, den Admiralstab der Marine zu bewegen, die Vorbereitungen für die Luftschiffexpedition nach Deutsch-Ostafrika nunmehr energisch in die Wege zu leiten.
Vonseiten des Admiralstabes wurde das Marineluftschiff L57 unter Führung des Kapitänleutnants Bockholt ins Auge gefaßt. Dieses Luftschiff hatte bei einer 849 km langen Probefahrt eine durchschnittliche Geschwindigkeit von mehr als 87 km/h erreicht (bei diesen Angaben müssen immer die Widrigkeiten des Wetters berücksichtigt werden).
Kurz vor der Überführung nach Bulgarien wurde L57 jedoch vor der Halle durch eine plötzlich aufkommende Vertikalbö zerstört. Die Besatzung nahm dabei keinerlei Schaden.
Da kein weiteres, hinlänglich großes Luftschiff für eine solche Aufgabe verfügbar war, kam die Admiralität auf die Idee, das 196,5 m lange Luftschiff LZ104 in der Bauwerft Staaken bei Spandau um 30 m zu verlängern, um auf diese Weise einen 68500-Kubikmetertyp zu erhalten. Das verlängerte, nunmehr 226,5 m lange und 23,9 m breite Luftschiff erhielt die Bezeichnung "L59".
Das Metallgerippe des Luftschiffs bestand aus Duraluminium in ganz besonderer Gitterkonstruktion. Das Problem, die Traglast des Luftschiffes zu vermindern, löste man dadurch, daß man einen Teil der Baumwollhülle, die das Gerippe umschloß, aus den für Verbandszwecke bestimmten Mullbinden herstellte. Überhaupt wurde bei der Wahl der Materialien weitestgehend auf die Bedürfnisse der Schutztruppe Rücksicht genommen. So ließ sich ein Teil der Hülle zur Anfertigung von Zelten und Tropenanzügen verwenden, während die Gaszellen wasserdichte Schlafsäcke abgegeben hätten. Die Motoren konnten als Antriebsmaschinen für die Dynamos der mitgeführten Funkstation dienen. Das Aluminiumgerüst ermöglichte die Herstellung von Tragbahren, Barackengerüsten oder sogar eines Funkturms.
Hülle und Gerippe schlossen 16 Ballonetts ein. Das ganze Leergewicht des Schiffes, nämlich Gerippe, Gondeln, Hülle, kurz alles, was mit dem Schiffskörper fest verbunden war, betrug nur 27594 kg bei einer Nutzlast

von 52000 kg, so daß sich die Gesamttragkraft des L59 auf 79594 kg belief. L59 war mit fünf 240-PS-Maybachmotoren ausgestattet.
Telefunken hatte das Luftschiff mit einer tönenden Löschfunkenstation von 800 Watt Antennenleistung ausgerüstet. Der Sender war in einem Aluminiumschrank eingebaut. Der Sendewellenbereich betrug 300 bis 1600 m; der eingebaute Primär/Sekundärdetektorempfänger hatte einen Wellenbereich von 170 bis 3300 m. Als Antenne kamen drei herabhängende Drähte von je 120 m Länge in Frage. Eine Peilstation war nicht an Bord. L59 mußte sich also seine Peilungen von den Bodenstationen geben lassen.
Das Luftschiff, das am 25.10.1917 in Dienst gestellt wurde, besaß eine Eigengeschwindigkeit von 28,6 m/s; es vermochte also, günstige Witterungsverhältnisse vorausgesetzt, etwa 103 km/h zu fahren. L59 entwickelte auf seinen insgesamt 14 Fahrten durchschnittlich etwa 70 km/h Fahrgeschwindigkeit.

Die Ladung bestand aus folgenden Posten:

| | |
|---|---|
| 311 900 Stück Patronen | 7866 kg |
| 230 Stück Maschinengewehrgurte mit 57500 gegurteten Patronen | 1748 kg |
| 54 Stück Maschinengewehrpatronenkasten mit 13500 Patronen | 441 kg |
| 30 Stück Maschinengewehre | 510 kg |
| 4 Stück Infanteriegewehre mit 5000 Patronen | 240 kg |
| 9 Stück Reserveläufe für Maschinengewehre | 171 kg |
| 61 Säcke Verbandsstoffe und Medikamente | 2622 kg |
| 3 Säcke mit Nähzeug | 120 kg |
| Post | 25 kg |
| Fernrohre | 28 kg |
| Ersatzschlösser | 50 kg |
| Buschmesser und Gurtfüller | 76 kg |
| Ersatzgerät für Funktelegraphie | 33 kg |
| Benzin | 21790 kg |
| Öl | 1525 kg |
| Wasser | 9160 kg |
| Trinkwasser | 426 kg |
| Kleidersäcke | 380 kg |
| Sonstige Ersatzteile | 350 kg |
| Nahrung (Koloritkonserven usw.) | 700 kg |
| Besatzung (22 Personen) | 1760 kg |
| | |
| Insgesamt | 50021 kg |

Die Ladung als solche war also gleichbedeutend mit vier beladenen Eisenbahnwagen. Die mehr als reichliche Verproviantierung erfolgte mit Rücksicht auf eine sich gegebenenfalls notwendig erweisende Notlandung in unwirtlichen Gebieten der Sahara. Da die Besatzung nur mit Revolvern ausgerüstet war, sollten die vier Gewehre nötigenfalls Jagdzwecken dienen.

Zur Besatzung gehörte auch Zupitza.

Am 3.11.1917 wurde L59 von Staaken nach Jambol in Bulgarien überführt. Der erste Startversuch am 13.11. mißglückte, beim zweiten Versuch am 16.11. kam man zwar vom Luftschiffhafen weg, das Pech erwischte L59 während des Fluges: Ein starker Sturm über Kleinasien, versehentlicher Beschuß durch türkische Scharfschützen und obendrein noch ein starker Regensturm zwangen zur Rückkehr. Auf der Rückreise sollte der Luftschiffhafen auf einer Position über Istanbul von der Rückkehr des Luftschiffes verständigt werden. Doch versagte infolge eines Kurzschlusses die Funkstation, herbeigeführt durch die eingedrungene Nässe der Regenböen. Erst über dem bulgarischen Burgas flaute der Sturm ab. Nach der Landung mußten zunächst die Sturmschäden am Luftschiff repariert werden.

Am 21.11. ergab sich endlich eine günstige Wetterlage. Für den 21.11.1917 fünf Uhr morgens war daher Fahrtbereitschaft zur Afrikaausreise angesagt. Als mutmaßlicher Landungsplatz in Deutsch-Ostafrika galt das Makondehochland, wo sich die Truppe Lettow-Vorbecks um diese Zeit auch tatsächlich aufhielt. Das Luftschiff sollte bis zum Zielort 6757 km zurücklegen.

Dort angekommen und für den Fall des Insichtkommens von Truppenkontingenten sollte es sich natürlich vorsichtig heranpirschen. Mitten über dem Haufen sollte ein Mann mit dem Fallschirm abspringen. Zu diesem Unterfangen hatte sich der Luftschiffer Grußendorf freiwillig gemeldet.

Der Start vollzog sich ohne Zwischenfälle. Die Flugroute führte über die europäische Türkei, Kleinasien, Smyrna (Izmir) (nicht direkt über das Mittelmeer wegen britischer Flieger auf Chios). Von Kos aus wurde ein Generalkurs nach Süden festgelegt. Begleitschutz boten dabei deutsche Jagdflieger vom Stützpunkt Smyrna. Man überflog das Mittelmeer; über der libyschen Wüste wurde die Luft immer schwüler. Obwohl die Sonne bald von einem feinen Staubschleier verhüllt wurde, so daß sich der Schatten des Luftschiffes vom Wüstensand kaum merklich abhob, brannten ihre Strahlen doch äußerst unangenehm. Nach vierstündiger Wache in der Wüste klagten die Leute, die Seiten- und Höhensteuer bedienten, über starkes Flimmern der Augen; einige wurden sogar von Kopfschmerzen befallen.

Die Temperaturunterschiede zwischen Gas und Außenluft beliefen sich zeitweise auf zehn Grad, so daß Gasverluste in Erscheinung traten, die wiederum zur Ballastabgabe (bisher 900 kg) zwangen. Nacheinander wurden die Oasen Siwa und Farafrah passiert. Hinter Farafrah riefen die ungehinderte Sonnenstrahlung in den Nachmittagsstunden und die Reflexe über der Wüste starke Vertikalböen hervor, die das lange Schiff beträchtlich zum Stampfen brachten. Eine völlig trostlose Szenerie eröffnete sich hinter dem Bir Dikker: kein Fels, kein Berg, kein Grün - nur Dünen, nichts als Dünen. Um 15.30 Uhr kam die Oase Dachel hinter dem Bab el Cailliaud zum Vorschein, mit grünenden Palmenhainen, krummlinigen Äckern, dazwischen wieder mit öden Sandflächen; dann tauchte die "Stadt" Dachel auf. Im Hintergrund sah man das gewohnte Bild: unendliche Sandflächen, aus denen ganze Ruinenfelder im Gesichtskreis der Oase hervorragten.
Bald hinter der Oase Dachel fiel infolge Bruchs des Getriebegehäuses der vordere Propeller aus und mit ihm auch der Sender der Funkstation. Unabhängig davon konnte natürlich der Empfang der Funksprüche mittels der Empfangsapparatur weiter fortgesetzt werden.

Die bisher aufgenommenen Funksprüche erstreckten sich meist auf Wettermeldungen, deren Gültigkeitsbereich aber jenseits der Landenge von Suez lag. Mehr interessierte daher der Funkpressedienst aus Nauen, der zu diesem Zeitpunkt regelmäßig aufgenommen werden konnte. Der Nauener Dienst orientierte die Besatzung bis tief nach Afrika hinein über die Vorgänge auf dem italienischen Kriegsschauplatz.
Nicht lange danach überflog das Luftschiff den Wendekreis des Krebses. Der Nil wurde mit Wadi Halfa tatsächlich gefunden. L59 kreuzte weit über den Katarakt hinweg ins östliche Uferland des Nils. In der Höhe von Fakir el Bend berührte das Luftschiff den Raum der großen Nilschleife sowie des dritten Katarakts. Über Neu-Dongola wurde der Nil wiederum gekreuzt und dann westlich des Flusses unter Annäherung des 30. Längengrades Wüstenkurs genommen.
Das Luftschiff erreichte, dem Wadi Mokattem folgend, frühmorgens um 2.00 Uhr $16^{\circ}30'$ nördliche Breite und etwa $30^{\circ}$ östlicher Länge. Schon in der Höhe des Wadis leuchtete die silberne Gabel, die der Zusammenfluß des Weißen Nil mit dem Blauen Nil bildet, am Horizont über Khartoum auf. Die ehemalige Hochburg des Mahdiaufstandes mußte der englischen Besatzung wegen umgangen werden; so geriet das Luftschiff wieder in das Gebiet des 30. Längengrades.
Die Bordfunkstation war inzwischen wieder sendebereit; der an den Maschinenteilen entstandene Schaden war mit den Hilfsmitteln des Schiffes beseitigt worden.

Plötzlich ein Funkspruch des Admiralsstabes: "Letzter Stützpunkt Lettow-Vorbecks, Revala, verlorengegangen. Ganzes Makondehochland im Besitz der Engländer. Teile Lettows gefangen. Rest nördlich hart bedrängt. Sofort umkehren!" - Die Entfernung von Nauen bis Khartoum beträgt 4500 km, trotzdem war der Empfang der Meldung einwandfrei. Lettow-Vorbeck bezweifelte es im nachhinein, ob L59 überhaupt die Stellungen der Truppe gefunden haben würde. Weiterhin meinte er, die Expedition hätte vier Wochen früher in die Wege geleitet werden müssen, um den Erwartungen zu entsprechen, die man in diese Mission setzte.
Darüber hinaus berichtete nachträglich ein in Gefangenschaft geratener Offizier der Truppe Lettow-Vorbecks, daß die Engländer in Deutsch-Ostafrika auf das Erscheinen eines deutschen Luftschiffs vorbereitet waren. Sie zeigten ihm sogar die startbereiten Kampfflugzeuge, welche die Aufgabe hatten, ein herannahendes Luftschiff zur Landung zu zwingen.
Somit war die Mission sinnlos geworden, kurz nach Empfang der Meldung gab der Kommandant Befehl zur Umkehr, wobei die Erwägungen über das Für und Wider fortgesetzt wurden. Aus weiterem Grübeln über Karten und Funksprüche wurde die Besatzung sehr bald durch ein ernstes Vorkommnis gerissen. Der nun entgegenkommende Wind war ziemlich böig und drückte das Schiff aus 700 m Höhe auf 400 m herab. Um es wieder hochzuziehen, befahl der Kommandant, etwas Ladung abzuwerfen, womit zunächst jede weitere Gefahr ausgeschlossen schien. Plötzlich aber sank das Schiff weiter und schien auf eine unmittelbar auftauchende Bergspitze am Südostrand des Djebel Ain auffahren zu wollen, wurde jedoch im selben Augenblick von einem Wirbelwind erfaßt und bis hart an den Boden einer vorgelagerten Bergmulde herabgerissen. Dicht über dem Boden tänzelte es etliche Male auf und nieder, wobei es bald vorn, bald hinten höher zu stehen kam. Hierbei wurde mehrfach ein leichter Stoß oder Ruck verspürt, dem jedesmal ein geringes Rollen des Schiffes folgte. Fast schien es, als ob das Luftschiff mit der vorderen und hinteren Gondel auf den Grund der Mulde aufgestoßen wäre. Doch rührten die Stöße nur von dem beim Schleifen auf dem Boden sich festhakenden Antennengewicht her. Das bezeugten die nachträglich daran festgestellten Verbeulungen, Abschürfungen und Sandspuren. Ein schneller Auftrieb wurde durch Lastenabwurf herbeigeführt. Ohne Zwischenfall gelangte das Luftschiff bis Ras Haleima an der Nordküste Afrikas. Am 24.11. 3.30 Uhr morgens tauchte wieder die europäische Küste des Mittelmeeres auf. Man hielt Parallelkurs zur Linie Kreta - Karpathos - Rhodos und zur Bucht von Adalia. Über Konstantinopel fing man dann noch folgenden Funkspruch auf:

*"Malta 24.11.1917. British official. Der linke Flügel unserer Streitkräfte in Ostafrika, die das Makonde-Hochland durchquert hatten, drangen in das Simbas- und Kitangarital, sieben Meilen nordöstlich der Kitangarimissionsstation ein. 52 deutsche Europäer und 75 Askaris ergaben sich. An dem gleichen Tage drang der rechte Flügel in Rewala ein, wo 126 Deutsche und 78 Askaris gefangengenommen wurden. In einem Gefecht in der Nähe von Mandele, 38 Meilen sswestlich von Liwale, wurden unsere Streitkräfte am 16.11. von bedeutend überlegenen feindlichen Truppen angegriffen, und es gelang ihnen, nach erbitterten Kämpfen dem Gegner größere Verluste zuzufügen, als sie selbst erlitten. Sie nahmen dabei 5 Deutsche und 59 Askaris gefangen."*

In der dritten Morgenstunde des 25.11. leuchtete der Luftschiffhafen Jambol aus der Tiefe. Doch mußte bis Tagesanbruch gekreuzt werden, ehe die Landungsmanöver mit den wenig geübten Bulgaren beginnen konnten. Gänzlich durchfroren und teilweise unter Fiebererscheinungen erkrankt, verließen die 22 in ihren schönsten Hoffnungen getäuschten Luftschiffer die Gondeln um 8.15 Uhr.
L59 hatte auf dieser Fahrt bei einer Durchschnittsgeschwindigkeit von 71 km/h insgesamt 6757 km in 95 Stunden zurückgelegt, also eine Gesamtstrecke, die größer ist als der Weg von Jambol über Kleinasien zum Kampfgebiet am Südrand von Deutsch-Ostafrika. Dabei wurden drei Erdteile gestreift und drei Klimazonen durchquert.
Durch seine Fahrt über die Wüste wie über einen Teil des Sudans, nicht minder aber auch durch die Fahrten vom 16. und 17.11. hatte das Luftschiff seine Leistungsfähigkeit unter den verschiedensten meteorologischen und klimatischen Verhältnissen bewiesen. Die Bordfunkstation funktionierte unter den gegebenen Umständen ausgezeichnet. Ihr war es im besonderen zu verdanken, daß das Luftschiff über Afrika nicht verlorenging.

### 8.6.4 Das Ende des deutschen Kolonialfunks

Die militärische Lage war für die Schutztruppe inzwischen unhaltbar geworden. Fast das gesamte Territorium war Ende 1917 von den alliierten Truppen besetzt. Inzwischen hatte General van Deventer seine Truppen durch den Bau von Autostraßen, hauptsächlich derjenigen von Mozambique nach Ribawe, die über Mkuna - Kwamba (Malakotera) nach Zomba weitergeführt wurde und durch die Verbesserung des Nachrichtendienstes, besonders durch zahlreiche Funkstationen und Telegraphenlinien, beweglicher gemacht. Am 25.11.1917 nahm die Schutztruppe daher Abschied von Deutsch-Ostafrika, überschritt den Rovuma und führte nun den Krieg auf portugiesischem Gebiet fort, tief in das Land vorstoßend. Überall waren Funker dabei. Auch nach dem anstrengendsten Marsch mußten sie am Abend die tragbare Station aufbauen, um dann in der Nacht Nachrichten vom Feinde aufzufangen und sie der Truppe zu übermitteln; am Morgen brachen sie die Einrichtung wieder ab und marschierten mit[78].

Zehn Monate später, am 28.9.1918, betrat die deutsche Truppe, den Rovuma nordwärts überquerend, wieder die deutsche Kolonie. Sie durchzog kämpfend den Songea- und Langenburgbezirk und drang Ende Oktober in Nordrhodesien ein. Der letzte Funker hielt auch bei diesem Marsch noch durch.
Am 13.11.1918 erhielt die Truppe, 200 km von der deutschen Grenze entfernt, durch einen Parlamentär die Nachricht vom Ende des Krieges.

Die Schutztruppe für Deutsch-Ostafrika gilt als einzige unbesiegte deutsche militärische Einheit des I. Weltkrieges. Während sie im Verlauf des Krieges nur 3600 Europäer und 14600 afrikanische Askari zur Verfügung hatte, waren vonseiten der Alliierten 210000 bis 240000 Mann kämpfender Truppe, davon allein 80000 Weiße und nahezu 1 Million Träger und Arbeiter gegen sie in Bewegung gesetzt worden, von denen zum mindesten Teile dem Einsatz auf anderen Kriegsschauplätzen entzogen worden sind. Die Schutztruppe hat damit die deutsche Kriegsführung in Europa und Vorderasien entlastet und die aus eigenem Entschluß gestellte Aufgabe in einer Weise gelöst, die jede Erwartung übertraf.
Ohne die afrikanischen Truppen wäre all dies nicht möglich gewesen. Während die Deutschen 734 Tote zu beklagen hatten, waren es aufseiten der Askari 1800, nicht gezählt die Opfer unter den Trägern und Boys. Die Engländer erlitten Verluste an Toten (gefallen oder an Krankheiten gestorben - einschließlich Träger und Boys) in der Größenordnung von etwa 55000. Die "King's African Rifles" verloren nach eigenen inoffiziellen Angaben allein 8000 von 16000 Askari, die im Kampf fielen oder Krankheiten erlagen. Die belgischen Verluste betrugen etwa 2000, die der Portugiesen etwa 1700[79].
Alles in allem genommen haben die funktelegraphischen Anlagen in Deutsch-Ostafrika während des Krieges ganz hervorragende Leistungen erzielt und das günstige Urteil des Gouverneurs Schnee verdient, der von ihnen sagte, daß sie für die deutsche Kriegsführung "sehr wertvoll" gewesen sind und "vorzügliches" geleistet hätten[80].

[1] Schmidt/Werner 1939 :324, Mirow/Humboldtsbay an TF Berlin 24.11.1914 (15378).
[2] ABN 15.8.1914 :294, DKB 23/1.12.1914 :863ff.
[3] Schmidt/Werner 1939 :327.
[4] DKB 23/1.12.1914 :863ff.
[5] DKB 23/1.12.1914 :864f.
[6] Stabsarzt Schwesinger an Oberpostrat Jacobs, Berlin 8.8.1915 (2711).
[7] TZ 21/1920 :56.
[8] TZ 21/1920 :56.
[9] Vgl. dazu Hennig 1919.
[10] Schmidt/Werner 1939 :160f.
[11] Vgl. zum Beispiel die Ausgaben der "Kamerun-Post" vom August 1914.
[12] Schmidt/Werner 1939 :161.
[13] Sebald 1991 :1120.
[14] Sebald 1988 :593ff.
[15] Sebald 1991 :1120f.
[16] Bericht Esau an Schutztruppe Berlin und Deutsche Gesandschaft Bern 2.10.1917 (4068).
[17] Doetsch 1920 :29ff.
[18] TZ 21/1920 :52ff.
[19] Eine zeitweise errichtete militärische Funkstation. Vgl. dazu 8.7.1.
[20] Schmidt/Werner 1939 :161.
[21] Schmidt/Werner 1939 :161.
[22] Full 1935 :209.
[23] Schmidt/Werner 1939 :207ff.
[24] TZ 21/1920 :54.
[25] DKB 23/1.12.1914 :855f.
[26] Schmidt/Werner 1939 :73f.
[27] Vgl. 8.5.4.
[28] Schmidt/Werner 1939 :76ff.
[29] TZ 21/1920 :54.
[30] Thiess 1920 :43ff.
[31] Schmidt/Werner 1939 :74f.
[32] Thiess 1920 :43ff.
[33] Schmidt/Werner 1939 :75.
[34] Thiess 1920 :43ff.
[35] Schmidt/Werner 1939 :75.
[36] Schmidt/Werner 1939 :74f.
[37] Thiess 1920 :43ff.
[38] Schmidt/Werner 1939 :75.
[39] Willich 1919 :92f.
[40] Schmidt/Werner 1939 :76.
[41] Schmidt/Werner 1939 :78f.
[42] Schmidt/Werner 1939 :80f.

[43] Thiess 1920 :43ff.

[44] Schmidt/Werner 1939 :265.

[45] Schmidt/Werner 1939 :265.

[46] Traditionelles Segelschiff, das an der ostafrikanischen Küste, teilweise auch an den Küsten der arabischen Halbinsel heute noch in Gebrauch ist.

[47] Gemeint ist die Hochfrequenzröhre.

[48] Schmidt/Werner 1939 :265.

[49] Boell 1951 :33.

[50] Das zweite Kriegsschiff auf der ostafrikanischen Station. Es diente zumeist als Vermessungsschiff.

[51] Boell 1951 :34.

[52] Boell 1951 :35.

[53] Boell 1951 :56f.

[54] "CAP" und "POZ" waren Kriegsfunkstellen in Südwestafrika.

[55] Telegramme Postbeamter Rothe an RPA 30.8.1914 bis 25.2.1916 (15349).

[56] Matson 1971 :43ff.

[57] Boell 1951 :103.

[58] Schmidt/Werner 1939 :272.

[59] Boell 1951 :95.

[60] Boell 1951 :111f.

[61] Gemeint ist General Stewart.

[62] Kegenbein, Feld-Telegraphensekretär an Postdirektor Morogoro, Kamashumu bei Bukoba den 10.7.1915 (15349).

[63] Schmidt/Werner 1939 :273.

[64] Beschreibung der neuen Empfangsstation Bukoba, 15.8.1915 (15349).

[65] Bericht Schmidt, PA Bukoba, 16.8.1916 (15349).

[66] Boell 1951 :117.

[67] Boell 1951 :151.

[68] Boell 1951 :256.

[69] Gemeint ist das 10,5-cm-Geschütz.

[70] Boell 1951 :270.

[71] Schmidt/Werner 1939 :275f.

[72] Boell 1951 :385.

[73] Boell 1951 :386.

[74] RKA an Stellv. Kriegsminister 31.1.1916 (7192/2).

[75] Beobachtungen über die Reichweite der im März 1913 in Betrieb genommenen Funkenstation Daressalam, Dr. Zintgraff 14.1.1916 (7192/2).

[76] Kriegsministerium an RKA 25.4.1916 (7192/2).

[77] Die folgende Schilderung basiert im wesentlichen auf Goebel 1931 :47ff. und auf Zupitza 1936.

[78] Boell 1951 :418.

[79] Boell 1951 :427ff.

[80] TZ 21/1920 :55.

# 9. SCHLUSSWORT

Die Rolle der deutschen Kolonialfunkstellen für die funktechnische Entwicklung und das Weltmachtstreben des deutschen Kaiserreiches läßt sich wie folgt charakterisieren:

1. Während die anderen Kolonialmächte sich damit begnügen konnten, kleinere Funkstrecken zu errichten, war das Deutsche Reich gezwungen, wegen fehlender und zu teuer zu verlegender Kabelverbindungen mithilfe des Telefunken-Konzerns weitreichende Verbindungen zwischen Deutschland und den weit entfernt und verstreut liegenden Kolonien zu schaffen.
Diese Zwangslage, hervorgerufen durch politische, wirtschaftliche und militärstrategische Gegebenheiten, war mitverantwortlich für einen Innovationsschub in der deutschen und auch internationalen Funktechnik und hievte Telefunken in harter Konkurrenz gegen andere Konzerne an die Weltspitze, nicht zuletzt begünstigt auch durch Subventionen und Forschungsaufträge durch die öffentliche Hand.
Obwohl der Einsatz der Funktechnik in den deutschen Kolonien als geschichtliche Episode angesehen werden mag, gingen von diesem Einsatz doch innovative Impulse aus, die nicht unterschätzt werden dürfen.

2. Da die Schilderung mit dem militärischen Einsatz der Funktechnik beginnt und auch endet und dieser Aufgabenbereich einen breiten Raum einnimmt, erscheint dieser Aspekt überbetont. Der Eindruck der Überbetonung wird auch dadurch erweckt, daß einige der Stationen, wie zum Beispiel die in der Südsee, erst zu Beginn des Weltkriegs notdürftig einsatzbereit waren und militärische Aufgaben übernehmen mußten.
Trotzdem ist festzuhalten, daß die Großanlagen tatsächlich zuvorderst globalstrategischen Zielen unterworfen waren und das Großmachtstreben Deutschlands unterstützen sollten.

## LITERATUR

Artikel werden nur dann aufgeführt, wenn der Name des Autors ermittelt werden konnte, ansonsten werden anonyme Artikel wie Zeitungsexzerpte behandelt.

Es werden nicht alle aufgeführten Autoren und Zeitungen im Text genannt. Das liegt daran, daß viele Informationen in mehreren Zeitungen bzw. Zeitschriften teilweise mit demselben Wortlaut vorhanden sind. Der Übersichtlichkeit halber wurde im Text dann nur eine Quelle repräsentativ aufgeführt.

(1) Nicht-publizierte Quellen

Akten des Reichskolonialamts (jeweils "Drahtlose Telegraphie"):
1933 - Deutsch-Südwestafrika
2710 - Samoa
2711 - Samoa
4068 - Togo
7183 - Allgemeines
7184 - Allgemeines
7185 - Allgemeines
7186 - Allgemeines
7187 - Allgemeines
7188 - Allgemeines
7189 - Allgemeines
7190 - Allgemeines
7191 - Allgemeines
7192 - Allgemeines

Akten des Reichspostamts (jeweils "Drahtlose Telegraphie"):
15337 - Ostasien
15338 - Deutsch-Südwestafrika (Küstenfunk)
15339 - Deutsch-Südwestafrika (Küstenfunk)
15340 - Deutsch-Südwestafrika (Küstenfunk)
15341 - Deutsch-Südwestafrika (Küstenfunk)
15342 - Deutsch-Südwestafrika (Küstenfunk)
15344 - Windhuk
15347 - Daressalam
15348 - Daressalam
15349 - Daressalam
15351 - Ostafrika

15352 - Ostafrika
15353 - Ostafrika
15354 - Ostafrika
15355 - Ostafrika
15356 - Usumbura
15357 - Kigoma
15358 - Kamerun, Togo
15359 - Kamerun
15360 - Kamerun
15361 - Kamerun
15362 - Kamerun
15372 - Südseeinseln
15373 - Südseeinseln
15374 - Südseeinseln
15375 - Südseeinseln
15376 - Südseeinseln
15377 - Südseeinseln
15378 - Südseeinseln
15380 - Jap, Angaur

(2) Zeitungen und Zeitschriften (mit Erscheinungsort)

Amtsblatt für das Deutsche Kiautschou-Gebiet (Tsingtau)
Amtsblatt für das Schutzgebiet Deutsch-Neuguinea (Rabaul)
Amtsblatt für das Schutzgebiet Deutsch-Ostafrika (Daresalaam)
Amtsblatt für das Schutzgebiet Deutsch-Südwestafrika (Windhuk)
Amtsblatt für das Schutzgebiet Kamerun (Buea)
Amtsblatt für das Schutzgebiet Togo (Lomé)

Blätter für Post und Telegraphie (Berlin)
Deutsche Briefmarkenzeitung (Nassau)
Deutsche Kolonial-Zeitung (Berlin)
Deutsches Kolonialblatt (Berlin)
Elektrotechnische Zeitschrift (Wuppertal/Berlin)
Koloniale Monatsblätter (bis September 1912 Zeitschrift für Kolonialpolitik, Kolonialrecht und Kolonialwirtschaft) (Berlin)
Koloniale Rundschau (Leipzig)
Kolonie und Heimat in Wort und Bild (Berlin)
Marine-Rundschau (München)
Telefunken-Zeitung (Berlin)

Deutsch-Ostafrikanische Rundschau (Daresalaam)
Deutsch-Ostafrikanische Zeitung (Daresalaam)
Deutsch-Südwestafrikanische Zeitung (Swakopmund/Windhuk)
Kamerun-Post (Douala)
Samoanische Zeitung (Apia)
Tsingtauer Neueste Nachrichten (Tsingtau)
Windhuker Nachrichten (Windhuk)

(3) Bücher und Artikel

Baumgart, W.: Deutschland im Zeitalter des Imperialismus (1890-1914). Frankfurt/Berlin/Wien, 1978

Bayer, M.: Mit dem Hauptquartier in Südwestafrika. Berlin, 1909

Boell, L.: Die Operationen in Ostafrika. Hamburg, 1951

Brüggemann, A.: Der unterbrochene Draht. Die Deutsche Post in Ostafrika. Heidelberg, 1989

Doetsch, C.W.H.: Kamina und das Los der Togogefangenen. Telefunken-Zeitung 19 :29-41, 1920

Fischer, K.: Über die Wahrscheinlichkeit eines Einflusses meteorologischer Verhältnisse auf funkentelegraphische Reichweiten, unter besonderer Berücksichtigung einer drahtlosen Verbindung des Reichs mit seinen westafrikanischen Kolonien. Elektrotechnische Zeitschrift 14 :339-341, 1911

Flaskamp, P.: Tätigkeit der beiden Funkentelegraphen-Abteilungen in Südwestafrika 1904-1907. Berlin, 1910

Fritze, G.A.: Das Schicksal der Seekabel im Kriege. Essen, 1916

Frobenius, E.: Der Funkenturm zu Windhuk. Deutsche Kolonial-Zeitung 8:122-124, 1918

Full, A.: Fünfzig Jahre Togo. Berlin, 1935

Fürst, A.: Im Bannkreis von Nauen. Berlin/Stuttgart, 1922

Goebel, J.: Afrika zu unseren Füßen. Leipzig, 1931

Goldberg, G.: Die drahtlose Telegraphie im Dienste der deutschen Kolonien. Zeitschrift für Kolonialpolitik :839-848, 1912

Graudenz, K.: Die deutschen Kolonien. München, 1982

Graudenz, K.: Deutsche Kolonialgeschichte in Daten und Bildern. München, 1984

Großer Generalstab (Kriegsgeschichtl. Abt.I): Die Kämpfe der deutschen Truppen in Südwestafrika. Band 1: Der Feldzug gegen die Hereros. Berlin, 1906

Großer Generalstab (Kriegsgeschichtl. Abt.I): Die Kämpfe der deutschen Truppen in Südwestafrika. Band 2: Der Hottentottenkrieg. Berlin, 1907

Gutsmiedl, J.: Kiautschou: Das Preußen des Ostens. Deutsche Briefmarkenzeitung 12 :976- 978 (Teil 1), 13: 1086-1088 (Teil 2), 1994

Hennig, Richard: Die älteste Entwicklung der Telegraphie und Telephonie. Leipzig, 1908

Hennig, Richard: Deutschlands Anteil am Weltverkehr. Berlin, 1911

Hennig, Richard: Die deutsche Seekabelpolitik zur Befreiung vom englischen Weltmonopol. Berlin, 1912

Hennig, Richard: Die drahtlose Telegraphie im überseeischen Nachrichtenverkehr während des Krieges. Berlin, 1916

Hennig, Richard: Überseeische Telegraphie und auswärtige Politik. Berlin, 1919

Hübner, ?: Frankreichs drahtlose Telegraphenverbindungen nach West- und Zentralafrika. Zeitschrift für Kolonialpolitik, Kolonialrecht und Kolonialwirtschaft 8: 677-680, 1910

Krüger, Gesine: Der Hereroaufstand in Deutsch-Südwestafrika (Arbeitstitel). Hamburg (MS zur Publikation anstehend), o.J.

Lathe, F.: Ursprung und Entwicklung des Post- und Telegraphenwesens in Kiautschou. Jahrbuch über die deutschen Kolonien VI. Essen :143-152, 1912

Matson, A.T.: Wireless Interception on Lake Victoria 1914-1916. The Uganda Journal 35,1 :43-48, 1971

Mosler, H.: Intensitätsmessungen radiotelegraphischer Zeichen zu verschiedenen Jahres- und Tageszeiten. Elektrotechnische Zeitschrift 35:996-998, 1913

Nauwerk, F.: Die drahtlose Telegraphie, ihr Wesen und ihre Bedeutung für Deutschland und seine Kolonien. Kolonie und Heimat in Wort und Bild 6 :4-5, 1912

Puche, W.: Das Post- und Telegraphenwesen in Deutsch-Ostafrika vom Jahre 1890-1899. Mitteilungen des Seminars für orientalische Sprachen 4 :1-36, 1901

Schmidt, W. und H. Werner: Geschichte der Deutschen Post in den Kolonien und im Ausland. Leipzig, 1939

Scholz, F.: Drahtlose Telegraphie und Neutralität. Berlin, 1905

Schwabe, K.: Der Krieg in Deutsch-Südwestafrika 1904-1906. Berlin, 1907

Schwarzhaupt, P.: Sonnenlicht, Gebirge und Wellentelegraphie. Elektrotechnische Zeitschrift 52 :1313-1314, 1911

Sebald, P.: Togo 1884-1914. Berlin, 1988

Sebald, P.: Zur imperial-kolonialen Funkstrategie des deutschen Kaiserreiches. Zeitschrift für Geschichtswissenschaft 39 :1112-1121, 1991

Sieblist, O.: Das Telegraphen- und Fernsprechwesen. Leipzig/Berlin, 1918

Solff, K.: Die Funkentelegraphie als Verbindungsmittel zwischen Kolonie und Mutterland. Deutsche Kolonial-Zeitung 41 :726-727 (1. Teil), 42 :741-742 (2. Teil), 1908

Thiess, W.: Der Windhuker "Funkturm" während des Weltkrieges. Telefunken- Zeitung 21 :43-47, 1920

Thurn, H.: Die Funkentelegraphie. Leipzig (1.Aufl.), 1907

Thurn, H.: Die Seekabel unter besonderer Berücksichtigung der deutschen Seekabeltelegraphie. Leipzig, 1909

Thurn, H.: Die Verkehrs- und Nachrichtenmittel im Kriege. Leipzig, 1911

Thurn, H.: Die funkentelegraphische Verbindung Deutschlands mit seinen Kolonien. Marine-Rundschau 7 :940-952, 1912

Thurn, H.: Die Funkentelegraphie im Dienste kolonialer Expeditionen. Marine-Rundschau 10 :1398-1401, 1912

Thurn, H.: Die Funkentelegraphie. Leipzig (2.Aufl.), 1913

Thurn, H.: Die Funkentelegraphie. Leipzig (3.Aufl.), 1915

Thurn, H.: Die Funkentelegraphie. Leipzig (4.Aufl.), 1917

von Dewitz, ?: Die Möglichkeit einer deutsch-innerafrikanischen Luftflottenstation. Koloniale Monatsblätter 5:247-251, 1913

Willich, C.: zitiert in Hennig 1919 :92-93, 1919

Zupitza, M.: Luftschiff als Blockadebrecher, in: von Langsdorff, Werner (Hrsg.) "Deutsche Flagge über Sand und Palmen". Gütersloh :330-338, 1936

## KARTENTEIL

Abb. 39: *Die deutschen Kolonien 1914 (Schmidt/Werner, 1939)*

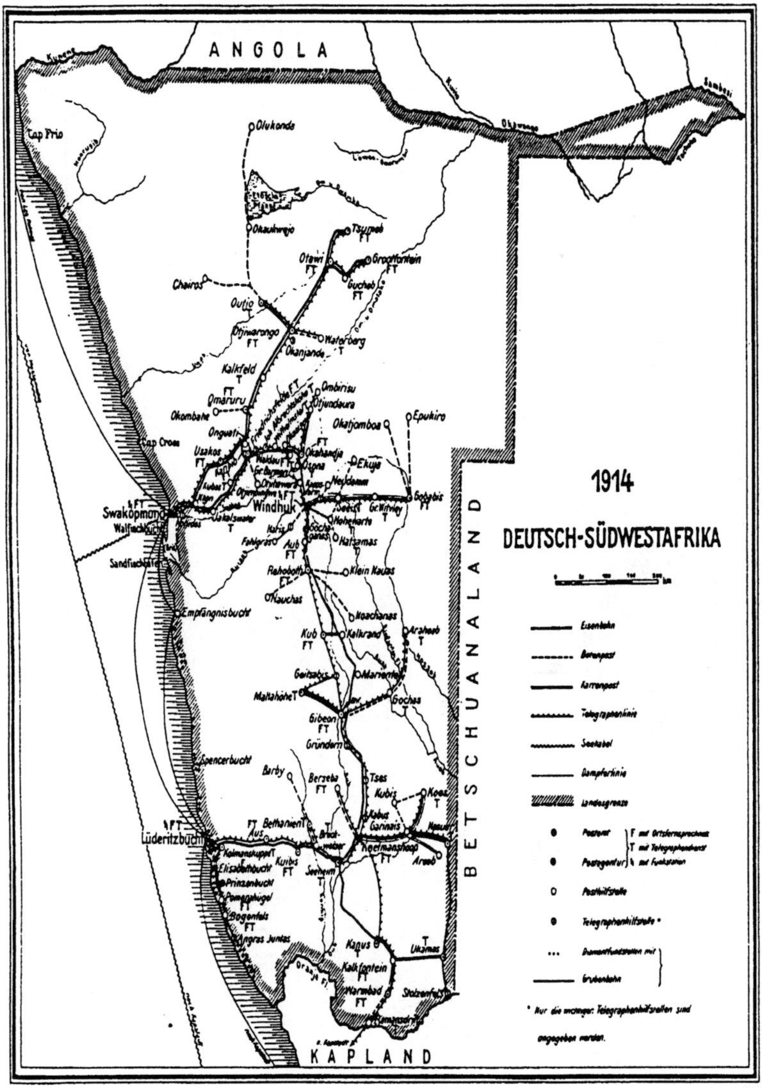


Abb. 40: Deutsch-Südwestafrika, 1914 (Schmidt/Werner, 1939)

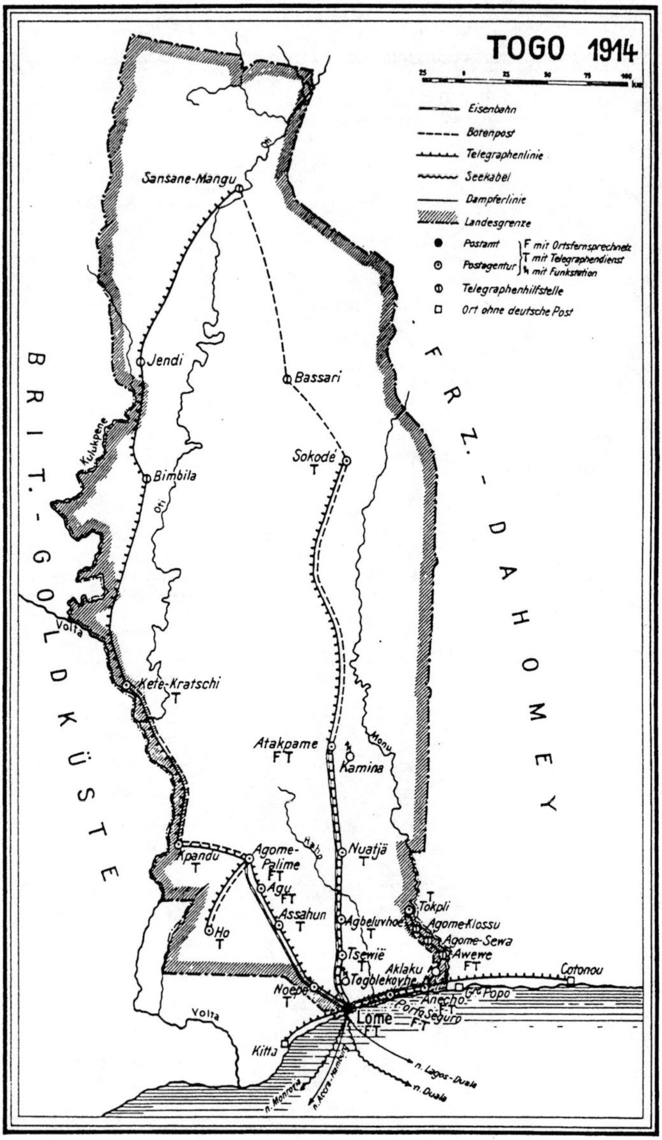


Abb. 41: Togo, 1914 (Schmidt/Werner, 1939)

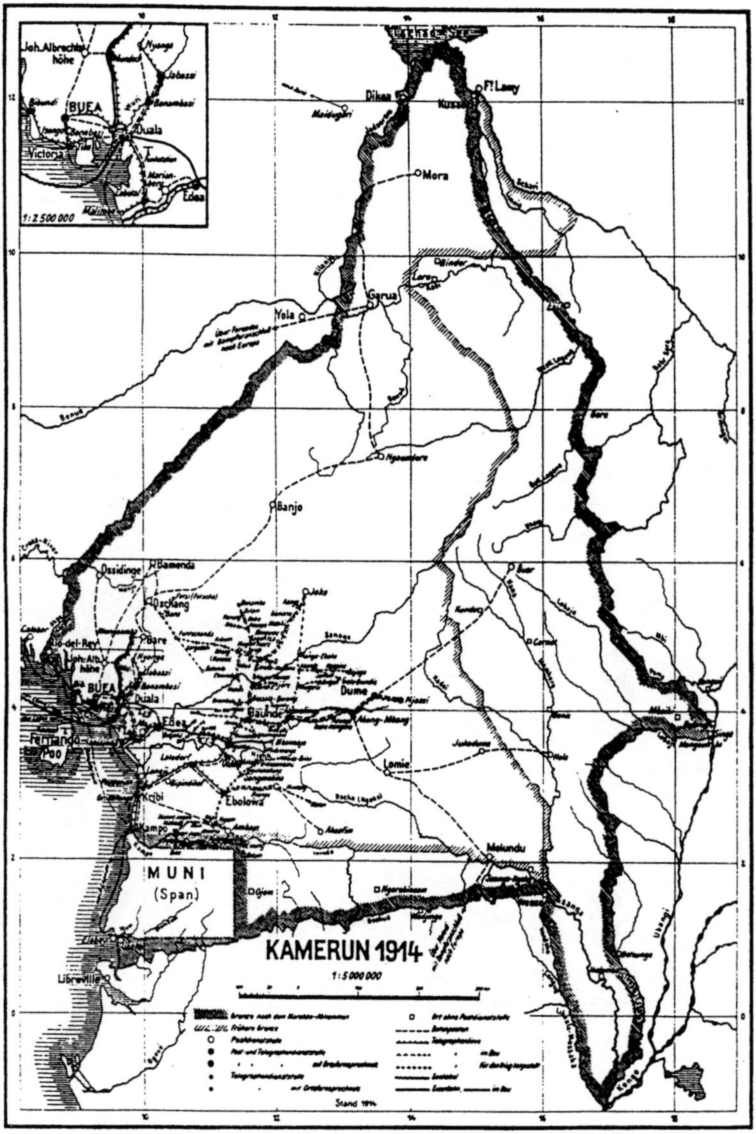


Abb. 42: Kamerun, 1914 (Schmidt/Werner, 1939)

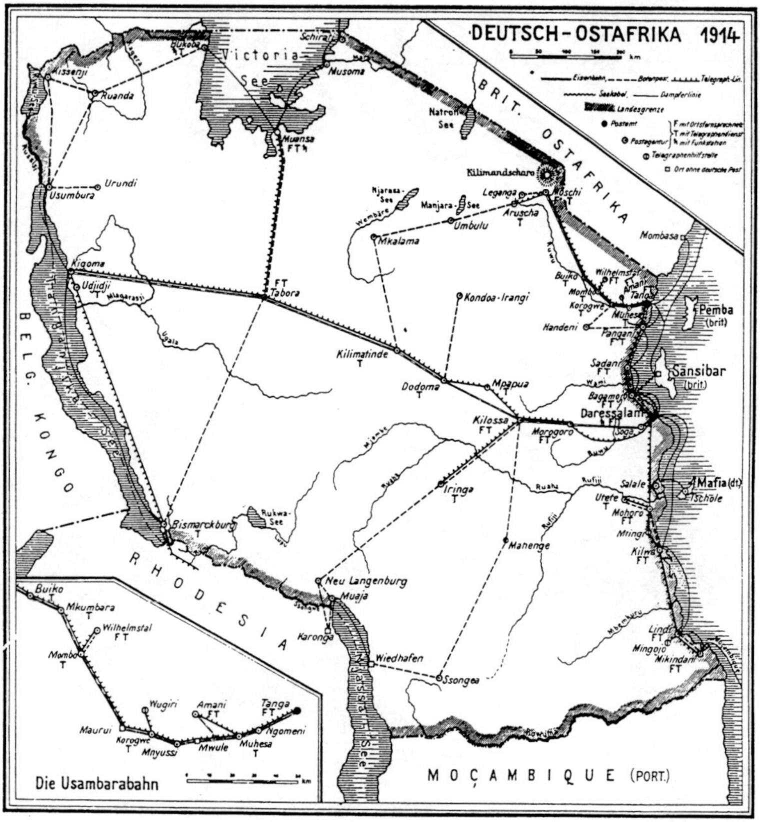


Abb. 43: Deutsch-Ostafrika, 1914 (Schmidt/Werner, 1939)

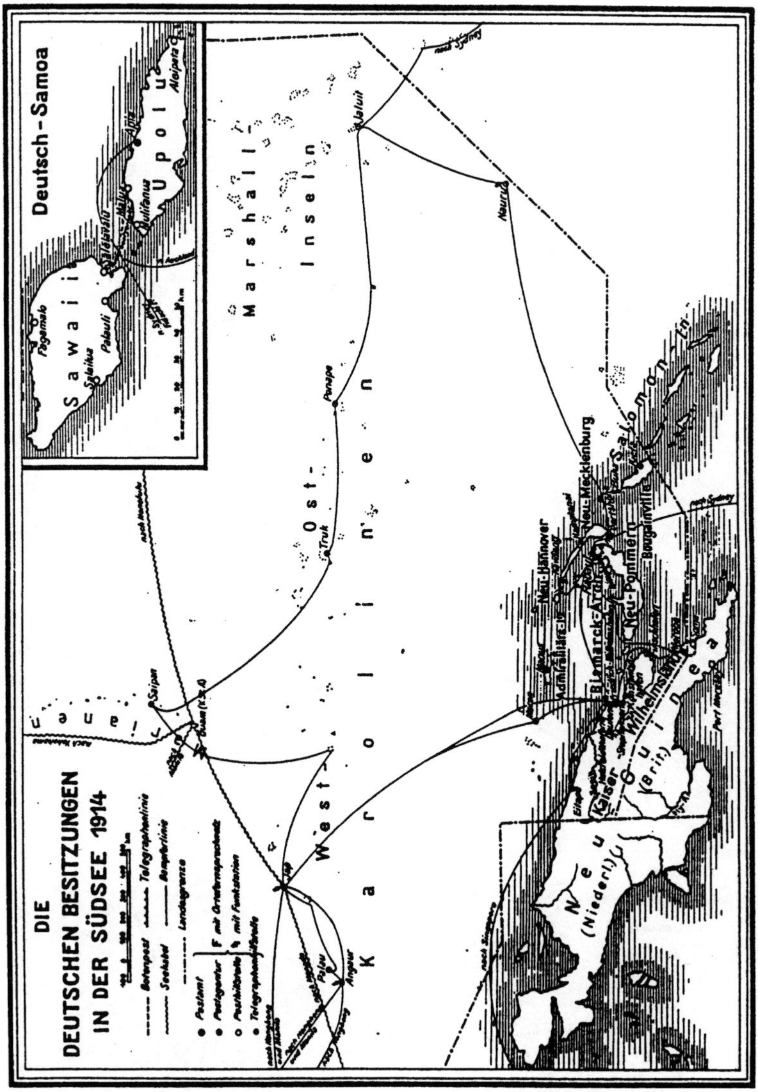


*Abb. 44: Die deutschen Besitzungen in der Südsee, 1914 (Schmidt/Werner, 1939)*

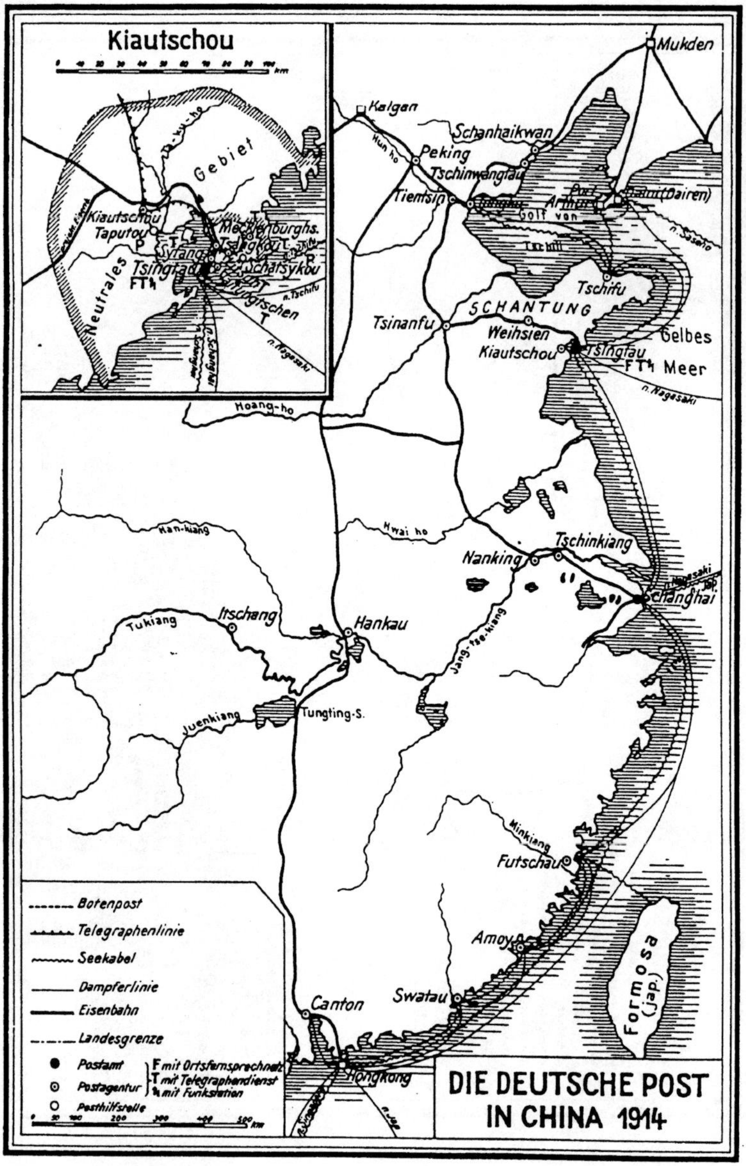


*Abb. 45: Die deutsche Post in China, 1914, Kiautschou (Schmidt/Werner, 1939)*

**RADIO-REPRINTS**

Band 4 Hanns Günther: Radiotechnik, das Reich der elektrischen Wellen (1921), 80 Seiten, 28 Abb., Preis: DM 20,00/öS 160,00/sFr 20,00, ISBN: 3-923 925-03-4

Band 8 Ing. Otto Kappelmayer/Hans Günter Engel: Die besten Antennen (1937), 112 Seiten, 77 Abb., Preis: DM 20,00/öS 160,00/sFr 20,00, ISBN: 3-923 925-09-3

Band 11 Hanns Günther: Schaltungsbuch für Radioamateure (1924), 152 Seiten, 306 Abb., Preis: DM 26,80/öS 320,00/sFr 26,80, ISBN: 3-923 925-12-3

Band 14 Hanns Günther: Was ist Magnetismus? (1927), 80 Seiten, 24 Abb., Preis: DM 20,00/öS 160,00/sFr 20,00, ISBN: 3-923 925-17-4

Band 15 Hanns Günther: Pioniere der Radiotechnik (1926), 80 Seiten, 24 Abb., Preis: DM 20,00/öS 160,00/sFr 20,00, ISBN: 3-923 925-18-2

Band 18 Hanns Günther/Hans Vatter: Der Kristallempfänger (1926), 220 Seiten, 219 Abb., 20 Bauanleitungen, Preis: DM 30,00/öS 240,00/sFr 30,00, ISBN: 3-923 925-22-0

Band 20 Erich Wrona: Das Radio-Bastelbuch (1924), 112 Seiten, 65 Abb., Preis: DM 23,00/öS 185,00/sFr 23,00, ISBN: 3-923 925-25-5

Band 21 Hanns Günther/Hans Vatter: Bastelbuch für Radioamateure (1924), 228 Seiten, 303 Abb., Preis: DM 30,00/öS 240,00/sFr 30,00, ISBN: 3-923 925-26-3

Band 23 Rolf Wigand: 65 modernste Rundfunk-Schaltungen (1938), 152 Seiten, 66 Abb., Preis: DM 28,00/öS 225,00/sFr 28,00, ISBN: 3-923 925-29-8

Band 24 Hanns Günther/Dr. Franz Fuchs: Der praktische Radioamateur (1923), 308 Seiten, 241 Abb, Preis: DM 36,80/öS 295,00/sFr 36,80, ISBN: 3-923 925-30-1

Band 26 Ing. Otto Kappelmayer: Geradeausempfänger Reparatur-Praktikum (1947), 96 Seiten, 72 Abb., Preis: DM 20,00/öS 160,00/sFr 20,00, ISBN: 3-923 925-32-8

Band 27 Ing. Franz Kalveram: Wir bauen unsere Spulen selbst (1947), 16 Seiten, 12 Abb., Preis: DM 5,00/öS 40,00/sFr 5,00, ISBN: 3-923 925-33-6

Band 30 Dipl.-Ing. Conrad Aron: Der Transformator (1926), 118 Seiten, 47 Abb., Preis: DM 24,00/öS 195,00/sFr 24,00, ISBN: 3-923 925-37-9

Band 31 Hanns Günther/Dr. H. Kröncke: Der Empfang kurzer Wellen (1926), 124 Seiten, 61 Abb., Preis: DM 25,00/öS 200,00/sFr 25,00, ISBN: 3-923 925-38-7

Band 32 Hanns Günther: Der Bau einer Funkstation (1921), 64 Seiten, 56 Abb., Preis: DM 20,00/öS 160,00/sFr 20,00, ISBN: 3-923 925-39-5

Band 34 Hanns Günther: Das zweite Schaltungsbuch (1926), 168 Seiten, 50 Schaltungen, 170 Abb., Preis: DM 25,00/öS 200,00/sFr 25,00, ISBN: 3-923 925-42-5

Band 35 H.A. Braun & Co.: Ich und der Rundfunk (1931), 64 Seiten, 46 Abb., Preis: DM 15,00/öS 120,00/sFr 15,00, ISBN: 3-923 925-45-X

Band 38 Ing. Otto Kappelmayer: Reparatur-Praktikum des Superhets (1944), 320 Seiten, 216 Abb., Preis: DM 35,00/öS 280,00/sFr 35,00, ISBN: 3-923 925-48-4

Band 39 Werner W. Diefenbach: Universal-Schaltungsbuch (1948), 223 Seiten, 120 Abb., Preis: DM 30,00/öS 240,00/sFr 30,00, ISBN: 3-923 925-49-2

Band 41 Rolf Wigand: DASD-Fibel (1937), 124 Seiten, 99 Abb., Preis: DM 25,00/öS 200,00/sFr 25,00, ISBN: 3-923 925-51-4

Band 42 E.W. Stockhusen: Der DKE so noch besser! (1941), 64 Seiten, 24 Abb., Preis: DM 20,00/öS 160,00/sFr 20,00, ISBN: 3-923 925-52-2

Band 43 Fritz Lindenberg: Besserer Rundfunk-Empfang durch eigene Hilfe (1941), 64 Seiten, 45 Abb., Preis: DM 20,00/öS 160,00/sFr 20,00, ISBN: 3-923 925-53-0

Band 44 Hanns Günther/Dipl. Ing. R. Hell: Antenne und Erde (1926), 336 Seiten, 302 Abb., Preis: DM 40,00/öS 320,00/sFr 40,00, ISBN: 3-923 925-54-9

Band 45 Hanns Günther: Jetzt bau' ich einen Empfänger! (1932), 76 Seiten, 60 Abb., Preis: DM 20,00/öS 160,00/sFr 20,00, ISBN: 3-923 925-55-7

Band 46 Dr. Ing. Max W. Hausdorff/Ing. Wilhelm Schrage: Der Radio-Bastler (1926), 240 Seiten, 182 Abb., 12 Tab., Preis: DM 30,00/öS 240,00/sFr 30,00, ISBN: 3-923 925-56-5

## EISENBAHN-REPRINT

Band 47 J. von Parseval: Amerikanische Eisenbahnen 1886, 112 Seiten, keine Abb.,
Preis: DM 20,00/öS 160,00/sFr 20,00
ISBN: 3-923 925-57-3

## FUNK, RUNDFUNK-EMPFANG UND TECHNIK

Band 16 Nick Hall-Patch: Technischer Führer für DXer, 188 Seiten, 110 Abb.,
Preis: DM 30,00/öS 240,00/sFr 30,00,
ISBN: 3-923 925-19-0

Band 28 Michiel Schaay: Aeronautical Radio Handbook, 113 Seiten, 18 Abb.,
Preis: DM 23,00/öS 185,00/sFr 23,00,
ISBN: 3-923 925-35-2

Band 29 Harry Bär: Sensation aus Menlo Park, 108 Seiten, 9 Abb.,
Preis: DM 20,00/öS 160,00/sFr 20,00,
ISBN: 3-923 925-36-0

Band 37 Ben Peters: Rahmenantennen, 196 Seiten, 252 Abb.,
Preis: DM 30,00/öS 240,00/sFr 30,00,
ISBN: 3-923 925-47-6

Band 40 Wilhelm Herbst: Shetland DX-Expeditionen 1992-1993, 164 Seiten, 78 Abb.,
Preis: DM 25,00/öS 200,00/sFr 25,00,
ISBN: 3-923 925-50-6

Band 48 Reinhard Klein-Arendt: "Kamina ruft Nauen!", 342 Seiten, 45 Abb.,
Preis: DM 40,00/öS 320,00/sFr 40,00
ISBN: 3-923 925-58-1

## MUSIK

Band 7 Ludwig Schieffer: Superhit-Statistik 1946-1991, 4. Auflg., 160 Seiten, 33 Abb

Preis: DM 25,00/öS 200,00/sFr 25,00,
ISBN: 3-923 925-43-3

Band 17 Franz Ertl: Soul-Diktionär, 180 Seiten,
Preis: 30,00/öS 240,00/sFr 30,00,
ISBN: 3-923 925-20-4

Band 33 Franz Ertl: Rap Funk Soul, 235 Seiten, 34 Abb.,
Preis: DM 30,00/öS 240,00/sFr 30,00,
ISBN: 3-923 925-41-7

Band 36 Dr. Ernst Schmacke: Friedel Hensch und die Cyprys (Reprint, 1954), 32 Seiten, 8 Fotos,
Preis: DM 10,00/öS 80,00/sFr 10,00,
ISBN: 3-923 925-46-8

Band 49 Franz Ertl: Soul Movement, 314 Seiten, 42 Abb.,
Preis: DM 35,00/öS 280,00/sFr 35,00,
ISBN: 3-923 925-60-3